분쟁 유형별

요건사실 증명책임

권 혁 재 저

진 원 사

서 문

대륙법계 국가의 특성은 사회생활을 규율하는 법은 실정법의 형태로 존재한다는 데 있다. 이러한 실정법을 소송절차를 통하여 구체적 사건에 적용하는 방법론으로서 요건사실론이 나타난 것이다. 말하자면 재판이라는 논리적 조작 시스템에서 재판의 대전제인 법과 소전제인 사실을 연결시키는 중간 매개체로서 또는 운영매뉴얼로서의 기능을 요건사실론이 맡고 있다. 요건사실론은 민사소송의 기본원칙인 변론주의를 기초로 하여 민법(실체법)이 소송절차를 통하여 적용되는 과정을 규율하는 기술적·논리적 사고방식을 체계적으로 정리한 법 이론이라고 할 수 있다.

요건사실론은 한국이나 일본에서 법조실무가들이 예비법조인(사법연수원생)에 대한 교육방법론으로서 시작하고 발전시켜 왔다. 요건사실론이 실무가들에 의하여 발전하게 된 결과 법운용에 있어서 현장밀착형 실용적 법이론의 확립에 있어서 상당한 기여를 한 것으로 평가된다. 그 반면에 민법이나 소송법상의 새로운 법이론의 도입에 있어서는 정체성을 나타내고 있다. 특히 요건사실론자들이 포진하고 있는 법조실무계가 소송물이론으로서 구실체법설을 완고하게 고수하는 태도는 비판받아야 할 것이다. 그런데 요건사실론이 민법학과 증명책임분배이론을 결합시켜 실용적 법해석을 지향하고 있다는 점에서 보면 법학자 등 학계 특별한 관심을 끌만한 요소가 있는 것으로 생각된다. 법학전문대학원 제도의 도입을 계기로 법학교육 시스템의 근본적 개혁을 경험하고 있는 현 시점에서 실무계와 학계의 공동연구가 필요 할 것이다. 요건사실론에 관한 연구와 서적 출간이 활발한 이웃 일본에 비하여 한국에서는 아직 본격적 논의가 전개되지 않고 있는 상황은 반드시 개선되어야 할 것이다. 실체법이 규정하는 권리의 인식방법론으로서 요건사실론은 매우 중요한 위치에 있기 때문이다. 본서는 요건사실론에 관한 본격적인 입문서가 부족한 국내의 현실을 직시하고 법학을 배우는 학생들과 변호사, 법무사, 사법연수원생 등 법조 실무가들을 위한 안내서 또는 기본서로서의 역할을 하고자 한다.

본서의 내용과 기본적 체계를 개괄하면 다음과 같다.

제1장에서는 요건사실론이 일반론으로서 정립되어 있지 않은 현실을 참작하여 먼저 요건사실의 개념을 설명하고 요건사실과 실체사법의 대표인 민법과의 상관관계를 설명하였다. 제2장과 제3장에서는 요건사실론의 기초이론이라 할 수 있는 변론주의와 증명책임론의 내용을 살펴보았다. 변론주의나 증명책임론은 민사소송법의 영역에 속하는 것으로서 국내의 민사소송법 교과서에 빠짐없이 설명하는 내용이다. 그러나 민사소송법 교과서의 설명은 요건사실론을 본격적으로 공부하거나 연구하는 사람들의 입장에서 보면 그 내용이 매우 부족한 것도 사실이다. 본서에서는 변론주의의 내용과 그 적용범위에 관하여 최대한 소개하고자 하였다. 특히 법조 실무가들에게 꼭 필요하면서도 그 기본법리에 관하여 이해하기 쉽게 소개한 문헌이 부족하다고 생각되는 간접사실의 개념에 관하여 최대한 자세히 설명하였다. 증명책임의 분배론에 관하여 국내의 실무가를 중심으로 단행본 저서가 여러 종류 출간되어 있고, 우수한 논문이 계속하여 나오고 있는 것도 사실이다. 본서에서는 위와 같은 연구결과물의 성과를 바탕으로 하여 증명책임 분배이론의 핵심내용을 이해하기 쉽게 소개하는 데에 역점을 두었다. 즉 통설 · 판례인 법률요건분류설의 내용을 요건사실론의 체계에 맞춰 최대한 평이하게 설명하였다. 아울러 증명책임 분배이론의 이해를 돕기 위하여 민법의 주요 조문 및 주요 분쟁사례별 증명책임 분배기준에 관하여 살펴보았다.

제4장에서는 본서의 독자들로 하여금 요건사실론의 응용을 통한 분쟁해결 능력을 기르도록 한다는 의미에서 실제의 분쟁사건에 유사한 사례를 제시하고 해설을 덧붙였다. 해설에 나온 내용은 모두 저자 개인의 견

해로서 모범답안이라 할 수는 없고 일부 내용에서 오류가 있을 수 있다고 생각한다. 비단 제4장뿐만 아니라 본서 전체 내용에 있어서 저자의 능력 부족으로 인하여 오류가 있을 것으로 생각한다. 이러한 오류들에 관하여 제기되는 다양한 비판을 언제나 겸허하게 수용할 것이며 학계·실무계 제현들의 끊임없는 지적과 질책을 바라마지 않는다.

끝으로 본서를 저술함에 있어서는 다수의 주위 사람들로부터 많은 도움을 받았음을 밝혀둔다. 먼저 사회 전반의 불경기로 인하여 침체된 출판계의 사정에도 불구하고 흔쾌히 본서의 출판을 허락하여 준 진원사 양진수 사장님께 감사드린다. 그리고 본서의 워드작업을 도맡아 처리하여 준 경북대학교 대학원 석사과정에 재학 중인 김기주, 이재훈 군과 사법연수원에서 연수중인 양효진 양에게 진심으로 고마움을 전한다. 본서는 경북대학교 2009년도 저술장려연구비 지원에 의한 것임을 밝혀두면서 학교당국의 배려에 감사의 마음을 전한다. 마지막으로 항상 자식의 앞날을 염려하여 주시는 어머님, 가장 가까운 곳에서 격려와 관심, 애정을 아끼지 않는 아내와 가족 모두에게 깊이 감사한다.

2009. 12.

경북대학교 법학전문대학원 연구실에서

차 례

제1장 민사재판과 요건사실

제2장 변론주의

제3장 증명책임론

제4장 사례연구

제1장 민사재판과 요건사실

제1절 요건사실의 의의

I. 민사재판과 요건사실

1. 민사재판은 법규를 대전제로 하고 구체적 사실을 소전제로 하는 법적 三段論法에 의하여 구체적 법률효과의 발생여부를 판단하여 선언하는 것이다. '법은 법원이 안다(iura novit curia)'라는 법언과 같이 재판의 대전제가 되는 법규는 법원이 직권으로 적용 법규를 밝혀내고 이를 해석·적용한다. 따라서 잘 알려지지 않은 외국 법규 등 특수한 예외를 제외하면 당사자가 적용 법규에 관하여 어떤 주장을 하고 증명할 필요는 없다. 그러나 판단의 대상이 되는 구체적 사실은 법원이 아닌 소송당사자가 직접 경험하거나 밀접하게 관련되어 있으므로 소송당사자가 법원의 면전에 실체적 모습 그대로 드러내 보여야 한다. 민사재판에서 각 소송당사자는 소송에서의 패소를 면하기 위하여 자기에게 유리한 사실을 주장하고, 그 주장이 상대방에 의하여 다투어지는 경우에는 증거를 제출하여 증명하여야 한다. 이러한 심리방식을 변론주의라고 한다.

2. 변론주의원칙에 의하면 재판의 소전제인 사실의 특정 및 주장과 이를 뒷받침하는 증거의 제출책임은 당사자에게 있다. 당사자제출주의라는 용어를 사용하기도 한다. 여기서 무엇이 유리하고 불리한가의 판단은 실체법적 고려에서 찾을 수 있다. 원고는 그의 권리발생의 기초가 되는 실체법 규정상의 요건사실을 주장하여야 하고, 피고는 원고의 주장사실에

대하여 실체법상 항변권 발생을 위한 요건사실을 주장하여야 한다. 민법·상법 등 각종 실체법은 그 내용에 따라 권리발생의 근거가 되는 권리근거규정, 권리근거규정에 기한 권리의 발생을 방해하는 권리장애규정, 일단 성립한 권리를 소멸시키는 권리멸각규정, 권리행사를 일시 저지하는 저지규정으로 구분할 수 있다.

3. 요건사실론은 변론주의원칙을 기초로 하여 실체법이 소송절차를 통하여 적용되는 과정을 규율하는 기술적·논리적 사고방식을 체계적으로 정리한 법 이론이라 할 수 있다. 요건사실론은 민사소송에서 당사자가 제출할 사실을 기초로 하여 소송물을 추출하고 청구원인사실, 항변사실, 재항변사실 등 공격방어방법에 관련된 사실을 형성하고 정리하는 작업이라고 할 수 있다. 변론주의의 핵심내용이라 할 수 있는 주장책임과 증명책임의 분배이론을 떼어놓고서는 요건사실론을 논하기 어렵기 때문에 요건사실론은 민사소송법의 한 분야로 분류함이 타당할 것이다. 민사소송절차가 질서와 효율성을 유지하면서 당사자의 권리보호라는 본래의 목적을 달성할 수 있게 하는 역할을 요건사실론이 수행하고 있다고 하여도 과언이 아닐 것이다.

4. 요건사실론의 위와 같은 중요성에도 불구하고 우리 학계에서는 이에 관한 관심을 보이는 학자가 극히 소수에 지나지 않음은 문제라고 할 수 있다. 법학전문대학원제도 도입에 따라 법학 교육방법에 있어서도 실용성이 강화되어야 한다는 주장이 유력하게 제기되고 있는 현실에서 그러한 실용적 법 해석론을 지향하는 요건사실론에 관한 활발한 연구의 장을 실무가들만의 관심영역으로 남겨둘 수는 없을 것이다. 한편 요건사실론은 실체법을 소송에서 적용하는 하나의 운용체계라고 볼 수도 있으므로 실체법의 대표법이라 할 수 있는 민법과의 상관관계에 대하여 살펴보는 것도 의미 있는 일이라고 생각한다.

Ⅱ. 요건사실의 개념

1. 주요사실과의 관계

(1) 민사소송절차의 근간이라고 할 수 있는 변론주의는 주요사실에 대하여서만 적용되고 간접사실이나 보조사실에는 그 적용이 없다는 것이 현재의 통설 및 판례(대법원 2002. 6. 28. 선고 2000다62254 판결 등)의 입장이다. 따라서 주요사실이란 무엇인가를 확정지어야만 공격방어방법 제출을 비롯한 변론주의의 구체적 내용이 결정될 수 있다. 실정법이 지배하는 대륙법계 국가에서는 주요사실은 법 적용의 전제요건이라 할 수 있는 요건사실과 서로 불가분의 관계에 있다. 양자의 관계에 관하여 학자들과 실무계의 입장이 다소 다른 입장에 있으므로 그 차이를 살펴 볼 필요가 있을 것이다.

(2) 학설은 주요사실과 요건사실을 개념적으로 구분하는 견해가 다수설이라고 할 수 있다.[1] 즉 엄격하게 말하면 요건사실은 재판규범으로서의 민법 및 상법 등 각 실체법 개별 조문의 법률효과 발생요건으로 규정되어 있는 사실이고, 주요사실은 요건사실에 해당하는 구체적 사실로서 서로 구별된다고 본다. 요건사실은 일반적 생활관계에 해당하는 유형적 사실을 나타내는 추상적·법적 개념이고, 주요사실은 현실의 생활관계에 있어서의 구체적 사실로서 사실적·경험적 개념이라는 것이다. 예컨대, 매매계약에 관하여 민법 568조가 정한 요건사실은 '재산권 이전의 약속'과 '대금지급의 약속'이 된다. 주요사실은 '매도인 ○○○이 매수인 ○○○에게, ○년 ○월 ○일, ○소재 ○부동산(건물·아파트·토지 등)을 대금 ○억 원에 매도하였다'라는 사실이 된다. 민법 598조에 의한 대여금반환청구의 경우에는 ① 금

---

1) 정동윤·유병현, 민사소송법 제2판, 법문사, 311~312면 등.

전대여자와 차용인 간의 소비대차의 합의, ② 금전의 수수가 요건사실이고, ⓐ 금전대여자와 차용인이 2009. 9. 20.에 소비대차의 약정을 한 사실, ⓑ 같은 날 2,000만 원을 차용인에게 교부하였다고 하는 사실이 주요사실 또는 직접사실이다. 주요사실은 일반적으로 법률행위의 주체, 일시, 내용(법률행위의 대상물 등) 등으로 구성된다. 그 행위가 이루어진 동기, 연유, 경위 등은 간접사실에 불과한 경우가 일반적이다.

(3) 실무계의 견해

한국이나 일본에서의 요건사실론은 주로 사법연수원에서의 예비법조인을 위한 실무교육 프로그램으로서 발전되어 온 측면이 있다.[2) 위 사법연수원의 요건사실론에서는 요건사실이란 권리의 발생, 장애, 소멸 등의 각 법률효과 발생요건에 해당하는 구체적 사실로서 이해하면서, 이는 간접사실과 대비하여 사용되는 주요사실과 동의어로 정의하고 있다.[3) 원고가 소송물로서 주장하는 일정한 권리 또는 법률관계의 존부에 관한 판단은 그 권리의 발생이 긍정되는가? 그 후 그 권리가 소멸되었는가? 다시 그 소멸의 효과발생을 방해하는 것은 없는가? 라는 몇 가지 적극·소극의 법률효과의 조합에 의하여 도출할 수밖에 없는 것이다. 이러한 법률효과발생요건을 강학 상 법률요건 또는 구성요건이라고 부르고 있다. 그러한 법률요건에 해당하는 구체적 사실(법률사실이라고도 한다)을 요건사실 또는 주요사실이라 한다는 것이다.

(4) 판례(대법원 1983. 12. 13. 선고 83다카1489 전원합의체 판결)는 주요사

---

2) 伊藤滋夫 外 編著, 民事要件事實講座Ⅰ, 青林書院, 76~77면.
3) 사법연수원, 요건사실론 2008, 1면.

실이란 법률효과를 발생시키는 실체법상의 구성요건 해당사실을 말한다고 하여 위 사법연수원의 요건사실론 교재의 견해와 서로 일치하고 있다.

(5) 생각건대 한국·일본의 사법연수원(소) 교재가 요건사실을 주요사실과 동의어로 규정지은 것은 위 판례의 영향 외에 교육상의 편의까지를 모두 고려한 것으로 볼 수 있다. 요건사실론이 아직까지 학계의 주목을 받지 못하고 실무가들을 위한 독자적 교육방법론 단계에 머무르고 있는 점을 감안하여 그 개념은 법률요건사실과 주요사실을 결합시키는 편법을 동원한 것으로 볼 수 있다. 이러한 견해는 당사자의 주장·증명책임 분배기준을 법률 규정으로부터 구하는 법률요건분류설(법규설)을 무비판적으로 고수하는 우리 실무계의 태도와도 무관하지 않다 할 것이다. 현대 민사소송에서 법률요건분류설이 한계를 드러내고 있다는 점에서 보건대 위와 같은 견해는 비판을 받아야 할 측면이 있다.[4)]

그럼에도 불구하고 요건사실이 실체법 규정과 불가분의 관계를 가지게 되는 대륙법 계통의 한계를 넘어 설 수 없는 현재의 실정을 감안하여 실무계의 입장을 따르기로 한다.

2. 요건사실의 분류(종류)

(1) 실체법상의 요건사실은 사람의 정신작용을 요건으로 하는 경우와 그렇지 않은 경우로 나누어 살펴볼 수 있다.[5)]

---

4) 권리남용, 과실 등과 같은 가치판단이 전제되는 사항이 요건사실로 되어 있는 일반규범에 있어서는 요건사실과 주요사실의 분리 고찰이 특히 필요하다. 호문혁, 민사소송법 제7판, 법문사, 370~371면; 특히, 나현, 법률요건과 요건사실, 民事訴訟(민사소송법학회), 13권 1호, 226~237면 참조

(가) 사람의 의사표시를 중심으로 하는 법률요건으로는 ① 의사표시, ② 관념의 통지, ③ 의사의 통지가 있다. 이러한 행위는 다시 외부적·객관적 행위(매매계약에 있어서 청약행위 등)와 내부적·주관적인 내심상태(선의·악의 등)로 구분된다.

(나) 사람의 의사에 의한 법률행위만으로는 모든 법적 문제를 해결할 수 없으므로 사람의 정신작용에 의한 의사표시 없이 법률효과가 발생할 수도 있다. 이러한 경우를 '법률 규정에 의한 권리변동'이라고 한다. 여기에는 다음 같은 것들이 있다.
① 시간의 경과, ② 사람의 사망, ③ 물건의 파괴 등 사람의 정신작용과 관계없거나 사람의 행위에 의하지 아니하고도 법률효과가 발생하는 것들이다.

(2) 요건사실은 소송 외에서 행하여지는 사실(법률사실이라고도 할 수 있다)이 주가 되겠지만 소송절차에서 소송행위로서 행하여지는 경우도 있다. 예컨대 구술변론 기일이나 변론준비 기일에 상계의사표시를 하거나 유치권행사, 동시이행항변을 하는 소송행위 속에는 권리행사 의사가 표명되어 있으므로 모두 당해 법률효과 발생을 위한 요건사실에 해당하는 것이다.

(3) 매매형 계약의 요건사실과 대차형 계약의 요건사실

① 일정한 금원의 지급을 구하는 청구의 경우 그 권원의 성격에 따라 매매형 계약과 대차형 계약으로 분류할 수 있다.[6)]

② 매매형 계약의 경우에는 매매대금의 지급기한은 계약의 본질적 요소가 아니므로 매매대금채무의 이행기에 관한 합의가 있다

---

5) 사법연수원, 요건사실론 2008, 2면.

6) 伊藤滋夫 外 編著, 앞의 책, 142~143면.

고 하더라도 채권자인 매도인은 매매대금청구에서 그 이행기의 도래사실에 관한 주장·증명책임을 부담하지 않는다.

③ 소비대차나 임대차계약 등 이른바 대차형 계약은 일정한 재화를 일정기간 동안 借主에게 이용할 수 있도록 하는데 있으므로 반환시기의 합의는 단순한 법률행위의 부관에 지나지 않는 것이 아니라 그 계약의 본질적 요소라 할 수 있다. 따라서 임대인이나 소비대차계약의 채권자가 목적물 반환청구를 할 경우에 그 기간의 만료사실에 관하여 주장·증명할 책임이 있다.

Ⅲ. 요건사실론의 이론적 기초 및 기능

1. 요건사실론의 이론적 기초

(1) 일본 사법연수소의 요건사실론은 민법학자 我妻榮의 민법해석론을 배경으로 하고 있다. 즉 我妻의 민법교과서는 대체로 어떤 제도에 대하여 의의, 요건, 효과의 순으로 설명을 전개하고 있다. 이러한 법해석론은 요건사실론적 논리전개와 매우 유사한 점이 있다. 한편 소송법적 측면에서는 민사소송법학자 兼子一의 구소송물이론을 채택하였다. 일반적으로 요건사실론은 청구원인, 항변, 재항변 등의 주장사실 전개에 필수 전제가 되는 소송물의 결정에 따라 결정적 영향을 받게 되어 있다. 일본의 요건사실론은 소송물의 결정은 원칙적으로 실체법상의 권리근거에 관한 개별 규정에 따라야 한다는 구소송물이론(구실체법설)을 취하여, 청구취지 및 청구원인의 기초를 이루는 근거 법조의 동일여부에 따라 소송물의 동일여부를 결정하고 있다.

민사소송에서의 권리의 존부에 관한 판단은 민법을 비롯한 실체법의 규정에 따라야 한다는 것이 요건사실론의 출발점이라는 점에서 요건사실론은 본질적으로 구실체법설(구소송물이론)에 입각한 이론이라 할 수 있다. 구실체법설은 소송법상 심판의 대상인 소송물 개념을 '실체법상의 권리 또는 법률관계의 주장=소송물'이라고 한다.[7] 구실체법설을 취하는 학자들이 소수에 지나지 않고 있음에도 한국·일본의 실무계에서는 구실체법설을 확고히 유지하고 있다. 요건사실론자들이 구실체법설을 이론적 기초로 삼고 있는 것도 이와 같은 실무계의 분위기와 무관하지 않다고 할 수 있다.

(2) 일본의 민사소송법 학자들 다수가 신소송물이론(소송법설)을 취하고 있음에도 일본의 법조 실무계와 판례가 구소송물이론을 고수하고 있는 이유도 신소송물이론을 취하는 학자들의 요건사실론에 대한 배려 부족에 기인한다고 보는 견해도 있다. 신소송물론자들은 '일정한 급부를 구할 수 있는 지위'를 소송물 결정의 기준으로 하고 있다.[8] 이러한 추상적 기준은 소송실무에서 볼 때 사실정리라든지 공격방어의 전개 및 증명대상의 확정을 극히 어렵게 한다는 것이다.

(3) 요건사실론은 증명책임의 분배이론과 불가분의 관계에 있다.[9] 위에서 살펴 본 이론적 배경에 따라 요건사실론은 증명책임 분배에 관한 기준을 정하는데 있어서 원칙적으로 (수정)법률요건분류설을 따르고 있다. 즉 법규의 구조에 따라 권리근거규정, 권리장애규정, 권리소멸규정으로 3분하여 유리한 법률효과의 발생을 주장하는 자가 그 근거규정상의 요건사실을 주장·증명하여야 한다는 것이다. 이때 주장책임의 분배는 증명책임의 분배기준을 따라야 하는 것으로 본다. 주장책임과 증명책임은 주요사실을 그 대상으로 하고 있어서 그 이행을 다하지 못하여 불이익을 입게 되는 당사자가 동일하기 때문이

---

7) 정영환, 신민사소송법, 세창출판사, 337면.

8) 이시윤, 신민사소송법 제5판, 박영사, 212~214면 등.

9) 伊藤滋夫, 要件事實と實體法, ジュリスト No. 869(1986. 10. 1), 17면.

라고 한다.[10]

(4) 공평의 관점에서 요건사실은 원칙적으로 존재한 사실에 관한 주장·증명을 원칙으로 한다.[11] 어떤 기간 내에 일정한 사실이 일어나지 않았다거나 또는 일정한 행위가 없었다는 사실이 어떤 권리의 발생이나 소멸을 좌우할 수 있는 경우도 있을 것이다. 이 경우에도 그 권리의 발생이나 소멸을 주장하는 자는 그 사건이 일어나지 않았다는 것 또는 그 행위가 없었다는 사실을 증명하여야 하는 것은 아니다. 상대방이 그 행위나 사건의 발생사실의 증명책임을 부담한다. 예컨대 '대금을 1회라도 지급하지 않는 때에는 당연히 기한의 이익을 상실 한다'라는 특약이 있는 경우에 그 약정의 적용을 주장하는 자가 '지급하지 않았다'는 부존재 사실을 주장·증명하는 것은 그 대상의 막연함으로 인하여 결과적으로 가혹한 것이 된다. 따라서 '기한의 도래'를 주장·증명하는 것으로서 충분하고, '지급한 사실'의 주장·증명책임은 상대방에게로 돌려야 한다는 것이다.

2. 요건사실론의 기능

(1) 요건사실론의 민사소송에서의 기능을 미술에서의 데생(dessin)의 그것과 유사한 것으로 보는 견해가 있다.[12] 즉 미술의 각 장르별 작품의 기초로서 데생이 역할 하듯이 민사재판에서도 요건사실이 판결이나 화해라는 종국적 결론의 예측기능을 가진다고 한다. 소제기 단

---

10) 永石一郞, 要件事實のすすめ(下), 自由と正義, 1999. 5., 78면; 어떤 요건사실의 존재에 의하여 이익을 얻는 자는 당해 구체적 소송에 있어서는 항상 일정하게 정하여 져 있다는 것이다.

11) 並木茂, 要件事實原論, 悠悠社, 263~268면; 어떤 사실의 부존재에 관한 증명을 '악마의 증명'이라고도 한다.

12) 永石一郞, 위 논문(上), 自由と正義 1999. 4. 80면.

계에서 당사자나 소송대리인은 간접사실을 포함한 여러 가지 사정을 종합적으로 고려하여 소송물을 결정한다. 결정된 소송물에 비추어 요건사실과 그 이외의 사실을 구분하여 요건사실을 추려 낸다. 그리고 요건사실을 그 내용과 성격에 따라 청구원인과 항변·재항변사실 등으로 구분하여 체계화 한다. 다음에 그 요건사실에 대한 증거의 유무와 신빙성(증거가치) 등을 검토한다. 당사자는 이러한 요건사실·증명책임에 대한 검토를 통하여 당해 소송의 결론을 예측하는 것이 가능할 것이다. 회화에서 색채감각은 선천적으로 타고날 수 있지만 데생능력은 노력에 의하여 향상시킬 수 있듯이 요건사실론도 특별한 재능을 필요로 하는 것이 아니라 훈련에 의하여 습득할 수 있는 것이다.

(2) 요건사실론은 공격방어방법에 대한 판단순서를 정하는 기능을 한다. 먼저 원고의 청구원인사실에 관한 주장이 당해 소송물이 요구하는 요건사실의 일부라도 결여하고 있으면 주장 자체로서 이유 없는 것이 되어 청구기각 판결을 받을 수 있다. 피고의 항변이나 원고의 재항변 등을 판단함에 있어서는 발생장애사실, 권리소멸사실, 권리행사저지사실(유치권, 동시이행항변의 요건사실 등)의 순으로 판단한다. 전부변제항변과 일부변제항변과 같은 형식으로 전부항변과 일부항변이 경합하는 경우에는 전부항변을 먼저 판단한다. 그리고 상계항변과 같은 출혈적 항변은 최후에 판단하는 것이 원칙이다.

(3) 요건사실론은 논리성, 합리성, 기능성을 추구함으로써 매우 기교적인 논리전개가 그 특성이라 할 수 있다. 예컨대 매매계약에 기한 대금청구소송에서 지연손해금청구를 병합하는 경우에 소송물은 2개이지만, 청구원인은 1개로 결합될 수 있다. 그런데 대금청구권의 발생원인사실로서 매매계약의 성립을 주장하면 필연적으로 동시이행의

항변권이 부착되어 있다는 사실을 주장하는 결과가 되어(매매계약은 유상쌍무계약으로서 필연적으로 동시이행항변권이 부착된다) 손해배상청구권의 발생원인인 위법성이 없다는 것을 자인함으로써 주장 자체로서 이유 없게 된다(이른바 동시이행항변의 존재효과). 따라서 지연손해금의 청구가 인용되려면 동시이행항변권을 소멸시키는 재항변으로서 소유권이전등기의 이행이나 점유의 이전이 있었다는 사실을 청구원인에서 주장하지 않으면 안된다. 소송당사자나 소송대리인인 변호사는 이러한 사실에 관하여 항상 염두에 두고 소장 등을 작성하여야 하는 것이다.

3. 민법 및 요건사실론을 중심으로 한 소송전개의 추이

(1) 법률전문가인 변호사의 업무는 크게 법적 분쟁발생 이전의 분쟁예방업무와 권리·이익 침해행위(사실)가 발생한 후 그 분쟁해결 업무로 나눌 수 있을 것이다. 현대사회에서 분쟁예방을 위한 법률가의 역할이 크게 각광받고 있어서 특히 우수한 법률가들이 활발히 진출하고 있음은 널리 잘 알려진 바와 같다. 그러나 예방법학적 활동에도 불구하고 분쟁이 발생한 경우에는 결국 민사소송 또는 화해·조정·중재와 같은 이른바 ADR 절차를 통한 분쟁해결을 할 수밖에 없을 것이다. 따라서 민사소송절차에서 법관이 어떠한 판단과정을 거쳐 최종 결론에 이르는 것인지 그 메커니즘을 탐구하는 것이 소송실무교육의 핵심이라 할 수 있을 것이다.

앞으로 변호사의 새로운 활동영역으로서 기업이나 관공서의 社內변호사가 각광받게 될 것이다. 社內변호사는 기업의 업무집행 과정에서 발생할 수 있는 법적 분쟁을 예상하고 그 추이를 검토하여 업무에 반영시키는 역할을 하게 될 것이다. 이때의 법적 견해표명 메커니즘은 법원(법관)이 판결을 통하여 결론을 내리는 판단 시스템과 유사 할 것으로 예상된다. 즉 요건사실론적 사고가 필요하

다는 말이다.[13)]

(2) 민사소송은 원고의 소제기에 의하여 개시되는 것이지만 그 전제로서 변호사가 원고로부터 사건내용에 대하여 듣고 법률적으로 검토하는 데서부터 시작된다. 이때 구체적인 사실을 특정 법규의 요건사실에 맞추어 보고 증거의 유무를 검토한 뒤 어떠한 내용의 소를 제기할 것인가를 결정한다. 예컨대 원고 X가 피고 Y를 상대로 하여 대여금반환청구의 소를 제기할 경우를 전제로 하여 민법 규정 및 동 규정에 기초한 요건사실론의 전개과정을 살펴보면 다음과 같을 것이다.

(가) 소 송 물

소송물은 실체법상 권리 즉, 청구권이 무엇인가에 따라 결정된다고 보는 판례(구실체법설; 구소송물이론)에 의하면, X의 Y에 대한 대여금반환청구권이 본건에서의 소송물이다.

(나) 법률요건

대여금반환청구권의 발생요건에 관하여서는 민법 598조에서 규정하고 있다.

(다) 요건사실

위 민법 규정에 따르면 요건사실은 '반환약속'과 '금전의 교부'가 요건사실이라고 할 수 있다. 이자지급 약정이 있으면 '약정이율'도 요건사실이 될 것이고, 변제기의 합의가 있으면 '기한의 합의'와 '기한의 도래'도 요건사실이 된다. 소송물인 권리·법률관계 인정에 필수적인 일부 요건사실에 대한 주장을 결여하고 있는 경

---

13) 伊藤滋夫 外 編著, 民事要件事實講座Ⅰ, 靑林書院, 53면.

우에는 법원의 적절한 석명권 행사를 통하여 보완할 필요가 있다. 이러한 요건사실 일부에 관한 주장의 결여는 그 자체로서 원고의 청구가 이유 없는 것이 되어 나머지 사실에 대한 증거조사와 판단에 들어갈 필요 없이 원고 청구 기각판결을 받을 수도 있을 것이다.

(라) 주요사실

소송에서는 반환약속, 금전의 교부에 해당하는 구체적 사실, 즉 일시, 주체, 금액 등에 관하여 주장하여야 한다. 일반적으로 요건사실을 주요사실과 동일 개념으로 취급하고 있으나 학설상으로는 별개의 개념으로 보는 견해도 있음은 앞에서 살펴 본 바와 같다.

(마) 피고가 주요사실을 다투고 나오는 경우

이 경우 사실인정의 문제가 발생한다. 증명책임 분배기준에 따라 사실인정을 위한 증거를 제출하여야 한다.

(바) 주요사실을 직접적으로 증명할 증거(직접증거)가 없는 경우

주요사실을 추인할 수 있는 간접사실의 증명(간접증거)에 의할 수 있다.

(사) 피고가 '금전의 교부' 사실은 인정하지만 '반환약속' 사실을 부인하는 경우

즉 '돈을 받은 사실은 있지만 X가 Y에게 증여한 것이다'라는 식의 진술이 있는 경우를 적극부인이라 하며, 이때 X에게 반환약속 사실에 대한 증명책임이 있다.

(아) 피고가 원고 주장의 주요사실을 모두 인정하면서 그 돈을 이미 '변제하였다'라고 주장하는 경우가 있다. 변제항변이 제출된 경우로서 변제 사실에 대한 증명책임은 피고에게 있다. 변제 주장은 원고가 청구하는 권리에 대한 소멸사유로서 피고가 항변하여야 법원이 판단할 수 있는 것이다. 즉 당사자 제출의 소송자료에서

변제사실이 인정되더라도 변론주의원칙상 피고의 주장이 없으면 법원은 이에 관하여 판단할 수 없다.

(3) 위에서 간단히 살펴 본 바와 같이 민법 규정은 재판의 전제로서의 의의를 가지지만 그 요건사실이 당사자에 의하여 주장·증명되어야만 적용되는 것이다. 요건사실에 대한 본격적인 고찰은 주장책임 및 증명책임의 의의와 분배기준 등에 관한 연구와 함께 진행되어야 하는 것이다. 즉 변론주의와 증명책임론은 요건사실론 연구의 본질적 요소라 할 수 있다.

Ⅳ. 요건사실의 특정성과 구체성

1. 요건사실 특정 방법

민사소송에 있어서 주장 및 증명 대상인 요건사실(주요사실)은 실제로 발생한 분쟁사실이므로 그 내용은 실로 다종다양하다. 한편 각 분쟁은 구성요건별로 유형화할 수도 있다. 법원의 특정 사건에 대한 심리의 편의와 상대방 당사자의 방어권의 보장을 위하여 요건사실의 주장에 있어서는 구체성 및 특정성을 필요로 한다. 이에 관한 일반적 기준으로서는 최소한 그 정체성이 식별되고 다른 유사한 사실로부터 구별가능 하여야 할 것이다.[14] 따라서 오래전에 일어난 사건으로서 증거자료의 미비 등으로 인하여 행위일시, 장소, 금액, 상대방, 등을 구체적으로 특정할 수 없는 경우에도 그로 인하여 당사자 사이에 사실의 정체성에 혼동이 생길 여지가 없다면, 특정성에 관한 문제가 당사자의 주장책임 결여로 연결되지는 않을 것이다.

한편 특정 소송물을 전제로 그 요건사실을 다른 유사한 사실로부터 구

---

14) 나현, 법률요건과 요건사실, 한국민사소송법학회 民事訴訟, 13권 1호, 242면.

별 지으려면 그 사실이 발생한 시점(시각)을 특정할 필요가 있다. 그 외에도 행위의 주체, 객체, 사실의 태양 등을 적절히 묘사함으로써 요건사실을 구체화 할 수도 있을 것이다.

2. 요건사실에 있어서 時的 因子와 時的 要素

(1) 요건사실의 특정을 위하여 사용되는 구체적 사건이 일어난 일시를 時的 因子라 하는데 특수한 경우에 이러한 일시의 특정만으로 부족한 경우가 있다. 요건사실 상호간에 시간적 전후관계가 문제로 되는 사례가 이에 해당한다. 예컨대, 有權代理(민법 114조)를 주장하는 경우에는 대리행위를 하기 전에 대리권수여사실이 있어야 하므로, 대리행위는 대리권 수여 후에 있었다는 것이 有權代理의 요건사실의 요소가 된다고 할 수 있다. 대리행위가 선행하고 대리권수여가 뒤에 있었다면, 그 대리행위는 無權代理가 될 것이다. 대리행위 후에 대리권수여가 있었다면 무권대리행위에 대한 추인이 문제될 뿐인 것이다. 위와 같이 대리권 수여는 대리행위에 선행하여야 한다는 관계를 요건사실의 時的 要素라 한다. 따라서 요건사실의 時的 因子와 時的 要素는 구분되어야 한다.[15]

(2) 계약의 법정해제의 효력을 둘러 싼 공격·방어방법의 요건사실에 있어서 시적 요소의 문제를 좀 더 구체적으로 살펴보자. 이행지체로 인한 해제(민법 544조)는 이행기의 경과 → 이행의 최고 → 상당기간의 경과 → 채무불이행 → 해제의사표시라는 시적 요소를 필요로 한다. 즉 이행기 경과 전에 한 최고는 해제권 발생의 요건사실로서의 최고가 될 수 없고, 최고 후 상당기간 경과 전에 한 해제의사표시는

15) 村田涉外編, 要件事實論30講, 弘文堂, 15면; 시적 인자는 사건이 일어난 일시를, 시적요소는 사건의 선후 관계를 말한다고 할 수 있다.

해제의 효과를 발생시키지 못한다. 즉 위와 같은 시적 요소를 결한 요건사실의 주장은 요건사실로서의 의미를 갖지 못한다.[16] 실무에서는 각 주요사실 발생일시를 시간순서별로 요약하여 정리한 시계열표를 작성·제출하는 방법을 통하여 시적 인자와 시적 요소의 문제를 해결하고 있다. 채무이행지체로 인한 계약해제 주장에 대하여 변제의 제공(민법 460조)이 있었다는 항변은 해제 의사표시 전이라는 시적 요소를 기초로 하고 있다. 즉 그것이 현실의 제공인가(460조 본문), 말로 하는 제공인가(동조 단서)를 명시하고, 만약 현실의 제공이라면 그 제공일시(연월일)를 주장함으로써 일단 특정할 수 있다. 이때 상대방이 다투고 나오면 변제기일에 채권자 면전에서 제공하였다든가, 또는 채무내용에 좇은 대상물을 채권자 집에 소지하고 갔으나 채권자가 없었다는 사실 등을 구체적으로 주장하여야 한다.

(3) 부동산 점유취득시효(민법 245조) 등의 경우와 같이 요건사실이 어떤 사실에 대하여 소유의 의사, 평온, 공연과 같은 사실 상태인 경우에는 그 시적 요소의 중요성이 더욱 높아질 것이므로 이를 명확히 하여야 한다.

3. 요건사실의 특정성과 구체성의 일반적 기준

(1) 요건사실(주요사실)을 어느 정도까지 정확히 특정하고 상세히 구체화 할 것인가의 문제는 개별 사건의 특성에 따라 결정될 문제이다. 개별 사건에서 요건사실은 당사자의 공격·방어대상이고 쟁점정리대상이며, 법원에게는 심증형성을 통하여 확정하여야 할 대상이 된다. 따라서 구체화되고 정확히 특정되어야 하는 것이다. 그러나 특정의 정도를 엄격한 기준으로 요구하게 되면 주장·증명이 곤란하거나 불

---

16) 사법연수원, 요건사실론, 2008, 21면.

가능하게 될 수도 있으므로 유의할 필요가 있다.

(2) 개별 소송에서는 ① 요건사실을 특정하고 구체화하는데 있어서 어려움의 정도, ② 당해소송에 있어서 다른 동종 유사사실과의 구별가능성의 정도, ③ 상대방의 공격·방어방법과의 관계에서 상대방이 입을 불이익의 정도 등을 종합적으로 고려하여 특정의 정도를 정할 것이다. 그 외에 상대방이 당해 요건사실에 대하여 방어활동을 할 수 있는 이익이 실질적으로 손상되지 않는 범위 내에서 구체성과 특정성 정도를 판단하여야 할 것이다.

Ⅴ. 요건사실 최소한의 원칙

1. 요건사실의 주장·증명책임

어떤 요건사실이 구술변론을 통하여 주장되지 않은 결과 당해 요건사실의 존재를 전제로 한 법률효과가 발생하지 않게 되는 불이익 또는 위험을 주장책임이라 할 수 있다. 한편 어떤 요건사실의 존부가 불명한 것으로 소송 상 결론이 남으로써 그 요건사실의 존재를 전제로 하는 어떤 법률효과 발생이 인정되지 않게 되는 불이익 또는 위험을 증명책임이라 할 수 있다. 이러한 법리에 비추어 보면 주장책임과 증명책임의 귀속 주체는 이론상 일치하는 것으로 볼 수 있다. 따라서 원고의 입장에서 보면 요건사실은 민법 등 실체법상의 권리나 법률관계를 긍정하는 데 필요한 최소한의 사실로 제한하여 파악하는 것도 하나의 소송전략이 될 수도 있을 것이다.[17]

---

17) 소송상 증명책임의 부담을 덜기 위하여 원고는 최소한의 요건사실만을 소장에서 주장할 수 있을 것이다. 그렇게 함으로써 피고가 실질적으로 다투지 않아도 될 사실까지 다투고 나오게 하는 사태를 사전에 방지하는 효과가 있을 것이다.

요건사실은 법규의 조문에 규정되어 있는 법률요건을 전제로 하지만 상대방의 認·否태도(응소행위)에 따라 그 내용이 변경될 수 있다. 예컨대 소유권에 기한 토지인도청구에 있어서 피고가 대상토지의 점유사실을 다투지 않을 경우에는 간단히 '피고가 본건 토지를 점유하고 있다'는 사실이 요건사실로 됨에 부족함이 없다. 만약 피고가 점유사실을 다투고 나올 때에는, 원고는 위에서 설명한 요건사실의 구체성과 특정성의 원칙에 맞추어 요건사실로서 그 점유의 형태에 관하여 구체적으로 주장하여야 할 것이다. 소송기술로서 원고는 청구원인사실에서는 그가 근거로 삼는 법 규정상의 필요·최소한의 요건사실만을 주장하고 나올 수도 있다.

> 원고가 소장을 제출하는 단계에서 어느 정도의 사실을 구체적으로 청구원인에서 주장하도록 할 것인가의 문제는 소송촉진이나 집중심리제도의 정착을 위한 소송정책의 문제와도 관련이 있다.[18] 청구원인이 아닌 사실을 소장에서 어느 정도 구체적으로 기술하여야 하는가의 문제는 소송의 동태적 성격을 고려한 다음 실천적 견지에서 충분한 검토를 필요로 한다. 민사소송규칙 62조는 피고가 주장할 것이 명백한 방어방법에 대한 구체적 진술을 소장의 청구원인에 기재하도록 하고 있다.

요컨대 요건사실에 관한 주장·증명책임을 고려함에 있어서는 필요·최소한의 사실은 무엇인가를 항상 고려하여야 한다. 이러한 입장을 '요건사실 최소한의 원칙' 이라 한다.[19]

2. 요건사실과 쟁점정리

민사소송의 목적은 정당한 권리보호에 있고, 그 목적의 실현을 위하여 적정·공평·신속·경제적인 재판의 실현을 이상으로 추구하고 있다. 요건

18) 拙著, 民事訴訟爭點審理論, 韓國司法行政學會, 202~205면 참조.

19) 村田涉 外 編著, 앞의 책, 10면.

사실론을 실무교육에서 특별히 강조하는 것도 위와 같은 민사소송의 목적이나 이상과 깊은 관련성을 갖는다. 즉 소송당사자와 법원이라는 소송의 3주체는 민사소송의 공격과 방어라는 변론의 주제를 실체법상의 조문에 규정된 권리의 발생·변경·소멸이라는 법률효과 발생에 필요한 최소한의 요건사실에 한정시킬 필요가 있다는 말이다. 민사소송의 실제에 있어서는 요건사실(주요사실) 외에 간접사실이나 보조사실 등 다양한 사실주장이 전개되고 있고, 그러한 사실이 주요사실의 효용성을 능가하는 경우가 오히려 일반적이라고도 할 수 있다. 그럼에도 불구하고 요건사실의 개념 및 요건사실 최소한의 원칙을 충분히 이해하고 있다면 신속·경제적인 재판의 실현을 통한 적정·공평한 권리실현에 절대적인 도움이 될 수 있을 것이다. 즉 요건사실은 당사자 주장의 정리기술의 지침이고, 법원에서의 적절한 쟁점정리를 위한 나침반으로서의 기능을 가지고 있다. 이러한 기능적 측면에서 보면 요건사실이야말로 쟁점과 증거의 정리를 위한 공통언어라 할 수 있을 것이다.[20]

3. 요건사실론에 대한 비판적 견해

요건사실론은 실무교육기관에서 예비법조인에 대한 실무교육방법으로서 발전하였다는 일정한 한계로 인하여 학계의 큰 주목을 받지 못하고 있는 실정이다. 요건사실론은 법조인으로서의 직업기술이라는 기교적 법인식방법에 기초하고 있다는 점은 피할 수 없을 것이다. 이러한 요건사실론의 내용에 대한 여러 가지 비판론을 요약하면 다음과 같다.[21]

① 요건사실론은 간접사실을 무시하거나 또는 경시한다.

② 요건사실론은 심리의 지연을 초래할 수 있다.

③ 요건사실론은 지극히 기술적 요소가 강하며 개념의 유희에 빠질 위

20) 井上哲男, 所有の意思と他主占有事情, 自由と正義, 1999. 5. 69면.

21) 伊藤滋夫, 要件事實の基礎, 有斐閣, 179면.

험이 있다.

④ 요건사실론은 복잡 다양한 현대형 소송에는 무력하다는 것 등이다 .

위 비판론들은 대부분 요건사실론에 대한 이해부족이나 오해에서 비롯된 것으로 볼 수 있다. 그 중에서 요건사실론을 강조하면 당사자 주장의 부실을 초래하여(소장단계에서부터 요건사실 중심의 뼈대만 갖춘 마치 해골형상의 소장 작성을 장려하는 결과가 된다는 것이다), 소송절차지연의 원인이 된다는 비판은 다음과 같은 비판을 면할 수 없을 것이다. 즉 현행 민사소송법이나 규칙은 집중심리주의의 실현을 위하여 당사자로 하여금 공격방어방법의 조기제출을 독려하고 이를 이행하지 않는 당사자에게 각종 제재를 가하고 있다는 사실을 애써 무시하고 있다는 것이다. 당사자의 소송전략적·극단적 사례를 일반화하여 비판의 대상으로 삼고 있다는 말이다.

4. 판결서 작성의 신양식과 요건사실론의 효용성

2002년 개정된 민사소송법 208조가 시행된 후 법원실무는 판결의 자족성과 논리성을 완화하는 방향으로 나아가고 있다.[22] 특히 대법원이 1998. 8. 20. '제정한 판결서 작성방식에 관한 권장사항'에서는 ① 판결서에는 당사자의 주장 또는 요건사실에 관한 판단내용을 빠짐없이 설시할 필요가 없고 법률상 의미가 없거나 쟁점으로 부각되지 아니한 요건사실의 기재를 생략할 수 있고, ② 사건의 결론을 내기 위한 논리적 추론과정과 판결서의 체제구성을 결부시킬 필요가 없으며, 인정되는 사실이면 그것이 청구원인사실이든 항변사실이든 구분없이 일괄하여 설시하여도 무방하다고 하였다. 특히 신양식에서 판결이유의 논리성을 완화함에 따라 요건사실적 쟁점정리의 필요성이 없게 되었다고도 할 수 있을 것이다.[23]

---

22) 사법연수원, 새로운 판결서 작성방식, 5~12면.

그러나 요건사실론은 법률실무가 또는 예비법조인이 갖추어야 할 논리적 사건분석 능력의 함양을 위하여 반드시 갖추어야 할 기본적 소양이라는 점은 부인할 수 없을 것이다. 실정법을 분쟁사실에 연결시켜 재구성하는 논리로서의 기능과 역할이 요건사실론 본래의 영역이라는 점은 전혀 변함이 없다 할 것이다.

제2절 요건사실과 민법

Ⅰ. 재판규범으로서의 민법

1. 실체사법으로서의 민법은 각 개별 규정에서 정하는 요건을 충족시키면 일정한 권리 또는 의무가 발생한다는 형식을 취하고 있다. 예컨대 민법 630조 1항이 전대차의 효과에 관하여 '임차인이 임대인의 동의를 얻어 임차물을 전대한 때에는, 임차인은 직접 임대인에 대하여 의무를 부담 한다'고 규정하는 데서 보듯이, 일반적으로 민법(모든 실체법의 대표로서의 민법을 의미 한다)은 '…면 …한다'라는 규정 방식을 취하고 있다. 위 규정의 앞부분을 법률요건 또는 구성요건이라 하고 뒷부분을 법률효과라 한다. 법률효과는 권리(법률관계)의 발생·발생장애·변경·소멸을 의미하는 것이다. 민법해석론은 법률요건에 해당하는 구체적 사실의 내용을 탐구하는 것이고, 요건사실론은 이러한 민법전에 대한 해석론을 불가결한 전제로 한다. 즉 소송물인 청구의 당부를 결정지을 수 있는 법률효과 발생에 필요한 요건사실은 민법해석론과 민사소송법의 증명책임 분배이론에 의하여 결정된다. 요컨대 '증명'이라는 문제가 필연적으로 제기되

23) 永石一郎, 要件事實のすすめ(上), 自由と正義, 1999. 4월. 84면.

는 소송이라는 현장에서 실체법을 어떻게 하면 올바르게 적용할 수 있는가의 문제가 바로 요건사실론이라고 할 수 있다. 법학을 실재하는 사실관계에 적용됨을 전제로 하는 실용적 학문이라는 관점에서 보면 요건사실론 이야말로 실용성을 그 존립의 근거로 하는 것이라 할 수 있다. 법학전문대학원 학생들에 대한 요건사실론 교육의 필요성이 특히 강조되는 것도 위와 같은 이유 때문이다.[24] 이런 관점에서 재판규범으로서의 민법의 성격을 특별히 강조하는 견해를 취하는 학자들은 민법해석론의 전개에 있어서도 증명책임의 분배문제를 고려할 필요가 있다고 주장한다. 민법 규정들의 문언 형식을 기초로 고찰함과 동시에 증명책임의 부담 면에서 공평·타당성의 확보를 항상 고려하여 해석론을 전개하여야 한다는 것이다.

2. 재판규범으로서의 민법해석 작업은 증명책임 분배이론으로서 수정법률요건분류설을 따른다. 즉 실체법으로서의 민법을 소송용 민법으로 재구성하는 이론이라 할 수 있다. 행위규범으로서의 민법은 채무자의 이행지체에 의한 채권자의 손해배상청구권 발생요건으로서 '변제가 없었을 것'이 필요하겠지만, 재판규범으로서는 요건사실이 아니므로 채권자가 주장·증명하여야 하는 것은 아니라고 한다. 그 외에 임차인이 임대인에 대한 임료를 연체하고 이를 이유로 임대인이 임대차계약을 해지하고자 하는 경우를 보자. 통상적으로 임대인이 내용증명우편으로 상당한 기간 내에 연체차임의 지급을 촉구하고 그 기간 내에 임차인이 차임을 지급하지 않으면 임대차계약은 자동으로 해지된다는 통고를 한다. 이러한 해지의사 표시를 행위규범에서는 정지조건이라 하지만 재판규범에서는 기한

24) 伊藤滋夫, 法科大學院における實務教育, 判例時報 1713号, 3면 이하; 일본에서는 司法制度改革審議委員會의 의견서 형식으로 법과대학원에서의 실무기초교육의 하나로서 요건사실 및 사실인정에 관한 기초교육을 실시하여야 한다는 주장이 제기되었다.

(始期)부 해지의사표시라 한다.[25] 왜냐하면 정지조건이라 하면 임대인이 임료지급채무 불이행에 대한 주장·증명책임을 지게 되는데, 이것은 소극적 사실의 증명책임을 지우는 결과가 되어 부당하다는 것이다. 결론적으로 재판규범으로서의 민법에서는 '최고기간이 경과한 때에는 임대차계약은 해지된다. 다만 임차인이 기간 내에 최고 받은 금액을 지급한 때에는 그렇지 않다'고 해석할 수 있다는 것이다.

3. 현재의 민법 개별 규정들은 대부분 그 요건으로서 정한 사실이 증명되지 않았을 때 어떤 법률효과가 발생할 것인지에 관하여는 규정하지 않고 있다. 즉, 민법 규정은 요건사실의 존부가 명백한 경우를 전제로 하여 그 법률효과를 정하고 있는 것이다. 민법 규정은 재판규범으로서 분쟁사실에 대한 판단기준이 되지만 법원이나 당사자가 민법 규정을 어떻게 원용하여야 할 것인가를 정하고 있는 것은 아니다. 그리고 민법해석론에 있어서는 학자들에 따라 다양한 견해가 전개되는 것이 일반적이다. 그 결과 요건사실론의 내용 면에서도 민법학자들의 견해에 따라 그 결론이 달라질 수 있다. 이러한 상황을 방치한다면 소송실무에서는 혼란이 일어날 소지가 많다. 이러한 혼란의 방지를 위한 방편으로서 요건사실론상의 민법 해석은 판례가 있으면 판례를 따르고, 적절한 판례가 없는 경우에는 학계의 통설을 따르는 것이 일반적 입장이라고 할 수 있을 것이다.

4. 한편 전통적인 의미에서의 민법해석론은 민법 규정을 비롯한 다양한 민법의 법원을 학리적으로 해석하여 그 내용을 확정하는 것에 중점을 둘 뿐, 증명책임 분배문제는 고려하지 않는다는 점에서 요건사실론과 서로 구별 된다. 이러한 민법해석론은 '행위규범으로서의 민법'의 성격을 강조한 측면이 있다고 할 수 있다. 이러한 입장은 민법 규정에 대한 평면

25) 伊藤滋夫 外 編著, 앞의 책, 133면.

적 고찰 방식으로 일관한다. 본문과 단서라는 규정형식의 차이를 고려함이 없이 일률적으로 동일한 성격의 요건사실로서 해석하고자 하는 입장이라고 할 수 있다. 예컨대 매매계약이 민법 108조의 허위표시로서 무효인 경우를 보자. 그러한 사실이 소송절차 상 당사자 변론(주장)을 통하여 나타나지 않으면 그 매매계약을 무효로 할 것인가, 유효로 할 것인가를 위 민법 규정만으로는 판단할 수가 없다. 이러한 법 규정을 고려하여 매매계약에 따른 법적 효과를 주장하는 자는 매매계약의 체결사실 외에 그 매매계약이 유효하다는 것 즉, 동 계약이 허위표시, 요소의 착오, 강행법규(공서양속) 위반 등이 없다는 사실을 모두 주장하고 경우에 따라서는 증명까지 하여야 한다는 견해가 나올 수 있다. 요컨대 행위규범으로서의 민법을 바라보는 입장에서는 매매계약의 효력을 주장하는 자는 당해 매매계약이 법적으로 하자가 없다는 것을 주장·증명하여야 할 책임이 있다고 볼 수도 있다. 민법은 이에 관하여 아무런 해답을 주지 않고 있다. 민사소송에서는 변론주의원칙상 매매계약의 효력을 주장하는 당사자는 그 매매계약에 무효 또는 취소사유에 해당하는 흠이 없다는 사실을 주장하고 증명할 필요는 없다고 본다. 이러한 주장과 증명책임의 분배문제까지 모두 고려하여 살펴보는 것이 바로 '요건사실론'이다. 사실에 대한 증명이라는 문제가 필연적으로 제기될 수밖에 없는 소송에서 민법해석론을 전개함에 있어서 요건사실론적 접근이 요구된다는 점을 깊이 인식하고 상호간에 활발한 교류를 전개할 필요가 있다 할 것이다.

Ⅱ. 민법학과 요건사실론의 상관성 고찰

1. 민법과 요건사실론의 기본적 관점과 상호관계

(1) 민법학에서의 요건사실 파악 형식

민법의 해석은 민법의 기본원리에 충실하되 시대정신의 변화에 탄

력적으로 대응하는 것이어야 한다. 한편 성문법주의를 취하는 대륙법계의 전통에 따라 법적 안정성을 고려하여야 한다. 민법학 저서의 민법 규정상의 요건사실에 대한 해석은 위와 같은 원칙을 전제로 하여 다음과 같은 방식으로 전개되는 것이 일반적이라 할 수 있다. 즉 민법학에서는 어떤 법조(제도)가 작용하는 전형적 사례를 기본으로 하고 그 법률효과 발생에 필요한 법률요건사실 외에 관련되는 주변사항까지 기술하고 있는 경우가 일반적이다. 이러한 기술방식은 그 독자를 소송을 수행하는 법률가들 외에 일반 시민들을 모두 대상으로서 염두에 두고 있기 때문이라고 할 수 있다. 예를 들어 민법 245조 부동산 점유취득시효에 관한 설명을 보면, 일반적으로 아래와 같은 기술형식을 취하고 있다.

즉 부동산취득시효 일반에 관한 총론적 서술 후에 시효취득 일반의 요건사실(공통적 요건사실)로서 민법 245조 규정을 평면적으로 풀이하고 있다. 이러한 설명(풀이)에서는 점유의 권리추정적 효력 등에 대한 고려가 없다.

(2) 요건사실론적 관점에서의 민법 해석

요건사실론은 앞에서 살펴 본 바와 같이 현실로서 발생한 분쟁을 소송을 통하여 해결하는데 기여하는 도구로서 민법을 해석하고자 하는 것이다. 요건사실론에서는 주장·증명책임의 분배문제를 전제로 하여 민법 규정의 요건사실을 입체화하여 제시하는 기술방식을 쓰고 있다. 즉 요건사실론에서는 민법을 입체적·동태적·종합적으로 파악하고 사용하여야 한다. 요건사실론을 배운다는 것은 법 규정을 세밀하게 고찰하고 주장·증명책임을 적용하여 해석할 수 있는 능력을 기르는 것과 같은 의미로 볼 수도 있다. 요컨대 각 제도의 취지, 사회적인 작동형태, 각 법률관계 이해당사자의 상호관계 등을 깊이 배려할 것이 요구 된다.

2. 민법해석론과 요건사실론의 상관관계에 관한 구체적 사례

【사 례】

(1) 원고 X가 1965년에 A 대지를 전소유자로부터 매수하여 소유하여 오던 중, 1971. 8. 12.경 A 대지 위의 구가옥을 철거하고 주택을 신축하면서, 위 대지와 이에 인접한 피고 Y(대한민국) 소유의 B 대지 사이에 설치되어 있던 철조망을 제거하였다. 그리고 B 대지 일부를 침범하여 그곳에 대문과 담장을 설치하고 무단 점유한 B 대지 일부 위에 차고를 짓고 나머지 일부는 마당으로 사용하여 왔다.

(2) X는 그가 점유하고 있는 B 대지 일부에 대하여 1991. 8. 12. 점유취득시효완성을 원인으로 한 소유권이전등기청구 소송을 제기하였다(Y 소유 B 대지 일부는 원래 X가 아닌 소외인이 무단점유 하던 것을 X가 1991. 3. 18. 승계취득 하여 계속 점유하였다).

【사건의 쟁점】

점유취득시효완성의 요건으로서 자주점유의 판단에 있어서 "소유의 의사 유무는 점유자에게 주관적인 소유의 의사가 있다는 것만으로는 부족하고 객관적·외형적으로 나타난 점유의 형태에 의해서 결정되어야 한다"는 것이 통설·판례의 입장이다. 위와 같은 소유의 의사가 있었는지 여부가 불명인 때에는 민법 197조 1항은 점유자는 소유의 의사로 점유한 것으로 추정하고 있다. 그런데, 위와 같은 추정규정에도 불구하고 점유자가 정당한 권원이 없음을 알고서 점유하는 이른바 '악의의 무단점유'의 경우에도 위 추정규정을 적용할 것인지가 이 사건의 핵심이다. 이 경우에 비록 점유자가 악의였다고 하더라도 소유의 의사는 있는 것으로 봄이 민법 197조에 비추어 타당하다.

이에 관하여 아래에서 소개하는 대법원 전원합의체 판결의 다수의견은 위 추정규정의 적용이 배제된다는 견해이고, 소수의견은 위와 같은 경우에도 일단 위 추정규정의 적용을 받는다고 본다. 즉, 소수의견은 점유취득시효완성을 배제하려면 위와 같은 악의의 무단점유사실 증명만으로는 부족하고 그 밖에 점유자가 타인의 소유권을 배제하여 자기의 소유물처럼 배타적 지배를 행사하는 의사를 가지고 점유하는 것으로 볼 수 없는 객관적 사정이 있어야 한다. 즉 점유자가 진정한 소유자라면 통상 취하지 아니하였을 행동을 나타내거나, 소유자라면 당연히 취했을 것으로 보이는 행동을 취하지 아니하는 경우 등의 사정이 증명되어야 그 추정이 깨어질 수 있다고 본다. 참고로 대법원 1994. 10. 21 선고 93다12176 판결 등은 위와 같은 사안에 있어서 점유자가 스스로 자주점유사실을 증명할 책임은 없고, 타주점유임을 주장 하는 상대방에게 증명책임이 있다고 판시 하였다. 즉 위 전원합의체 판결은 위와 같은 종전의 판례를 변경한 것이다.

[대법원 1997. 8. 21. 선고 95다28625 전원합의체 판결]

(다수의견) 점유자가 점유개시 당시에 소유권취득의 원인이 될 수 있는 법률행위 기타 법률요건이 없이 그와 같은 법률요건이 없다는 사실을 잘 알면서 타인 소유의 부동산을 무단점유한 것임이 입증된 경우, 특별한 사정이 없는 한 점유자는 타인의 소유권을 배척하고 점유할 의사를 갖고 있지 않다고 보아야 할 것이므로 이로서 소유의 의사가 있는 점유라는 추정은 깨어졌다고 할 것이다.

(소수의견) (1) 점유개시 당시에 소유권취득의 원인이 될 수 있는 법률행위 기타 법률요건이 없이 그와 같은 법률요건이 없다는 사실을 잘 알면서 타인 소유의 부동산을 무단점유 한 것임이 입증되었다고 하더라도 그와 같은 입증이 있다는 것만으로 점유자의 점유가 권원의 객관적 성질상 소유의 의사가 없는 점유라고 단정할 수는 없다. (2) 또 다른 부가적 사정없이 단순히 점유자가 점유개시 당시에 소유권취득의 원인이 될 수 있는 법률행위 기타 법률요건이 없이 그와 같은 법률요건이 없다는 사실을 잘 알면서 타인 소유의 부동산을 무단점유 하였다는 사정만으로 외형적·객관적으로 보아 점유자가 진정한 소유자라면 통상 취하지 아니할 태도를 나타내거나 소유자라면 당연히 취했을 것으로 보이는 행동을 취하지 아니한 경우에 해당된다고 볼 수도 없다. (3) 점유취득시효에 있어서는 점유자가 선의임을 그 요건으로 삼지 않고 있어 악의의 점유자도 자주점유라면 시효취득을 할 수 있는 것이다. (4) 그러므로 위와 같은 법률요건이 없다는 사실을 잘 알면서 점유한다는 것은 그 점유가 악의의 점유라는 것을 의미하는 것일 수는

있어도 그 점유가 자주 또는 타주점유인지 여부와는 직접적인 관련이 없는 것이므로 이러한 사정만으로 자주점유의 추정을 깨뜨리는 사정이 입증되었다고 볼 수는 없다.

참고로 민법학자들의 대표적 견해 2가지를 소개한다.

[A학설] 악의의 무단점유라 할지라도 자주점유의 추정에 관한 민법 197조 1항이 적용되어야 한다는 견해도 있다. 私見으로는 점유자가 권원 있는 점유를 하여왔다는 개연성이 인정될 정도로 주장·증명하여야 한다고 생각한다. 증명의 일반원칙에 비추어 '아무런 권원이 없었음'을 증명한다는 일은 불가능하다. 상대방 측(대개 등기명의인)에서 점유자가 매매·증여·상속 등 어떠한 권리취득 원인도 갖지 않았음을 증명하는 것은 사실상 불가능하기 때문이다. 따라서 점유자가 xx년 x월 x일 김 아무개로부터 매수하여 인도받아 점유를 시작하였다고 주장하면 등기명의인(피고)이 '점유자는 그 당시에 임차인으로서 김 아무개에게 차임을 지급한 사실이 있다'고 반대증거를 제시하여 점유자의 자주점유 주장을 깨뜨리게 된다. 결국 민법 197조 1항은 "점유자의 권원에 대한 주장은 충분한 반대증거가 없는 한 사실인 것으로 인정 된다"는 의미를 갖게 될 것이다.[26)]

[B학설] 위에서 소개한 대법원 전원합의체 판결은 이론적으로는 악의의 점유와 他主점유를 혼동하고 있다는 비난을 면하기 어렵다. 무단점유를 타주점유로 규율하면 취득시효의 적용범위가 대단히 축소되어 부당하다. 위와 같이 소유자의 무단점유의 증명이 성공하면 소유의사의 추정이 깨지지만 점유자는 소유자의 소유권을 배척하여 점유할 의사를 가졌다는 외형적·객관적 사실을 증명하여 자주점유를 증명하거나 소유의사로 새로이 토지를 점유한 사실을 증명하여 자주점유로의 전환을 증명함

26) 이은영, 물권법, 박영사, 379~380면.

으로써 취득시효의 혜택을 받을 수 있을 것이다. 그리고 판례는 이러한 증명의 정도를 너그럽게 요구함으로써 실제의 不合當을 제거하여야 할 것이다.[27]

(1) 위 사례와 대법원판례 및 위 학설을 기초로 본 사건의 소송물과 요건사실 등을 정리하여 보면 다음과 같을 것이다.

[청구취지]
Y는 X에게, B 대지 중 별지도면 표시 ㄱ, ㄴ, ㄷ, ㄹ, ㄱ점을 순차 연결한 ㈎ 부분 15㎡에 관하여 1991. 8. 12. 점유취득시효완성을 원인으로 한 소유권이전등기 절차를 이행하라(별지도면은 생략함).

위 청구취지에 따른 소송물은 점유취득시효완성을 원인으로 한 소유권이전등기청구이고, 그 민법상의 근거는 245조 1항이 된다.

민법 245조 1항 규정에 따라 점유취득시효완성을 원인으로 한 소유권이전등기청구의 요건사실을 정리하면 다음과 같다.

X는 20년간 소유의 의사로 평온, 공연하게 B 대지 중 ㈎ 부분을 점유하고 있다.

위 요건사실 중 점유자의 소유의 의사(자주점유), 평온 및 공연한 점유와 점유의 계속은 민법 197조 및 198조에 의하여 추정된다. 따라서 X는 B 대지 중 ㈎ 부분의 점유시점과 현재도 점유하고 있는 사실을 주장·증명하면 된다(점유시점에 관한 주장의 법적 성격은 뒤에 자세히 본다). 그러나 실무상으로는 시효취득을 주장하는 자에게 '소유의 의사로 평온·공연하게 점유한 사실'까지 주장하도록 하는 예가

27) 이영준, 물권법, 박영사, 654면.

일반적이다.[28]

위와 같은 추정 규정에 의하여 X의 점유가 소유의 의사가 없는 타주점유라거나, 평온·공연하지 아니한 강폭·은비 점유라는 주장·증명 책임은 Y가 부담한다.

(2) 한편 위 대법원전원합의체 판결에 의하면 X가 점유개시 당시에 소유권 취득의 원인이 될 수 있는 법률행위 기타 법률요건이 없음에도 그러한 사정을 잘 알면서 타인 소유의 부동산을 무단점유 한 사실은 Y의 항변사유에 포함될 것이다. 그러나 위 판례 중 소수의견에 의하면 위와 같은 악의의 무단점유 항변만으로는 X의 자주점유 추정을 깨뜨릴 수 없다. 즉 악의의 무단점유는 항변에 포함되지 않는 것이다.

(3) 이러한 민법 규정과 그 해석론의 차이에 따른 Y의 항변사실을 정리하면 다음과 같다.

[다수의견(판례) 및 A 학설에 의할 경우]

1. X의 점유는 타주점유라는 사실
2. X의 점유는 무단점유라는 사실
3. X의 점유는 평온·공연한 점유가 아니라는 사실
4. X의 점유는 점유개시 이후 20년간 계속되지 않고 중간에 점유를 상실하였던 사실(점유의 중단사실)

[소수의견에 의할 경우]

1. X의 점유는 타주점유라는 사실
2. X의 점유는 평온·공연한 점유가 아니라는 사실

28) 사법연수원, 요건사실론 2008, 93면.

3. X의 점유는 점유개시 이후 20년간 계속되지 않고 중간에 점유를 상실하였던 사실

Y는 X가 성질상 타주점유로 보이는 권원(지상권, 전세권 등 용익물권 및 임차권 등)에 의하여 점유를 취득하였다거나, 원고가 타인의 소유권을 배제하여 자기의 소유물처럼 배타적 지배를 행사하려는 의사를 가지고 점유하는 것으로 볼 수 없는 객관적 사정이 있었다는 사실(임료의 지급사실 등)을 주장·증명함으로써 X의 점유가 타주점유라는 항변의 증명에 성공할 수 있을 것이다.

(4) 위 다수의견과 소수의견의 주요 차이점인 무단점유사실을 Y의 항변으로서 인정할 것인지 여부에 따라 점유취득시효완성으로 인한 소유권이전등기 청구사건의 승패에는 상당한 영향이 있을 것이다. 무단점유인지 여부가 주요쟁점으로 부각되었다고 가정할 때, Y에게 그 증명책임이 있을 것이지만 X로서는 이러한 사실이 쟁점화 된다는 사실 자체에 대하여 부담을 가질 수밖에 없을 것이다. 실무상 Y는 실질적으로 부인에 가까운 주장으로 일관한다고 하더라도 법관에게 유리한 심증을 갖게 할 수도 있을 것이다. 요컨대 이러한 쟁점의 성격상 X는 민법 규정과는 상관없이 점유의 권원이 자주점유였음을 증명할 필요가 있게 되는 것이다. 점유개시 시점인 20년 전의 사실관계에 대한 증거방법(증명수단)은 X나 Y 모두에게 있어서 확보하기 어려울 것이다. 결론적으로 위와 같은 다수견해의 법 해석론은 Y에게 매우 불리하게 작용하고 있는 것이다.

이상에서 살펴보듯이 민법해석론은 요건사실론에 직접 영향을 미치고 판결 결과를 좌우하는 것이다.

3. 실용적 민법해석학을 향한 요건사실론의 기여

요건사실론은 민법해석학을 불가결한 전제로 하고 있음은 위에서 살펴

본 바와 같다. 민법학자들은 이러한 사실을 염두에 두고 재판규범으로서의 민사실체법 해석론을 전개할 필요가 있다. 요건사실론을 의식하는 민법해석론의 전개야말로 실용주의법학을 실현하는 길이라고 할 수 있을 것이다. 민법을 공부하는 학생의 입장에서도 요건사실론적 사고를 민법해석론에 접목시킴으로써 실체 민사법에 대한 보다 세밀하고도 정확한 이해를 할 수 있을 것이다. 즉 요건사실론적 실체법 해석에 있어서 精緻함을 가져다 줄 수 있다.[29)]

29) 요건사실론은 법률실무가들이 실체법을 思考하는 기본 형식이자 그들만의 공통언어라고 할 수 있다. 예비법조인으로서의 법학전문대학원생들로서도 요건사실론의 기본 지식을 갖추고 난 뒤에 사실인정 및 소송운영실무교육에 임하여야 할 것이다.

제2장 변론주의

제1절 총 설

Ⅰ. 원고의 소제기에 따라 소장부본이 피고에게 송달되면 피고는 정해진 기간 내에 답변서를 제출하여 원고의 청구에 대하여 다툴 수도 있고, 답변서를 제출하지 않는 등 무 대응하는 것으로 일관할 수도 있다. 피고가 원고의 청구 및 주장사실에 대하여 다투고 나오면, 본격적인 변론절차가 진행된다.

Ⅱ. 변론의 기초가 되는 소송자료(사실과 증거가 주된 요소라 할 수 있다)의 수집에 있어서는 법원과 당사자가 일정한 역할을 분담한다. 각 시대의 시대정신 및 절차의 종류, 입법자의 결단에 따라 법원과 당사자의 역할분담 범위가 달라질 수 있다. 예컨대 전체주의 국가에서는 법원의 직권주의를 강화할 것이다. 이와는 대조적으로 자유주의·개인주의에 입각한 1806년의 프랑스 민사소송법은 당사자 주도권을 철저히 관철 하였다. 우리 민사소송법은 원칙적으로 소송절차의 진행은 법원이 담당하고, 소송물의 특정과 소송자료의 제출은 당사자의 책임으로 하고 있다.

Ⅲ. 소송자료로서의 사실은 원칙적으로 실체법과 절차법상의 법률효과 발생의 전제가 되는 사실이라고 할 수 있다. 이러한 사실은 주요사실, 간접사실, 보조사실 등으로 우선 분류할 수 있고, 사실 수집 및 제출책임은 원칙적으로 당사자에게 있다(변론주의). 그런데 공익과 관련되는 사실 일부는 법원의 직권조사 사항이 되고, 직권조사 사항 중 일부는 법원이 적

극적으로 증거조사를 실시하여 확정하는 직권탐지 사항으로 된다.

- 사실
  - 변론주의 적용대상인 사실(주요사실) : 주장책임. 재판상 자백의 대상. 직권증거조사의 원칙적 금지
  - 직권조사사항인 사실
    - 직권탐지를 필요로 하지 않는 사항(과실상계 사유, 소송요건, 상소요건, 절차적 강행법규의 준수 등) : 재판상 자백 및 주장책임 적용 배제
    - 직권탐지를 필요로 하는 사항(재판권 및 재심사유의 존부, 가사소송, 행정소송, 헌법소송, 선거소송) : 변론주의의 전면적 배제

* 주요사실 이외 간접사실·보조사실은 변론주의 적용대상은 아니지만(통설·판례) 법원이 사건의 실체관계를 파악함에 있어서 주요사실에 못지않은 중요한 역할을 한다. 이러한 사실들도 당사자가 주도적으로 제출하는 증거 등 재판자료를 기초로 하여 법원이 그 존재여부를 확정하게 된다.

제2절 변론주의의 내용

Ⅰ. 변론주의의 의의

1. 변론주의는 법원의 재판의 소전제인 사실의 수집과 제출책임을 소송당사자에게 일임하고, 당사자가 소송상의 변론과정을 통하여 제출한 사실과 증거만을 기초로 판단하여야 한다는 원칙이다. 당사자는 그에게 유리한 법원의 판단을 이끌어 내는데 필요한 사실과 증거가 제출되지 않음으로써 불이익한 재판을 받게 될 위험을 회피하려는 노력을 하여야 한다는 것이 변론주의 채택의 제도적 배경이라 할 수 있다.

2. 변론주의 원칙은 위와 같은 소송당사자의 이기심의 발동을 촉구하여 소송에서의 실체적 진실 발견을 이루어 내려는 것이다. 그러나 소송당사자들의 소송수행능력의 차이 등으로 인하여 변론주의 원칙에 대한 수정이 가해지게 되었다.

본서에서는 변론주의 원칙의 기본적 내용과 변론주의 적용대상인 사실을 중심으로 하여 고찰하고자 한다.

Ⅱ. 변론주의의 3대 명제

1. 제1명제(주장책임)

법률효과의 발생·소멸 등에 직접 필요한 사실(주요사실)이 당사자 변론에 나타난 경우에 한하여 법원은 판결의 기초로 할 수 있다.

(1) 소송의 전개과정은 원고의 소제기를 통한 신청→소송물(청구)의 존부에 관한 당사자의 주장 전개→다툼이 있는 사실에 대한 증거조사→판결의 순으로 전개된다. 원고는 소장의 청구원인을 통하여 그의 청구가 법적 근거를 가지고 있음을 보여줄 수 있는 사실(청구 근거규정상의 요건사실)을 주장한다. 피고는 원고 주장에 대하여 자백, 침묵, 부인, 부지 등의 태도를 취하게 될 것이며, 적극적으로 항변사실을 주장하기도 한다. 위와 같은 공격방어과정을 통하여 권리근거규정, 장애·멸각·저지규정상의 요건사실(주요사실)은 반드시 당사자의 주장이 있어야 한다. 법원의 증거조사를 통하여 당사자에게 유리한 사실이 나타나더라도 당사자의 주장이 없으면 이러한 사실을 판결의 기초로 할 수 없다.

예컨대, 원고가 피고에 대하여 대여금반환 청구소송을 제기하고, 피고는 원고 주장의 대여금을 모두 변제하였다고 항변하는 경우를 보자. 법원의 심리 결과 피고가 변제한 사실은 인정되지 않지만, 위 채무가 시효소멸 된 사실을 알게 되었다고 하더라도 당사자가 이러한 사실을 주장하지 않는 한, 법원이 이를 참작하여 원고 청구를 기각할 수 없다.

(2) 주요사실의 주장은 반드시 그 사실로부터 유리한 판단을 받게 될 당사자가 주장하여야 하는 것은 아니며, 어느 쪽 당사자라도 그 사실을 주장하면 법원은 이를 기초로 판단할 수 있다. 소송당사자인 원고와 피고 사이에 주장공통의 원칙이 적용 된 결과라 할 수 있다. 이것은 하나의 소송에서 다루어지는 분쟁사실은 동일한 것이라는 전제에서 출발하기 때문이다.

통상의 공동소송인 상호간에는 공동소송인독립의 원칙(민사소송법 66조)이 적용되어 공동소송인의 지위는 상호 독립적이다. 공동소송인 상호간에는 제3자적 지위에서 증인이 될 수도 있다. 공동소송인 상호간의 소송자료의 불통일, 소송 진행의 불통일, 재판의 불통일이 있게 된다. 그런데, 공동소송인 상호간에도 일정한 상호관련성(민사소송법 65조)이 있는 것을 전제로 이들 사이에도 증거공통의 원칙이나 주장공통의 원칙이 적용되어야 한다는 견해가 있다. 우리의 통설·판례는 공동소송인 상호간의 증거공통의 원칙은 인정하고 있으나, 주장공통의 원칙 적용에 관하여 판례는 이를 부정한다(대법원 1994.5.10 선고 93다47196 판결). 즉 위 사건 임야 5필지는 원고의 망부가 사정받은 뒤 원고가 상속한 것인데, 그 중 4필지에 대하여는 소외 A의 명의로 소유권보존등기 되었다가 피고 甲, 乙, 丙 명의로 각 1필지씩 소유권이전등기가 경료 되었고 나머지 2필지에 대하여는 피고 丁 명의로 소유권보존등기가 경료 되었다. 원고는 각 보존등기가 원인무효임을 전제로 피고들을 상대로 진정명의회복을 위한 소유권이전을 청구하였고, 이에 피고 乙, 丙, 丁은 각자의 등기가 실체관계에 부합한다는 항변을 하였으나 피고 甲만은 그에 대한 소송이 공시송달에 의하여 진행된 관계로 아무런 항변을 제출하지 못하였다. 원심은 피고 乙, 丙, 丁의 항변이 피고 甲에게도 미친다고 보아 피고들에 대한 청구를 모두 기각하였다. 대법원에서는 민사소송법 62조 규정과 우리 민사소송법이 취하고 있는 변론주의 소송구조 등에 비추어 볼 때, 통상의 공동소송에 있어서 이른바 주장공통의 원칙은 적용되지 아니한다고 하여 원심판결을 파기환송 하였다.

* 소송에 있어서 원고와 피고 간에는 주장공통의 원칙이 적용되고 있지만 공동소송인 상호간에는 적용되지 않는다는 점을 유의할 필요가 있다.

(3) 법률상의 요건사실에 해당하는 주요사실에 대하여 당사자가 주장하지도 아니한 사실을 인정하여 판단하는 것은 변론주의에 위배된다. 이러한 주요사실에 대한 당사자의 주장은 직접적으로 명백히 한 경우뿐만 아니라 당사자가 법원에 서증을 제출하며 그 입증취지를 진술함으로써 서증에 기재된 사실을 주장하거나, 그 밖에 당사자의 변론을 전체적으로 관찰하여 간접적으로 주장한 것으로 볼 수 있는 경우에도 주요사실의 주장이 있는 것으로 보아야 한다.

(4) 민사소송에 있어서 변론주의는 주요사실에 대하여서만 인정될 뿐 주요사실의 존부를 추인케 하는 간접사실에 대하여는 그 적용이 없다.

[대법원 1990. 6. 26. 선고 89다카15359 판결]

대리인에 의한 계약체결의 사실은 법률효과를 발생시키는 실체법상의 구성요건 해당사실에 속하므로 법원은 변론에서 당사자의 주장이 없으면 그 사실을 인정할 수가 없는 것이나, 그 주장은 반드시 명시적인 것이어야 하는 것은 아닐 뿐더러 반드시 주장책임을 지는 당사자가 진술하여야 하는 것도 아니고 소송에서 쌍방 당사자 간에 제출된 소송자료를 통하여 심리가 됨으로써 그 주장의 존재를 인정하더라도 상대방에게 불의의 타격을 줄 우려가 없는 경우에는 그 대리행위의 주장은 있는 것으로 보아 이를 재판의 기초로 삼을 수 있는 것이다. 원고는 이 사건 변론에서 소외 허유옥이 피고 한복순을 대리하여 이 사건 매매계약을 체결하였다고 명백한 진술을 한 적은 없으나, 피고들은 1988.9.5.자 준비서면(기록 129쪽)에서 피고 한복순은 소외 허유옥에게 이 사건 토지에 관한 매매계약을 체결할 권한을 수여하거나 승낙한 사실이 없다고 주장함으로써 원고가 위 소외인의 무권대리라는 취지의 주장을 하고 있으므로, 이와 같은 소송경과에 의하면 이 사건 매매계약 체결에 있어서 위 소외인이 피고 한복순을 대리한 사실이 변론에서 주장된 것으로 볼 수도 있다.

2. 제2명제

당사자의 재판상 자백은 법원을 구속한다.
법원은 당사자 간에 다툼이 없는 주요사실은 당연히 판결의 기초로 하여야 한다.

(1) 재판상 자백은 구술변론기일에 상대방의 주장과 일치하는 자기에게 불리한 사실의 진술을 말한다. 재판상자백이 성립한 사실은 당사자가 임의로 그 주장을 철회할 수 없고, 이와 모순되는 진술을 하더라도 그 효력이 없다.

(2) 재판상 자백의 대상은 주요사실에 한정된다는 것이 다수설과 판례의 입장이라고 할 수 있다. 당사자 청구의 당부판단의 전제가 되는 선결적인 권리·법률관계에 대한 권리자백이 재판상 자백의 대상이 될 수 있는가에 관하여 다수설은 긍정하고 있지만 판례는 소극적이다(제4장 제4절 참조).

3. 제3명제

법원은 당사자 사이에 다툼이 있는 사실을 확정함에 있어서 원칙적으로 당사자가 신청한 증거만을 조사할 수 있다. 따라서 직권 증거조사는 원칙적으로 금지된다.

(1) 민사소송법 292조는 보충적 직권 증거조사를 허용하고 있으므로 위 명제가 절대적 의미를 갖는다고 할 수는 없다. 그러나 변론주의 원칙하에서는 증거제출에 있어서 당사자 주도의 원칙을 손상하지 않는 범위 내에서 법원의 심증형성에 필요한 자료를 직권조사에 의하여 수집할 수 있다. 즉 직권 증거조사는 필요한 경우에 최소범위 내에서 실시할 수 있다는 제한적 의미를 위 법 규정에 부여할 수 있을 것이다.

(2) 당사자의 신청에 따라 실시한 증거조사 결과는 그 신청 당사자 측에 유리하든 불리하든 사실인정의 자료로 쓸 수 있다(증거공통의 원칙).

(3) 일반 민사소송과는 달리 직권탐지주의가 지배하는 가사소송(가사소송법 17조), 행정소송(행정소송법 26조), 선거소송(공직선거법 221조, 227조), 헌법재판(헌법재판소법 31조, 40조) 등에 있어서는 법원이 당사자의 신청여부에 관계없이 직권으로(주도적으로) 증거조사를 할 수 있다.

일반 민사소송에서도 소송요건(재판권의 존부, 전속관할, 당사자능력, 소송능력 등에 관한 사항) 및 법규(외국법규, 관습법, 지방자치단체의 조례 등)에 관한 사항은 법원이 직권조사(탐지)한다.

증권관련 집단소송(동 법 30조 이하)에서도 법원의 직권 증거조사를 널리 허용하고 있다.

제3절 변론주의의 적용범위

Ⅰ. 변론주의 원칙의 전개

1. 변론주의하에서 각 당사자는 소송에서의 패소를 면하기 위하여 자기에게 유리한 사실을 주장하고 그 주장이 상대방에 의하여 다투어지는 경우에는 증거를 제출하여 증명하여야 한다. 이것을 주관적 주장책임이라고 한다.[1] 원고는 실체법상 청구권의 기초가 되는 요건사실을 주장하여야 하고, 피고는 원고의 주장사실에 대하여 실체법상 항변권의 기초가 되는 사실 또는 원고 주장사실의 반대사실을 주장하여야 한다. 이러한 주장사실의 전개는 원칙적으로 법관의 면전에서 대립하는 양쪽 당사자가 동시에 출석하여 말로써 공격과 방어를 행하는 이른바 口述審理方式이 그 본래의 모습이라고 할 수 있다.

2. 구술심리방식은 공개재판의 원칙에 잘 들어맞을 뿐만 아니라 법관의 면전에서 대립당사자 간의 자유로운 토론을 통하여 분쟁의 적정·신속한 해결을 가능하게 한다. 법관을 직접 대면하여 변론을 진행하는 방식하에서는 당사자의 심문청구권을 실효성 있게 보장받을 수 있어서 당사자가 예상하지 못한 뜻밖의 재판방지(不意打방지)라는 목적도 달성할 수 있다. 이러한 제도적 장점으로 인하여 변론주의와 구술심리주의는 불가분의 관계로 발전하였다. 법관의 면전에서 대립당사자가 서로의 주장을 전개함으로써 역사적 사실로서의 분쟁관계를 둘러싼 모순관계가 토론이라는 변증법적 과정을 통하여 진실에 도달할 수도 있다는 思考에 의하여 위와 같은 변론방식은 그 이론적 기초를 더욱 굳게 할 수 있었다.

---

1) 김홍규·강태원, 민사소송법, 삼영사 2008, 383면.

3. 법원은 당사자가 요건사실에 맞추어 주장책임을 다할 수 있도록 적절한 소송지휘권을 행사하여야 한다. 당사자의 요건사실 주장과정에서 일부 요건사실 주장을 결여하고 있거나 강행법규 위반행위 등이 드러나는 경우에는 '주장 자체로서 이유 없다'는 판단을 내리고 증거조사 절차에 들어가지 않을 수도 있을 것이다.

이때 주장책임의 분배기준은 입증책임의 분배기준과 일치하므로 뒤의 입증책임 분배론에서 같이 살펴보기로 한다.

Ⅱ. 변론주의 적용 대상인 사실

1. 주요사실

(1) 재판의 소전제가 되는 사실은 재판과 상호 관련되는 모습에 따라 주요사실, 간접사실, 보조사실로 분류된다.

(2) 주요사실은 재판에서 적용할 법규의 구성요건에 직접적으로 해당하는 구체적 사실로서 요건사실과 동일한 개념으로 취급하는 것이 현재의 판례의 태도이며, 유력설의 입장임은 앞서 설명한 바와 같다.

주요사실은 소송당사자가 청구(소송물)권 성립근거로 하거나, 공격방어방법의 실체법상 근거가 되는 권리의 발생·장애·소멸 등의 법률효과를 이끌어 내는데 필요한 사실이다. 주요사실의 존재가 증명되면 곧바로 실체법상 권리가 인정되므로 직접사실이라고도 한다. 예컨대, 재산권이전약속과 대금지급약속이라는 매매계약 체결 사실이 증명되면 계약당사자는 매수인 또는 매도인에게 인정되는 법상 권리가 부여된다.

(3) 주요사실은 변론주의 적용대상으로서 당사자에게 주장책임이 있고, 재판상 자백의 대상이 된다.

2. 간접사실

(1) 간접사실은 주요사실의 존재여부를 추인하는데 이바지하는 사실을 말한다. 아래의 판례는 형사사건이기는 하지만 간접사실의 개념에 관한 이해에 도움이 될 것이기에, 그 판결 요지를 소개한다.

[대법원 2008. 5. 15. 선고 2005도7911 판결]

업무상배임죄에 있어서 '임무에 위배하는 행위'라 함은 업무상 타인의 사무를 처리하는 자가 그 처리하는 사무의 내용, 성질 등 구체적 상황에 비추어 법률의 규정, 계약의 내용 혹은 신의칙 상 당연히 할 것으로 기대되는 행위를 하지 않거나 당연히 하지 않아야 할 것으로 기대되는 행위를 함으로써 본인과 사이의 신임관계를 저버리는 일체의 행위를 말한다. 업무상배임죄의 고의는 업무상 타인의 사무를 처리하는 자가 본인에게 재산상 손해를 가한다는 의사와 자기 또는 제3자가 재산상 이익을 얻게 된다고 하는 의사가 임무에 위배된다는 인식과 결합되어 성립하게 된다. 이와 같은 업무상배임죄의 주관적 요소로 되는 사실은, 피고인이 본인의 이익을 위하여 문제가 된 행위를 하였다고 주장하면서 범의를 부인하는 경우, 사물의 성질상 고의와 상당한 관련성이 있는 간접사실을 증명하는 방법에 의하여 입증 할 수밖에 없다. 또 무엇이 상당한 관련성이 있는 간접사실에 해당하는지는 정상적인 경험칙에 바탕을 두고 치밀한 관찰력이나 분석력에 의하여 사실의 연결상태를 합리적으로 판단하는 방법에 의하여야 하며, 본인의 이익을 위한다는 의사는 부수적일 뿐이고 이득 또는 가해의 의사가 주된 것임이 판명되면 그 행위의 결과가 일부 본인을 위한 측면이 있다 하더라도 배임죄의 고의를 부정 할 수 없다(대법원 2002. 7. 22. 선고 2002도1696 판결, 대법원 2003. 2. 11. 선고 2002도5679 판결, 대법원 2003. 10. 10. 선고 2003도3516 판결, 대법원 2004. 7. 22. 선고 2002도4229 판결 등 참조).

원심이 그 채택증거들을 종합하여 인정한 사실과, 원심이 채택한 증거들에 의하여 인정되는 사정, 즉 이 사건 자사주 매각조건이 동부증권에게는 뒤에서 보는 바와 같이 별다른 이익이 없는 반면 피고인 1에게는 일방적으로 유리한 내용으로서, 주권상장법인인 회사와 이사 간의 거래임에도 불구하고, 공정한 절차에 의하여 매각조건을 정하려는 아무런 노력을 기울이지 아니한 채 매각조건이 결정되었을 뿐 아니라, 이 사건 자사주 매각을 결의하였다는 2000. 12. 5.자 이사회는 실제로 개최되었다고 보기도 어려운 점, 이 사건 자사주 매각으로 인한 자기자본 증가 및 부채의 감소 효과 중 절반 이상이 597억 원에 이르는 처분 손실에 따른 법인세 저감 효과에 불과하므로 동부건설의 부채비율 감축 수단으로 자사주 매각을 서두를 수밖에 없었다고 보기 어려운 점, 피고인들이 이 사건 자사주 매도 후부터 동부건설 주식에 대하여 고배당정책을 지속적으로 시행하여 피고인 1로 하여금 이 사건 자사주 매매대금의 상당 부분을 그 자사주에 대한 배당금으로 충당케 한 점, 피고인 1은 이 사건 수사가 개시된 2004. 4. 경까지도 2002년 말까지 지급하기로 되어 있던 잔금 중 50여 억 원을 지급한 바가 없으며 그럼에도 불구하고, 동부건설에서는 피고인 1에게 미지급대금에 대한 담보제공을 요구하거나 대금지급의 이행을 촉구한 바조차 전혀 없었던 점(피고인 3의 법정진술, 공판기록 221면, 225면 등 참조) 등 거래 전후의 여러 사정까지 감안하면, 이 사건 자사주 매각은 주로 피고인 1의 개인적 이익을 위한 것으로 볼 여지가 충분하다고 하겠다.

(2) 판례의 태도를 기준으로 하면, 주요사실과 간접사실은 ① 주장책임, ② 재판상 자백의 성립여부, ③ 유일한 증거에 대한 조사의 필요성, ④ 상고, 재심사유로서의 판단누락이 되는지 여부 등에 있어서 구별의 실익이 있다. 그 외에 ⑤ 소장·답변서 기타 준비서면에 있어서 사실주장의 기재방법, ⑥ 쟁점정리·석명·심리의 기준, ⑦ 판결서에서의 사실 적시 등에 있어서도 일정한 차이가 있다. 신속한 심리(변론)절차 진행과 쟁점중심 집중심리제의 정착을 위하여 주요사실을 경험법칙 등에 의하여 추인할 수 있는 간접사실을 조기에 정확히 파악하고 주장·증명활동을 활발히 전개할 필요가 있다.

(3) 판례를 중심으로 하여 간접사실의 유형을 살펴보면 다음과 같다.

(가) 주요사실의 경위·내력 등에 관한 사실 또는 당사자의 주장사실과 연결성이 있고, 동일 범위에 속하는 사실

① 내용증명우편으로 발송한 우편물은 특별한 사정이 없는 한 그 무렵에 배달되었다고 보아야 한다(대법원 1969. 3. 25. 선고 69다2449 판결). 이 경우 주요사실인 의사표시의 도달사실(민법 111조 1항)을 증명할 직접적 증거가 없더라도 내용증명우편으로 그 의사표시를 발송한 간접사실만 증명되면 경험법칙의 적용에 의하여 주요사실이 인정되는 결과가 된다. 요컨대 간접사실은 경험법칙의 적용을 위한 하나의 전제사실이 되는 것이고 하나의 증거자료로서 작용한다.[2)]

위와 같이 간접사실은 주요사실과는 달리 그 자체로 법규의 요건사실이 될 수 없고, 경험법칙의 적용을 통한 평가를 거쳐야 한다는 이유에서 재판상 자백의 대상이 될 수 없는 등 변론주의 적용대상에서 제외하는 것이 판례의 일관된 입장이다.

② 등기원인사실은 간접사실에 해당한다(대법원 1982. 12. 9. 선고 80다532 판결).

예컨대, 원고가 계쟁 부동산 소유자로서 불법으로 경료 된 타인 명의의 소유권보존등기의 말소를 구하는 소송에 있어, 원고가 그 부동산을 소외 갑으로부터 매수하였음에 의한 것인지, 또는 소외 을의 신탁에 의하여 갑으로부터 원고 앞으로 소유권이전등기를 하였음에 인한 것인지는 주요사실이 아니라고 한다(대법원 1969. 7. 8. 선고 69다486 판결).

③ 변제기일(대법원 1962. 4. 4. 선고 61다1013 판결).

---

2) 이인재, 주요사실과 간접사실의 구별의 필요성과 그 기준, 재판자료 제25집, 99면.

④ 계약의 성립일시(대법원 1969. 12. 9. 선고 69다1359 판결).

⑤ 계약의 성립에 피고가 직접 약정서에 날인하였는지 제3자가 피고 대신 날인한 것인지(대법원 1971. 4. 20. 선고 71다278 판결), 서류를 원고가 직접 작성하였는지, 원고의 승낙 아래 피고가 작성하였는지에 관한 사실(대법원 1968. 4. 30. 선고 68다182 판결).

⑥ 임차권이 임차권자의 포기에 의하여 소멸하였는지, 당사자의 합의에 의하여 소멸하였는지에 관한 사실.[3)]

(나) 소멸시효 및 취득시효의 기산점

① 소멸시효의 기산점은 주요사실이므로 법원이 당사자가 주장하지 않은 때를 기산점으로 할 수 없다(대법원 1995. 8. 25. 선고 94다35886 판결 등).

② 취득시효의 기산점은 간접사실이라고 한다. 즉 점유의 始期와 權原은 요건사실인 점유기간과 자주점유를 추인케 하는 간접사실이므로 법원은 이에 관한 당사자의 주장에 구애됨이 없이 변론에서 나타난 자료에 의하여 인정할 수 있다(대법원 1993. 10. 26. 선고 93다7358 판결).

(다) 신체死傷으로 인한 손해배상사건에서 일실이익 산정의 기초가 되는 사실

① 월수입·가동연한·월생계비 등은 주요사실이다(대법원 1983. 6. 28. 선고 83다191 판결 등).

② 장래 얻게 될 일실이익에 대한 現價산정방식인 호프만식 또는 라이프니쯔식에 관한 주장은 간접사실이라고 한다(위 대법원 판결).

③ 위와 같은 판례 입장에 대하여 월 수입액·생계비·가동연한까지도 노동능력 상실의 손해를 금전적으로 평가하기 위한 자료로서 간접사실 내지 경험법칙으로 보아야 한다는 견해가 있다.[4)]

---

3) 이인재, 앞의 논문, 119면.

[사례연구 (대법원 1989. 9. 12. 선고 89다카7907 판결 참조)]

갑은 2006. 12. 10. 21:00경 직장에서 야간근무를 마치고 때마침 같이 퇴근하는 소외 A 운전의 오토바이 뒷좌석에 타고 가다가 교차로에 이르러 좌회전하고 있었다. 한편, 을이 운전하던 1톤트럭이 황색중앙선을 넘어 위 교차로에서 위 오토바이를 추월하다가 위 오토바이 뒷부분을 충돌하여 갑과 A는 같이 배수로에 나가 떨어졌다. 그 결과 갑은 뇌좌상, 뇌기저골 골절상 등의 상해를 입고 이로 인한 뇌손상으로 혼미상태, 사지마비 등의 중상을 나타내고 있으며, A는 좌측 족관절부 골절 등의 상해를 입었다. 갑은 을을 상대로 위 교통사고로 입은 손해배상 청구소송을 제기하였다.

위 소송에서 법원은 갑이 제출한 증거를 종합하여, ① 갑은 사고당일 21:00경 직장에서 야간근무를 마치고 때마침 같이 퇴근하는 A의 오토바이에 동승하였다가 이 사건 사고를 당한 사실이 인정되므로, A가 퇴근길에 우연히 동승한 갑을 위하여 미리 여분의 안전모를 준비해 두었다고 볼만한 사정이 인정되지 않는 한 갑이 안전모를 착용하고 동승한 것이라고 보기는 어렵다. ② 갑은 위 사고로 뇌좌상, 뇌기저골 골절상 등의 상해를 입고, 이로 인한 뇌손상으로 혼미상태, 사지마비 등의 증상을 나타내고 있는 반면에, 위 사고를 함께 당한 소외 A는 갑과 같이 배수로에 나가 떨어졌는데도 하측족관절부 골절 등의 상해를 입은 데에 그친 사실을 인정하였다.

법원은 위와 같이 원고가 입은 상해의 부위 및 정도에 위에서 본 동승의 경위를 합쳐서 살펴보면, "갑은 위 사고 당시 안전모를 착용하지 않았던 것으로 추정하는 것이 보다 합리적이고 경험법칙에 맞는다고 할 것이다"라고 판단하면서, 위 사고로 인한 손해배상액을 정함에 있어서 갑의 과실을 참작하였다.

[위와 같이 간접사실은 경험법칙과의 결합을 통하여 주요사실 도출의 자료가 된다. 인간의 경험으로부터 귀납적으로 얻어진 사물의 성상이나 인과관계에 관한 지식이나 법칙을 경험법칙이라 한다. 경험법칙은 ① 사실에 대한 평가적 판단, ② 증거의 가치판단, ③ 간접사실에 의한 주요사실의 추인(추정)에 이용된다. 재판에서 문제되는 분쟁사실은 과거에 발생한 사실로서 이를 다시 재연(실험)해

4) 이시윤, 앞의 책, 289면.

보일 수 없고 그 실체파악에 제약이 있으므로 절대적 진실의 발견을 요구한다는 것은 불가능한 경우가 일반적이므로 개연적 사실인정에 만족하지 않을 수 없다. 즉, 증거에 의하여 인정되는 간접사실로부터 그 정도라면 진실이 아니겠는가 하는 사실, 합리적 의심을 품지 않을 정도의 개연적 사실을 추리해 내는 것으로 만족하지 않을 수 없다. 이와 같은 개연적 사실을 추리해 내는 데에 경험법칙이 필요하다. 경험법칙은 구체적인 사건에서 구체적 사실이 아니라 3단 논법의 대전제를 이루는 일반적인 지식으로 존재하고 있는데, 논리적인 판단을 함에는 항상 경험법칙의 도움을 얻어야 한다(저자 평석).]

(4) 주요사실·간접사실 구별에 관한 새로운 학설

(가) 실체법규의 구체적 내용과 그 요건사실을 기준으로 주요사실과 간접사실을 엄격히 구분한 뒤 주요사실에 한하여 변론주의 원칙을 적용시키는 것이 종래의 일반적 견해이고 판례이다. 이러한 견해를 법규기준설이라 한다.[5] 그런데 실체법규의 구조상 주요사실과 간접사실의 구별기준이 애매하고 현실적으로도 어려운 경우가 많다. 특히 일반조항 또는 추상적 개념이 쓰이는 경우(민법2조, 103조, 104조, 126조 등)에는 주요사실을 특정할 기준이 마땅치 않다. 예컨대 민법 126조의 '정당한 이유' 자체를 주요사실로 보게 되면 구체적 공격방어대상이 불명확하게 될 것이다. 특히 공해소송, 제조물책임소송, 의료과오소송 등 현대형 소송에서는 주요사실을 직접 증명하는 것이 구조적으로 매우 어렵게 되어 있다. 즉 사건의 성격상 간접사실이 주된 공격방어의 대상이 되는 경우가 점점 늘어나고 있는 현재의 실정에서 주요사실과 간접사실을 엄격히 구별하는 것은 문제라고 할 수 있다.

5) 호문혁, 앞의 책, 370면.

(나) 실체법규의 요건사실을 기준으로 주요사실과 간접사실을 구별하는 종래의 통설을 비판하는 견해는 다양하게 전개되고 있다.[6] 이들 견해를 정리하여 보면 다음과 같다.

① 준주요사실설 ; '정당한 이유', '과실' 등과 같은 일반적 조항 내지 추상적 개념이 사용된 규정에 있어서는 정당한 이유나 과실을 구성하는 구체적 사실을 주요사실에 준하는 개념, 즉 '준주요사실'로 보아서 변론주의 적용대상이 된다는 견해이다. 현재 다수학자[7]로부터 지지를 받고 있다. 이 견해는 '과실', '인과관계', '권리남용', '신의성실' 등을 요건사실로서 인정하고 아울러 요건사실과 주요사실을 동일 개념으로 보고 있다는 점에서 종래의 통설과 판례를 유지하려고 한다.

다만, 위와 같은 경우에는 요건사실을 구성하는 개개의 구체적 사실이 재판에서 중요한 역할을 하는 점에 비추어, 이러한 구체적 사실('과실'을 구성하는 음주운전, 과속운전 행위 등)을 주요사실에 준하여 변론주의의 적용을 받게 하려는 것이다.

② '요건사실'과 '주요사실'을 구별하는 견해

요건사실은 법률사실로서 추상적인 법규의 요건을 이루는 것을 말하며 통상적으로 말하는 사실과는 구별되는 법률개념이라고 보는 견해이다. 추상적 개념으로서의 요건사실과 소송에서 다루어지는 구체적 사실은 서로 구별되며, 후자 중에서 당사자가 증명하여야 할 주제인 사실이 주요사실이라는 것이 이 견해의 출발점이라 할 수 있다.[8] 이 견해에 의하면, 일반 조항

---

6) 정동윤·유병현, 앞의 책, 314~315면; 김선석, 증명책임의 연구 제1권, 육법사, 26~40면 등.

7) 이시윤, 앞의 책, 289면; 전병서, 민사소송법강의. 319면; 정동윤·유병현, 위 책, 315면 등.

8) 호문혁, 앞의 책, 362면.

에서의 '과실', '정당한 이유' 등은 법규상의 요건사실에 불과하고, 이 요건사실을 이끌어 내는 개별적이고 구체적인 사실이 주요사실로 된다. 결론에 있어서는 위의 준주요사실설과 일치하지만, 주요사실과 요건사실을 별개 개념으로 본다는 점에서 일정한 차이점이 있다고 볼 것이다.

그 외 일본에서 주장되고 있는 견해를 참고삼아 적어보면 다음과 같다.

㉠ 제1설 [주요사실 여부를 따질 필요 없이 소송의 승패에 영향 있는 중요한 사실에 대하여는 변론주의를 적용하여 당사자의 주장이 없으면 그 사실을 인정할 수 없다는 견해] 말하자면 그 사실이 심리와 판결에 있어서 진정한 쟁점을 구성하는가 아닌가를 기준으로 하여야 한다고 본다.

㉡ 제2설 [주요사실·간접사실을 따질 필요 없이 사실은 모두 당사자의 주장이 있어야 한다는 견해] 간접사실 중에는 주요사실에 관하여 당사자가 주장함에 따라 그것이 증명주제가 되어 증거를 조사함에 있어서 그 주요사실의 존재 또는 부존재를 추인할 수 있는 간접사실이 있을 것이다. 이러한 특수한 경우의 간접사실에 대하여는 당사자의 주장이 없다고 하더라도 주요사실의 판단자료로 할 수 있다고 한다. 그 외의 경우에는 간접사실이라고 하더라도 소송의 승패에 중대한 영향을 미칠 수 있는 것이다. 이러한 간접사실에 관하여 당사자의 주장이 없음에도 판결기초로 하게 되면 상대방에게 불의의 타격을 입힐 수 있다. 그로 인하여 상대방의 방어권을 박탈하고 넓게는 재판의 공성성에 대한 신뢰를 해하게 될 것이므로 원칙적으로 모든 사실에 대하여 주장할 필요가 있다는 것이다.

㉢ 제3설 : 당사자의 주장을 필요로 하는 주요사실은 법규에서 형식적으로 정하고 있는 것이 아니라, 그 법규의 입법목적, 당사자의 공격방어방법으로서 명확한가라는 관점, 인정하여야 할 사실의 범위가 심리의 정리·촉진이라는 관점에서 볼 때 명확한 것인가라는 배려에 기초하여

구체적인 유형별로 귀납적으로 정하여야 한다는 견해 이다.

[일본 大審院 1916. 12. 23. 판결(民集22輯 2480면)]

① 건물 소유권이전등기 말소청구사건에서 Y(피고)는 X(원고)의 계쟁건물 소유권취득을 부정하는 사실을 推認하는 사실로서 건물의 가옥세를 Y가 계속적으로 지급하였다고 주장하였다. 이러한 사실은 소유권 행사에 있어서 주요사실을 추인하거나 부정하는 간접사실이라고 할 수 있다.

② 이에 대하여 원심(항소심)은 X의 소유권을 인정하면서, 한편으로는 Y가 가옥세를 지불한 사실이 밝혀졌음에도 불구하고 가옥세의 사실상의 부담자는 소유권과는 별개의 사안으로서 Y의 前主인 A와 X의 약정에 의하여 가옥세 부담자를 A(Y)로 하는 것이 가능하고, 본건에 있어서도 그와 같은 약정이 있었다고 추인할 수 있다고 판시하여 Y의 주장을 배척하였다. 그러나, 대심원은 위 원심판결을 파기하고, X는 위와 같은 특약의 존재를 주장하지 않았고, Y에게 석명도 하지 않았으므로 원심의 위와 같은 사실인정은 당사자의 주장에 기초하지 않은 것으로서 위법하다고 판시하였다.

③ 결국 위 판결은 간접사실에 지나지 않는 특약의 존재에 대하여서도 당사자의 주장이 필요하다는 취지의 판시를 하고 있는 것이다.

(다) 결 론

주요사실과 간접사실의 구별기준에 관하여 법률상의 요건사실을 기준으로 정하는 법규기준설은 실제 소송에서 많은 문제를 초래하고 있다. 판례가 문제점에도 불구하고 법규기준설에 서서 양자를 엄격히 구분하고 주요사실에 한하여 변론주의 원칙을 적용하는 것은 비판받아야 할 것이다. 특히 추상적이고 가치판단을 필요로 하는 용어가 사용된 일반조항의 적용에 있어서는 어떤 형태로든 변론주의가 적용되는 사실을 구체화시킬 필요가 있을 것이다.

요건사실을 구성하는 주요사실이라고 볼 수 없는 이른바 간접사실일지라도 그 존부 확정에 따라 판결의 결론에 결정적으로 영향을 미칠 수 있음은 위 일본판례를 보더라도 잘 알 수 있다. 특히 환경권침해(공해사건), 의료과오소송 등 현대형 손해배상 사건에서 가해자의 과실이나 상당인과관계의 증명에 있어서 간접사실의 역할이 더욱 증대되고 있음도 잘 알려져 있다. 이러한 간접사실의 중요성에 비추어 볼 때 주요사실의 범위를 좁게 설정하고 이에 해당하지 않는 사실은 모두 간접사실 또는 증거의 증명력과 관계있는 보조사실로 간주하여 변론주의 적용대상에서 제외시키는 태도는 반드시 시정되어야 한다.

간접사실 논쟁에서의 주요논점으로서는 주요사실과 간접사실의 구별기준에 관한 것과, 간접사실 중에서 일부에 대하여 변론주의를 적용시킬 것인가에 관한 것이 될 것이다. 위 각 논점의 중심에 있는 부분은 바로 권리남용, 과실 등 규범적 평가규정의 성격에 관한 것이라 할 수 있다. 이 문제들에 관하여 아직까지 판례가 구체적 기준을 제시하지 못하고 있는 현실을 감안하여 일단 다음과 같은 사항들을 고려하여 변론주의의 적용대상 여부를 판가름하여야 할 것이다.

첫째, 주요사실은 당사자의 공격과 방어의 주된 대상이 되는 것이므로 추상적 개념이어서는 안 되고 구체성이 있어야 할 것이다. 단순히 '과실이 있다'든가 '법률상 주의의무를 다하지 않은 잘못이 있다'는 정도의 추상적 주장이 있어서는 그 주장책임이 충실히 이행되었다고 할 수 없다. 이 때 법원은 석명권을 행사하여 그 내용을 구체화시킬 필요가 있다. 한편 지나치게 구체적일 것을 요구하는 것도 피하여야 한다. 그렇게 되면 심리 대상이 복잡하게 되고 당사자의 증명이 불가능하게 될 수도 있기 때문이다.[9]

둘째, 불확정개념 그 자체를 요건사실이자 주요사실로 보는 입장은 배격되어야 할 것이다. 과실의 경우를 예로 들면 각각의 개별 불법행위 유형에 맞추어 주요사실을 특정할 필요가 있다. 예컨대, 교통사고의 경우 전방주시의무위반, 과속, 운전미숙, 차체의 결함 등이 주요사실로 될 수 있다.[10]

제4절 변론주의의 관련 문제

Ⅰ. 변론주의의 실질적 실현 방법(법률문제와 당사자 참여권)

1. 법률적용과 당사자의 권리

재판의 소전제인 사실의 특정과 제출책임은 소송당사자에게 있다는 것이 변론주의의 기본 내용임은 앞서 살펴보았다. 이에 반하여 재판의 대전제인 법의 문제, 즉 확정된 사실에 적용할 법의 특정과 해석 및 적용에 관한 책임과 권한은 법원에게 부여된다. 법원은 법의 해석·적용의 권한 행사에 있어서 고유한 권능을 가지고 있어서 당사자의 주장에 구속을 받지 않는다. 한편 소송당사자의 절차참여권(적법절차 보장)은 사실문제뿐만 아니라 법률문제에까지 충분히 보장되어야만 재판결과에 대한 당사자의 진정한 승복을 얻을 수 있다. 법원은 자기의 법적 견해를 당사자에게 수시로 開示하고, 법원의 법적 견해에 대하여 당사자로서 충분한 공격방어를 할 수 있는 기회를 제공하여야 한다.

한편, 어떤 요건사실에 관한 주장이 있었는지 여부가 명확하지 않거나,

9) 이인재, 앞의 논문, 108면.
10) 위 논문, 111면.

여러 가지로 해석될 여지가 있는 경우에도 법원은 적절히 석명권을 행사하여 주장사실을 분명히 하여야 할 의무가 있다.

2. 법원의 법적관점 지적의무

(1) 서비스로서의 민사소송에 있어서 무엇보다도 중요한 요소의 하나로서 들 수 있는 것은 법원에 의한 당사자에의 정보開示의 一局面으로서 법률문제에 관한 법원의 지적의무를 들 수 있을 것이다. 심리에 있어서 당사자의 주체성이 보다 잘 발휘되려면 당사자는 가급적 완전한 정보를 가지고 있는 것이 불가결의 전제조건이라고 할 수 있다. 심리의 충실 및 촉진이라는 관점에서 보더라도 이것은 필요하다. 그리고 심리과정에 있어서 당사자가 충분한 공격과 방어를 할 수 있는 기회를 부여받음으로써 전혀 예상하지 못한 상태에서 불의의 일격(不意打)을 당하지 않게 한다는 취지에서의 절차보장은 법률문제에까지 적용될 필요가 있는 것이다. 1990년의 민사소송법 일부 개정에 의하여 새로이 추가된 법원의 법률사항에 관한 당사자의 의견진술권 보장(민사소송법 136조 4항)은 위와 같은 민사소송제도의 목적을 실현하려는 입법자의 의도가 반영된 것으로 보아야 할 것이다.

(2) 문제는 판례가 "법원의 석명권행사는 당사자의 주장에 모순된 점이 있거나 불완전·불명료한 점이 있을 때 이를 지적하여 정정, 보충할 수 있는 기회를 주고 계쟁사실에 대한 증거의 제출을 촉구하는 것을 그 내용으로 하는 것으로서 당사자가 주장하지도 아니한 법률효과에 관한 요건사실이나 독립된 공격방어방법을 시사하여 그 제출을 권유함과 같은 행위를 하는 것은 변론주의원칙에 위배되는 것으로서 석명권행사의 한계를 일탈하는 것이다"라는 입장을 보이고 있다는 점이다. 즉, 위와 같은 판례의 취지에 비추어 볼 때 법원의

법적 관점지적의 범위도 당사자의 주장을 기초로 하여야 하는 것이 아닌가라는 소극적 견해가 나올 수도 있을 것이다.

그러나 위와 같은 판례의 취지는 법원이 당사자가 주장하지도 않은 법률효과(법 규정)에 관한 요건사실이나 독립된 공격방어방법의 제출을 시사하게 된다는 것은 석명권행사의 결과가 소송당사자 중 어느 한쪽에게 일방적으로 유리하게 될 수도 있으므로 이러한 결과를 피하여야 한다는 뜻을 표명한 것으로 보아야 할 것이다. 변론주의원칙 상 분쟁의 사실관계에 관한 자료의 제출은 당사자의 책임에 맡기고 법원은 그 주장에 모순된 점이 있거나 사실관계에 불완전·불명료한 점이 있으면 석명권행사를 통하여 명료하게 하여야 한다는 말이다. 이때 당사자가 적용하여야 할 것이라고 주장하는 법 규정이 잘못된 것임이 명백한 때에는 법원이 지적하여 정정하도록 하여야 하되 그러한 지적은 양 당사자에 대하여 공평하게 하여야 하는 것이며 지적된 법적 관점에 대하여 충분한 공격방어의 기회를 부여하여야 한다는 뜻으로 보아야 할 것이다.

Ⅱ. 주장사실과 인정사실이 일치하지 않는 경우

1. 당사자가 주장한 요건사실(주요사실)과 법원의 증거조사 결과 인정된 사실이 불일치하는 경우가 있다. 이러한 경우는 주장사실은 증거가 없고, 인정된 사실에는 주장이 없는 때이므로 인정된 사실의 주장·증명책임을 부담하는 당사자에게 불이익한 판결을 할 수 밖에 없을 것이다. 그러나 양자 사이에 사실의 태양이나 구체적 일시 등에 있어서 다소간의 차이가 있더라도 사회통념상 동일성이 인정된 사실에 대하여는 주장이 있었다고 보아도 무방할 것이다. 그 동일성의 인정에 있어서는 사실의 성질이나 소송의 경과 외에 주장책임의 관철을 통하여 보장하고자 하는 상대방의

방어권의 실질적 침해여부까지도 고려하여야 할 것이다.[11]

2. 법원에게 증거조사 결과를 비롯한 소송자료를 통하여 법원이 파악한 사실에 맞추어 당사자의 주장사실을 일치시키는 석명권을 행사할 의무가 있는지는 석명권 행사범위와 관련시켜 볼 문제이다. 법원의 석명권 행사범위를 적극적으로 확대하는 데 다소 소극적인 판례의 입장에서는 부정적으로 볼 것이다. 그러나 분쟁해결의 1회성을 확보한다는 의미에서 법원은 당사자의 주장사실을 실체관계와 일치시키는 노력을 할 필요가 있다 할 것이다.

Ⅲ. 강행법규의 적용문제

1. 신의성실·권리남용금지(민법 2조), 반사회질서(민법 103조), 불공정한 법률행위(민법 104조) 등은 공익적 요소가 특별히 강한 강행규정으로서 '협의의 일반규정' 또는 '왕자적 규범'이라 할 수 있다. 법질서 유지를 임무로 하는 법원으로서는 당사자의 주장이 없더라도 이러한 강행규정의 준수여부를 직권으로 조사하여 판단하여야 한다는 것이 통설·판례의 입장이라고 할 수 있다. 즉 협의의 일반조항에 대하여서는 그 주요사실에 관하여 변론주의가 적용되지 않으므로 당사자의 주장책임은 존재하지 않는다는 것이다.

2. 판례(대법원 2003. 10. 10. 선고 2001다74322 판결 등)는 신의성실의 원칙에 반하는 법률행위 또는 권리남용행위는 강행규정에 위배되는 것이므로 당사자의 주장이 없더라도 법원은 직권으로 판단할 수 있다고 하였다. 한편 일부 판례(1974. 9. 24. 선고 74다815판결)는 공서양속에 위반되는 사항

11) 김홍규·강태원, 앞의 책, 368면.

에 대하여는 직권조사사항이 아니라고 한 예도 있다. 최근의 판례 중에는 반사회질서의 법률행위로서 무효라는 점에 대하여 적극적 석명권행사를 요구하고 있는 예(대법원 2003. 7. 11. 선고 2001다78508 판결)도 있다. 위와 같이 강행법규 또는 공서양속 위반의 법률행위로서 무효사유가 있는 때에 변론주의원칙의 적용여부에 관하여 판례는 다소 혼란스러운 태도를 보이고 있다. 생각건대 변론에 나타난 증거들에 의하여 사회질서위반(강행법규위반) 법률행위로 인정될 경우 법원은 적극적 석명권행사를 통하여 그 주장을 분명히 하도록 당사자에게 촉구하여야 한다고 봄이 옳다. 법원의 석명권행사를 통하여 쟁점화 함으로써 새로운 사실이 밝혀질 수도 있을 것이기 때문이다.

Ⅳ. 주장책임의 유무가 문제되는 개별 사실에 관한 고찰

1. 대리행위

(1) 대리에 있어서 대리인에 의한 법률행위를 한 사실이 주요사실인가 아니면 간접사실에 지나지 않는가에 관하여 판례는 변천하여 왔다. 아래에서 구체적 사례를 통하여 각 견해의 차이점을 살펴본다.

【사 례 I】

X는 2008. 12. 15, Y와 사이에 X 소유 토지를 대금 2억 원에 매도하는 매매계약을 체결하였다고 주장하면서, Y에 대하여 매매 잔대금 1억5천만 원의 지급을 구하는 소를 제기하였다. Y는 답변서 등을 통하여 X의 주장을 부인하였다.

법원에서 증거조사 한 결과 X는 Y의 대리인인 A와 사이에, A가 Y를 대리한다는 의사표시를 하고 위 토지의 매매계약을 체결하였다는 심증을 얻게 되었다. 위와 같은 경우에 법원은 X와 Y의 대리인 A에 의한 위 토지매매계약 체결사실을 인정하고 X 승소 판결을 할 수 있는가?

【사 례 II】

X는 2009. 3. 2, Y의 대리인 A와 사이에 A가 Y를 대리하는 것임을 명시하고서 X 소유 토지를 대금 2억 원에 매매하는 계약을 체결하였다고 주장하면서 Y에 대하여 매매잔대금 1억 5천만 원의 지급을 구하는 소를 제기하였다. Y는 답변서 등을 통하여 X의 위 주장을 부인하였다.

법원의 증거조사 결과 X는 Y의 대리인 A가 아니라 Y 본인과 위 토지에 관한 매매계약을 체결하였다는 심증을 얻은 경우에, 법원은 X와 Y 본인 사이에 매매계약이 체결되었다고 하여 X 승소 판결을 할 수 있는가?

(2) 초기의 판례(대법원 1971. 4. 20. 선고 71다278 판결)는 '원심이 원피고간의 본건 연대보증계약에 있어서 주채무자인 甲이 본건 약속어음이나 약정서의 피고 이름 밑에다 피고의 도장을 찍을 때 피고를 대리해서 찍었다고 인정한 것이 설사 당사자가 주장하지 않은 사실을 인정한 것이 되었다 하더라도 이러한 사실은 연대보증계약의 성립경위에 관한 사실에 지나지 않을뿐더러, 원심은 연대보증이란 청구원인사실을 토대로 하여 사실을 인정하고 있는 것이므로 원판결에는 당사자가 주장하지 않은 사실을 판단한 위법이 있다고 할 수 없다'라고 하여 '대리행위'는 간접사실로서 주장책임의 대상이 아니라고 하였다.

이러한 판례에 따르면 위 사례1, 2의 경우에 법원이 증거조사 결과에 따라 X 승소 판결을 한 것은 타당하다. 참고로 일본최고재판소 판례 12)도 위와 같은 태도를 취한다.

(3) 그런데 위와 같은 판례의 태도는 변론주의원칙이나 不意打의 방지

12) 1934. 3. 30. 판결, 民集13권, 418면; 1958. 7. 8. 판결, 民集12~11, 1740면; 1967. 6. 16. 판결, 判例時報489호, 50면.

라는 측면에서 문제가 있다. 즉 대리인에 의한 법률행위와 본인이 직접 법률행위를 한 경우의 주장·증명대상인 사실은 엄연히 다르기 때문이다. 살피건대 대리인에 의한 법률행위와 당사자 본인에 의한 법률행위의 요건사실은 다음과 같은 차이가 있다.

[본인에 의한 법률행위의 요건사실]

X는 Y에게 2009. 3. 2, X 소유 토지를 대금 2억 원에 매도하였다.

[대리인 A에 의한 법률행위의 요건사실]

① X는 A와 2009. 3. 2, X 소유 토지를 대금 2억 원에 매도하는 매매계약을 체결하였다.

② A는 위 ①의 매매계약시에 Y의 대리인임을 명시하였다(밝혔다).

③ Y는 A에게 위 매매계약 체결 이전에 ①과 같은 계약체결을 위한 대리권을 수여하였다.

위와 같은 요건사실의 차이에도 불구하고 법원이 임의로 당사자가 본인행위라고 주장하는 사건에서 대리행위를 인정하거나 또는 그와 반대의 경우에 어느 쪽이나 당사자(위 설례에서는 패소자인 Y)의 입장에서 보면 불의의 타격이 될 것이다. 이러한 문제를 시정하려면 대리행위를 주요사실로 취급하여 주장책임을 인정할 필요가 있다.

현재의 대법원 판례(1990. 6. 26. 선고 89다카15359 판결 등)는 '대리인에 의한 계약체결사실은 법률효과를 발생시키는 실체법상의 구성요건사실에 속하므로 변론에서 당사자의 주장이 있어야'한다는 것으로서 대리행위가 주요사실임을 명백히 하였다. 그러나 대리인에 의한 법률행위사실에 관한 주장은 반드시 명시적인 것이어야 하는 것은 아니라고 하여 실제에 있어서는 과거의 판례와 크게 달라진 것은 없는 것으로 보인다.[13]

(4) 판례는 다음과 같은 경우에도 대리행위사실을 주장한 것으로 본다.

① 소송에서 쌍방 당사자가 제출한 소송자료를 통하여 심리가 됨으로써 그 주장의 존재가 인정되더라도 상대방에게 불의의 타격을 줄 우려가 없는 경우(위 89다카15359판결). 예컨대 준비서면에서 '피고는 甲에게 이 사건 토지에 관한 매매계약을 체결할 권한을 수여하거나 승낙한 사실이 없다'는 피고의 주장이 있었다고 하자. 법원은 피고의 위 주장을 원고가 위 甲의 대리행위에 관한 주장을 하였음을 전제로 하여 위 甲이 무권대리인 이라는 주장을 하고 있는 것으로 보았다. 이러한 소송경과에 의하면 위 甲이 피고를 대리한 사실이 변론에서 주장된 것으로 볼 수 있다는 것이 대법원 판례의 취지이다.

② 원고가 변론에서 A가 피고 등을 대리하여 원고로부터 돈을 차용한 것이라고 진술한 흔적이 없다 하더라도 그 증인 신청으로서 대리행위 사실에 관한 간접적 진술(주장)은 있었다고 볼 수 있다고 한다(대법원 1994. 10. 11 선고 94다24626 판결).

(5) 표현대리에 관한 주장책임

【사 례 I】

피고 Y는 준비서면을 통하여 다음과 같이 주장하고 있다.

"소방공무원인 원고 X는 A와 부부사이로서 B 주요소가 이들 부부공동명의로 되어 있으나 X는 경영에 참여하지 않고 A가 전담하고 있다. 평소 X 명의의 경제활동은 A가 X의 인장을 가지고 대행하여 왔다. Y(회사)의 채권자들이 채권회수를 위하여 모임을 가질 때에도 X를 대신하여 A가 모임에 참여하였다. 따라서 2008. 11. 5. 채권단을 구성할 때 A가 X의 인장을 날인하는 것은 당연한 것으로서 A가 X의 대리권을 가지고 있었던 것은 너무나도 명백한 것이다."

13) 앞의 민법주해Ⅲ, 20면, 손지열 집필부분.

【사 례 Ⅱ】

Y(피고)는 2008. 3. 3. 그의 소유 아파트 18세대에 관한 분양권한을 A에게 위임하고, A는 그 아파트 수분양자들로부터 받은 분양대금을 Y에게 지급하기로 약정하였다. 그 후 A가 위 아파트 일부 세대를 분양한 뒤 그 분양대금을 Y에게 지급하지 않으므로 2008. 6. 7. Y는 A에 대한 위 아파트 분양위임을 해지하고 Y 명의의 분양위임장도 A로부터 회수하였다. A는 위 아파트 분양에서 완전히 손을 뗀 후인 2008. 9. 8. Y로부터 분양권을 위임받은 양 가장하여 미분양 중이던 4세대 중 하나인 B동103호를 X(원고)에게 매도하였다. 한편 Y는 2008. 10. 10. 위 103호를 C에게 매도하고 소유권이전등기까지 해주었다.

X는, X가 Y의 대리인인 A로부터 위 103호를 매수하였는데, Y는 동 103호를 C에게 매도하고 그 소유권이전등기까지 해주었으므로 이 사건 소장송달로써 매매계약을 해제하고 대금 1억5,000만 원의 반환을 구하는 소를 제기하였다.

【문 제】

위 각 사례에서 당사자(사례Ⅰ에서는 Y, 사례Ⅱ에서는 X)는 소송에서 대리인이 본인으로부터 위임을 받고 있음을 전제로 유권대리만을 주장하고 있다. 그런데 사례Ⅰ에서는 민법 126조 표현대리를, 사례Ⅱ에서는 민법 129조 표현대리를 각 인정할 수 있는 증거조사 결과가 나왔다고 하자. 이러한 경우에 법원은 표현대리를 인정할 수 있는가?

종래의 대법원 판례(1964. 11. 30. 선고 64다1082 판결)는, 대리권의 존재에 관한 주장 중에는 표현대리에 관한 주장도 포함된 것으로 해석할 것이니만큼, 피고가 소외 '갑'을 원고의 대리인이라고 주장하였을 뿐으로 표현대리에 해당한다는 점에 관하여는 명백히 주장한 흔적이 없다고 하더라도 법원은 표현대리의 성립사실을 인정할 수 있다고 하였다. 이러한 판례의 취지는 원고 주장의 본래 목적이 제3자의 행위의 법적 효과를 본인에게 귀속시키고자 함에 있다고 보고, 그것이 유권대리이건 표현대리이건 결과적으로 동일한 목적만 달성하면 된다고 하는데 중점을 두는 것으로 볼 수 있다. 그러나 앞서 살펴본 유권대리의 요건사실과 민법 125조, 126조, 129조의 각 유형별 표현대리의 요건사실은 서로 명백히 구별된다.

그리하여 대법원 전원합의체 판결(1983. 12. 13 선고 83다카1489)은, 유권대리에 관한 주장 가운데 무권대리에 속하는 표현대리의 주장이 포함되어 있다고 볼 수 없으며, 따로이 표현대리에 관한 주장이 없는 한 법원은 나아가 표현대리의 성립여부를 심리 판단할 필요가 없다고 판시하였다. 이러한 판례의 입장은, 대리권이 있다는 것과 표현대리가 성립한다는 것은 그 요건사실이 서로 달라서(대법원 1990. 3. 27 선고 88다카181 판결) 주장책임도 별개로 취급하여야 한다는 견해를 밝힌 것이다.

위 전원합의체 판례에 따르면 위 각 사례의 경우에 법원은 표현대리의 성립을 인정할 수 없을 것이다. 이러한 결론은 표현대리와 유권대리의 요건사실이 서로 다르다는 점에서는 의심의 여지없이 타당하다고 할 수 있을 것이다.

그러나 한편으로는 대법원이 유권대리행위에 관한 당사자의 주장 정도에 관하여 상당히 관대한 태도를 취하고 있는 앞서의 고찰에 비추어 볼 때 하나의 의문을 제기할 수 있다. 즉 사례 Ⅱ의 경우에 민법 129조의 표현대리가 문제될 것인데 그 요건사실은 ① 대리인이 이전에는 대리권을 가지고 있었으나 대리행위를 할 때에는 그 대리권이 소멸하였을 것, ② 상대방은 선의·무과실이어야 한다는 것이다. 그런데 위 ②요건사실은 표현대리 주장자가 주장·증명할 것이 아니고 본인이 상대방의 악의 또는 과실을 증명하여야 한다(이에 관하여 현재 판례는 없고, 학설은 팽팽히 대립하는 양상인 것으로 보이지만 어느 견해에 의하든 '과실'의 증명책임은 본인에게 있다는 것이다). 위와 같은 사정을 감안하면 유권대리에 관한 주장 속에는 표현대리의 성립여부를 판단할 자료가 갖추어졌다고 볼 수 있는 경우가 많을 것이다.[14] 따라서 위 전원합의체 판결이 표현대리의 경우에는 당사자가 반드시 표현대리의 주장을 명시적으로 하여야 한다고 판시한 것은 대리행위 주장 정도에 관한 다른 판례들과도 서로 어긋나는 것이다. 요컨대, 위와 같은 대리행위(표현대리까지 포함)주장의 일반적인 문제점의 해결방안으로서 법원의 적절한 석명권 행사가 바람직스럽다고 할 것이다.

2. 소유권의 취득원인

(1) 부동산 등기의 추정력에 관한 판례

① 부동산에 관하여 소유권이전등기가 마쳐져 있는 경우에는 그 등기명의자는 제3자에 대하여 뿐 아니라 그 전소유자에 대하여도 적법한 등기원인에 의하여 소유권을 취득한 것으로 추정받게 된다. 이를 다투는 측에서 그 무효사유를 주장·증명하여야 한다. 부동산등기는 현재의 진실한 권리상태를 공시하면 그에 이른 과정이나 태양을 그대로 반영하지 아니하였어도 유효한 것으로 취급된다. 등기명의자가 전소유자로부터 부동산을 취득함에 있어 등기부상 기재된 등기원인에 의하지 아니하고 다른 원인으로 적법하게 취득하였다고 하면서 등기원인 행위의 태양이나 과정을 다소 다르게 주장한다고 하여 이러한 주장만 가지고 그 등기의 추정력이 깨어진다고 할 수는 없다. 이러한 경우에도 이를 다투는 측에서 등기명의자의 소유권이전등기가 전 등기명의인의 의사에 반하여 이루어진 것으로서 무효라는 주장·증명을 하여야 한다(대법원 1997. 6. 24. 선고 97다2993 판결; 동 2001. 8. 21. 선고 2001다23195 판결).

② 등기명의자의 등기원인 사실에 관한 증명이 부족하다는 이유만

---

14) 김황식, 有權代理의 주장 가운데 表見代理의 주장이 포함되는지 여부, 民事判例研究Ⅶ, 박영사, 12면.

으로 그 등기의 권리추정력을 깨뜨려 이를 무효라고 단정할 수 없다(대법원 1979. 6. 26. 선고 79다741 판결 등). 전소유자의 직접적인 처분행위에 의한 것이 아니라 제3자가 그 처분행위에 개입된 경우에도 등기가 원인무효임을 주장하는 전소유자가 그 반대사실, 즉 그 제3자에게 전소유자를 대리할 권한이 없었다든지 또는 제3자가 전 소유자의 등기서류를 위조하였다는 등의 무효사실에 대한 증명책임을 진다(대법원 1992. 4. 24. 선고 91다 26379, 26386 판결).

* 대리행위에 의한 경우에 그 효력을 주장하는 자가 유권대리라는 사실의 증명책임을 부담함은 앞서 살펴보았다. 그런데 등기원인의 무효가 쟁점이 되는 경우에는 등기의 추정력에 따라 등기의 원인무효를 주장하는 자가 무권대리에 의한 것이라는 사실의 증명책임을 부담한다(저자 평석).

[등기의 추정력이 깨어지는 경우]

③ 소유권이전등기의 원인으로 주장된 계약서가 진정하지 않은 것으로 증명된 이상 그 등기의 적법추정은 복멸되는 것이고 계속 다른 적법한 등기원인이 있을 것으로 추정할 수는 없다(대법원 1998. 9. 22. 선고 98다29568 판결; 동 1997. 9. 30. 선고 95다39526 판결 등).

④ 등기부가 멸실된 후 회복으로 인한 소유권보존등기를 마친 자는 적법한 소유자로 추정되나, 제3자가 그 토지를 사정받았거나 또는 멸실 전 등기부상에 소유권보존등기를 한 자가 따로 있고 그가 양도사실을 부인할 경우에는, 그 회복으로 인한 소유권보존등기가 임야소유권이전등기 등에 관한 특별조치법이나 부동산소유권이전등기 등에 관한 특별조치법에 의하여 마쳐진 것이 아닌 한 그 추정력은 깨어지므로, 등기명의인이 구

체적으로 실체관계에 부합한다거나 그 승계취득사실을 주장·증명하지 못하는 한 그 등기는 원인무효가 된다(대법원 1995. 12. 26. 선고 95다28601, 28618 판결; 동 1984. 12. 26. 선고 81다505 판결 등).

⑤ 특별조치법에 의한 등기의 추정력

구 부동산소유권이전등기 등에 관한 특별조치법(1977. 12. 31. 법률 제3094호, 실효)에 의한 등기는 같은 법 소정의 적법한 절차에 따라 마쳐진 것으로서 실체관계에 부합하는 등기로 추정되므로 등기의 말소를 소구하는 자에게 적극적으로 추정을 번복시킬 주장·증명책임이 있다. 이때 등기의 기초가 된 보증서나 확인서의 실체적 기재내용이 진실이 아님을 의심할 만큼 증명이 있는 때에는 등기의 추정력은 번복된 것으로 보아야 하고 이러한 보증서 등의 허위성의 입증정도가 법관이 확신할 정도가 되어야만 하는 것은 아니다(대법원 1997. 10. 16. 선고 95다57029 전원합의체 판결; 2001. 10. 12. 선고 99다39258 판결 등).

(2) 판례가 위와 같이 부동산등기의 추정력을 법률상 권리추정의 단계로 격상시켜 놓고 있는 결과 소유권이전등기를 비롯한 각종 등기의 원인무효로 인한 말소를 구하는 당사자는 그 '등기가 원인무효임'을 주장·증명하여야 한다.

판례의 법리에 따라 소유권이전등기 말소청구의 요건사실과 피고의 항변사실을 정리하면 다음과 같다.

[소유권이전등기 말소청구의 요건사실]

① 소송 대상 부동산이 원고의 소유인 사실

② 대상 부동산에 대하여 피고 명의의 소유권이전등기가 경료 되어 있

는 사실

③ 등기원인인 매매 등 법률행위가 무효·취소사유에 해당하는 하자가 있거나, 해제된 사실 또는 등기원인 서류가 위조되었다는 사실 등.

[항변 사실]

① 피고 명의의 등기가 실체관계에 부합하는 유효한 등기라는 항변; 원고가 소유권을 상실하였다는 항변(소유권상실의 항변)

※ 권리변동의 과정이 등기부 기재와 합치하지 않거나, 권리변동의 형식과 등기부 기재가 일치하지 않지만 현재의 권리관계를 나타내고 있는 등기라는 항변

② 취득시효 항변

③ 무효등기의 전용(유용)항변

(3) 소유권이전등기말소청구 소송에서 피고는 등기의 추정력에 의하여 그가 소유권을 취득한 요건사실에 관하여 주장·증명할 책임은 없다. 그러나 원고가 등기원인의 무효사유에 관하여 주장·증명에 성공할 경우, 피고는 피고명의의 등기가 실체관계에 부합하는 등기라는 항변을 하게 된다. 원고는 피고의 소유권 취득으로 인하여 소유권을 상실하였다는 내용의 항변이므로 '소유권상실의 항변'이라고도 한다. 이때 피고가 현재 소송 대상 부동산의 정당한 소유권자라는 주장을 전개하면서 제시한 소유권 취득원인사실과 증거조사의 결과 인정된 소유권취득 원인사실이 서로 일치하지 않을 때 법원은 피고의 항변을 인정하여 원고의 청구를 기각할 수 있을 것인가?
이에 관하여 아래의 사례를 통하여 살펴보자.

【사 례】

이사건 토지는 甲, 乙, 丙의 父 A가 B로부터 매수한 뒤 A 명의의 소

> 유권이전등기를 마친 뒤 사망하자, 丙이 임의로 위 토지를 A로부터 매수한 것처럼 등기신청서류를 작성하여 丙 명의의 소유권이전등기를 마쳤다. 그 뒤 丙이 사망하고 그의 아내 丁이 단독 상속하였다. 甲과 乙은 丁을 상대로 甲·乙의 상속분에 관하여 丙 명의의 소유권이전등기 말소청구소송을 제기하였다.
>
> 이에 대하여 丁은 丙이 A로부터 위 토지를 매수하였으며, 그렇지 않다 하더라도 丙의 A에 대한 대여금의 대물변제로서 소유권이전등기를 넘겨받은 것으로 실체관계에 부합하는 등기라는 항변을 하고 있다.
>
> 법원에서 심리한 결과, 丙이 A로부터 위 토지를 매수한 사실은 없으나, A가 사망하기 전에 丙에게 위 토지를 증여하였고, 丙은 절세 등의 이유로 매매를 원인으로 한 소유권이전등기를 한 것으로 밝혀졌다.
>
> 위와 같은 경우에 법원은 위 丙 명의의 등기가 실체관계에 부합하는 등기라는 이유로 甲·乙의 청구를 기각하는 판결을 할 수 있는가?

위 사례에서 甲·乙의 청구원인(요건사실)은 다음과 같다.

> ① 이 사건 토지는 亡 A가 소유하고 있었다.
>
> ② 甲·乙은 亡 A의 子이다.
>
> ③ A는 ○○년 ○월 ○일에 사망하여 甲·乙은 법정상속분에 따라 이 사건 토지를 상속하였다.

사례에서 보면 위와 같은 요건사실(주요사실)의 주장·증명은 충분히 되었다고 볼 것이다. 따라서 위 사례의 경우에 제기되는 논점은 주로 피고 丁의 항변과 관련되어 있다.

즉 첫째, A 사망 후 A로부터 丙 명의로 경료 된 소유권이전등기는 무효의 등기가 아닌가라는 문제제기가 있을 수 있다. 이에 관하여 판례(대법원 1954. 4. 27. 선고 4287민상336 판결)는 사망자 명의의 신청에 의하여 등기를 한 경우에도 실체상의 권리관계에 부합하고 또 그 신청이 사망자의 생존시의 의사에 의하여 행하여진 이상 그 등기는 유효하다고 한다.

둘째, 법원의 증거조사 결과 밝혀진 증여사실을 인정하여 이 사건 토지에 대한 丙 명의의 등기가 실체관계에 부합하는 등기이므로 甲·乙의 청구를 기각하는 판결을 할 경우에 변론주의(주장책임)원칙에 위배되는 것이 아닌가라는 문제이다.

판례(대법원 2008. 4. 24. 선고 2008다5073 판결)는 소유권이전등기가 실체관계에 부합하는 유효한 등기라는 법률효과를 발생시키는 실체법상 구성요건 해당사실은 변론에서 당사자가 주장하지 않는 이상 이를 인정할 수 없다는 입장이다. 다만 명시적인 주장이 있거나 주장책임 있는 자의 진술을 통하여 주장될 필요는 없다. 소송에서 쌍방 당사자 간에 제출된 소송자료를 통하여 심리가 됨으로써 그 주장의 존재를 인정하더라도 상대방에게 불의의 타격을 줄 우려가 없는 경우에는 그 주장이 있는 것으로 보아 이를 재판의 기초로 삼을 수 있다(주요사실에 관한 묵시적·간접적 주장 또는 원·피고 간의 주장공통의 원칙을 적용한 결과라 할 수 있다).

예컨대, 위 사례의 경우에 A가 丙에게 생전에 이 사건 토지를 증여하였음을 증명하는 서류를 丁이 직접 제출하거나, 또는 상대방이 제출한 경우에 이를 이익으로 원용함으로써 증여사실에 대한 간접적 주장을 한 것으로 인정될 수도 있을 것이다.

제3장 증명책임론

제1절 총 설

Ⅰ. 사실에 관한 증명책임

1. 재판의 소전제인 사실의 제출(주장)과 당사자 사이에 존부에 관하여 다툼이 있는 사실에 대한 증명책임은 소송당사자에게 있다는 것이 변론주의의 기본원칙이라고 할 수 있다. 소송당사자는 소송에서의 패소(불리한 판단)를 면하기 위하여 각자에게 유리한 사실을 주장하여야 한다. 이와 같이 소송당사자가 승소를 위하여 증거를 제출하는 활동의 기준이 바로 주관적 증명책임이라 할 수 있다. 주관적 증명책임은 원고가 소를 제기하는 단계에서부터 작동하여 변론준비절차와 증거조사 단계에서 법원과 당사자의 소송(변론)활동의 중심을 형성하는 것이다. 이러한 의미에서 '증명책임은 민사소송의 척추'라고도 할 수 있다.[1]

2. 주관적 증명책임은 소송당사자의 증거제출책임과 결합되는 관계에 있다. 주관적 증명책임이 법원의 소송촉진을 위한 석명권 행사의 기준으로 된다면 민사변론절차는 보다 역동성을 가질 수 있을 것이다. 그러나 학계나 실무계의 일반적 경향은 증명책임이라 함은 객관적 증명책임을 의미하는 것으로 보고 있다.[2] 즉 소송상 어떤 요건사실의 존재가 불분명하게 됨으로써 문제된 법률효과가 발생하지 않는 불이익 내지 위험을 증

---

1) 이시윤, 앞의 책, 475면.

2) 사법연수원, 요건사실론 2008, 3면.

명책임의 일반적 개념으로 설명하고 있다. 객관적 증명책임은 변론활동이 종결되고 법원이 최종판단을 내려야 되는 시점에서 작동하는 개념이라 할 수 있다. 즉 주관적 증명책임은 당사자의 패소를 면하기 위한 자기책임 내지 행위책임인데 반하여 객관적 증명책임은 결과책임이라고 할 수 있다.

3. 증명책임론의 핵심과제는 그 책임의 분배기준을 어떻게 정할 것인가에 관한 증명책임 분배론이라고 할 수 있다. 증명책임의 분배는 주관적 증명책임과 객관적 증명책임에 있어서 모두 동일한 기준이 적용된다. 앞서 살펴본 주장책임의 분배기준도 증명책임 분배기준과 일치한다는 것이 현재의 통설이라고 할 수 있다.[3)]

※ '증명책임'인가 '입증책임'인가

증명책임과 관련된 용어에는 '객관적', '주관적'이라는 수식어 외에 '거증책임', '입증책임', '증명책임'이라는 용어가 학자에 따라 다양하게 사용되고 있다(입증책임이라는 용어를 쓰는 학자는 송상현, 호문혁 교수와 오석락 변호사 등을 들 수 있다; 대법원 판례도 관행적으로 입증책임이라는 용어를 쓰는 것으로 보인다). **증명책임이라는 용어는 당사자의 행위책임임을 뜻하는 의미를 보다 분명히 하고 있다는 취지에서 다수의 학자들이 쓰고 있다. 본서에서는 다수학자들이 쓰고 있는 '증명책임'이라는 용어를 쓰기로 한다.**

3) 김홍규·강태원, 앞의 책, 417면; 이시윤, 앞의 책, 488면.

Ⅱ. 증명의 대상

1. 사 실

(1) 증명대상인 사실에는 주요사실(요건사실) 외에 간접사실, 보조사실이 모두 포함된다. 주요사실 중에서 당사자 사이에 다툼이 없는 사실, 즉 재판상 자백이 성립한 사실은 증명할 필요가 없다(보조사실 중에서 문서의 진정성립에 관한 재판상 자백이 있는 경우에도 증명의 필요가 없다). 당사자의 주장 자체로서 이유가 없는 사실(반사회질서의 강행법규 위반행위, 일정한 법률효과 발생에 필요한 요건사실의 일부를 결여한 경우 등)에 대하여서는 법원에서 증거조사절차를 실시할 필요가 없을 것이므로 증명의 필요성도 없게 될 것이다.

(2) 증명의 대상은 재판의 소전제를 이루는 구체적 사실에 한하는 것이므로 경험법칙이나 법규는 재판의 대전제의 일부로서 증명의 대상이 아니라 할 것이다(법은 법원이 안다는 법언의 적용).
그런데 경험법칙이나 법규 중에서 특수한 경우에는 증명의 필요성이 있는 경우가 있다. 즉 경험법칙 가운데 전문적·학리적 지식에 속하는 것이라든지, 외국법, 지방법령, 관습법, 실효된 법규 등의 경우에 법관의 전문지식이 결여되어 있을 수도 있으므로 당사자는 이를 증명하여야 할 것이다. 다만 이러한 경우에는 일반적 증명절차와는 다른 약식절차, 즉 민사소송법 294조의 조사의 촉탁이라든지 그 밖의 절차로서 법정증거조사 방식이 아닌 자유로운 증명으로써 가능한 방식에 의하는 것이 타당하다.

2. 권리의 발생근거에 관한 법규설의 의의

(1) 甲과 乙이 부동산 매매계약을 체결한 경우에 매수인 甲이 매도인 乙에 대하여 부동산 소유권이전등기 청구권을 행사한다고 하자. 이

때 甲의 청구권의 발생근거를 어디서 구할 것인가에 관하여 법규설과 합의설이 대립한다.[4] 甲의 청구권은 甲·乙 간의 합의에서 발생한다고 보는 견해를 합의설이라 한다. '약속(계약)은 지켜져야 한다'라는 실정법 이전의 자연법적 원리에 따라 모든 권리가 발생하는 것이라는 입장이다.

(2) 현재의 법조 실무계에서는 권리의 발생근거는 법률(실정법)이고, 계약의 구속력도 자연법원리가 아니라 법의 규정에 따른 것이라고 본다. 이러한 견해를 법규설이라고 한다.
법규설에 따르면 甲은 매매계약에 따른 법률효과를 주장하고 있으므로 전형계약으로서의 매매계약에 관한 민법 568조 1항(이것을 冒頭規定이라 한다)에 해당하는 구체적 사실(요건사실 또는 주요사실이라 할 수 있다) 전부에 관하여 주장·증명하여야 한다.
요컨대 법규설에서는 원고는 먼저 그가 구하는 권리의 법적 성질을 결정하고 그 권리발생 근거법규의 요건사실을 빠짐없이 주장·증명하여야 한다.

(3) 문제는 민법을 비롯한 실정법적 근거가 없는 이른바 無名契約(비전형계약)의 경우에 그 요건사실을 어떻게 정할 것인가에 있다.
비전형계약의 요건사실을 어떻게 정할 것인가에 관하여 다음과 같은 관점을 생각하여 볼 수 있다. 즉 ① 당해 계약의 주된 급부내용이나 필요불가결한 요건사실·법률효과는 무엇인가를 고찰하고, 이것과 유사한 전형계약의 요건사실을 유추적용 하되, 전형계약과 서로 다른 특성을 갖는 부분은 당사자 간의 합의에 의하여 변경된 것으로 본다. ② 기능면에서 부분적으로라도 일치하는 점이 있는 전형

4) 앞의 要件事實論30講, 93면.

계약에 관한 규정을 유추적용 한다. ③ 복수의 전형계약의 본질적 부분이 혼재·결합되어 있는 것으로 보고 각 규정상의 요건사실을 적용시킨다. ④ 비전형계약의 독자성을 중시하여 그 본질적 부분에 관한 요건사실을 고찰한다.

계약자유의 원칙이 지배하는 민법체제하에서 민법 등 실정법이 규정하지 않는 형태의 비전형계약이 체결되는 것을 막을 수 없다. 비전형계약으로 인한 분쟁발생시에 판단기준이 되는 요건사실의 확정기준은 판례의 축적을 통하여 정립 될 것이다.

[대법원 1996. 6. 28. 선고 94다42976 판결]

당사자의 일방이 상대방의 주문에 따라 자기 소유의 재료를 사용하여 만든 물건을 공급할 것을 약정하고 이에 대하여 상대방이 대가를 지급하기로 약정하는 이른바 제작물 공급계약은, 그 제작의 측면에서는 도급의 성질이 있고 공급의 측면에서는 매매의 성질이 있어 이러한 계약은 대체로 매매와 도급의 성질을 함께 가지고 있는 것으로서, 그 적용 법률은 계약에 의하여 제작 공급하여야 할 물건이 대체물인 경우에는 매매로 보아서 매매에 관한 규정이 적용된다고 할 것이나, 물건이 특정의 주문자의 수요를 만족시키기 위한 부대체물인 경우에는 당해 물건의 공급과 함께 그 제작이 계약의 주목적이 되어 도급의 성질을 띠는 것이다.

[대법원 1996. 7. 26. 선고 96다14616 판결]

원·피고 간에 1991. 9. 11. 체결된 이 사건 계약의 내용은, 원고가 피고로부터 서울 영등포구 영등포동 143의 3 삼보빌딩(이하 이 사건 건물이라 한다) 내에 있는 삼보디스코클럽(이하 이 사건 클럽이라 한다)에 대한 영업허가권 및 시설물 일체를 금 350,000,000원에 매수하고 같은 날 계약금으로 금 140,000,000원을 지급하며, 잔금지급 이전에 이 사건 클럽을 인도받아 이를 사용·수익하면서 잔금 210,000,000원에 대한 이자 상당액으로서 매월 금 4,200,000원 및 위 인도받은 날로부터 이 사건 클럽과 관련하여 아직 영업허가 등의 명의가 피고에게 남아 있는 관계로 피고 앞으로 부과되는 제세공과금, 임대료 및 관리비 등 건물주가 청구하는 일체의 금원을 지급하기로 한 것이므로, 이 사건 계약의 법적 성격은 단순한 매매가 아니라 매매대금을 금 350,000,000원으로 하는 매매계약과 매매계약금을 임차보증금으로 하고 월 차임을 금 4,200,000원으로 하는 임대차계약이 혼합된 계약으로 봄이 상당하다 할 것이다. 이 사건 계약이 피고의 귀책사유로 이행불능되어 원고가 이를 해제하였다 하더라도 이 사건 계약으로 생겼던 법률효과가 모두 소급적으로 소멸한다고는 할 수 없고, 이 사건 계약 중 위 임대차계약의 성질을 가진 부분은 위 이행불능시까지 이미 완전히 목적을 달성하고 있었으므로 위 이행불능으로 해지된 것으로서 장래에 향해서만 계약관계가 종료되었다고 보아야 할 것이다.

[대법원 1993. 2. 9. 선고 92다40167 판결]

자동차의 수리계약은 임차와 도급의 혼합계약이므로 수리완성 후 특약이 없으면 자동차의 반환은 민법 제700조의 규정에 의해 그 보관 장소에서 반환하여야 할 것이다. 실제에 있어서는 수리업자가 차량의 수리완성 후 서비스로 고객의 집까지 운전하고 가서 인도하는 경우가 많고, 다른 특별한 사정이 있음이 보이지 아니하는 이 사건의 경우에 있어서도 위 진흥공업사(또는 소외 1)는 서비스차원에서 피고에게 이 사건 사고차량을 인도하기 위하여 운전한 경우라고 추인되며, 따라서 소외 1은 진흥공업사를 위해서와 동시에 의뢰인인 피고의 이익을 위해서도 운전하였던 것이므로, 피고는 이미 위 차량을 운행 지배할 수 있는 관계에 있고 동시에 소외 1을 통하여 간접적으로 운행지배하고 있다고 볼 것이고(왜냐하면 피고는 위 진흥공업사에 대하여 사고차량을 스스로 인수하여 가지고 간다는 것을 명시할 수도 있고, 사고차량의 수리완성 후 위 진흥공업사로부터 서비스로서 인도받는 것을 수용하거나 경우에 따라서는 인도장소를 지시하는 것도 가능할 것이기 때문이다) 그렇다면 이 사건에 있어 피고가 위 서비스를 수용하지 않는다는 등의 특단의 사정이 없으므로 피고는 이 사건 사고차량의 운행공용자로서의 책임을 면할 수 없다.

Ⅲ. 증명의 어려움에 대한 대책

1. 법규설의 문제점

요건사실에 관한 당사자의 주장 및 증명책임 분배에 관하여 법규설은 각 실체법 해석론을 적용하여 각 실체법규의 규정내용과 형식을 기초로 정하고자 한다. 이러한 입증책임 분배론을 법률요건분류설(규범설)이라 한다(뒤의 본장 제2절 참조). 현재의 소송실무에서는 법률요건분류설을 기본으로 하여 실체법에서 정한 권리발생요건은 무엇인가, 권리발생장애요건은 무엇인가를 엄격한 기준에 따라 분류하고 증명책임을 분배하고 있다. 그런데 실체법 규정이 당사자의 소송상 증명활동을 전제로 하는 것은 아니므로 그 자체로서 증명책임 분배기준이 된다는데 한계가 있다. 특히 권리근거규정과 권리장애규정의 구별이 애매하고,[5] 실체법에 대한 이해가 부족한 당사자가 증명책임 있는 사실이 무엇인지를 이해한다는 것은 사실상 불가능에 가깝다고 할 수 있다. 그 외에도 현대형 소송에서의 증거의 구조적 편재현상을 극복할 수 없다는 문제를 지적할 수 있다(본장 제3절 참조).

2. 법규설과 이를 기초로 한 법률요건분류설의 문제점을 극복하기 위한 방안으로서 여러 가지 수정이론이 제시되고 있다. 최근의 우리 판례도 의료과오소송, 환경권침해관련소송 등 현대형 소송에서 불법행위 피해자의 증명책임을 완화하는 경향이 나타나고 있다. 요컨대 증명책임 분배를 둘러싼 문제의 해결점은 법규의 형식적 규정내용이나 실체법체계 자체를 절대적인 것으로 신봉하는 태도에서 벗어나는 것에서 출발하여야 할 것이다.

---

5) 이시윤, 앞의 책, 478~479면; 石田穣, 民法と民事訴訟法の交錯, 東京大學出版會, 35~37면.

Ⅳ. 비교법적 고찰

1. 미 국

전통적으로 미국 증거법상 증명책임분배는 당사자 간의 이익형평성을 기준으로 하였다. 어떤 사실의 존재를 주장한다든지, 그 사실이 자기의 주장에 있어서 필수적 요소가 되는 당사자가 증명책임을 부담한다는 것 등이다. 그런데 대부분의 사실은 긍정적(존재)·부정적(부존재) 주장이 가능한 것이고(예컨대 '계약위반' 이라고 주장하면 어떤 사실의 존재가 되고, '불이행'이라고 주장하면 사실의 부존재가 된다), 당해사실이 어떤 주장전개에 있어서 필수적 요소인가 여부의 판단도 객관적 기준이 명백하지 않다. 위와 같은 이유로 인하여 위와 같은 증명책임분배 기준은 폐기되기에 이르렀다.[6)]

현재의 증명책임분배 기준이 되는 실질적 요소는, ① 정책, ② 공평, ③ 증거방법의 소지 또는 증거와의 거리, ④ 사실존재의 개연성, ⑤ 경험법칙, ⑥ 편의, ⑦ 현상의 변경을 구하는 당사자인가 등이다. 구체적 사건에서 증명책임의 분배는 위와 같은 요소들을 복합적으로 고려하여 결정하고 있는데 그 중에서 특히 정책, 공평, 개연성의 3요소를 중시하고 있다.[7)]

2. 독 일

독일에서는 전통적으로 법률요건분류설의 영향 아래 있었으나, 1960년대 이후 증명책임분배에 있어서 실질적 근거를 고려하여야 한다는 견해가 다수 나타났다. 이 때 실질적 근거로서는 위험(지배)영역, 법적 점유상태의 보호, 개연성, 소극적 증명의 회피, 손해의 발생이나 소송의 예방 등

6) Wigmore, Evidence, Chadbourn rev. 1981. §2486.

7) Wright&Graham, Federal Practice and Procedure : Evidence, §5122.

을 들 수 있다. 이러한 근거들에 대하여는 기준이 명확하지 않다든가, 일반적 타당성을 갖추기 어렵다든가, 입법취지는 증명책임을 역으로 분배하는 경우도 상당히 많이 있다는 등의 문제점이 지적되었다.

3. 일 본

일본법은 독일의 경우와는 달리 민법의 제정에 있어서 증명책임분배법리를 고려하지 않았고, 미국의 경우와는 달리 권리근거사실, 권리장애사실, 권리멸각사실의 구별에 의한 증명책임분배가 행하여지고 있다는 점에서 양국의 중간에 위치한다고 할 것이다[8]. 일본에서는 일찍이 법률요건분류설을 도입하였으나, 독일의 다수설의 영향을 받아 수정법률요건분류설이 널리 받아들여졌고, 한편으로는 미국법의 영향하에서 이익형량설이 주장되기도 하였다. 수정법률요건분류설은 실체법 규정을 기준으로 형식적으로 증명책임분배 기준을 정하는 것을 기본으로 하면서 이익형량설이 취하는 실질적 요소를 고려하고자 한다. 법 규정 이외의 여러 가지 실질적 요소를 고려한다는 점에서 법률요건분류설과 접근방법상의 차이는 있겠으나, 그 차이가 그리 크다고 할 수는 없다. 실체법의 적용은 항상 사실이 명백한 경우와 사실이 진위불명인 경우에서의 증명책임분배라는 이중적·단계적 검토에 따라야 할 것이다. 즉 실체법의 해석은 위와 같은 단계적 검토를 통하여 진위불명의 경우에 그 법의 적용을 관철할 것인가는 입법취지를 비롯한 다양한 정책적 고려에 따라야 한다는 것이 증명책임분배이론의 일반론이라고 할 수 있다.

---

8) 小林秀之, 新証據法, 弘文堂, 192면.

제2절 증명책임의 분배기준

Ⅰ. 증명책임의 작용모습

1. 객관적 증명책임론

증명책임의 분배문제는 어떤 요건사실의 존재여부가 不明할 때에 적용되는 것이 본래의 모습이라고 할 수 있다. 즉 소송에서 증거조사활동이 끝나고 최종적으로 판결하는 순간에 특정 요건사실의 존재에 대한 충분한 증명이 없다고 할 때에 어느 쪽 당사자에게 불리한 판단을 할 것인가를 결정하는 기준이 증명책임의 존재이다. 말하자면 증명책임은 결과적인 동시에 객관적으로 평가되는 것이라는 점에서 객관적 증명책임이 그 본래 모습이라 할 수 있다.

그러나 소송의 실제에 있어서 증명책임은 소송 초기단계에서부터 간접적인 형태로 작동하고 있다. 예컨대, 항변과 부인의 구별은 증명책임의 所在를 기준으로 한 구분이고 그 대상은 원고가 소장에 기재한 청구원인 사실이라고 할 수 있다.

2. 法規不適用의 원칙

증명책임론의 泰斗로 불리는 R. Rosenberg의 증명책임론의 근간은 '法規不適用의 원칙'이라고 할 수 있다. 이 원칙에 의하면, 실체법은 그 요건사실의 존재가 인정될 때에 비로소 적용되는 것이고, 요건사실의 不存在가 증명된 때는 물론이고 眞僞不明의 경우에도 적용되지 않는다고 한다. 즉, 진위불명을 법규의 不適用에 바로 결부시킨데 이어 자기에게 유리한 법규가 적용되지 않음으로써 당사자의 一方이 입게 되는 불이익을 증명책임이라고 定義한다. 이러한 증명책임이론의 배경에는 근대법 체제하에서 법원은 어떠한 분쟁사실의 존부나 진위가 不明한 경우에도 재판을 거부할 수 없다는 법원칙이 있다. 한편 실체법의 이면에 있는 강제력은 그 적용요건을 충족시키는 경우에만 적용되어야 할 것이라는 법원칙 등이 법규부적용 이론의 기초가 되고 있다. 따라서 실체법의 적용을 통하여 법의 강제력을 동원하고자 하는 자는 그 법상의 요건사실을 주장·증명하여야 한다는 전제에 따라 법의 적용 또는 부적용을 지시하는 규범이 바로 증명책임이라고 할 수 있다.

3. 증명책임론에 있어서의 주의점

(1) 어떤 사실에 대한 증명책임을 지는 자는 반드시 당사자 중 어느 한쪽이 되는 것이고, 당사자 쌍방이 부담하는 경우란 있을 수가 없다. 어떤 사실의 존재와 부존재라는 표리관계를 이루는 사실을 서로 분리하여 당사자 각자에게 부담시키는 것이 아니라 사실의 존부를 일괄하여 당사자의 어느 한 쪽에게 부담시키는 것이다. 그 분배원칙을 정하는 것이 바로 증명책임의 분배에 관한 이론이라고 할 수 있다.

(2) 증명책임의 분배는 원고와 피고라는 지위에 대해서가 아니라 채권자·채무자, 권리자·의무자라는 지위에 따라 분배된다고 보는 것이 정확하다. 요컨대 증명책임의 분배는 실체법과의 관계에서 정해지는 것이며, 원고·피고의 지위 변동에 의하여 변경되는 것은 아니다.

(3) 증명책임은 주요사실에 대한 증명의 문제라고 할 수 있다. 즉, 간접사실이나 보조사실(다만 서증의 진정성립은 제외)에 대하여서는 증명책임의 개념은 적용되지 않는다. 물론 간접사실의 존부에 대하여서도 진위불명의 경우가 있을 것이다. 간접사실의 경우에는 그 사실의 존재·부존재가 5:5 또는 7:3이라는 정도에까지 심증에 이르렀을

때 다른 간접사실 또는 변론전체의 취지를 종합하여 주요사실의 존· 부를 인정하면 족하다. 즉, 간접사실의 진위불명은 주요사실의 진위불명에 흡수되는 것이다.

Ⅱ. 증명책임의 분배

1. 법률요건분류설(규범설)

(1) Reo Rosenberg의 규범설의 다섯 가지 명제

(가) 法規不適用의 원칙 (제1명제)

실체법은 그 요건사실의 존재에 대하여 법관이 확신을 가지게 된 경우에만 적용되고, 법관이 그 사실의 不存在 또는 眞僞不明의 심증을 가지게 된 경우에는 적용되지 않는다.

(나) 제2명제

당사자는 자기에게 유리한 법규의 요건사실에 관하여 증명책임을 부담한다. 이것은 진위불명의 경우에 그 법규가 적용되지 않게 된다는 제1명제의 적용결과라고 할 수 있다.

(다) 제3명제

유리한 법규란 무엇인가를 가려내는 기준으로서는 실체법규 상호간의 논리적 관계로부터 찾을 수 있다. 법규 상호간에는 보충, 지지, 배척의 관계에 있는 것이다. 실체법규는 권리발생의 근거가 되는 권리근거규정, 권리근거규정에 기한 법률효과의 발생을 방해하는 권리장애규정, 일단 성립한 권리를 소멸시키는 권리멸각규정 및 권리행사를 일시 저지하는 저지규정으로 실체법상의 성격을 분류할 수 있다. 따라서 어떠한 권리의 존재를 주장하는 자는 권리근거규정의 요건사실에 대한 증명책임이 있고, 그 반대규정인 권리장애규정과 권리멸각규정 및 권리행사 저지규정에 대하여서는 그 의무자가 그 요건사실에 대한 증명책임이 있다.

(라) 제4명제

권리근거규정, 장애규정, 멸각규정, 저지규정은 각 법규 조문의 형식적 구조로부터 식별할 수 있다. 예컨대, 본문과 단서규정은 그 가장 대표적 예가 될 수 있을 것이다. 그리고 원칙적 규정은 그 권리근거규정이 될 것이고, 이에 대한 예외규정은 권리장애규정이 될 것이다. 일단 성립된 권리의 소멸에 관하여 정하고 있는 규정은 권리멸각규정이라고 할 수 있다.

(마) 제5명제

이상의 여러 사항을 전제로 하여 법관은 구체적 사건에 있어서 실질적 조건을 고려하여 증명책임을 분배하여서는 안 된다. 그렇게 될 경우에는 각인각색의 분배가 되어 무질서하게 될 수밖에 없다는 것이다. 수세기에 걸쳐 걸러지고 다듬어져서 입법자에 의하여 구체화된 정의의 원칙의 구체적 실현이라고 할 수 있는 실정법규(실체법)에 기초하여 분배하여야 한다.

(2) 법률요건분류설의 기본 착안점

(가) 실체법의 분류

법률요건분류설은 모든 실체법규는 권리발생의 기초가 되는 규범(기본규범Grundnorm; 원칙규범Regelnorm)과 그 기본규범의 효력을 제한하는 다수의 반대규범(Gegennorm) 또는 예외규정으로 성립되어 있다고 한다. 반대규범에는 기본규범의 효력발생을 당초부터 방해하는 권리장애규범, 일단 기본규범에 기한 효력발생 후에 사후적으로 소멸시키는 권리소멸규범 및 법률효과의 실현을 배제하거나 권리행사를 저지하는 권리배제규범 또는 권리행사저지규범이 있다.

위와 같은 법규분류를 전제로 기본규범이 정한 법률효과를 주장하는 자는 기본규범의 요건사실을 증명하여야 한다. 그리고 반대규범의 적용을 주장하는 자는 반대규범에 해당하는 요건사실을 증명하여야 한다는 것이 법률요건분류설의 핵심내용이라 할 수 있다.

위와 같은 법률요건분류설을 가장 보편적 법률행위인 계약 사실의 증명책임분배에 적용시키면 다음과 같다.

먼저 당사자의 별도 합의가 없는 경우에 타당한 법률효과를 정한 임의법규가 있는 경우에는 임의법규가 정한 법률효과가 원칙적으로 적용된다. 그 원칙적 법률효과를 배제하는 당사자의 합의는 예외규정의 법률요건이라 할 수 있다. 법률행위의 요소는 법률행위에 각각의 법적 특질을 부여하는 법률행위의 구성부분이라 할 수 있다. 예컨대, 매매계약에서는 목적물과 매매대금의 합의, 임대차 계약에서는 임대차 목적물과 임료지급의 합의라고 할 수 있다. 법률행위의 요소에 관한 합의는 법률행위의 성립에 중요하므로 원고(청구권자)가 증명하여야 한다. 법률행위의 성립이 확정되고 임의법규의 법률요건에 해당되면 그 법 규정에서 정한 법률효과가 부여된다.

임의법규는 일반적으로 당사자의 이익을 촉진하는 규정들이지만 개개의 구체적인 경우에는 가혹하거나 부당한 결과로 되는 경우도 있다. 법은 당사자의 합의에 의하여 임의법규 규정과 다른 법률효과 발생을 허용하고 있다. 이러한 합의는 법 규정과의 관계에서 반대규범이라 할 수 있다. 이러한 규정들은 '단…경우에 한하여…한다'라거나 '별도의 정함이 있는 경우…'라는 표현형식을 취하고 있다.

법률요건분류설은 위와 같은 임의규정의 체계에 관한 이해를 전제로 하여, 임의법규에서 정한 법률효과의 발생을 주장하는 당사자는 그 요건에 해당하는 법률행위(계약)의 성립을 증명하면 충분하다고 한다. 이에 반하여 별도의 특별한 합의사항을 주장하는 자는 이를 증명하여야 한다는 것이다.[9]

	실체법 규정의 종류	예
1.	권리근거규정(권리의 발생요건을 정하고 있는 규정)	민법 598조(소비대차계약)
2.	권리장애규정(권리근거규정상 법률효과 생성시 또는 생성도중에 그 법률효과 발생을 방해하는 규정)	민법 103조(반사회질서), 109조(착오), 110조(사기·강박) 등
3.	권리소멸(멸각)규정(법률효과가 발생한 후에 그 권리관계의 소멸상실을 가져오는 규정)	민법 460조(변제), 492조(상계), 506조(면제) 등
4.	권리행사저지규정(법률효과 발생 후 그 권리행사의 저지·배제효과를 발생시키는 규정)	민법 152조(변제기한), 320조(유치권), 437조(최고·검색의 항변), 536조(동시이행의 항변) 등

① 원고는 청구원인으로서, 소송물인 권리의 발생요건을 정한 권리근거규정상의 요건사실을 주장하고 증명하여야 한다.

② 피고는 항변으로서, 청구원인사실로부터 발생하게 될 법률효과에 대한 권리장애사실, 권리소멸(멸각)사실, 권리행사저지사실을 주장하고 증명한다.

9) 松本博之, 証明責任の分配, 有斐閣, 88~89면.

③ 원고는 재항변으로서, 항변사실로부터 발생하게 될 법률효과에 대한 권리장애사실, 권리소멸(멸각)사실, 권리행사저지사실을 주장하고 증명한다.

④ 피고는 재재항변으로서, 재항변으로부터 발생하게 될 법률효과에 대한 권리장애사실, 권리소멸(멸각)사실, 권리행사저지사실을 주장하고 증명한다(이후에도 계속적으로 재…항변이 연속적으로 일어날 수 있다.).

(나) 예컨대, 甲이 乙에게 대여금(소비대차계약) 5천만 원의 지급을 구하는 소를 제기하였다 하자. 이에 대하여 乙은 채무면제의 항변을 할 수 있고, 甲은 다시 채무면제 의사표명은 착오에 의한 것이라거나 乙의 사기·강박에 의한 것이므로 취소한다는 재항변을 할 수 있다.

청구원인사실 및 재항변 사실에 관한 증명에 실패하면 원고의 패소판결이, 항변사실 및 재재항변사실에 관한 증명에 실패하면 피고의 패소판결이 각 선고된다.

(다) 권리근거규정, 권리장애규정, 권리소멸규정 등의 분류는 고정적인 것이 아니고 상대적으로 결정되는 것이다. 예컨대, 매매계약에 기한 매도인의 대금청구소송에서는 매매계약 체결사실은 청구원인(권리근거사실)이 될 것이지만, 소유권에 기한 토지인도청구에 대하여 피고가 원고로부터 당해 토지를 매수하였다는 항변을 하는 경우에는 매매계약 체결사실이 권리소멸사실이 될 수도 있다. 특수한 예로서 채무부존재 확인청구에 있어서 채무자인 원고는 어떠한 채무가 부존재 하는가를 주장하지 않으면 안된다. 예컨대, '채권자라고 칭하는 피고가 ○년 ○월 ○일에 원고에게 XX원의 돈을 대여하였다고 주장하지만, 그와 같은 돈을 차용한 사실은 없다'라고 주장하는 사례를 보자(채무부존재 확인의 소는

이와 같은 사례 외에 어떤 채무의 존재를 전제로 사후에 변제·상계·면제 등에 의하여 소멸되었음을 주장하는 사례로 유형화할 수 있을 것이다). 이와 같은 원고의 주장에 대하여 그러한 채권이 존재한다는 것을 채권자인 피고가 증명할 책임이 있다. 이것은 어떻게 보면 채권의 부존재 사실은 원고(채무자)의 주장책임 사항이 되고, 그 존재 사실은 피고(채권자)가 증명책임을 부담하는 것이므로 주장책임과 증명책임의 소재가 분리되는 경우라고 할 수 있다. 그러나 채무부존재 확인소송에서 채무자인 원고가 채권에 관하여 언급하는 것은 소송물의 특정을 위한 것으로서의 의미를 가질 뿐 주장책임 있는 사실에 대한 언급이라고 할 수 없다. 소장의 기재를 통하여 소송물의 특정을 위한 사실은 이미 변론에서 나타나 있는 것이므로 주장책임은 문제되지 않고 증명책임만이 남게 된다고 할 수 있겠다.

원·피고 사이에는 앞서 살펴본 바와 같이 주장공통의 원칙이 적용되어 각자에게 유리한 요건사실을 스스로 주장하고 증거신청 하여야 하는 것은 아니다. 어느 쪽 당사자에 의하든 요건사실의 주장이 있으면 된다.

(3) 수정법률요건 분류설

(가) 대부분의 민법 규정들은 'A인 경우에는 B라는 법률효과가 발생 한다'라고 규정하거나, 위와 같은 내용에 'C가 있는 경우에 한하여 그렇지 아니하다'라는 단서 규정을 두고 있다. 이 경우에 원고는 A라는 요건사실을 증명함으로써 B라는 법률효과가 발생하여 일정한 청구권이 발생하고, A라는 사실의 증명에 실패하거나 존부가 不明한 경우에는 B라는 법률효과도 생기지 않게 된다 한편 피고는 C라는 요건사실을 증명하여 원고의 청구를 기각시킬 수 있다. 즉 대부분의 민법 규정은 법률요건분류설에 따라 증

명책임을 분배하는데 그리 큰 어려움이 없다고 할 수 있다. 그러나 아래에서 살펴보는 특수한 경우에는 민법 규정 형식상 증명책임의 분배기준을 고려하지 않은 것으로 보여 해석론상 문제를 일으킬 수 있는 것으로 보인다.

① 민법 390조는 채무불이행으로 인한 손해배상 청구권의 발생요건에 관하여 규정하고 있는데, 조문 상으로는 '채무자가 채무의 내용에 좇은 이행을 하지 아니한 때에는 채권자는 손해배상을 청구할 수 있다. 그러나 채무자의 고의나 과실 없이 이행할 수 없게 된 때에는 그러하지 아니하다'라고 규정하여 민법 750조 규정과 대조를 보이고 있다. 통설 및 판례(대법원 1994. 10. 14. 선고 94다38182 판결; 대법원 2006. 1. 13. 선고 2005다51013·51020 판결 등)는 채권자는 계약의 존재 및 그 내용에 좇은 이행이 없다는 사실만 증명하면 된다고 한다. 채무자의 귀책사유는 증거와의 거리 상 언제나 채무자에게 증명책임이 있다고 한다. 즉 채무자는 채무불이행에 대해서 자신에게 과실이 없음을 증명하여야 하는 것이다. 위와 같은 민법 규정 및 해석론은 증명책임의 분배에 있어서 형평성 문제를 입법적으로 고려하였다고 할 수 있다.

② 민법 570조는 매매목적이 된 권리가 타인에게 속한 경우에 이행불능으로 인한 매도인의 손해배상책임 발생요건에 관하여 '매수인이 계약 당시 그 권리가 매도인에게 속하지 아니함을 안 때에는 손해배상을 청구하지 못 한다'라고 규정하고 있다. 즉 타인의 권리매매에 있어서 전부 이행불능인 경우에는 악의를 소극적 요건으로 규정하고 있다. 한편 572조 3항은 권리 일부가 타인에게 속한 경우 그 부분의 이행불능으로 인한 매도인의 손해배상책임은 매수인이 선의인 경우에만 인정하고 있다.

일부 이행불능의 경우에는 매수인의 선의를 적극적 요건으로 규정하고 있어서 같은 성격의 이행불능임에도 손해배상 청구권의 성립요건을 달리 하였다. 전부불능의 경우는 매도인이 매수인의 악의 항변을 하고 이를 증명하여야 하고, 일부불능(572조3항)의 경우에는 매수인이 스스로 선의임을 증명하여야 한다. 이러한 법 규정의 불통일은 민법을 제정함에 있어서 증명책임 분배문제를 고려하지 않은 데서 생겨난 것이라 할 수 있다.

(나) 법률요건분류설에 따라 형식적으로 증명책임을 분배할 경우에 형평의 원칙에 반하는 결과가 발생할 수 있다. 이러한 문제점에 대한 대책으로서 이익형량설이 나타났다.[10] 동 견해를 간단히 소개하면 다음과 같다.

① 증명책임의 분배기준에 관하여 입법자의 의사가 명확하다면 그에 따를 것이다. ② 만약 입법자의 의사가 명확하지 않다면 해석에 의하여 결정될 것이다. 이 때 입법취지나 신의칙을 고려하는 것은 당연할 것이다. 그 외에 첫째로 증거와의 거리, 제2순위로 증명의 난이도, 제3순위로 사실의 존재·부존재의 개연성에 의하여 결정될 것이라고 한다. ③ 이 견해는 권리장애규정의 개념을 부정하는 데 그 주요 특성이 있다.

(다) 수정법률요건분류설의 내용

① 수정법률요건분류설은 기존의 법률요건분류설에 따른 증명책임 분배방식을 따르는 것을 기본으로 하되, 실체법 규정에 따른 증명책임 분배가 형평의 원칙에 어긋나는 경우에 이를 수정하고자 하는 견해이다.

② 권리근거사실과 권리장애사실의 구별이 어려운 경우에 법 규정

10) 石田穰, 앞의 책, 143면 이하.

의 표현에 의하는 것이 아니라 실체법의 입법취지·목적, 거래의 간편 및 안전의 확보, 원칙과 예외 등과 같은 실질적 고려에 기초한 해석에 따라 결정하여야 한다는 것이다.

③ 실무계에서 오랫동안 법률요건분류설을 고수하여 온 결과 이러한 증명책임 분배방식을 쉽사리 벗어나기 어렵다는 것이 수정법률요건분류설의 기본적 착안점이라 할 수 있다. 그러나 수정법률요건분류설은 실체법의 성격에 관하여 의문이 생기는 경우에 항상 위에서 언급한 실질적 고려에 기초한 법 해석론을 통하여 증명책임을 분배하여야 한다는 점에서 법률요건분류설과 그 견해를 달리하는 것이다.

2. 위험영역설

(1) 손해배상 사건 등을 중심으로 하여 법률요건분류설에 따른 증명책임분배의 불공평성이 제기되었다. 특히 의료과오소송, 환경권침해·공해사건소송, 제조물책임소송 등에서 증거의 구조적 편재현상이 심각한 것으로 나타났다. 이러한 문제제기를 계기로 증명책임분배이론으로서 위험영역설이 나타났다. 영·미 증거법에서는 일반적으로 쟁점사실에 관하여 어느 쪽 당사자의 접근 또는 지배영역하에 있는지에 따라 증명책임을 결정하고 있다.[11] 독일에서는 J. Prölss가 위험영역설을 체계화하고, 독일연방대법원(BGH)이 적극적 계약침해로 인한 손해배상사건에서 채무자의 과실에 관한 증명책임 분배에 있어서 이를 채택함으로써 일정 법 영역에서 판례법으로서 발전하였다.[12]

(2) 위험영역설은 요증사실이 누구의 지배영역 내지는 책임영역(위험영역)에서 발생한 것인가에 따라서 증명책임을 분배하여야 한다는

---

11) Wigmore, Evidence, Chadbourn rev. 1981, §2486.

12) 강봉수, 입증책임 분배에 있어서 위험영역론, 사법행정 1979. 2월호.

견해이다. 여기에서 말하는 위험영역이란 피고의 자유로운 처분이 가능한 법적·사실적 수단에 의하여 지배 가능한 사실적 생활영역을 말한다. 위험영역설에 의하면, 피해자(채권자; 원고)는 손해의 원인이 오로지 가해자(채무자; 피고)의 지배(위험)영역에서 발생하고, 피해자 자신의 위험영역이나 제3자 또는 그 어느 누구의 지배영역에서 발생한 것이 아니라는 사실을 증명하면 된다고 한다.

(3) 위험영역설을 적용하여 피해자가 가해자에게 증명책임을 전가시킬 수 있는 요건사실을 정리하면 다음과 같다.[13)]

① 손해발생 원인이 가해자 단독 또는 피해자 이외의 자와 가해자가 공동으로 지배하는 위험영역에서 발생하였을 것. 만일 가해자와 피해자가 공동으로 지배하는 영역에서 발생한 때에는 위험영역설이 적용되지 않는다. 피해자 이외의 다수인이 지배하는 영역에서 발생한 경우에도 위험영역설이 적용된다.

② 증명 주제가 불법행위·적극적 채권침해·계약체결상의 과실에 기한 책임추구일 것.

(4) 위험영역설은 그 현실적 타당성이 입증되고 있음에도 불구하고, 학자[14)]들은 현행 실정법이 증명책임 분배에 있어서 위험영역설이 상정하고 있는 조건을 전제로 하여 제정된 것이 아니라는 등의 이유를 들어서 반대하는 것이 다수설이라 할 수 있다.

판례 중에서 위험영역설적 사고를 기초로 하였다고 보이는 예를 소개하면 다음과 같다.[15)]

---

13) 오석락, 앞의 책, 83면.

14) 특히, 호문혁, 앞의 책, 502면 등.

15) 이시윤, 앞의 책, 479면 참조.

[대법원 1980. 7. 8. 선고 80다122 판결]

원심은 판결이유에서 피고가 원고들 소유의 이 사건 부동산을 징발 사용한 사실을 인정하면서도, 징발법 21조, 같은 법 시행령 제11조, 제13조, 같은 법 시행규칙 제3조 및 징발법 부칙 제3항에 의한 징발재산의 보상에 관한 규정 제2조, 제3조의 각 규정에 의하면 징발재산에 대한 사용료 상당의 보상금은 당해 사용연도별로 그 재산에 대한 과세표준액을 기준으로 하여 여기에 국방부 보상심의회가 인근 토지의 임대실례표준을 참고로 하여 사정한 보상요율을 적용하여 산정한 금액임이 명백한데 이 사건에 위 보상액의 산정의 전제가 되는 연도별 과세표준은 토지대장의 기재에 의하여 알 수 있다 해도 여기에 적용될 보상요율의 내역에 대하여 원고의 주장, 입증이 없다고 보고, 원고들이 청구하는 보상증권의 액면금이 위 법조에 의하여 정확히 산정된 보상금액이 아니라 하여 원고들의 이 사건 청구를 기각하였다.

그러므로 살피건대, 당원은 징발재산정리에관한특별조치법 개정법률(1970.12.31시행, 법률 제2264호) 시행 당시 징발재산이나 이미 징발이 해제된 징발재산 및 소송이 계속중인 징발재산에 대하여도 징발보상금의 지급에 관해서는 관계규정상 피징발자는 어떠한 절차에 의하여서라도 징발법 제21조의 규정에 의한 기준을 초과하여 징발보상금을 청구하지 못하며 징발보상금은 이를 징발보상증권으로 지급하되 다만 징발보상금 및 그 단수가 10,000원 미만인 경우에는 현금으로 지급하게 되어 있어 징발보상금의 산정방법과 지급방법에 있어서는 이에 따르도록 되어 있다는 견해를 밝힌 바 있으므로(대법원 1975.7.8 선고 70다340 판결 참조) 당사자가 위와 같은 기준에 따라 보상금을 청구한다 하더라도 원심이 설시한 바와 같이 관계규정상 징발재산에 대한 사용료 상당의 보상금은 당해 사용년도별로 그 재산에 대한 과세표준액을 기준으로 하여 여기에 피고소속 국방부 보상심의회가 인근 토지의 임대실례표준을 참고로 하여 사정한 보상요율을 적용하도록 되어 있고 이와 같은 보상요율의 결정은 피고 관◇사항으로서 징발보상금에 대하여 피고 소속 국방부보상심의회에서 인근토지의 임대실례표준을 참작하여 보상요율을 사정하도록 의무를 부과하고 있는 취지임이 분명하므로 피고에게 그 정한 보상요율을 주장하게 하거나 그 사정기준을 밝히도록 하여 이에 따라 징발보상금액을 산정하여야 하는 것임에도 불구하고 원심은 이에 대한 피고의 입증촉구도 없이 원고관계규보상요율의 주장, 입증이 없다는 사유로 본건 청구를 기각하였음은 원심이 필경 심리를 미진하였거나 입증책임을 전도하여 원고에게 입증불능의 사항에 입증책임을 지운 잘못이 있다고 아니할 수 없다.
이 점을 지적한 논지는 이유 있으므로 원판결은 파기를 면치 못한다.

제3절 사례별 증명책임의 분배

Ⅰ. 항변의 순서에 따른 분배

1. 각 당사자는 각자에게 유리한 실체법 규정상의 요건사실을 주장하고 증명하고자 하는 것이 공격방어방법의 본래 모습이라 할 수 있다. 원고가 그의 청구를 이유있게 하는 권리근거 규정상의 요건사실을 주장·증명할 경우에 피고는 이에 대하여 항변으로서 권리장애규정, 권리멸각규정, 권리행사저지규정상의 요건사실을 주장 ·증명하게 될 것이다.

2. 피고의 항변이 여러 개 제출된 경우에 법원의 판결이유에서의 판단은 원고의 청구를 이유 없게 하는 효력이 강한 것으로부터 약한 것의 순서로 판단하는 것이 일반적이다.[16] 따라서 당사자의 항변도 이러한 순서에 따라 제기하는 것이 타당하다. 즉 권리장애사유로 부터, 권리소멸사유(취소, 해제, 변제 등), 권리행사저지사유(기한유예, 동시이행 등)의 순서로 할 것이다. 같은 종류의 여러 항변 중에서는 피고에게 유리한 것으로부터 보다 덜 유리한 것으로 체계화 할 것이다. 예컨대 매매계약의 취소항변

16) 사법연수원, 민사실무Ⅱ, 229면.

→해제항변→동시이행항변(또는 변제항변)의 순서가 될 것이다. 그리고 일반적 요건에 관한 사항으로부터 특별한 요건의 순서로(무능력을 이유로 한 취소항변 후에 사기로 인한 계약 취소 항변)하고, 시간상 먼저 일어난 사실로부터 나중의 것으로 항변을 제기함이 타당하다.

3. 상계항변이나 지상물 매수청구권행사(민법 283조 2항, 316조 2항, 643조 등) 항변 등 이른바 출혈적 항변은 원고 청구 기각판결을 구하는 내용의 주장을 전개한 뒤에 예비적으로 제기하는 경우가 일반적이다. 그리고 이러한 항변은 권리장애, 권리소멸, 권리행사저지항변을 전개한 후에 최종적으로 제기할 것이다.

4. 위와 같은 항변에 대하여 원고는 재항변을 할 수 있다. 재항변사실에 대하여는 원고가 증명책임을 부담한다.

5. 실체법 규정상 원칙과 예외의 관계를 표현하고 있는 경우가 있다. 예컨대, 민법259조는 타인의 동산에 가공이 있는 때에는 원칙적으로 그 물건의 소유권은 원재료의 소유자에게 있음을 규정하면서, 예외적으로 가공으로 인한 가액의 증가가 원재료의 가액보다 현저히 다액인 때에는 가공자의 소유로 한다는 단서 규정을 두고 있다. 이 때 원재료의 소유자는 원칙적 규정인 본문상의 요건사실(원고가 원재료의 소유자이고, 피고가 원재료의 가공자로서 가공물을 점유하고 있다는 것)을 증명하여 가공물의 소유권에 기한 인도청구권을 행사할 수 있다. 피고는 원고의 가공물에 대한 소유권상실 항변을 제기하면서 단서의 요건사실을 증명하여, 원고청구를 기각시킬 수 있을 것이다.

Ⅱ. 계약의 내용에 관한 증명책임

1. 문제제기

(1) 대표적 법률행위인 계약 체결사실을 기초로 어느 한 쪽 당사자가 계약의 이행을 구하는 소를 제기하였다고 하자(예컨대, 소비대차계약에 따른 대여금 반환청구 또는 부동산 매매계약에 따른 매수인의 소유권이전등기청구 등). 이 때 피고가 단순히 원고가 주장하는 청구근거사실을 부인하거나, 권리장애사실이나 권리소멸사실, 권리행사저지사실을 주장하는 것이 아니라 아래와 같은 내용의 주장을 하는 경우에 그 증명책임 분배에 관하여 견해 대립이 있다.[17)]

> [계약당사자 간에 계약내용에 관한 다툼이 있는 사례들을 구체적으로 예시하면 다음과 같다]
>
> ① 계약상의 채무이행을 구하는 소에 대하여 피고가 정지조건 또는 해제조건의 합의가 있었다고 주장하고, 원고는 무조건의 계약을 체결하였다고 주장하는 경우.
>
> ② 계약이행 청구소송에서 피고가 始期 또는 終期의 합의가 있었다고 주장하고, 원고는 기한에 관한 합의가 없었다고 주장하는 경우.
>
> ③ 원고가 피고와의 계약체결을 주장하면서 그 채무이행을 구하는데 대하여, 피고는 동 계약당사자는 피고가 아니고, 피고가 제3자의 대리인으로서 계약한 것이라고 주장하는 경우.
>
> ④ 원고가 쌍무계약에 기초하여 일정한 급부를 청구함에 대하여 피고가 원고 주장의 반대급부 내용을 다투고 있는 경우. 즉 원고 주장과는 다른 반대급부 또는 그를 초과하는 반대급부에 관한 합의를 주장하며 동시이행항변을 제출하는 경우에 그 반대급부의 내용에 관한 증명책임의 소재도 계약내용에 관한 증명책임문제라 할 수 있다.

17) 오석락, 입증책임론, 330-337면; 정갑주, 조건과 기한의 증명책임, 재판자료26집 민사증거법下, 법원행정처; 松本博之, 앞의 책, 78면 이하 참조.

(2) 피고가 원고 주장의 계약을 체결한 사실은 있지만 그 계약의 내용은 원고 주장과 달리 조건부 또는 기한부 계약을 체결한 것이라는 등의 주장을 하였다고 하자. 이와 같은 경우에 단순부인으로 취급하여 원고 주장과 같이 무조건 또는 무기한부 계약체결 사실을 증명할 책임이 있는가? 아니면 피고의 진술에서 원고 주장의 계약체결 사실에 관한 재판상 자백(제한부·조건부 자백)의 성립을 인정하고, 조건부 또는 기한부 계약 체결 사실에 관하여는 피고가 증명할 책임이 있다고 볼 것인가?

위와 같은 사례에서 증명책임 분배문제는 매매계약 체결 등에 있어서 계약서의 작성이 없었거나, 계약서에 그러한 내용을 명시하지 않고 구술로서 계약한 경우에는 소송의 승패에 결정적 영향을 미칠 수 있을 것이다.

(3) 위와 같은 계약 내용의 증명책임 분배문제는 독일 학계에서 오랫동안 논의되어 왔다. 그러나 한국이나 일본에서는 이에 관한 논의가 그다지 전개되지 않았다. 그 이유는 한·일 양국에서는 일찍이 Rosenberg의 법률요건분류설이 주류로 정착되었기 때문인 것으로 보인다. 그러나 최근에 일본이나 독일에서 이에 관한 새로운 논의가 제기되고 있으므로 그 내용을 간단히 살펴보기로 한다. 통설과 더불어 이와는 다른 견해를 살펴봄으로써 통설과 판례를 보다 깊이 이해할 수 있을 것이다.

2. 학 설

(1) 부 인 설

① 부인설은 원고(청구인)가 권리근거사실로서 계약체결사실의 증명책임을 부담한다고 주장하는 견해이다. 이때의 계약은 무조

건이고, 이행기의 정함이 없고, 피청구인(피고)를 계약당사자로 하여 체결된 것을 의미하며, 증명대상도 이러한 내용의 계약을 말한다.

② 부인설에 의하더라도 원고는 소장제출 단계에서부터 무조건이고, 이행기의 정함이 없는 계약이라는 등의 계약체결사실을 주장할 필요는 없다. 다만, 피고가 조건, 기한, 이행기의 합의 등을 진술하는 경우에 원고의 '구체적 특정사실 진술의무'에 따라 위와 같은 합의의 부존재를 주장할 의무와 아울러 증명책임까지 부담하게 된다는 것이다. 만약 피고의 진술에 대하여 원고가 위와 같은 주장을 하지 아니할 경우에는 원고는 소에서의 청구원인의 주장 흠결이 되어 청구기각 당하게 될 것이다.

(2) 항 변 설

① 항변설은 증명책임 분배에 관하여 법률요건분류설을 취하는 학자들이 주장하는 견해이다. 당사자 간에 별도의 합의가 없는 한 적용될 수 있는 임의법규가 있는 경우에 임의법규가 정한 법률효과가 원칙이라 할 수 있다. 따라서 이 원칙규정상의 법률효과의 배제에 관한 당사자 간의 합의는 예외규정의 법률요건이므로 이의 적용을 주장하는 자에게 증명책임이 있다고 한다.

② 법률요건분류설에 의하면 임의법규는 당사자의 명시적 의사에 반하지 않는 한 당사자의 의사가 없더라도 적용될 수 있는 것으로 본다. 즉 임의법규의 적용을 배제하는 별도 합의의 부존재가 임의법규의 요건사실이 되는 것은 아니라는 말이다. 당사자의 별도 합의에 의하여 법률관계를 정하기로 하였다는 것이 명확히 확정되기 전에는 임의법규가 적용되어야 한다는 법리에 비추어 보면 이러한 별도 합의는 예외규정에 해당하여 그

적용을 주장하는 자가 증명하여야 할 것이다.

③ 법률요건분류설은 법률행위의 해석규정에 대하여도 항변설에 의한 증명책임 분배기준을 적용한다(민법 153조 1항). 의심스러운 경우에는 해석규정에 따라 법률행위를 해석할 것이다. 이 때 해석규정에 따른 해석이 유리한 당사자는 동 규정상의 요건사실에 대한 증명책임을 부담한다. 이에 반하여 법률이 정한 당사자의 추정적 의사 또는 별도의 합의, 별도의 해석을 주장하는 자는 이에 관한 증명책임이 있다는 것이다. 예컨대 민법 153조 1항과는 달리 기한의 이익이 채권자 또는 쌍방을 위하여 존재하는 경우에는 이를 주장하는 자가 증명하여야 한다는 것이 통설이다.

(3) 검 토

① 부인설을 취하는 학자들은 항변설에 따르면 계약내용의 일부에 관하여 침묵하고 자기에게 유리한 부분만을 부각시켜 주장하는 당사자(원고)를 과도하게 보호하는 결과가 될 수 있다고 비판한다. 즉 소송에서 허위주장을 사실상 용인하는 결과가 되고 소제기 시점에서 이미 피고의 패소가능성을 절반가량은 전제하고 들어가는 셈이 될 것이라고 한다.

② 부인설의 위와 같은 주장은 일면적 타당성을 가지고 있음에 지나지 않는다. 즉, 조건이나 기한의 합의가 있는 경우에는 이러한 합의사실을 주장하고 증명하여 패소를 면할 책임이 피고에게 부과되어 있음은 자명하다. 이러한 책임을 이행하지 아니하여 패소한 피고는 그 스스로의 불성실함을 탓하여야 할 것이다.

요컨대, 실체법규의 내용과 성격에 따라 구체적 청구권을 주장하는 자는 그 성립요건 사실에 관한 증명책임을 부담한다고 보는 항변설이 타당하다.

3. 판 례

(1) 판례(아래의 대법원 93다20832 판결 참조)는 항변설을 취하고 있다. 즉 정지조건부 법률행위에 해당한다는 사실은 그 법률행위에 대한 법률효과 발생을 다투려는 자에게 주장·증명책임이 있다. 그 정지조건이 성취되었다는 사실은 이에 의하여 권리를 취득하고자 하는 당사자에게 그 증명책임이 있다(대법원 1983. 4. 12. 선고 81다카692 판결).

[대법원 1993. 9. 28. 선고 93다20832 판결]

원심은 이 사건 아파트에 관하여 원·피고 사이의 판시와 같은 명의신탁관계를 인정하면서도, 원고의 이 사건 명의신탁계약에 대한 해지권은 원고와 피고 사이의 사례금 액수에 관한 협의 또는 원고로부터의 적절한 사례금의 선이행을 조건으로 하는 권리라고 하여, 그 조건을 성취하지 못한 원고로서는 위 명의신탁계약의 해지의 의사표시만으로 피고에 대하여 이 사건 아파트에 관한 소유권이전등기절차의 이행을 구할 수 없다고 판단하였다.

그러나 어떠한 법률행위가 조건의 성취시 법률행위의 효력이 발생하는 소위 정지조건부 법률행위에 해당한다는 사실은 그 법률행위로 인한 법률효과의 발생을 저지하는 사유로서 그 법률효과의 발생을 다투려는 자에게 주장, 입증책임이 있다고 할 것이므로, 원심이 인정한 바와 같이 이 사건 명의신탁계약의 해지가 정지조건부 법률행위라면 그 사실에 대한 주장, 입증책임은 그 명의신탁해지의 효과를 다투는 피고에게 있다고 할 것인데(그 정지조건의 성취에 관한 주장, 입증책임이 원고에게 있음은 별론으로 하고), 기록에 의하여 살펴보면, 원고의 이 사건 명의신탁계약관계의 존재 및 그 해지주장에 대하여, 피고는 일관하여 이 사건 아파트는 피고의 소유로서 원고는 알지도 못하고 다만 소외 이원재로부터 아파트 분양대금을 차용하여 납부하였다고 주장하면서 원고의 주장사실을 부인하고 있을 뿐이고, 이 사건 명의신탁의 해지에 정지조건이 부가되었다는 점에 관하여는 아무런 주장을 하지 아니하고 있다.

변론주의가 지배하는 민사소송에서는 재판에 필요한 모든 사실은 당사자의 주장을 통하여 소송에 현출되는 것이므로, 변론주의의 원칙상 당사자가 주장하지 아니한 사실을 기초로 법원이 판단할 수는 없는 것임에도 불구하고, 원심이 피고가 주장하지도 아니한 사실을 인정하여 이 사건 명의신탁계약의 해지가 정지조건부 법률행위에 해당한다는 취지로 판단한 것은 변론주의의 원칙을 위배한 위법을 범하였다고 할 것이다. 이점을 지적하는 상고논지는 이유 있다(원심이 확정한 이 사건 사실관계에 의하면 오히려 원고의 이 사건 명의신탁계약의 해지를 원인으로 하는 피고의 이 사건 소유권이전등기절차이행의무와 원고의 사례금지급의무는 상호동시이행관계에 있는 것으로 보여지므로, 피고가 이러한 동시이행의 항변권을 행사한다면 법원으로서는 적절한 사례금액수를 산정하여 그 적절한 사례금의 지급과 상환으로 이 사건 소유권이전등기절차의 이행을 명하여야 할 것이다).

(3) 소비대차계약에 있어서 변제기의 약정사실은 항변사실이라고 보는 것이 일반적이다.[18] 그러나 채권자가 채무자의 이행지체로 인한 손해배상청구를 하는 경우에는 민법 387조 1항 규정에 따라 채권자에게 주장 및 증명책임이 있다 할 것이다.[19]

(4) 소멸시효의 기산점(始期)

소멸시효의 기산일은 채무의 소멸이라는 법률효과 발생의 요건사실에 해당하는 소멸시효기간 계산의 시발점으로서 변론주의 적용대상인 주요사실이라 할 수 있다(대법원 1995. 8. 25. 선고 94다35886 판결). 증거조사결과 인정된 본래의 기산일과 당사자 주장의 기산일이 서로 다른 경우에는 법원은 당사자 주장의 기산일을 기준으로 소멸시효완성여부를 판단하여야 한다. 소멸시효기산일의 주장·증명책임은 시효의 이익을 주장하는 자에게 있다(대법원 1995. 6. 30. 선고 94다13435 판결).

18) 정갑주, 앞의 논문, 52면 본문 및 각주12 참조.
19) 김선석, 증명책임의 연구 제1권, 육법사, 72면.

Ⅲ. 반대급부에 관한 합의의 증명책임

1. 쌍무계약상 동시이행항변과 증명책임

(1) 계약의 내용에 관한 증명책임 관련 논점 중에서 쌍무계약상의 반대급부의 존부에 관한 증명책임이 있다. 원고가 특정 계약에 따른 급부의 이행을 청구하고 있을 때 피고가 동 계약에 기한 반대급부 청구권의 존재를 주장할 수 있다. 피고는 원고가 반대급부 채무를 이행하지 않았으므로 원고의 청구에 응할 수 없다고 거절하는 태도를 보일 경우에 피고의 증명책임 범위가 문제된다.

(2) 피고가 쌍무계약상 동시이행항변을 하고 있을 때 피고의 증명책임 범위와 관련시켜 논의될 부분은 다음과 같다.[20]

① 쌍무계약의 존재 및 소구(청구)채권과 반대급부(채무)와의 견련성

② 원고가 부담하는 반대급부 채무의 종류 및 범위에 관한 합의

③ 반대급부 채무의 변제기의 도래

④ 반대급부 채무의 이행 또는 그 제공

⑤ 피고의 선 이행의무의 유무 등이다.

(3) 아래에서는 먼저 동시이행항변권의 법적 특성 및 증명책임 분배에 관한 검토를 하고 위에서 살펴본 각각의 사항에 대한 증명책임을 살펴본다.

2. 동시이행항변의 법적 특성

(1) 실체법상 항변권설(통설)

① 쌍무계약의 각 계약당사자가 본인의 채무를 이행하지 않으면서 상대방에 대하여 그 채무이행을 일방적으로 청구하는 것은 형

---

20) 松本博之, 앞의 책, 138면.

평의 원칙에 반한다. 즉 상대방에 대한 채무이행 청구에 있어서 양 청구간의 이행상 견련성을 고려하여야 한다. 따라서 원고의 청구에 대하여 피고는 항변권을 행사하여 양 채무의 이행상 견련성에 기한 이행의 거절을 할 수 있다고 한다. 이 견해가 현재의 통설이라 할 수 있다.

② 민법 568조 2항은 대표적 쌍무계약인 매매계약에 관하여 매수인과 매도인의 각 채무가 동시이행관계에 있음을 명시하였다. 이것은 민법이 쌍무계약상 양 당사자 채무의 동시이행항변권을 실체권으로서 인정한 것으로 볼 수 있다. 피고는 동시이행항변권 행사의 기초가 되는 쌍무계약상 반대급부 채무의 내용에 관하여 증명책임을 부담한다는 것이 뒤에 살펴볼 통일적 교환청구권설과의 본질적 차이라 할 수 있다. 후자의 견해에 의하면 원고가 무조건적 급부청구를 할 경우에는 이러한 청구에 부합하는 계약내용(피고의 선이행의무가 있는 경우가 여기에 해당할 것이다)이나, 원고가 그의 반대급부 채무를 이행하였음을 증명하여야 한다는 것이다.

③ 피고가 동시이행항변권을 행사하면 법원은 원고 청구기각 판결을 할 것이 아니라 상환급부판결을 한다(원고 일부 승소판결이라 할 수 있고, 당사자 처분권주의에 반하지 않는다).

④ 이 견해에 의하면 피고가 소송상 또는 소송 외에서 항변권을 행사하고, 그 행사가 소송상 변론과정에서 제출되어야 법원이 이에 관한 판단을 할 수 있다.

(2) 통일적 교환청구권설

① 이 견해는 원래 동시이행항변권 행사에 따른 증명책임 분배에 관한 설명을 통하여 전개된 이론이라 할 수 있다. 동시이행항

변권은 진정한 의미에서의 항변권 행사가 아니고, 원고가 주장하는 청구원인 사실에 대한 일부 부인에 지나지 않는다고 한다. 반대급부 채무의 이행 또는 이행제공 사실에 관한 증명책임은 당연히 무조건의 급부판결을 구하는 원고에게 있다는 것이다. 피고는 항변권(실체권)의 성립요건사실에 관한 증명책임이 없고, 원고가 피고 제출의 항변권을 복멸시킬 수 있는 증명활동을 하여야 한다.

② 일반적으로 공격방어방법으로서의 항변권은 청구원인과는 다른 내용의 특별한 요건사실을 필요로 한다. 그런데 동시이행항변에 있어서는 그렇지 않다. 동 항변의 실질적 근거는 반대급부 자체에 있는 것이 아니라 급부의 교환을 채무의 내용으로 하는 양 당사자의 합의에 있는 것이다. 말하자면 동시이행항변권은 '법률요건사실이 없는' 항변권이라 할 수 있고, 피고는 위와 같은 급부채무의 상호 견련성에 관한 주장을 통하여 원고의 청구에 대한 이의를 제기할 책임을 부담할 뿐이라고 한다. 원고는 피고에 대한 반대급부 채무의 변제사실을 증명할 책임이 있다는 것이 위 견해의 핵심이라고 할 수 있다.

(3) 판 례

판례는 학설과 마찬가지로 실체법상 항변권설을 취하고 있다. 예컨대, 매매를 원인으로 한 소유권이전등기 청구에서 매수인은 매매계약 체결사실을 주장·증명하면 그의 소유권이전등기 청구원인사실에 관한 주장 및 증명책임을 다한 것으로 된다. 이 때 매도인은 매매대금의 전부 또는 일부를 수령한 사실이 없다면 동시이행의 항변을 제출하여야 한다. 법원은 매수인의 위와 같은 항변이 있을 때 비로소 대금지급약정 사실에 관한 내용 등을 심리할 수 있다(대법원 1993.

12. 28. 선고 93다777 판결 등 참조). 이 때 매수인은 그의 대금지급 채무를 변제하였다거나 매도인의 소유권이전등기의무가 선 이행의무라는 특약 등에 관한 재항변을 제출할 수 있을 것이다.

3. 개별적 문제 검토

(1) 쌍무계약의 존재 및 견련성

① 일반적인 경우에는 소송실무상 쌍무계약의 체결 사실 및 급부와 반대급부 사이의 쌍무적 견련성에 관한 주장 및 증명책임의 문제가 일어나는 예는 사실상 드물다고 할 수 있다. 즉 일반적으로는 원고가 청구원인 사실의 주장을 통하여 위와 같은 사항에 대하여 밝히고 있을 것이다. 이러한 경우에는 위의 각 사항에 대한 증명책임 분배가 일어날 여지가 없게 되는 것이 일반적이다.

② 소송당사자 사이에 쌍무적 급부의무의 존재와 쌍무적 견련성에 관하여 다툼이 있는 경우에 이에 관한 증명책임이 문제된다. 동시이행항변권을 실체법상 항변권으로 파악하는 통설에 따르면 위 각 사항에 관하여 피고가 증명할 책임이 있다 할 것이다. 동시이행항변권은 원고 주장의 청구권이 성립하는 것을 전제로 그 행사를 저지하는 항변권에 해당하는 것이므로 피고는 그 요건사실에 해당하는 위의 각 사항에 대한 증명책임을 부담한다는 말이다.

(2) 원고가 부담하는 반대급부 채무의 종류와 범위에 관한 증명책임

① 쌍무계약에 따라 원고가 부담하는 반대급부의 종류와 범위에 관한 증명책임이 원·피고 어느 쪽에 있는가를 두고 학설은 대립한다.[21)]

㉠ 제1설은 쌍무계약에 따른 청구권을 주장하는 원고에게 증명책임이 있다는 견해이다. 그 논거는 계약체결상 청약과 승낙 의사표시의 내용을 이루는 본질적이고 불가결한 요소이므로 이에 관한 다툼이 있다는 것은 의사표시의 일치·불일치에 관한 것이기 때문에 원고가 증명할 책임이 있다고 한다.

㉡ 제2설은 제1설과는 정반대로 이행을 거절하는 피고가 반대채권의 존재, 즉 그 종류와 범위에 관한 증명책임을 부담한다는 견해이다.

㉢ 제3설은 원고는 원고가 주장하는 반대급부의 범위에 관한 증명책임이 있고, 피고는 피고가 주장하는 반대급부의 범위에 관한 증명책임이 있다는 견해로서 R. Rosenberg가 주장하였다. Rosenberg는 피고가 원고 주장의 반대급부와 다른 종류 또는 그 범위를 초과하는 내용의 급부채무 약정이 있었다고 주장하면서 동시이행 항변을 하는 경우를 전제로 한다. 이 때 원고는 원고가 주장하는 내용과 범위의 반대급부를 증명하면 된다. 피고가 원고 주장과 다른 반대급부를 주장할 경우에는 피고에 의하여 반소가 제기된 때와 마찬가지로 반대급부의 종류와 범위에 관한 증명책임이 있다고 한다.

② 위 제1설과 제3설의 공통점은 원고가 부담하는 반대급부의 종류 및 범위에 관한 증명책임의 문제를 계약의 성립·불성립에 관한 증명책임의 문제로 본다는 데 있다. 이러한 입장에서 보면 원칙적으로 원고가 반대급부의 종류와 범위에 관한 증명책임을 부담함이 옳다고 할 수도 있다. 그러나 앞서 살펴보았듯이 피고가 반대급부 약정을 내세워 동시이행항변을 하는 것은

21) 松本博之, 앞의 책, 142~145면.

원고가 주장하는 계약의 성립여부에 관한 다툼, 즉 부인의 진술이라 할 수 없다. 위 견해들에 의하면, 원고와 피고가 주장하는 매매계약상 매매대금액수에 관하여 양쪽 모두 진위불명에 이르게 되었다고 할 때 원고는 기각판결을 받게 될 것이다. 그 후 피고가 동일한 사실관계를 기초로 매매대금 청구소송을 전소 원고를 상대로 하여 새로 제기하여 그 대금 액수에 관한 증명에 성공하면 승소판결을 받게 된다. 이러한 결과는 원고와 피고가 동일 매매계약상의 대금액수에 관한 증명에 성공하였는가 여부에 따라 결론을 달리하는 것이 되어 형평의 이념에도 맞지 않는다. 따라서 제1설과 제3설은 타당하지 않다.

③ 제2설의 내용은 다음과 같이 정리할 수 있다.

쌍무계약상의 권리를 주장하는 원고는 반대급부에 관한 합의사실에 대하여 증명책임이 없고, 그 종류와 범위의 증명책임은 피고에게 있다. 피고가 그 금액 등에 관한 증명에 실패하는 경우에는 다음과 같이 나누어 살펴볼 수 있다.

매매대금을 둘러싼 다툼이 있는 경우에 원고가 인정하는 금액과 피고 주장의 금액에 대·소관계가 있으면, 피고의 의사에 반하지 않는 한, 원고가 인정하는 금액 범위 내에서 상환이행판결을 하여야 한다. 이와는 달리 대·소관계가 없는 경우에는 피고가 원고 주장의 반대급부를 원용하지 않는 한 피고의 동시이행 항변을 배척하고 무조건적(무 유보의) 이행판결을 하여야 한다.

(3) 반대급부의 이행기 도래여부에 관한 증명책임

원고(이행청구자)가 부담하는 반대급부의 이행기(始期가 정해져 있는 기한부 채무인 경우) 도래에 관한 증명책임은 피고에게 있다. 피고는 원고의 반대급부의 이행기가 도래하였음을 전제로 동시이행항변권을 행사하는 것이므로 반대급부의 이행기도래는 항변권의 성립요건이 되는 것이다.

(4) 반대급부의 이행에 관한 증명책임

① 피고가 동시이행 항변권의 성립요건사실에 관한 증명을 한 경우에 반대급부의 이행에 관한 증명책임은 원고에게 있다. 즉 반대급부의 이행사실은 피고의 동시이행 항변에 대한 재항변에 해당하는 것이다.

② 문제는 원고가 매도인인 경우에 원고가 이행한 반대급부 목적물에 하자가 있을 경우에 그 하자에 대한 증명책임이 누구에게 있는가이다. 피고(매수인)가 원고로부터 양도(인도)받은 매매목적물의 하자를 주장하면서 계약 내용에 들어맞는 완전한 급부의 불이행을 이유로 동시이행항변을 주장할 수 있다. 이 때 매도인인 원고가 급부에 있어서 하자의 부존재를 증명할 책임이 있는가에 관하여 견해가 대립하고 있다.

㉠ 매도인이 급부의무를 이행한 이상 그 목적물에 하자가 있음을 주장하여 매도인의 담보책임을 묻는 자에게 하자의 존재에 관한 증명책임이 있다는 견해가 있다. 이 견해에 의하면 동시이행항변을 제출하는 피고에게 목적물의 하자에 관한 증명책임이 있다고 한다.

㉡ 채무이행에 있어서 증명책임 분배에 관한 일반원칙에 따라 하자의 부존재에 관한 증명책임은 그 이행에 관한 증명책임이 있는 원고(매도인)에게 있다는 견해이다. 하자 있는 급부는 채무의 본지에 따른 이행이라 할 수 없고 불완전이행 또는 채무의 불이행이라는 측면을 강조하는 입장이라 할 수

있다. 다만, 이 견해에 의하더라도 매수인이 매도인의 급부가 채무의 본지에 따른 것이 아니라는 이의를 제기함이 없이 수령한 경우에는 달리 취급한다. 경험칙상 이러한 경우에는 매도인이 채무의 본지에 따른 이행을 한 것으로 추인될 수 있으므로 그 목적물의 하자에 대한 증명책임은 매수인에게 있다는 것이다. 이 견해에 의하면 피고가 급부 받은 목적물의 하자를 주장하면서 그 수령을 거절하고 동시이행항변 하는 경우에 원칙적으로 원고가 그 하자 없음을 증명할 책임이 있다고 한다.

㉢ 생각건대, 위와 같은 견해 차이는 실제 적용에 있어서 크게 실익이 있는 논의라고 할 수는 없을 것이다. ㉡ 견해에 의하더라도 매수인이 매도인으로부터 이의 없이 목적물을 수령한 뒤에는 ㉠ 견해와 동일한 결론이 되기 때문이다. 양 견해가 차이를 보이는 것은 매수인의 이의 제기에 따라 매도인이 목적물을 공탁한 경우 등 특수한 경우를 전제로 할 때에만 해당될 수 있다.

요컨대, 원고가 이미 그의 채무내용에 따른 이행이 있은 뒤에 피고가 목적물의 하자를 주장하면서 동시이행항변을 하는 경우에 그 하자의 증명책임은 피고가 부담한다고 볼 것이다.

(5) 선 이행의무에 관한 주장

피고가 동시이행 항변하는 데 대하여 피고의 채무는 선 이행 채무라는 주장을 원고가 할 수 있다. 이러한 원고의 주장은 재항변에 해당하여 원고에게 증명책임이 있는 것이다.

Ⅳ. 점유의 推定力

1. 점유와 권리추정

(1) 민법 200조는 점유자가 점유물에 대하여 행사하는 권리는 적법하게 보유한 것으로 추정하고 있다. 그리고 점유의 모습에 관하여, 점유자는 소유의 의사로 평온·공연하게 점유한 것으로 추정하고(197조 1항), 전·후 兩時에 점유한 사실이 있는 때에는 그 점유는 계속한 것으로 추정한다(198조). 권리의 추정을 받게 되는 점유자의 점유에는 종류의 여하를 묻지 않으며, 설령 점유에 하자가 있던 가 또는 간접점유라 하더라도 어느 것이나 상관없다. 이러한 권리추정은 원래 점유라는 현상을 일단 정당한 것으로 보고자 하는 제도적 이상과, 점유가 대체로 진실한 권리상태와 부합되는 개연성을 갖는다는 실제적 이유에 그 기초가 있다.

(2) 점유자의 권리추정은 동산에 한하여 인정된다는 것이 통설이며, 부동산물권에 대하여는 그 등기에 추정력이 부여된다. 그런데 등기를 필요로 하지 않는 부동산물권(유치권 등)이나, 미등기 부동산에 관하여는 민법 200조가 적용된다는 것이 다수설이다.

2. 점유의 권리추정력의 법적 성격

(1) 법률상의 추정에는 법률상의 사실추정(민법 198조 점유의 계속 추정이나, 844조 처가 혼인 중에 포태한 子의 夫의 친생자추정 등)과 법률상의 권리추정(민법 830조의 귀속 불명 한 재산의 부부공유 추정 등)이 있다. 민법 200조의 추정은 점유자의 법률상 권리추정에 해당한다는 것이 통설 및 판례의 입장이라고 할 수 있다.[22)]

---

22) 오세빈, 점유의 추정력, 재판자료26집, 법원행정처, 146면.

(2) 점유의 법상 권리추정력에 따라 점유자는 점유사실만 증명하면 되고, 점유할 권리(본권)의 발생원인 사실에 관하여 주장·증명할 필요가 없다. 그리고 점유사실이 증명되면 그 발생원인의 여하와는 관계없이 권리의 현존이 추정됨과 아울러 모든 권리멸각규정, 권리장애규정의 부존재까지도 추정되므로 그 추정을 번복하려면 상대방이 그러한 권리의 현존과 상응하지 아니하는 사실에 대한 주장·증명책임이 있다. 그런데, 위와 같은 경우에 상대방의 증명책임의 범위와 관련하여 견해가 나뉘고 있으므로 이에 관하여 아래에서 살펴본다.

3. 점유의 권리추정의 객관적 범위와 추정번복(반증제출)의 방법

(1) 민법 200조에 따른 점유의 권리추정 범위에 관하여는 다음과 같은 견해대립이 있다.[23]

① 권리상태추정설 : 200조는 점유자가 점유하고 있는 현재의 권리상태에 대한 적법성의 추정이라고 보는 견해이다.

② 권리취득추정설 : 점유취득시에 점유자가 무조건의 권리를 취득한 것으로 추정하고, 그 권리상태가 현재까지 계속하여 존재하는 것으로 사실상 추정하는 견해이다. 이 견해는 현재 독일의 판례이자 지배적 견해라고 한다.

(2) 점유의 권리추정 범위에 관한 위 각 견해의 차이점을 정리하면 다음과 같다.

① 점유자가 권리를 취득한 시점과 점유를 개시한 시점이 서로 다를 경우(즉 점유의 본권 취득시점과 실제로 점유를 개시한 시점이 서로 다를 때)의 취급방법에 관하여 차이가 있다.

② 권리취득추정설에 의하면, 점유자의 주장이나 증거조사 결과

23) 松本博之, 앞의 책, 208~209면.

등에 의하여 위 양자가 서로 다를 경우에는 점유의 권리추정력이 번복된다(없어진다).

③ 권리상태추정설에 의하면, 위와 같은 경우에도 점유의 권리추정력은 그대로 유지된다고 한다.

④ 독일에서와는 달리 일본에서는 권리상태추정설이 통설이며, 일본 민법 188조도 이러한 견해에 들어맞는다고 한다. 이에 관하여 우리 판례나 학설은 명백하지 않다. 다만 뒤에 보게 될 추정력의 번복을 위한 증명의 정도와 관련하여 권리상태추정설의 엄격한 적용을 비판하는 견해가 있다.[24)]

(3) 점유의 추정력의 번복방법

① 권리상태추정설에 의하면, 권리추정 번복을 위하여 현재의 권리상태에 이르기까지의 모든 권리발생 원인에 해당하는 사실의 부존재 또는 그 어떤 권리소멸원인에 해당하는 사실의 존재가 증명되어야 한다고 주장한다. 그러나 이와 같은 사실의 증명은 매우 어렵고 사실상 불가능에 가깝다고 할 수 있다.
다만, 권리상태추정설을 취하는 학자들 중에서도 점유자가 다른 취득원인을 진술하지 않는 경우에는 상대방이 오로지 권리취득원인의 부존재를 증명하면 권리추정의 번복을 인정하는 학자가 다수에 이르고 있다. 즉 상대방이 점유자에게 존재한다고 추정되는 권리와 다른 권리를 주장하거나 원인사실이 존재하지 않는다는 등의 포괄적 주장을 하였다고 하자. 이 때 증거조사나 변론 전체의 취지에서 위 추정이 번복될 정도의 심증이 형성될 수 있을 것이다. 이러한 경우에 다른 반대증명과 합쳐서 추정력의 번복을 인정할 수도 있다는 것이다.[25)]

---

24) 오세빈, 앞의 논문, 152면.

② 권리취득추정설에 의하면, 점유자가 점유취득과 더불어 소유권 또는 그 밖의 점유권원을 취득한 사실이 없었다거나, 권리취득 후에 권리소멸원인이 있었다는 사실의 증명을 통하여 점유자의 권리추정을 번복시킬 수 있다고 주장한다.

(4) 점유자의 점유 취득원인에 관한 진술의무의 존부

① 위에서 살펴보았듯이 권리취득추정설은 점유자의 권리추정 번복(제거)에 있어서 권리상태추정설 보다는 다소 쉽다고 할 수 있다. 그러나 어느 견해에 의하든 권리추정의 번복에 있어서는 점유자가 어떠한 권리취득원인에 의하여 점유를 취득하게 되었는가를 진술(주장)하는 것이 중요하다. 점유자가 자기의 권리취득원인을 주장하지 않으면 상대방이 그 권리취득원인의 부존재 또는 무효 등의 주장·증명을 위한 공격 대상을 찾기 어려울 것이다. 그런데 법상 점유자는 적법한 권리자로 추정 받으므로 그의 현재 점유사실만 주장·증명하면 되는 것이다. 굳이 그 점유취득원인에 관하여 선제적으로 진술하여 상대방에게 공격의 빌미를 줄 필요는 없다는 말이다.

② 점유자는 자기의 권리취득원인을 주장함으로써 상대방의 공격대상을 제공하고 권리추정의 번복(제거)에 협력하여야 하는가? 이에 관한 독일에서의 논의를 살펴본다.[26] 독일에서의 통설은 점유자의 협력의무를 부정하고 있다. 그러나 일부 학자는 이러한 협력의무를 긍정하는 적극설을 취하고 있다. 아래에서는 법률상 권리추정에 관한 이해를 위하여 적극설을 취하는 학자들의 견해를 소개한다.

---

25) 오세빈, 앞의 논문, 152면.

26) 松本博之, 앞의 책, 210~213면.

③ Leipold는 상대방의 추정번복을 위한 증명의 어려움을 고려하여 다음과 같이 설명한다.
추정의 이익을 받는 당사자가 권리취득원인에 대한 주장책임을 면한다는 것은 결코 권리취득원인 문제에 대하여 아무런 진술을 하지 않아도 된다는 것은 아니다. 추정수익자는 상대방의 주장에 대하여 어떤 형태로든 진술하여야 한다. 추정수익자는 '제1차적 주장책임'을 면하지만 '제2차적 주장책임'을 면하는 것은 아니다. 추정수익자는 점유자의 점유취득원인사실을 전면적으로 부인하고 나오는 상대방의 소극적 주장에 대하여, 점유취득원인사실이 점유자의 인식가능 영역에 있는 한 구체적인 적극사실의 대립적 제시를 통하여 다투어야 할 것이다. 점유자가 주장하는 적극사실에 대하여 상대방이 그 사실의 부존재를 증명할 책임이 있다는 것이다.

④ Medicus는 위와 같은 문제를 소송상의 해명의무라는 관점에서 접근한다. 즉, Leipold와 같이 점유자(추정수익자)의 진술의무를 책임의 문제로 접근하면 점유자의 귀책사유 유무와 관계없이 의무의 이행불능시에 그 책임을 져야 한다는 위험부담을 안게 되는 것이기에, 이것은 점유자에게 과도하게 불리할 수 있다는 것이다. Medicus는 점유자가 해명의무를 부담하게 되는 경우로서 증명을 필요로 하는 중요한 사실이 점유자(추정수익자)의 지배영역 내에서 발생할 것을 요한다고 주장한다. 점유의 권리추정에 있어서 일반적 해명의무를 인정하는 것은 무리가 있을 것이다. 그러나 등기의 추정력을 번복하는 것과의 균형을 맞추어야 할 것이라는 '특별한 사정'을 근거로 제시한다. 즉 등기의 추정력의 번복은 통상 등기부에 기재된 등기원인사실의 부존재 또는 무효를 증명함으로써 가능하게 된다는 점을 참작하여

야 한다는 것이다. 말하자면 점유자는 등기부 기재와 같은 형식의 사실공개의무가 있다는 뜻으로 볼 수 있다.

⑤ Baumgärtel은 점유자의 점유취득원인에 관한 해명의무는 소송당사자 간의 무기평등원칙에서 찾아야 한다고 주장한다. 즉 상대방이 추정의 번복을 가능하게 할 정도의 강력한 법적 지위에 관한 증명을 하였을 때 점유자의 해명의무가 발생한다. '상대방이 계쟁물에 대한 자기의 이전의 소유권 귀속을 증명하는 경우'가 무기평등원칙에 따른 점유자의 취득원인에 관한 해명의무 발생조건이 된다는 것이다.

⑥ 위와 같은 학자들의 견해는 소송에 있어서 형평의 원칙이라는 측면에서 경청할 만하다. 만약 점유자의 해명의무를 긍정한다고 하였을 때 점유자가 끝내 이러한 해명을 하지 않은 경우의 법적 효과가 문제될 것이다. 원칙적으로 해명의무에 관한 일반법리에 따른 것이지만(우리 판례는 해명의무를 채택하지 않고 있다), 해명의무 불이행에 대하여 점유의 권리추정을 배제하기 보다는, 법원의 자유심증에 맡기는 방법이 보다 합리적일 수 있을 것이다.

V. 등기의 추정력

*등기의 추정력에 관하여 앞에서 언급하였으나 여기서는 그 법적 성격과 적용범위에 관하여 보다 자세히 살펴본다.

1. 등기 추정력의 법적 성질

(1) 부동산등기의 추정력의 법적 성질에 관하여 법률상 권리추정설과 사실상 권리추정설이 대립한다.[27]

(2) 법률상 권리추정설은 등기라는 사실 그 자체로부터 등기의 대상인 권리의 존재가 법률상 추정된다는 견해이다. 甲의 명의로 A 부동산 등기부에 근저당권설정등기 또는 소유권이전등기가 되어 있으면 그 자체로서 A가 근저당권자 또는 소유자인 것으로 법상 추정된다. 따라서 甲은 근저당권 또는 소유권의 발생요건사실에 관하여 별도의 주장·증명이 필요 없게 된다. 상대방 쪽에서 그러한 권리추정을 깨뜨릴 수 있을 정도의 사실을 주장·증명하여야 한다는 것이다(증명책임의 전환 : 그 내용은 아래에서 살펴본다).

(3) 사실상 권리추정설은 등기가 되어 있다는 사실로부터 경험법칙에 의한 추인을 통하여 등기의 대상인 권리의 존재가 사실상 추정된다는 견해이다. A 부동산등기부에 甲 명의의 소유권이전등기 또는 근저당권설정등기가 되어 있다면, 일반적으로 그와 같은 소유권이전이나 근저당권 설정행위가 당사자 사이에 이루어졌을 개연성이 높다는 것을 경험법칙상 추인할 수 있다는 것이다. 이 견해에 따르면 등기의 추정력이란 법관의 자유심증에 기초한 것에 지나지 않는다. 따라서 상대방은 법관의 확신을 흔들리게 할 수 있는 반증을 제출하여 진위불명의 상태에 빠뜨리면 등기의 추정력을 무너뜨릴 수 있다. 이때 등기명의인은 등기된 권리의 발생요건사실에 관하여 주장·증명하여야 한다는 것이다.

2. 판 례

(1) 판례는 일본판례와는 달리 등기의 추정력에 관하여 강력한 법률상 권리추정적 효력을 인정하고 있다.

① 부동산등기는 그것이 형식적으로 존재하는 것 자체로부터 적법

---

27) 오석락, 앞의 책, 410~427; 백현기, 등기의 추정력, 재판자료 26집, 법원행정처.

한 등기원인에 의하여 마쳐진 것으로 추정되고, 등기명의자가 등기부에 기재된 것과 다른 원인으로 등기명의자가 취득하였다고 주장하고 있지만 그 주장사실이 인정되지 않는다 하더라도 그 자체로서 등기의 추정력이 깨어지는 것은 아니다(대법원 1997. 9. 30. 선고 95다39526 판결 등). 따라서 그와 같은 경우에도 등기가 원인 없이 마쳐진 것이라고 주장하는 쪽에서 그 무효사유를 주장·증명할 책임이 있다.

② 특정 부동산에 대한 소유권보존등기가 마쳐진 사실을 기초로 하여 특별한 사정이 없는 한 그 원인과 절차에 있어서 적법하게 경료 된 것으로 추정된다.

[대법원 1995. 4. 28. 선고 94다23524 판결]

어느 부동산에 관하여 등기가 경료되어 있는 경우 특별한 사정이 없는 한 그 원인과 절차에 있어서 적법하게 경료된 것으로 추정되는 것이고(대법원 1957.10.21. 선고 4290민상251, 252 판결; 1969.5.13. 선고 69다311 판결; 1994.2.25. 선고 93다37298, 37304 판결 참조), 한편 산 33의 1 임야에 관하여 소외 정선화 명의로 소유권보존등기를 1956.11.30. 경료한 당시에 적용되던 의용부동산등기법 제105조, 제107조에 의하면 미등기의 토지소유권 등기를 함에 있어서는 신청인의 소유라는 증명으로 토지대장등본이나 판결을 첨부하도록 규정되어 있었으므로, 위 동삭리 산 33(이하 산 33이라고만 한다)의 임야에 관한 정선화 명의의 소유권보존등기는 그 임야에 관한 임야대장등본이 첨부·신청되어 등기공무원에 의하여 적법하게 처리되었다고 추정함이 상당하다고 할 것이다(판결을 첨부하여 소유권보존등기를 신청할 수도 있으나, 기록을 검토하여 보면 판결을 첨부하여 소유권보존등기를 경료한 것으로 보이지는 않는다). 따라서 그 첨부된 임야대장등본이 위조된 것이라는 등의 특별한 사정이 있다는 증거가 없는 이 사건에 있어서 소관청에는 이에 대한 임야대장이 비치되어 있었다고 보아야 할 것이고, 또한 어느 임야를 분할하기 위해서는 우선 임야도상에 그 분할될 임야부분을 분할하고 새로이 임야대장에 등록을 하여야 하므로, 특별한 사정이 없는 한 그 임야에 대한 임야도도 존재하고 있었다고 봄이 상당하다고 할 것이므로, 이 사건에서도 산 33의 1 임야에 관하여 정선화가 소유권보존등기를 경료한 1956.11.30. 당시에 그 임야에 대한 임야도가 존재하고 있었다고 보아야 할 것이다.

따라서 위 산 33의 1 임야 1단 3무보에 관한 정선화 명의의 소유권보존등기가 경료된 1956.11.30.에 그 임야에 대한 임야대장이 존재하고 있었다고 추정되는 이상 현재 그 임야대장이 소관청에 비치되어 있지 않다고 하여도 산 33의 1 임야 1단 3무보로 표시된 등기는 그 임야에 관한 적법한 등기라고 보아야 할 것이고, 따라서 산 33의 1 임야 1단 3무보는 산 33 임야 1,488㎡로 표시된 피고 명의의 소유권보존등기와는 동일부동산에 관하여 등기명의인을 달리하여 중복된 소유권보존등기가 경료된 경우에 해당한다 할 것이므로, 먼저 이루어진 등기인 정선화 명의의 소유권보존등기가 원인무효로 되지 아니하는 한 뒤에 이루어진 피고 명의의 소유권보존등기는 무효라고 보아야 할 것이다.

그러므로 원심으로서는, 산 33의 1 임야 1단 3무보로 표시된 등기는 부동산의 표시에 관한 한 산 33의 1 임야에 대한 등기로서 유효하다고 보고, 정선화 명의의 소유권보존등기가 원인무효의 등기인지 여부에 관하여 나아가 판단하여야 함에도 불구하고 이에 이르지 아니하고 원심은 산 33의 1 임야가 이 사건 임야로부터 분할되어 나왔다는 증거가 부족하고 산 33의 1 임야의 지적공부가 없을 뿐더러 그 임야가 이 사건 임야와 동일한 부동산이 아니라고 판단하였으므로, 원심판결에는 심리를 다하지 아니하였거나 경험칙에 어긋난 증거판단을 하여 채증법칙을 위반한 잘못이 있거나 등기의 추정력에 관한 법리를 오해한 위법이 있다고 할 것이다. 상고이유 중 이 점을 지적하는 부분은 이유 있다.

다만, 소유권보존등기의 추정력은 그 보존등기 명의인 이외의 자가 당해 토지를 사정받은 것으로 밝혀지면 깨어지는 것인데, 이 사건 임야는 소외 정업봉이 사정받은 사실은 원심이 인정한 바와 같으므로 정선화 명의의 소유권보존등기는 그 추정력이 깨어졌다고 할 것이다. 그러나 원고들이 정업봉이 사망하여 그의 조카(정선화의 아버지 정삼여가 정업봉의 형이다)인 정선화가 근친자로서 산 33의 1 임야를 상속받았다고 주장하고 있고, 한편 기록에 의하면, 소외 정선화는 소외 정삼여의 장남으로서 정삼여가 1952.7.10. 사망하였으며, 정업봉은 정삼여의 동생으로서 유족없이 사망하였음을 알아 볼 수 있으므로(갑 제6호증, 기록 116면) 정선화 명의의 소유권보존등기가 실체관계에 부합하는 등기인지 여부를 심리·판단하여야 할 것이고, 설사 이를 심리한 결과 정선화 명의의 소유권보존등기가 실체관계에 부합하는 등기가 아니라고 하더라도, 원고들은 정선화로부터 등기이전 받은 진경득이 점유 및 등기를 마친 1969.4.10.부터 기산하여 10년 동안 소유의 의사로 평온·공연하게 과실 없이 점유를 계속함으로써 점유취득시효가 완성되었다는 취지의 주장을 하고 있으므로, 나아가서 이미 원고들 명의의 소유권이전등기가 실체관계에 부합하는 등기가 되었다고 볼 수 있는지 여부까지도 심리·판단하였어야 할 것이다.

(2) 부동산 등기의 추정력은 그 전소유자에 대하여서도 인정된다.

[대법원 1994. 9. 13. 선고 94다10160 판결]

부동산에 관하여 소유권이전등기가 마쳐져 있는 경우에는 그 등기명의자는 제3자에 대하여서 뿐 아니라 그 전소유자에 대하여서도 적법한 등기원인에 의하여 소유권을 취득한 것으로 추정되는 것이므로 이를 다투는 측에서 그 무효사유를 주장, 입증하여야 하는 것이다. 부동산등기는 현재의 진실한 권리상태를 공시하면 그에 이른 과정이나 태양을 그대로 반영하지 아니하였어도 유효한 것인바, 등기명의자가 전소유자로부터 부동산을 취득함에 있어 등기부상 기재된 등기원인에 의하지 아니하고 다른 원인으로 적법하게 취득하였다고 하면서 등기원인행위의 태양이나 과정을 다소 다르게 주장한다고 하여 이러한 주장만 가지고 그 등기의 추정력이 깨어진다고 할 수는 없을 것이다(당원 1993.5.11. 선고 92다46059 판결 참조). 이러한 경우에도 이를 다투는 측에서 등기명의자의 소유권이전등기가 전 등기명의인의 의사에 반하여 이루어진 것으로서 무효라는 주장, 입증을 하여야 할 것이다.

이 사건 부동산에 관하여 소외 박정래 명의의 소유권보존등기가 경료된 후 소외 김길수 명의의 소유권이전등기가 경료되었고 1977. 5. 19. 원고 명의의 소유권이

> 전등기(1938.4.26. 상속을 원인으로)가 경료되었다가 1977. 6. 7. 피고 김준태, 김준환, 소외 김형환 공동명의로 1977. 5.13. 매매를 원인으로 한 소유권이전등기가 경료된 사실이 엿보이고(갑 제5호증의 2, 갑 제6,7,8호증 참조), 한편 피고들이 위 부동산은 원래 김해김씨 삼현파 문중이 취득하여 위 김길수 앞으로 명의신탁한 재산으로서 위 김길수의 상속인인 원고와 위 문중 사이에 위 부동산을 문중대표인 피고 김준태, 김준환, 소외 김형환 3인 앞으로 소유권이전등기를 경료하여 주기로 하는 합의가 이루어져 그에 따라 위 3인 공동명의의 소유권이전등기가 경료된 것이라고 주장하는 이 사건에서, 원심은 피고들이 등기원인행위의 태양이나 과정을 등기부상 기재된 등기원인과 다소 다르게 주장한다고 하여 그와 같은 사정만으로 피고 김준태, 김준환, 소외 김형환 공동명의의 위 소유권이전등기의 추정력이 깨어지지 않는다는 전제하에 증거를 취사하여 이 사건 부동산에 관하여 피고 김준태, 피고 김준환, 소외 김형환 공동명의로 경료된 소유권이전등기가 원인흠결의 무효의 등기라는 원고의 주장사실은 믿지 아니하는 증거 외에는 달리 이를 인정할 증거가 없다 하여 원고의 위 등기말소청구를 배척하였는바, 기록에 의하여 살펴보면 원심의 이러한 조치는 정당한 것으로 수긍이 가고….

(3) 중복등기의 추정력

① 중복등기라 함은 이미 등기가 존재하는 동일 부동산에 대하여 중복하여 마쳐진 소유권보존등기 또는 회복등기를 말한다. 중복등기가 발생하는 원인은 행정청이나 법원의 등기촉탁과정에서의 착오가 있었던 경우, 또는 등기소가 멸실회복등기나 임야대장에서 토지대장으로의 등록전환 및 각종 특별조치법에 의한 등기 등을 하면서 기존 등기가 존재하는지 여부를 제대로 조사하지 아니한 경우와 토지의 분필·합필, 건물의 증개축으로 인한 부동산 현상변경을 등기부에 반영하는 과정에서 착오가 생긴 경우 등이 있다. 무엇보다도 가장 흔한 원인은 과거 등기과정에서 정확한 검색방법이 미비 되어 등기공무원이 등

기사항의 색출과정에서 실수를 범하여 일어나는 경우라고 할 수 있다.[28]

② 중복등기의 효력에 관하여 학설은 절차법설과 실체법설로 나뉜다.

절차법설은 시간상 후에 경료 된 등기(後次登記)는 앞에 경료 된 등기(先次登記)의 유·무효를 묻지 않고 무효라고 보는 견해이다. 실체법설은 등기의 효력은 경료 된 시기의 선·후가 아니라 어느 등기가 권리의 실체관계에 부합하는지 여부에 따라 그 효력을 결정하여야 한다는 견해이다. 절충설은 중복등기는 원칙적으로 무효이지만 先次登記가 원인무효이고 後次登記가 실체관계에 부합하는 경우에는 유효하다는 견해이다.

③ 대법원 1978. 12. 26. 선고 77다2427 전원합의체판결은 실체법설에 따랐으나 그 후의 판례는 절차법설에 따른 예가 있는가 하면, 실체법설을 따른 예 등이 있어 일관성을 잃고 있는 것으로 평가 된다.[29]

[대법원 1978. 12. 26. 선고 77다2427 전원합의체 판결]

부동산등기법 제15조에서 1부동산 1용지주의를 채택하고 있는 결과로서 이른바 2중등기가 허용되지 않는다고 하는 것은 등기신청 당시에 2중등기임이 명백하여 등기공무원이 같은 법 제55조 제2호 소정의 "사건이 등기할 것이 아닌 때"에 해당한다는 이유로 형식적 심사권에 의하여 그 신청을 각하하여야 하고, 또는 등기를 완료한 후에 위에 해당된 것임을 발견하였을 경우에 등기공무원이 같은 법 제175조 이하의 규정에 의하여 이를 직권으로 말소할 수 있는 것과 같이 등기수리단계에 있어서의 절차법상의 요건에 지나지 않는다고 이해되어야 할 것이다.

---

28) 유원규, 중복등기의 효력, 민사판례연구ⅩⅣ, 박영사, 4~5면.

29) 유원규, 위 논문, 8면.

그러므로 본건에 있어서와 같이 현실적으로 동일 부동산에 관하여 등기명의인을 달리하여 중복하여 보존등기가 이루어지고 또 이것이 그대로 존속하여 소송절차에서 서로 그 등기의 효력을 다투는 경우에 있어서는 법원으로서는 그 실체적 관계에 들어가서 어느 것이 진실한 소유권에 기하여 이루어진 것인가를 확정함으로써 그 유·무효를 결정하는 것이 옳다고 할 것이다.

뒤에 된 보존등기가 실체적 권리관계에 부합하고 오히려 먼저 된 보존등기는 무권리자에 의하여 이루어진 것이라고 가정할 경우, 먼저 된 등기는 비록 등기절차상에 있어서는 합법적이었다고 하더라도 실체적으로는 원인무효의 등기로서 그 등기는 결국은 말소되고야 말 처지에 있다고 할 것인데, 이와 같은 무효의 등기로 인하여 오히려 진실한 권리자에 의한 실체법상 유효한 등기가 단순히 절차상 시기적으로 늦게 되었다는 형식적 이유만으로서 일단 당연 무효가 되고 먼저 말소되어야 한다고 함은 실체법상으로나 등기제도의 궁극적 목적에 비추어 결코 합리적인 것이 되지 못하기 때문이다.

따라서 본원은 같은 취지에서의 본원 1961.4.6. 선고 4293민상 제30호 판결을 그대로 유지하고, 이와 배치되는 종전의 다른 판결들은 이 판결로서 이를 폐기하기로 한다.

그렇다면 원심이 위와 같은 점에 유의하지 아니하고, 본건 토지들에 관하여 소외 강희중에 의한 먼저의 보존등기가 그 실체관계에 부합되지 않는 무효의 등기라는 피고 등의 주장을 심리할 필요조차 없다고 하여 배척을 하고 원고의 본소청구를 인용하여 피고들에게 그 등기의 말소를 명하였음은 결국 부동산등기법에 관한 법리를 오해함으로써 그 심리를 다하지 아니한 위법이 있다고 할 것이므로 이점에 관한 상고이유를 받아들여 원심판결을 파기하고 사건을 원심법원에 환송하기로 하여, 관여법관들 중 대법원판사 이영섭, 주재황, 김영세, 양병호, 임항준, 라길조 및 유태흥을 제외한 나머지 법관들의 일치한 의견으로 주문과 같이 판결한다.

대법원판사 이영섭, 주재황, 김영세, 양병호, 임항준, 라길조 및 유태흥의 반대의견은 다음과 같다.

부동산등기제도의 목적은 부동산 물권변동의 사실을 일반 제3자에게 공시함으로써 부동산거래의 안전을 보호하고자 함에 있고 또 이른바 1부동산 1등기용지주의도 위 목적에 봉사하려는 합목적적 기술에 속한다 할 것이다. 따라서 소위 2중등기 문제 해결에 있어서도 위 합목적성을 중요시 하여야 될 것인바 이 사건 2중등기로 인한 분쟁을 다수의견에 따라 치리한다면 다음과 같은 폐단이 있다.

제1. 다수의견은 부동산거래의 안전을 보호하는 데 지장이 있다. 즉 다수의견은 결국 2중등기의 경우에 선차등기의 지위와 후차등기의 지위를 일응 우열 없이 동등하게 보고나서 어느 쪽이 진정한 권리를 표상하는가를 가려 무권리자의 등기를 무효화함을 의미하는바 그렇게 2중등기 문제를 처리한다면

(1) 이미 선차등기 있음을 알고 있는 어떤 무권리자가 종래의 판례(이 사건 다수의견에 의하여 폐기되는 판례)와 같이 자기가 쉽사리 패소하지는 않게 되었다 하여 또는 실체적 권리 유무를 가려내는 복잡한 소송에서 재수가 좋으면 승소까지도 바랄 수 있다는 생각에서 등기공무원과 공모하거나 정을 모르는 등기공무원의 부주의를 틈타서 후차등기를 자행하는 일이 많아질 염려가 있고, (2) 이미 무권리자에 의하여 이루어진 선차등기 있음을 알고 있는 진정한 권리자도 구태여 선차등기의 말소를 소구할 생각은 않고 언젠가 선차등기명의인이 소송을 걸어 왔을 때 이에 응소하여 승소해도 늦지 않다는 생각에서 안심하고 후차등기를 감행하여 2중등기의 실례를 증가시킬 염려가 있고, (3) 후차등기 있음을 알고 있는 선차등기명의인은 자기가 무권리자인 때에는 물론이요 자기가 진정한 권리자인 때도 종래 판례와 같이 쉽사리 승소하는 것이 아니기 때문에 후차등기말소를 위한 소제기를 주저하거나 천연함으로써 선차등기의 줄기와 후차등기의 줄기와의 두 줄기로 무한히 뻗어나가는 전득자의 수효를 증가시켜 불측의 손해를 볼 사람이 늘어갈 염려가 있고 (4) 위 (1), (2)에서 말한 선차등기 있음을 알고 있는 후차등기명의인(진정권리자이건 무권리자이건)도 바쁠 것 없다 하여 선차등기 말소청구를 서두르지 않는 바람에 (3)항 기재와 같은 현상이 일어나 불측의 손해를 볼 이해관계인의 수효를 늘릴 염려가 있다.

따라서 다수의견은 부동산거래안전을 보호하는데 지장이 있다 할 것이다.

제2. 다수의견은 등기의 추정력을 부인하는 결과를 초래한다.

무릇 등기가 있으면 그 등기에 대응하는 실체법상의 권리가 존재하는 것으로 추정된다(법률상 추정설). 설사 사실상 추정설에 따른다 하더라도 등기기재사항은 반증이 없는 한 진실한 것으로 추정된다. 그런데 다수의견에 따르면 동등한 지위에 서게 될 선차 · 후차의 양등기는 각자의 추정력이 서로 충돌하여 결국 양쪽의 등

기추정력이 상계되어 소멸하는 결과가 된다.

등기의 추정력은 등기명의인이 진정한 권리자이건 무권리자이건 막론하고 주어지는 것이다.

이 사건에서 선차등기명의인은 그가 진정한 권리자이건 무권리자이건 일단 먼저 추정력을 부여받았던 사람이다. 그런데 후차등기의 등장으로 말미암아 추정 받는 기득권을 상실하고 입증책임의 분배에 있어서 중대한 변화를 가져오게 된다. 이는 부동산물권 변동에 관한 일반적 질서를 유지하고 소송상의 분쟁을 입증책임의 분배로써 간결하게 해결하려는 등기 추정력의 취지를 몰각하는 셈이 된다. 특히 선차등기명의인이 진정한 권리자인 경우 무권리자의 후차등기 때문에 입증의 곤란으로 인하여 괴로움을 당할 경우를 상상하면 더욱 그러하다.

원래 등기에 추정력을 준 근거는 등기의 실제에 있어서 적법한 경우가 원칙적이고 부적법한 경우는 예외적이라는 경험에서 우러나왔다고 본다. 이 이치를 2중등기에 원용한다면 선차등기가 일반적으로 적법한 것이 원칙적이고 예외적으로 부적법하다는 이치에 도달하며 따라서 후차등기가 적법하고 진정권리자에 의한 경우는 예외적이라는 결론이다.

그렇다면 이 "예외적"인 후차등기의 진정권리자는 등기제도, 1부동산 1용지주의, 등기추정력 등의 부동산질서를 위한 일련의 "원칙적"제도 아래에서는 마땅히 희생이 되어 종래 판례가 안고 있는 폐단 즉, 진정권리자인 후차등기인이 위선 종래 판례에 의하여 패소하여 자기등기를 먼저 말소당한 후 무권리자인 선차등기인을 상대로 재소하여 승소로써 선차등기를 말소시킨 다음 자기가 새로이 보존등기를 하여야 하는 번거로움쯤은 참아야 할 것이다.

이상과 같은 이유로 다수의견에 반대한다.

[대법원 1990. 11. 27. 선고 87다카2961, 87다453 전원합의체 판결]

동일부동산에 관하여 등기명의인을 달리하여 중복된 소유권보존등기가 경료 된 경우에는 먼저 이루어진 소유권보존등기가 원인무효가 되지 아니하는 한 뒤에 된 소유권보존등기는 비록 그 부동산의 매수인에 의하여 이루어진 경우에도 1부동산1용지주의를 채택하고 있는 부동산등기법 아래에서는 무효라고 해석함이 상당하다 할 것인바, 원고가 소외 망인으로부터 그 소유인 토지를 매수하고 이미 망인 명의로 소유권이전등기가 경료 되어 있던 위 토지에 관하여 원고 명의의 소유권보존등기를 경료 한 경우 망인 명의의 소유권이전등기의 토대가 된 소유권보존등기가 원인무효라고 볼 아무런 주장·입증이 없다면 원고가 위 망인으로부터 위 토지를 매수하였다고 하더라도 위 망인 명의의 소유권이전등기에 기하여 소유권이전등기를 경료 하지 아니하고 소유권보존등기를 경료 한 이상 뒤에 경료 된 원고 명의의 소유권보존등기는 이중등기로서 무효라고 할 것이므로 원고는 위 망인의 상속인인 피고들을 상대로 위 부동산에 관하여 위 매매를 원인으로 한 소유권이전등기를 청구할 이익이 있다.

(반대의견)

부동산 양수인이 이미 양도인 명의로 등기가 되어 있는데도 중복하여 양수인 명의로 소유권보존등기를 경료 한 경우에 있어서 2개의 등기 중 어느 등기를 유효한 등기로서 존속시킬 것인가는 어느 등기가 현재의 권리상태에 부합하는가에 따라 결정하여야 하고 등기가 형식적 효력조건을 갖추었는지 여부나 과거의 권리변동과정에 합치되는지 여부에 따라 결정할 것이 아니므로 마땅히 현재의 권리상태에 부합하는 양수인 명의의 후등기를 유효한 등기로 존속시키고 양도인 명의의 선등기는 이를 폐쇄하여 이중등기 상태를 종식시켜야 한다.

※ 다수의견은 절차법설에, 반대의견은 실체법설에 가깝다 할 것이다(저자 평석).

[대법원 1998. 9. 22. 선고 98다23393 판결]

동일한 부동산에 관하여 등기한 권리의 순위는 법률에 다른 규정이 없는 때에는 등기의 전후에 의하고, 등기의 전후는 등기용지의 동구에서 한 등기에 대하여는 순위번호에 의하므로, 동일한 부동산이나 동일한 지분에 관하여 이중으로 소유권 또는 지분이전등기가 경료 된 경우, 선순위 등기가 원인무효이거나 직권말소 될 경우에 해당하지 아니하는 한, 후순위등기는 실체적 권리관계에 부합하는지에 관계없이 무효이다(절차법설에 따른 것으로 보인다).

3. 부동산등기 추정력의 번복방법

(1) 판례가 채택하는 부동산등기의 법률상 권리추정설에 따르면, 어떤 부동산상 권리가 등기되어있다는 취지의 주장이 있고 등기부에 의하여 그 사실이 증명되면, 법원은 등기명의인이 그 권리자라는 주장·증명이 없더라도 그 명의인을 정당한 권리자로 당연히 인정하여야 한다. 그와 같은 사실인정을 번복하고자 하는 자는 그 반대사실에 대한 주장·증명책임이 있다. 등기명의인이 현재에 이르기까지 그 모든 가능한 권리취득원인에 해당하는 사실의 부존재나, 그 어떤 권리소멸원인(권리발생장애·소멸사실)사실의 존재를 주장·증명하여야 한다. 이러한 주장·증명은 사실상 그 대상이 특정되어 있지 않은 것이어서 증명책임 있는 자에게 절대적으로 불리하다. 이른바 '악마의 증명(probatio diabolica)' 책임을 부과하는 것이다. 이러한 사실의 증명을 요구한다는 것은 그에게 불가능을 강요하는 결과가 될 것이다. 그리하여 등기명의인이 주장하는 소유권(등기상의 권리)취득 원인사실의 부존재 또는 무효를 증명하면 된다는 견해[30]가 제기된다. 그러나 우리 판례의 입장에 비추어 볼 때 위와 같은 정도의 증명으로써 충분할 것인지는 의문이라 할 수 있다.

가장 일반적으로는 추정된 권리의 부존재는 이와 양립될 수 없는 다른 권리관계의 존재사실을 증명함으로써 간접적으로 증명하는 방법이 채택될 수 있을 것이다.[31]

결국 강력한 법률상의 추정력이 인정되는 등기상의 권리관계를 제거(번복)하는 방법은 판례를 검토함으로써 귀납적으로 체계화할 수 있을 것이다. 아래에서는 주요 등기유형별로 등기추정력의 번복방법에 관하여 살펴본다.

---

30) 松本博之, 앞의 책, 224면.

31) 이홍훈, 등기의 추정력, 재판자료 제43집, 법원행정처, 269면.

(2) 소유권이전등기 추정력의 번복

① 현재의 등기명의인이 전소유자로부터 직접 매수한 것이 아니라 전소유자의 대리인으로부터 매수하였다고 주장하는 경우, 일반적인 대리의 법리에 따르면 대리행위가 있었음을 주장하는 등기명의인에게 대리권의 존재에 관한 증명책임이 있다. 그러나 전소유자가 등기명의인을 상대로 소유권이전등기 말소청구를 하는 경우에는 등기의 추정력에 따라 그 등기무효사유의 증명책임이 있다. 전소유자가 대리인의 무권대리 행위를 주장·증명하여야 하는 것이다.

[대법원 1979. 7. 10. 선고 79다645 판결]

원심판결은 그 이유 전단에서 본건 부동산에 관하여 원고로부터 피고 앞으로 소유권이전등기가 경료 되어 있으므로 동 소유권이전등기는 적법하게 경유된 것으로 추정된다고 전제한 다음 원고는 위 부동산을 피고에게 매도한 바 없는데도 피고가 위 소유권이전등기에 필요한 원고의 인감증명서 등 서류 일체를 위조하여 위 소유권이전등기를 경료 하였으니 이는 무효의 등기라고 주장함에 대하여 피고는 피고의 망 부 소외 홍일섭으로부터 적법하게 매수하였다고 다투므로 살피건대 피고의 주장에 의하면 피고가 위 홍일섭이 원고의 적법한 대리인이었다는 입증을 하지 않는 이건에 있어서 위 소유권이전등기가 적법하게 경료 된 것이라는 추정은 전복되었다고 할 것이라 판시하였다.
소위 등기의 추정력이라 함은 어떤 부동산에 관하여 등기부상에 기재된 법률관계가 일응 진정한 것으로 다루어진다는 것이므로 반대의 증거에 의하여 이 추정을 뒤집을 수 있는 것은 말할 나위도 없으나 이 경우의 입증책임은 이를 주장하는 자에 있다 할 것이니 본건에서 피고 명의의 위 소유권이전등기가 원인무효라고 주장하는 원고에게 그 입증책임이 있다고 할 것임은 소론과 같다(당원 1965.8.24 선고 65나837 판결 참조). 그러함에도 불구하고 원심이 위에서 본 바와 같이 소외 홍일섭이 원고의 대리인이라고 볼만한 증거가 없으니 위 등기의 추정은 전복되었다고 판시하였음은 등기의 추정력에 관한 법리를 오해하고 또 입증책임을 전도한 위법이 있다고 아니할 수 없으나 다음에서 설명하는 바와 같이 위 소유권이전등기는 소외인의 문서위조 등에 의하여 이루어진 것임을 원심이 적법하게 인정하고 있으므로 위 등기의 추정력이 뒤집혀진다는 결론에는 소장이 없으므로 위의 위법은 재판의 결과엔 영향이 없어 판결 파기사유로 되지 못한다고 할 것이다.

② 문제된 부동산 거래행위가 이루어진 시점에 전소유자 본인 또는 그의 대리인(복대리인)이 국내에 不在 중이었음이 명백한 경우에는 부동산등기의 추정력이 번복된다고 한다. 이 때 본인이 법률상 부재자이거나(대법원 1962. 1. 25. 선고 4294민상437 판결), 원고가 등기필증을 소지하고 있음에도 불구하고 원고 사위인 피고가 보증서로써 피고 명의로 소유권이전등기를 하였고, 위 등기 신청시에 사용된 원고의 인감이 원고가 일본에 거주하다가 귀국하기 전에 사용되던 인감이라면(대법원 1962. 4. 18. 선고 4294민상946 판결), 각 등기의 추정력은 번복될 수 있다고 한다.

③ 부동산 소유자나 그 대리인이 아닌 제3자로부터 매수하여 소유권이전등기를 경료 한 것으로 인정되면 그 등기의 추정력은 번복된다(대법원 1978. 2. 14. 선고 77다2376 판결).

④ 부동산 소유권이전등기에 관한 특별조치법 등 각종 특별조치법에 의한 소유권 이전등기에 관하여서도 일반등기와 같은 법률상 권리추정력이 인정된다. 따라서 특별조치법에 의한 등기의 추정력을 번복하려면, 동법 소정의 보증서나 확인서의 실체적 기재내용이 진실이 아님을 의심할 만큼 증명이 되어야 한다. 그런데 대법원 판례는 아래에서 보는 바와 같이 보증서나 확인서의 형식적 기재내용 보다는 당해 부동산의 최후의 실질적 소유자가 등기명의인과 일치하는가에 중점을 두려는 입장이다.[32)]

그 결과 소유권이전등기의 추정력을 번복하려는 상대방의 증명책임은 보다 강화된다 할 것이다.

[대법원 2001. 11. 22. 선고 2000다71395 전원합의체 판결]

특별조치법에 따라 마쳐진 등기는 실체적 권리관계에 부합하는 등기로 추정되고, 특별조치법 소정의 보증서나 확인서가 허위 또는 위조된 것이라거나 그 밖의 사유로 적법하게 등기된 것이 아니라는 입증이 없는 한 그 소유권보존등기나 이전등기의 추정력은 번복되지 않는 것이며, 여기서 허위의 보증서나 확인서라 함은 권리변동의 원인에 관한 실체적 기재 내용이 진실에 부합하지 않는 보증서나 확인서를 뜻하는 것인바(대법원 2000. 10. 27. 선고 2000다33775 판결 등 참조, 여기서의 허위의 보증서나 확인서의 의미는 형사사건에서의 특별조치법상 허위의 보증서나 확인서의 의미와 다를 수 있다), 특별조치법에 따라 등기를 마친 자가 보증서나 확인서에 기재된 취득원인이 사실과 다름을 인정하더라도 그가 다른 취득원인에 따라 권리를 취득하였음을 주장하는 때에는, 특별조치법의 적용을 받을 수 없는 시점의 취득원인 일자를 내세우는 경우와 같이 그 주장 자체에서 특별조치법에 따른 등기를 마칠 수 없음이 명백하거나 그 주장하는 내용이 구체성이 전혀 없다든지 그 자체로서 허구임이 명백한 경우 등 특별한 사정이 없는 한 위의 사유만으로 특별조치법에 따라 마쳐진 등기의 추정력이 깨어진다고 볼 수는 없으며, 그 밖의 자료에 의하여 새로이 주장된 취득원인 사실에 관하여도 진실이 아님을 의심할 만큼 증명되어야 그 등기의 추정력이 깨어진다고 할 것이다. 이와 달리 특별조치법에 따라 등기를 마친 자가 보증서나 확인서상의 취득원인 사실과 다른 취득원인 사실을 주장한 경우에는 바로 그 등기의 추정력이 깨어진다는 취지로 판시한 대법원 1992. 10. 27. 선고 92다17938 판결 및 1992. 12. 8. 선고 92다32067 판결은 이 판결의 견해에 배치되는 범위에서 이를 변경하기로 한다.

위와 같은 법리에 비추어 볼 때 원심이, 피고 심위도가 실제의 취득원인이라고 내세운 증여사실에 관하여 심리·판단함이 없이 보증서에 기재된 것과는 다른 취득원인 사실을 주장하였다는 이유만으로 바로 피고 심위도 명의의 위 각 소유권

32) 김종대, 판례를 통해 본 등기의 추정력, 부산판례연구 제6집, 33면 참조.

> 이전등기의 추정력이 번복되었다고 판단한 점에는 특별조치법에 따라 마쳐진 등기의 추정력에 관한 법리를 오해하여 입증책임을 피고들에게 돌린 잘못이 있다고 할 것이다.

한편, 특별조치법에 의한 등기는 공부상 소유명의인으로부터 직접 양수한 경우뿐만 아니라 상속인이나 제3자를 거쳐 양수한 경우에도 허용되는 것이므로 그 보증서상 매수일자가 매도인 명의인의 사망일자 이후로 되어있다고 하여 그 등기의 추정력이 깨어지는 것은 아니다(대법원 2007. 10. 25. 선고 2007다14827 판결).

(3) 보존등기 추정력의 번복

① 소유권보존등기는 보존등기 명의인이 가지는 소유권 등 물권이 보존등기 당시의 실체관계에 들어맞는다는 사실에 대하여 추정력을 가진다. 보존등기 이전의 권리변동이 진실하다는 사실에 관하여는 추정력이 발생하지 않는다는 점에서 소유권이전등기의 추정력과 차이가 있는 것이다. 보존등기 추정력의 번복문제도 이러한 점에 착안하여야 할 것이다. 소유권보존등기 명의인이 동 부동산의 원시취득자가 아니라는 사실을 상대방이 주장·증명하면 그 보존등기의 추정력은 깨어진다. 이 때 보존등기 명의인은 그 등기가 실체관계에 부합하다는 사실에 관하여 주장·증명할 책임이 있는 것이다.

② 보존등기 명의자가 보존등기하기 이전의 소유자로부터 소유권의 양도를 받은 것이라는 주장을 하고 있다고 하자. 이에 대하여 전소유자(또는 그 상속인)가 보존등기명의자에 대한 양도사실을 부인하는 경우에는 그 추정력이 깨어진다. 따라서 보존등기 명의자에게 그 소유권 양도사실에 대한 증명책임이 있다.

[대법원 1975. 11. 11. 선고 75다205 판결]

원심판결이 인용한 제1심판결은 그 이유에서 동 판결 첨부 제1목록 중의 2, 3토지는 처음부터 (1919.7.28과 30) 피고 선대 조동우 명의로 임야사정이 되었고 제2목록중 2내지 7토지는 1911.9.30에 원고 선대 조동석 명의로 토지사정이 되었으나 그 후 피고선대에게 양도된 것으로 못볼 바 아니라 하고 당심에 계속 중인 동 제1, 2목록 중의 각 1토지(제2목록의 1 토지는 제1목록의 1 임야에서 분할된 토지)는 1919.7.27 원고 선대 조동석 명의로 임야사정 된 것이어서 그 이전에 이미 사망한 조동우(1918.11.4에 사망)가 위 토지를 양도 받았으리라고 추정할 여지가 없으니 이 토지들에 대한 지세 및 임야세 명기장상의 조동우명의의 기재는 실체에 부합하지 아니한 것이라는 취지로 판시하고 있는바 여기엔 이유모순 내지 불비의 위법이 있다 할 수 없으니 소론의 논지 이유 없고,

제2, 3점에 대하여,

위와 같이 조동석 명의로 사정되어 동인의 소유인 이상 그로부터 피고 선대 조동우가 승계취득 하였다하여 한 피고명의의 소유권보존등기는 원고가 그 승계취득 사실을 부인하는 이 사건에 있어서는 보존등기의 추정력은 깨어진다고 보아야 할 것이며(대법원 1974.2.26. 선고 73다1658 판결 참조), 을 제5,6호증인 지세명기장 및 임야세명기장은 조세부과의 행정목적을 위하여 작성된 문서에 불과하여 소유권 변동을 기재하는 토지대장이나 임야대장과는 다르다할 것이므로(대법원 1975.3.11. 선고 74다1082 판결 참조) 이의 기재로써 당연히 권리양도 내지 소유권 추정력이 있다고 할 수 없을 뿐 아니라 소론과 같은 일정시대의 등기사무처리에 관한 법령이 있다 하여 위의 이론을 달리할 바 못되므로 위 조동우의 승계취득을 주장하는 피고가 구체적으로 그 승계사실을 주장 입증하지 아니한 이 사건에 있어서 피고명의의 이 사건토지들에 대한 그 보존등기는 실체적 권리관계에 부합되지 아니한다고 단정한 동 판결의 소치는 정당하다 할 것이니 반대의 견해로 나온 논지는 이유 없다.

③ 건물을 신축한 자(건축허가 명의인) 아닌 자가 한 건물보존등기는 추정력이 없다. 따라서 건물보존등기 명의인의 소유권을 부정하려면 그 자가 동 건물을 신축하지 아니하였다는 사실만 증

명하면 되는 것이다.

[대법원 1995. 11. 10. 선고 95다13685 판결]

건물의 보존등기는 그 명의자가 신축한 것이 아니라면 그 등기의 권리추정력은 깨어진다 할 것이고, 그 명의자 스스로 적법하게 그 소유권을 양도받게 된 사실을 입증할 책임이 있다 할 것이다(대법원 1977.4.26. 선고 75다2305 판결, 1975.11.11. 선고 75다205 판결, 1966.3.22. 선고 66다64,65 판결 등 참조).

원심이 그 인정과 같은 판시사실, 즉 경주시 성건동 소재의 대지의 취득 및 처분 경위, 정부양곡가공공장시설 부활승인의 경위, 이 사건 건물의 건축 경위와 이용 상황, 소유권보존등기의 경위, 대지소유권의 소재 등을 종합하여 보면 이 사건 건물은 원래 망 김영택이 자기소유의 대지 위에 건축한 위 망인 소유로 추인되고, 그가 1989. 6. 19. 사망함으로써 그의 자녀들인 원고와 피고 김성욱, 김원 등 상속인들의 공유가 되었다 할 것이므로 그 이후에 원고 단독 명의로 마쳐진 이 사건 소유권보존등기는 그 권리추정이 깨어졌다고 판단한 다음, 원고가 1985. 4. 29. 위 망인으로부터 증여받았으므로 이 사건 소유권보존등기는 실체관계에 부합하는 유효한 등기라는 원고의 주장을 인정할 증거가 없다는 이유로 배척한 조처는 기록에 비추어 검토하여 본즉, 옳다고 여겨진다.

④ 소유자라고 주장하는 당사자들 사이에 이루어진 화해조서가 그 당사자들 사이에 소유권이전의무가 있다는 사실에 대한 판단일 뿐이고, 실질적인 소유권의 유무에 관한 판단이 포함되어 있지 않다면, 그 같은 화해조서에 기한 소유권보존등기에는 소유권의 추정력이 있다고 할 수 없다(대법원 1982. 5. 11. 선고 81다188 판결).

⑤ 부동산 소유권이전등기 등 특별조치법에 의한 소유권보존등기의 추정력

아래에서 보는 1987. 10. 13.자 대법원 전원합의체 판결은 특별

조치법에 의하여 소유권보존등기 된 임야에 관하여는 그 등기가 실체관계에 부합하는 등기로 추정하고 있다. 특히 일반 보존등기와는 달리 그 부동산을 사정받은 사람이 따로 있고 그 상속인 등에 의하여 양도사실이 부정되더라도 위 추정력이 깨어지지 않는다고 하였다. 이러한 판례의 태도는 앞서 소개한 2001. 11. 22.자 대법원 전원합의체 판례에서도 확인되고 있다. 그리하여 특별조치법에 의하여 절차상 적법한 소유권보존등기가 되어 있으면 실체문제로 들어가 그것을 깨는 일은 실제로 불가능한 일이 되어 버렸다.[33] 이러한 증명상의 어려움을 피하기 위하여 실무에서는 특별조치법이 정하는 보증서, 확인서가 위조되거나 허위로 작성되어 적법절차에 의하지 않았다는 절차상의 하자를 주장·증명하는 쪽으로 가게 되었다. 위 2001. 11. 22.자 전원합의체판결 이전에 한 때 대법원은 보증서나 확인서의 실체적 기재내용이 진실이 아니라면, 허위의 보증서에 의한 절차 상 부적법 등기이다. 따라서 그 등기추정력은 깨어지고, 일반 보존등기에서와 같이 특별조치법상의 등기명의자가 실체부합등기라는 주장·증명(항변)을 하여야 한다는 판시(대법원 1990. 11. 9 선고 90다카16723 판결; 1992. 10. 27. 선고 92다1793 판결; 11. 27. 선고92다22008 판결; 12. 8. 선고 92다32067 판결 등)를 하였다. 그리하여 특별조치법에 의한 소유권보존등기명의인이 실제로 전소유자로부터 미등기 부동산을 매수한 뒤 여러 가지 사정으로 인하여 실체관계와 다른 내용의 보증서, 확인서를 발급받아 소유권보존등기를 마친 경우가 문제 되었다. 이 때 매도인(전소유자)이 매매사실을 부인할 경우에 등기의 추정력이 깨어지게 되어 일반 보존등기와 같이 등기명의인이 그 보존등

33) 김종대, 앞의 논문, 35면.

기가 실체관계에 부합한다는 사실을 주장·증명하여야 한다는 결론에 이르고 말았다. 그러나 이러한 결론은 특별조치법의 실법취지에 어긋나 보증서나,[34] 각종 특별조치법에 의한 소유권보존등기가 있고, 이에 대하여 전소유자가 매매사실을 부인하는 등으로 다투고 나올 때에도 그 등기까지의 과정은 불문에 붙이고 결과적 의미로서의 실체관계에 부합하는 등기로 추정하여야 할 것이다. 즉 등기명의인 주장의 매매일자에 매도인이 이미 사망하였다든지, 임야를 사정받은 사람이 따로 있든, 매도인의 명의가 다르고 매수한 날짜가 다르다 해도 그것만으로 특별조치법에 의한 소유권보존등기의 추정력이 번복되는 것은 아니라 할 것이다. 이러한 결론이 바로 아래의 1987. 10. 13.자 및 앞의 2001. 11. 22.자 전원합의체 판결의 취지에 들어맞을 것이다.

[대법원 1987. 10. 13. 선고 86다카2928 전원합의체 판결]

> 1. 임야소유권이전등기에 관한 특별조치법(법률 제2111호) 제10조에 의하여 소유권보존등기가 경료된 임야에 관하여서는 그 임야를 사정받은 사람이 따로 있는 것으로 밝혀진 경우라도 그 등기는 실체적 권리관계에 부합하는 등기로 추정된다 할 것이다. 다시 말하자면 위 특별조치법 제10조에 의하면 미등기임야에 관하여 임야대장 또는 토지대장상의 명의인으로부터 그 권리를 이어받은 등기를 하지 못한 취득자 또는 그 대리인은 동법 제5조 내지 제7조의 규정에 의하여 발급받은 보증서와 확인서를 첨부하여 임야대장 등의 명의를 변경 신고한 다음 그 대장등본을 첨부하여 소유권보존등기를 경료받도록 규정하고 있어 위 특별조치법에 의한 소유권보존등기는 동법 소정의 적법한 절차에 따라 마쳐진 것으로서 실체적 권리관계에 부합하는 등기로 추정된다 할 것이고 위 특별조치법에 의하여 경료된

34) 김종대, 앞의 논문, 39면.

소유권보존등기의 말소를 소구하려는 자는 그 소유권보존등기 명의자가 임야대장의 명의변경을 함에 있어 첨부한 원인증서인 위 특별조치법 제5조 소정의 보증서와 확인서가 허위 내지 위조되었다던가 그밖에 다른 어떤 사유로 인하여 그 소유권보존등기가 위 특별조치법에 따라 적법하게 이루어진 것이 아니라는 주장과 입증을 하여야 할 것이다(당원 1978.12.13. 선고 78다564 판결; 1983.2.22. 선고 82다605 판결; 1984.4.10. 선고 83다카2047 판결 각 참조). 그리하여 그 등기가 부적법하게 이루어진 것으로 인정되어 그 추정력이 깨어진 다음 소유권보존등기명의자의 주장과 입증에 따라 그 등기에 대하여 실체적 권리관계에 부합하는지 여부가 가려져야하는 것이다. 이 견해에 저촉되는 종전의 판례(당원 1982.11.23. 선고 8083043 판결; 1983.7.26. 선고 82다카607 판결 등)는 폐기하기로 한다.

원심판결 이유에 의하면, 원심은 그 채택증거를 종합하여 분할되기 전의 원래의 토지인 화성군 태안면 망포리 237 임야 8단 8무보는 망 정 기상에게 사정되었던 사실, 피고 이 한용이 1970.12.10 분할 후의 원심판결 별지기재 제1, 2목록 부동산에 관하여 당시 시행중이던 임야소유권 이전등기에 관한 특별조치법에 의하여 자기명의로 소유권보존등기를 마친 후 이를 피고 김영환에게 매도하여 동 피고 명의로 소유권이전등기를 마친 사실을 인정한 다음 그 소유권보존등기는 위 특별조치법 소정의 적법한 절차에 의하여 이루어진 것으로써 실체적 권리관계에 부합하는 등기로 추정됨을 전제로 하여 허위 또는 위조된 보증서 및 확인서에 기하여 경료 된 것이라거나 그밖에 원인 없이 이루어진 것이라고 인정할 증거가 없다하여 원고의 위 등기말소 청구를 배척하였는바, 원심의 위와 같은 판단은 정당하고 소론과 같은 등기의 추정력과 입증책임에 관한법리오해가 있다 할 수 없다. 논지는 이유 없다.

2. 원심은 원심판결 별지기재 제3목록 부동산에 관하여 피고 이 한용의 부 이 재선이 1920년경부터 위 토지의 점유를 시작하여 농지개혁법 시행당시에는 자경농지로 신고함으로써 농지분배가 되지 아니한 채 점유로 인한 부동산소유권의 취득기간을 원인으로 하여 소유권이전등기청구권을 취득하였다고 그 청구권은 피고 이 한용을 거쳐 점유를 승계한 피고 김영환에 의하여 원고에게 행사할 수 있다고 판단하고 있는 바, 원심의 위 인정과정에 소론과 같은 자주점유에 관한 법리오해나 채증법칙 위배가 없다. 논지는 이유 없다.

이에 상고를 기각하고, 상고비용은 패소자의 부담으로 하며 임야소유권 이전등기에관한 특별조치법에 의하여 경료 된 소유권보존등기의 추정력에 관하여 대법관 윤관, 동 배석의 반대의견이 있는 외에 관여법관의 일치된 의견으로 주문과 같이 판결한다.

제4절 민법 주요 조문별 주장·증명책임의 분배

Ⅰ. 일반조항

1. 일반조항에 있어서 주요사실과 요건사실

민법 2조, 103조, 104조, 750조 등에서 규정하는 신의성실, 권리남용, 반사회질서, 불공정한 법률행위, 과실이나 그 밖에 126조의 정당한 이유, 840조 6호의 혼인을 계속하기 어려운 중대한 사유를 그 자체로서 주요사실로 취급할 것인가에 관하여 학설상 많은 대립이 있다. 종래의 통설인 법률요건분류설(규범설)을 맹목적으로 유지하자는 입장에서는 위 규정행위 자체(하나의 사실이라기보다는 가치판단결과라 할 수 있다)가 요건사실이고 이러한 가치판단을 이끌어 내는 구체적 사실들은 간접사실이라고 할 수도 있다. 그러나 현재 이러한 입장을 취하는 학자들은 거의 없다고 할 수 있다. 판례는 명백하지는 않지만 현재의 실무례 등에 비추어 볼 때 위와 같은 일반조항에 해당하는 구체적 사실들을 주요사실로 취급하는 것으로 볼 수 있다.[35)]

---

35) 김선석, 증명책임의 연구 제1권, 육법사, 39면.

[대법원 1979. 7. 24. 선고 79다879 판결]

원심판결에 의하면 원심은 그 거시증거들을 취사 종합하여 피고 소유인 서울 가 9917호 레코드 승용차 운전사 소외 이호복이 1977.9.6. 10:20경 전북 정읍군 임합면에서 위 승용차에 승객을 태우고 전주 방면을 향하여 약 70킬로미터 시속으로 호남고속도로 상행선 상을 운행중, 동일 11:45경 전북 완주군 조촌면 용정리 소재 호남고속도로 회덕기점 약 80킬로미터 지점에 이르러 당시 동 고속도로상은 비가 많이 내려 노면이 미끄러웠고, 시계가 불량하였는데 진로 약 50미터 전방에서 같은 방향으로 운행 중인 서울 8나 1195호 2.5톤 트럭(이하 피해트럭이라 한다)을 추월하려고 약 25미터 간격에 도달하였을 때(안전간격은 80미터이다) 충돌위험을 느껴 진로를 오른쪽으로 꺾으면서 급정차 조치를 취하였으나 미치지 못하고 위 승용차의 전면 좌측 밤바와 본넷트 부위로 피해트럭의 후미 우측 적재함과 밤바 부위를 약 45도 각도로 부딪쳐 그 충격으로 인하여 피해트럭을 전면 좌측 약 45도 방향으로 핑돌아 진로 중앙선을 침범토록 한 사실, 그때 마침 서울방면에서 광주방면으로 향하여 동 지점 고속도로 하행선 상을 운행 중이던 주한 미공군 2146 통신대 소속 3/4트럭 운전병 소외인이 전방 약 17미터 지점에서 중앙선을 침범하여 다가오는 피해트럭을 발견하고 급정차 조치를 취하였으나 미치지 못하여 위 미군트럭의 전면 좌측 밤바와 후엔다 부위로 피해트럭의 전면 우측 문 부위를 충격하므로써 피해트럭은 약 420 내지 430도 좌회전케 하고, 그 운전사 소외 신필하와 운전석에 동승한 소외 오석교는 튀겨나가 지상에 떨어져 각 사망한 사실을 인정하고, 따라서 위 승용차를 운전하는 소외 이호복으로서는 미끄러운 노면과 불량한 시계상태에 맞추어 서행하면서 피해트럭과의 최소한의 안전거리 80미터 이상을 유지하고 전방을 살펴 안전운행을 함으로써 인명에 위해를 가할 우려가 있는 사고의 발생을 미리 방지할 주의의무가 있다고 할 것이나 이를 게을리 함으로써 피해트럭을 충격하고 결국 그로 인하여 위 신필하, 오서교를 사망케 하였으니 피고는 그 피용자인 위 이호복의 불법행위로 인하여 원고들이 입은 손해를 배상할 책임이 있다고 판단하고 있는 바, 이를 기록에 대조하여 살펴보면 원심의 위와 같은 소외 이호복의 운전상의 과실을 인정함에 있어서 거친 증거취사 과정에 소론과 같이 경험칙을 위반하거나 증거없이 사실을 인정한 채증법칙위배 또는 심리미진의 위법이 있다고 할 수 없고, 또 원심이 소외 이호복이가 운전

> 하던 승용차가 피해트럭의 후미를 충격하게 된 경위를 원고 주장사실과 다소 다르게 인정하였음이 소론과 같다 하더라도 원심의 그 거시증거에 의한 사실인정은 원고 주장의 범위내에 속하는 사실임이 기록상 분명하므로(대법원 1971.4.20. 선고 71다278 판결 및 1954.12.11. 선고 4287행상49 판결 참조) 거기에 소론과 같이 원고가 주장하지도 아니한 사실을 인정한 위법이 있다 할 수 없으므로 이와 배치되는 논지는 이유 없다.

위 판결은 가해자의 과실에 해당하는 구체적 사실 즉 사고당시에는 비가 많이 내려 노면이 미끄럽고 시계가 불량하므로 피해 트럭과의 안전거리를 최소 80m이상 유지하고 전방을 잘 살펴야 할 의무위반 사실에 관하여 원고의 주장이 있음을 전제로 하고 있는 점에서, 과실로 평가되는 구체적 사실을 주요사실로 인정하고 있다.[36)]

교통사고에 있어서는 '전방주시의무위반', '과속', '운전미숙', '차체의 결함' 등이 하나의 독립된 유형으로서 주요사실이라 할 수 있을 것이다. 그 유형의 구체적 내용을 이루는 개별사실, 즉 전방주시의무위반에 있어서 졸면서 운전하였다거나, 교통표지를 잘못 보았다거나, 승객과 잡담을 하였다는 사실 등은 간접사실에 지나지 않는 것으로 볼 수 있다(위 논문 참조). 한편 甲이 무면허인 乙에게 사고 차의 운전을 허락한 과실이 있다는 당사자 주장에 대하여, 법원이 甲 자신이 운전하였다고 하면서 그 전방주시태만 등의 과실을 인정하는 것은 주요사실의 성립 범위를 너무 넓게 인정하는 결과가 되어 변론주의 위반이 된다고 할 것이다.

2. 신의성실 원칙 위반

(1) 신의칙은 권리의 행사와 의무의 이행에 모두 적용되는데, 권리행

36) 이인재, 주요사실과 간접사실의 구별의 필요성과 그 기준, 재판자료 제25집, 112면.

사가 신의칙에 위반하는 것은 권리남용의 문제가 될 것이므로 증명책임은 뒤에 보기로 한다.

(2) 의무이행이 신의칙에 위반하였을 경우에는 채무불이행으로 인한 손해배상청구나 계약해제가 일어날 수 있다. 이 경우는 형식적으로 채무이행이 있었다고 할 수 있으므로 단순한 채무불이행의 경우와는 달리 취급할 것이다. 신의칙위반여부가 요건사실이 된다는 말이다. 채권자는 채무자의 채무이행이 신의칙위반이라는 요건사실에 해당하는 구체적 사실에 관한 주장·증명책임이 있다 할 것이다.[37] 다만 손해배상이나 계약해제의 문제와는 관계없이 채무이행으로 인한 당해 채무소멸여부가 쟁점으로 될 경우에는 채무자가 그의 채무이행이 신의칙에 부합되는 채무의 본지에 따른 이행이 있었음을 증명하여야 할 것이다.

3. 권리남용

일반적으로 권리의 행사는 적법한 것으로 추정될 것이다. 그러므로 증명책임 분배라는 측면에서 보면 권리행사의 상대방이 권리남용에 해당하는 구체적 사실에 관한 주장·증명책임을 부담하는 것이다(대법원 1992. 4. 28. 선고 91다29972 판결).

4. 반사회질서의 법률행위

특정 법률행위의 효력을 주장하는 자가 그의 법률행위가 사회질서(강행법규)에 적합한 것이라는 증명까지 하여야 하는가? 아니면 반사회질서 법률행위는 권리장애 사유로서 상대방 당사자의 항변이 있어야 하는가? 이에 관하여 다소 논란이 있을 수 있다. 법률요건분류설(규범설)에서는 반사

37) 김선석, 앞의 책, 46면.

회질서 법률행위는 항변사유로 본다. 법률행위가 유효하게 성립하면 적법한 것으로 추정되어 그 본래의 효력이 생기는 것이고, 무효사유가 있다는 것은 예외적 현상이며 이러한 예외사유는 그 주장자에게 증명책임이 있기 때문이다(대법원 2003. 7. 11. 선고 2001다78508 판결 등).

5. 민법 126조의 '정당한 이유'

민법 126조는 '대리인이 그 권한 외의 법률행위를 한 경우에 제3자가 그 권한이 있다고 믿을 만한 정당한 이유가 있는 때에는 본인은 그 행위에 대하여 책임이 있다'고 하여 권한을 넘은 표현대리에 관하여 규정하고 있다. 위 법 규정에 따른 요건사실은 (1) 기본대리권의 존재, (2) 대리인이 권한을 넘은 법률행위를 하였을 것, (3) 제3자(상대방)가 선의(권한을 넘은 부분 경우에 대하여 대리권이 있다고 믿을 것)일 것, (4) 정당한 이유가 있을 것이다. 여기서 (4) 정당한 이유의 증명책임이 (3) 선의의 증명책임과 함께 표현대리의 성립을 주장하는 자(상대방)에게 있다고 하는 견해와, 법문 상으로는 상대방에게 그 증명책임이 있는 것처럼 보이지만 민법 125조와 129조가 정하는 표현대리와 126조의 경우를 달리 다루어야 할 특별한 이유가 없으므로 그 증명책임은 표현대리 성립을 부정하는 본인에게 있다고 보아 본인이 상대방의 악의·유 과실을 증명하여야 한다는 견해 등이 대립한다. 판례(1968. 6. 18. 선고 68다694 판결)는 월권대리의 상대방에게 정당한 이유가 있었다는 등 '특별한 사정'이 있었다는 주장·증명책임이 있다는 취지의 판시를 하였다.[38]

---

38) 김선석, 앞의 책, 52면; 송덕수, 신민법강의, 박영사, 222면.

Ⅱ. 개별 조항

1. 소멸시효

(1) 기 산 점

소멸시효 기산점은 소멸시효기간 계산의 시발점으로서 소멸시효 항변의 요건사실을 구성하는 주요사실이라 할 수 있다. 변론주의 원칙에 따라 재판상자백의 성립 대상이 되고, 당사자가 주장하는 기산일이 본래의 기산일과 서로 다른 때에는 당사자가 주장하는 기산일을 기준으로 소멸시효를 계산하여야 하는데, 이는 당사자가 본래의 기산일보다 뒤의 날짜를 기산일로 하여 주장하는 경우는 물론이고, 특별한 사정이 없는 한 그 반대의 경우에 있어서도 마찬가지이다(대법원 1995. 8. 25. 선고 94다35886 판결). 위와 같은 경우는 당사자 사이에 다툼이 없는 경우에 해당할 것이고 다툼이 있는 경우에는 증거에 의하여 확정할 것인데, 이때 소멸시효 기산일의 증명책임은 시효이익을 주장하는 자에게 있다(대법원 1995. 6. 30. 선고 94다13435 판결).

(2) 시효기간

어떤 권리의 소멸시효기간이 얼마나 되는지에 관한 주장은 단순한 법률상 주장에 불과하므로 변론주의의 적용대상이 되지 않고, 법원이 직권으로 판단할 수 있다는 것이 판례(대법원 2008. 3. 27. 선고 2006다70929,70936 판결)이다.

따라서 당사자가 민법에 의한 10년의 소멸시효완성을 주장하였는데, 법원이 관련 법 규정에 따라 5년의 소멸시효기간을 적용하였다고 하더라도 변론주의를 위반한 것은 아니다.

(3) 시효중단사유

① 시효중단사유의 주장·증명책임은 시효완성을 다투는 당사자에

게 있다. 예컨대, 원고 청구 채권에 관하여 소멸시효가 완성되었다는 피고의 항변과 더불어 그 항변이 이유 있는 경우에, 원고(채권자)가 재항변으로서 당해 채권에 관하여 시효중단사유가 발생하였다는 취지의 주장·증명을 하지 않으면 법원은 그 채권에 관하여 시효중단을 인정할 수 없다(아래 대법원 전원합의체 판결 참조).

② 취득시효를 주장하는 자가 원고로서 제기한 소에 응소한 행위와 시효중단 효과발생의 조건 - 피고가 변론에서 시효중단의 주장 또는 이러한 취지가 포함되었다고 볼 만한 주장을 하여야 한다.

[대법원 2003. 6. 13. 선고 2003다17927, 17934 판결]

<u>취득시효를 주장하는 자가 원고가 되어 소를 제기한 데 대하여 권리자가 피고로서 응소하고 그 소송에서 적극적으로 권리를 주장하여 그것이 받아들여진 경우에는 민법 제247조 제2항에 의하여 취득시효기간에 준용되는 민법 제168조 제1호, 제170조 제1항에서 시효중단사유의 하나로 규정하고 있는 재판상청구에 포함된다</u>(대법원 1993. 12. 21. 선고 92다47861 전원합의체 판결, 1997. 12. 12. 선고 97다30288 판결 등 참조).

그리고 <u>시효를 주장하는 자가 원고가 되어 소를 제기한 경우에 있어서, 피고가 응소행위를 하였다고 하여 바로 시효중단의 효과가 발생하는 것은 아니고, 변론주의 원칙상 시효중단의 효과를 원하는 피고로서는 당해 소송 또는 다른 소송에서의 응소행위로서 시효가 중단되었다고 주장하지 않으면 아니 되고, 피고가 변론에서 시효중단의 주장 또는 이러한 취지가 포함되었다고 볼 만한 주장을 하지 아니하는 한, 피고의 응소행위가 있었다는 사정만으로 당연히 시효중단의 효력이 발생한다고 할 수는 없는 것이나</u>(대법원 1997. 2. 28. 선고 96다26190 판결), <u>응소행위로 인한 시효중단의 주장은 취득시효가 완성된 후라도 사실심 변론종결 전에는 언제든지 할 수 있다고 할 것이다</u>.

원심이 확정한 사실관계 및 기록에 의하면, 피고들이 제1심부터 원심변론종결에 이르기까지 원고들의 취득시효 주장에 대하여 응소하면서 한 주장은 단순한 부인을 넘어서 분할 전 토지의 소유권이 피고들에게 있다는 내용까지 포함된 것으로서 이는 소멸시효의 중단사유가 되는 재판상의 청구에 준하는 것이라 할 것이고, 한편 피고들이 원심 제8차 변론기일에서 진술한 2003. 1. 7.자 준비서면으로 시효중단의 주장을 하였음이 기록상 명백하므로 원심판결에 상고이유의 주장과 같은 위법이 있다 할 수 없다.

③ 소멸시효 중단사유에 해당하는 채무의 승인에 관한 주장이 있었는지의 여부

[대법원 1978. 12. 26. 선고 78다1417 전원합의체 판결]

상고이유의 요지는 원심은 피고들이 1972.12.19.원고에 대한 그 판시 대여금 채무 중 일부로서 그 대여 원금과 1970.3.31.까지의 약정이자 및 지연손해금을 원고에게 변제한 사실을 인정한 다음 그 잔존채무 중 1970.4.1.부터 1972.12.8.까지의 지연손해금 채무는 이 사건 소제기일인 1977.12.9.이 되기 전에 이미 5년의 상사소멸시효가 완성되어 소멸되었다고 판단하였으나 민법 168조에 의하면 소멸시효중단사유의 하나로서 채무의 승인을 규정하고 있고, 피고들의 위 대여금 채무의 일부변제행위는 위 대여금채무 전부에 대한 채무의 승인에 해당하므로 피고 등의 이 사건 잔존채무에 대한 소멸시효는 피고들이 위와 같이 채무승인한 1972.12.19. 중단되었고 그로부터 이 사건 소제기일 까지는 아직 5년이 채 되지 아니하였으니 피고들의 이 사건 잔존채무는 소멸시효가 완성되지 아니하였고 따라서 원심이 위 소멸시효가 중단된 사정을 고려하지 않고 잔존채무에 관하여 소멸시효가 완성되었다고 판단하였음은 소멸시효중단사유에 관한 법리를 오해하였거나 심리를 다하지 아니하여 판결에 영향을 미친 위법을 범하였다는 것이다. 그러나 채권에 관하여 소멸시효가 완성되었다는 채무자의 항변이 있고 그 항변이 이유 있는 경우에 있어서 채권자로부터 재항변으로 당해 채권에 관하여 시효중단

사유가 발생하였다는 취지의 주장이 없는 한 법원은 그 채권에 관하여 시효중단을 인정할 수 없다 할 것인바 기록을 살펴보아도 이 사건 대여금 채무자 및 그 연대보증인인 피고들로부터 그 대여금채권이 소멸시효 완성으로 소멸된 것이라는 항변이 있었음에 대하여 그 채권자인 원고로부터는 원심 변론종결시까지 위 채권에 관하여 시효중단사유가 발생하였다는 취지의 주장이 있었음을 찾아볼 수 없다.

다만 원고는 소장에서 피고들이 1972.12.19. 위 대여금채권 중 대여원금과 1970.3.31.까지의 약정이자와 지연손해금은 변제하였으나 1970.4.1.부터 1972.12.19.까지의 지연손해금은 변제하지 아니하고 있으니 그 지급을 구한다는 취지의 주장이 있기는 하나 이는 이 사건 대여금 채권 중 위와 같이 일부변제 된 부분을 제하고 잔액부분에 대하여 그 이행을 구한다는 취지이지 채권액 중 일부에 관하여 변제가 있었으니 이는 소멸시효중단사유에 해당하는 채무의 승인이 있었다는 취지로 주장한 것으로는 도저히 볼 수 없으므로(위 소장을 제출 할 당시에는 아직 피고로부터 소멸시효 항변이 제출된 바도 없다) 원심이 위 채무의 일부변제에 관하여 그것이 시효중단사유에 해당하는지 여부에 관하여 심리판단하지 않았다 하여 위법하다고 단정할 수 없고, 결국 상고논지는 원심에서 주장하지 아니한 사유에 관하여 상고심에서 새로이 주장하는 것이어서 적법한 상고이유가 되지 못하므로 채용할 수 없어 대법원판사 김영세, 민문기, 한환진, 라길조를 제외한 관여법관의 일치된 의견으로 상고를 기각하고 상고소송비용은 패소자인 원고의 부담으로 하기로 하여 주문과 같이 판결한다.

(4) 시효중단사유로서의 채무승인 사실의 증명책임

채무자에 의한 채무승인이 있었다는 사실은 채권자가 증명하여야 한다(채권자의 재항변이라 할 수 있다; 대법원 2002. 5. 17. 선고 2002다 14624 판결).

채무의 승인은 채무자가 하여야 할 것이지만 제3자는 채무자의 적법한 대리인이거나 승인에 관한 권한이 있어야 하며 이러한 사유는 채권자가 증명하여야 한다(대법원 1970. 3. 10. 선고 69다401 판결).

채무자가 소멸시효 완성 후 채무를 일부 변제한 때에는 그 액수에 관하여 다툼이 있는 한 그 채무 전체를 묵시적으로 승인한 것으로 보아야 하고, 이 경우 시효완성사실을 알고 그 이익을 포기한 것으로 사실상 추정한다(대법원 2001. 6. 12. 선고 2001다3580 판결).

2. 부동산 점유취득시효

(1) 시효취득의 대상

부동산 점유취득시효의 대상이 되는 부동산에는 원칙적으로 제한이 없고, 자기 소유 부동산에 대한 시효취득도 인정된다. 그러나 국유재산은 잡종재산 또는 공용폐지 된 행정재산의 경우에만 시효취득할 수 있다(국유재산법 5조2항). 이에 관한 증명책임은 시효취득을 주장하는 자에게 있다(대법원 2003. 10. 9. 선고 2003다29890 판결).

(2) 점유의 개시시점

시효취득기간의 기산점에 관하여는 앞서 본 소멸시효와는 달리 간접사실로 본다. 즉 법원이 당사자의 주장에 구애됨이 없이 증거조사 결과를 비롯하여 소송에 나온 자료에 따라 인정되는 시점을 진정한 점유개시시점으로 인정한다(대법원 1995. 5. 23. 선고 94다39987 판결). 이와 같이 소멸시효와 취득시효의 기산점의 법적 성격을 달리하는 것은, 점유취득시효 완성 후에 대상 부동산의 소유권이 제3자에게 넘어가는 경우 시효취득자가 신소유자에게 시효취득을 주장할 수 없게 되는 것(대법원 1997. 4. 11. 선고 96다45917·45924 판결 등)을 피하기 위하여, 시효취득자가 임의로 그 기산점을 늦추어 제3자가 소유권을 취득한 후에 시효가 완성된 것처럼 조작하는 것을 방지하고자 하는 데 있는 것으로 보인다.[39]

---

39) 호문혁, 앞의 책, 368~370면.

(3) 점유기간 및 점유사실

시효취득을 주장하는 자는 20년간의 점유사실을 증명하여야 한다. 특정 시점의 점유개시와 20년이 지난 시점에서의 점유사실을 증명하면, 그 기간 동안의 점유의 계속(민법 198조)과 자주점유, 평온·공연한 점유사실(민법 197조)은 추정되므로 시효취득자가 증명할 필요는 없다.

시효취득자가 20년간 점유하여 점유취득시효 완성으로 인한 소유권이전등기 청구권(민법 245조 1항)을 취득한 후에 점유를 상실하였다 하더라도 이를 시효이익의 포기로 볼 수 있는 경우가 아닌 한 이미 취득한 소유권이전등기 청구권은 소멸되지 않는다. 다만 동 등기청구권은 당해 부동산을 계속 점유하는 기간 동안에는 소멸시효가 진행되지 않지만, 시효완성 후 점유를 상실하여 10년이 경과되면 소멸시효가 완성된다(대법원 1996. 3. 8. 선고 95다34866, 34873 판결).

3. 동산의 선의취득(민법 249조)

민법 249조에 의한 동산의 선의취득 요건사실 중에서 취득자의 선의·평온·공연한 점유사실은 197조에 의하여 추정되므로 취득자가 증명할 것은 아니다. 즉 선의취득을 다투는 상대방이 취득자의 악의 또는 평온·공연하지 아니한 점유사실을 주장 ·증명하여야 한다. 위 요건사실 중에서 취득자의 무과실에 관한 추정규정은 없으므로 이의 증명책임 귀속에 관하여 다툼이 있다. 판례(대법원 1999. 1. 26. 선고 97다48906 판결 등)는 선의취득을 주장하는 자가 무과실에 관한 증명책임이 있다고 한다.

4. 채무불이행

(1) 이행불능

채무이행불능으로 인한 손해배상청구에 있어서 이행불능사실은 채권자에게 주장·증명책임이 있다. 그러나 소송기술적 측면에서 보면, 채권자가 주위적으로 채무 본래의 급부의 이행을 구하는 소를 제기하고 예비적으로 손해배상청구를 하는 방법이 바람직할 것이다. 이 경우에 채무자는 주위적 청구에 대한 방어방법으로서 이행불능으로 인한 본래 급부이행 청구권의 소멸을 주장·증명할 것이다. 그리하여 채권자는 이행불능사실에 대한 증명의 부담을 덜게 된다.[40)]

채무의 이행불능이라는 것은 절대적·물리적으로 불능인 경우가 아니라 사회생활에 있어서의 경험법칙 또는 거래상의 관념에 비추어 볼 때 채권자가 채무자의 이행의 실현을 기대할 수 없는 경우를 말한다(대법원 2006. 6. 16. 선고 2005다39211 판결 등). 즉 사실에 대한 법적 평가개념에 지나지 않는 것이어서 재판상 자백의 대상이 아니고 당사자는 자유로이 이를 취소할 수 있다. 법원도 당사자의 이러한 주장에 구속되지 않는다.

(2) 이행지체·불완전이행 등의 경우

'채무자가 채무의 내용에 좇은 이행을 하지 아니하였다는 사실'(민법 390조 1항)의 증명책임이 누구에게 귀속되는가에 관하여 채권자설(채권자가 불이행사실의 증명책임을 진다), 채무자설(채무자가 채무의 내용에 좇은 이행을 하였다는 증명책임을 진다), 이분설(작위채무인 경우에는 채무자가, 부작위채무인 경우에는 채권자가 증명책임을 진다) 등으로 나뉘어 있다. 판례(아래의 판결 참조)는 채권자설에 입각하고 있다.

[대법원 2000. 11. 24. 선고 2000다38718, 38725 판결]

공중접객업인 숙박업을 경영하는 자가 투숙객과 체결하는 숙박계약은 숙박업자

40) 최진수, 앞의 논문 35면.

> 가 고객에게 숙박을 할 수 있는 객실을 제공하여 고객으로 하여금 이를 사용할 수 있도록 하고 고객으로부터 그 대가를 받는 일종의 일시 사용을 위한 임대차계약으로서 객실 및 관련 시설은 오로지 숙박업자의 지배 아래 놓여 있는 것이므로 숙박업자는 통상의 임대차와 같이 단순히 여관 등의 객실 및 관련 시설을 제공하여 고객으로 하여금 이를 사용·수익하게 할 의무를 부담하는 것에서 한 걸음 더 나아가 고객에게 위험이 없는 안전하고 편안한 객실 및 관련 시설을 제공함으로써 고객의 안전을 배려하여야 할 보호의무를 부담하며 이러한 의무는 숙박계약의 특수성을 고려하여 신의칙상 인정되는 부수적인 의무로서 숙박업자가 이를 위반하여 고객의 생명·신체를 침해하여 투숙객에게 손해를 입힌 경우 불완전이행으로 인한 채무불이행책임을 부담하고, 이 경우 피해자로서는 구체적 보호의무의 존재와 그 위반 사실을 주장·입증하여야 하며 숙박업자로서는 통상의 채무불이행에 있어서와 마찬가지로 그 채무불이행에 관하여 자기에게 과실이 없음을 주장·입증하지 못하는 한 그 책임을 면할 수는 없다.

(3) 귀책사유

계약상 채무불이행으로 인한 손해배상청구에 있어서 채권자는 채무의 존재와 동 채무불이행 사실을 주장·증명하면 되고, 채무자가 귀책사유(과실)의 부존재 또는 채무자의 채무이행 여부와는 관계없이 채권자가 손해를 면할 수 없었다는 사유에 관한 주장·증명책임을 진다(대법원 2008. 4. 10. 선고 2007다83755, 83762 판결 등).

5. 채권자대위권

(1) 피 보전채권의 존재

채권자의 채무자에 대한 채권(피 보전채권)이 존재하여야 한다. 피 보전채권의 존부는 채권자대위소송의 당사자적격의 문제, 즉 소송요건의 구비여부에 관한 문제라는 것이 판례(대법원 2005. 9. 29. 선고 2005다27188 판결 등)의 입장이다. 따라서 법원의 직권조사사항에 해당하므로 당사자의 주장여부와 관계없이 법원이 직권으로 조사하여 판단할 수 있다. 다만 당사자적격 존부판단의 기초로 되는 사실, 즉 피 보전채권의 발생원인은 채권자가 주장·증명하여야 한다(대법원 1963. 4. 25. 선고 63다122 판결).

(2) 보전의 필요성

금전채권의 경우에는 채무자의 무자력이 대위권행사의 요건이 되고 이에 관한 주장·증명책임은 채권자에게 있다는 것이 판례(대법원 1976. 7. 13. 선고 75다1086 판결)와 다수설[41]의 입장이다(반대설 있음).

채무자의 자력과 관계없는 특정채권의 보전을 위한 경우[42] 등에 있어서는 채무자의 무자력이 채권자대위권 행사의 요건사실이 되지 않는다(대법원 1990. 11. 27. 선고 90다6651 판결; 대법원 2007. 5. 10. 선고 2006다82700, 82717 판결 등).

(3) 피 보전채권의 이행기 도래

피 보전채권의 이행기가 도래하였다는 사실(민법 404조2항)의 증명책임은 채권자에게 있다(대법원 2003. 4. 11. 선고 2003다1250 판결).

(4) 채무자가 스스로 그의 권리를 행사하지 않을 것

채무자가 제3자에 대하여 권리를 갖고 있고, 그 권리를 행사할 수 있음에도 스스로 행사하지 않고 있어야 한다. 이 요건사실의 증명책임이 누구에게 있는가에 관하여 채권자(원고)에게 있다는 견해와 제3채무자(피고)가 채무자 스스로 권리를 행사하였다는 사실에 관하여

41) 김선석, 앞의 책, 241면.

42) 채권자에 의한 채무자의 등기청구권의 대위행사, 임차인에 의한 임대인의 임차지 침해자에 대한 방해제거 또는 예방청구권의 대위행사 등 : 지원림, 민법강의, 943-944면 참조.

주장·증명할 책임이 있다는 견해가 대립한다. 본 요건은 채권자대위권 발생의 적극적 요건이라고 하기 보다는, 대위권행사의 저지적 요건이라는 점에서 제3채무자가 채무자의 채권행사사실을 주장하고 증명할 책임이 있다고 봄이 옳을 것이다.[43]

6. 채권자취소권

(1) 피 보전채권의 존재

채권자취소권을 행사하기 위한 피 보전채권의 존재 사실은 채권자가 증명하여야 한다(대법원 2000. 8. 22. 선고 98다36351 판결). 채권자취소권에 의하여 보전되는 채권은 원칙적으로 금전채권에 한정되고, 등기청구권 등의 특정채권 보전을 위한 취소권 행사는 인정되지 않는다(대법원 1995. 2. 10. 선고 94다2534 판결 등). 피 보전채권은 사해행위가 있기 이전에 발생하고 있어야 한다. 다만 동 사해행위 당시에 채권성립의 기초가 되는 법률관계가 성립되어 있고, 가까운 장래에 그 법률관계에 기하여 채권이 성립할 것이라는 고도의 개연성이 있는 경우에는 채권자취소권이 인정된다(대법원 2004. 11. 12. 선고 2004다40955 판결 등).

(2) 채무자의 사해행위

채무자가 일반재산을 감소시켜 채권자에게 충분한 변제를 할 수 없는 재산 상태를 만드는 사해행위의 증명책임은 채권자에게 있다(대법원 2001. 2. 9. 선고 2000다63516 판결 등). 채무자의 일반재산에는 소극재산인 채무와 적극재산을 종합하여 평가한다(대법원 2006. 2. 10. 선고 2004다2564 판결 등).

채무자가 채무초과 상태에서 특정 채권자에게 채무본지에 따른 변

43) 김선석, 앞의 책, 254면.

제행위를 하는 이른바 본지변제의 사해성 역시 채권자에게 증명책임이 있다. 이 경우에는 채무자가 특히 일부 채권자와 통모하여 다른 채권자를 해할 의사를 가지고 변제하였음을 증명하여야 한다(대법원 2005. 3. 25. 선고 2004다10985, 10992 판결 등).

(3) 채무자의 악의

채무자의 사해의사는 적극적 의욕이 아니라 책임재산이 감소한다는 데 대한 인식만으로도 충분하다(통설). 채무자의 악의는 채권자가 증명하여야 한다. 일반적으로 채무자가 유일한 재산인 부동산을 매각하여 소비하기 쉬운 금전으로 바꾸는 행위는 사해의사가 있는 것으로 추정된다(대법원 2001. 4. 24. 선고 2000다41875 판결 등). 한편, 학설은 이러한 판례에 대하여 비판적이다.[44]

(4) 수익자 및 전득자의 악의

수익자·전득자의 악의란 사해행위시 또는 전득시에 채권자를 해한다는 사실을 알고 있었던 것을 의미한다. 수익자·전득자는 자신의 악의 없음을 증명하여야 한다. 즉 수익자·전득자의 악의의 증명책임은 채권자에게 있는 것이 아니다(대법원 2005. 3. 24. 선고 2004다70079 판결). 여기서 말하는 전득자의 악의는 전득자가 전득 당시에 채무자와 수익자 사이의 법률행위의 사해성을 인식하고 있었는지 여부만을 문제로 삼는다(대법원 2006. 7. 13. 선고 2004다61280 판결).

7. 채권양도·채무인수

(1) 채권양도 금지특약

채권양수인이 채권양도 금지특약이 있는 사실을 모르고 양수한 경

---

44) 김형배, 민법학 강의, 신조사, 1015면.

우에 그 특약의 존재를 가지고 양수인에게 대항할 수 없다(민법449조 2항). 이때 양수인(제3자)의 중대한 과실은 악의와 같이 취급될 것이므로 양도금지 특약의 존재를 알지 못함에 중대한 과실이 있는 때에는 양도에 의한 채권을 취득할 수 없다(대법원 1996. 6. 28. 선고 96다18281 판결). 이 경우에 양수인(제3자)의 악의 또는 중과실은 채권양도금지의 특약으로 양수인에게 대항하려는 자가 이를 주장·증명하여야 한다(대법원 2003. 1. 24. 선고 2000다5336·5343 판결).

[대법원 2000. 4. 25. 선고 99다67482 판결]

일반적으로 지명채권의 양도거래에 있어 양도대상인 지명채권의 행사 등에 그 채권증서(계약서 등)의 소지·제시가 필수적인 것은 아닌 만큼 양도·양수 당사자 간에 그 채권증서를 수수하지 않는 경우도 적지 아니한 실정이고(특히 양수인이 채권양도 거래의 경험이 없는 개인이라면 더욱 그렇다.), 또한 수수하더라도 양수인이 그 채권증서의 내용에 대한 검토를 아예 하지 아니하거나 혹은 통상의 주된 관심사인 채권금액, 채권의 행사시기 등에만 치중한 채 전반적·세부적 검토를 소홀히 하는 경우가 있을 수 있으며, 그 밖에 전체 계약조항의 수, 양도금지 특약조항의 위치나 형상 등에 따라서는 채권증서의 내용을 일일이 그리고 꼼꼼하게 검토하지 않은 채 간단히 훑어보는 정도만으로는 손쉽게 그 특약의 존재를 알 수 없는 경우도 있을 수 있음에 비추어, 나아가 양도금지 특약이 기재된 채권증서가 양도인으로부터 양수인에게 수수되어 양수인이 그 특약의 존재를 알 수 있는 상태에 있었고 그 특약도 쉽게 눈에 띄는 곳에 알아보기 좋은 형태로 기재되어 있어 간단한 검토만으로 쉽게 그 존재와 내용을 알아차릴 수 있었다는 등의 특별한 사정이 인정된다면 모르되, 그렇지 아니하는 한 양도금지 특약이 기재된 채권증서의 존재만으로 곧바로 그 특약의 존재에 관한 양수인의 악의나 중과실을 추단할 수는 없다.

(2) 채무인수의 법적 성격

채무인수가 면책적인가, 중첩적인가 하는 것은 채무인수계약에 나타난 당사자의 의사해석에 관한 문제이다. 분명하지 아니한 때에는 이를 중첩적으로 인수한 것으로 본다. 따라서 면책적 채무인수라고 보아야 할 특별한 사정이 있다는 점에 대한 증명책임은 이를 주장하는 측에게 있다(대법원 2002. 7. 12. 선고 2001다81948 판결).

8. 채무변제

(1) 급여와 채무의 견련성에 관한 증명책임

실체법상 변제의 효력이 발생하려면 ① 변제로서 이행한 급여가 주체(급여자와 급여수령자), 객체, 시기, 장소에 있어서 채무의 내용에 적합하여야 하고, ② 급여가 당해 채무에 관하여 행하여져야 한다.[45) ① 요건에 관한 증명책임이 채무자에게 있다는 점은 견해가 일치한다. ② 요건에 관한 증명책임의 귀속에 관하여 채무자설과 당해 변제의 효과를 다투는 측(채권자)에게 증명책임이 있다는 견해(채권자설)로 나뉜다.[46)]

판례(대법원 1999. 12. 10. 선고 99다14433 판결 등)는 채무자가 특정 채무의 변제조로 금원 등을 지급한 사실을 주장함에 대하여, 채권자가 이를 수령한 사실을 인정하고서, 다만 타 채무의 변제에 충당하였다고 주장하는 경우에는, 채권자는 타 채권이 존재하는 사실과 타 채권에 대한 변제충당의 합의가 있었다거나, 타 채권이 법정충당의 우선순위에 있다는 사실을 주장·증명하여야 한다고 판시하여 채권자설을 취한 것으로 보인다.

---

45) 곽현수, 변제에 관한 증명책임, 재판자료 제26집, 200면.

46) 학설 내용의 자세한 소개는 김선석, 증명책임의 연구 제2권, 육법사, 101~104면.

[대법원 1994. 2. 22. 선고 93다49338 판결]

> 채무자가 동일한 채권자에 대하여 같은 종류를 목적으로 한 수개의 채무를 부담한 경우에 변제의 제공에 있어서 당사자가 변제에 충당할 채무를 지정하지 아니한 때에는 민법 제477조의 규정에 따라 법정 변제충당 되는 것이고 특히 민법 제477조 제4호에 의하면 법정변제충당의 순위가 동일한 경우에는 각 채무액에 안분비례 하여 각 채무의 변제에 충당되는 것이므로, 위 안분비례에 의한 법정변제충당과는 달리, 그 법정변제충당에 의하여 부여되는 법률효과 이상으로 자신에게 유리한 변제충당의 지정, 당사자 사이의 변제충당의 합의가 있다거나 또는 당해 채무가 법정변제충당에 있어 우선순위에 있어서 당해 채무에 전액 변제충당되었다고 주장하는 자는 그 사실을 주장입증 할 책임을 부담한다.

(2) 이해관계 없는 제3자에 의한 변제에 있어서의 증명책임

민법 469조는 채무의 변제는 제3자도 할 수 있지만, 이해관계 없는 제3자는 채무자의 의사에 반하여 변제하지 못한다고 하였다(2항). 제3자의 변제가 채무자의 의사에 반하는지 여부의 증명책임에 관하여, 변제효과를 주장하는 자가 채무자의 의사에 반하지 아니한 사실의 증명책임이 있다는 견해와, 변제효과를 다투는 상대방이 채무자의 의사에 반한 사실의 증명책임을 진다는 견해로 나뉜다.[47] 판례는 명백하지 않으나, 이해관계 없는 제3자의 대위변제가 채무자의 의사에 반하는지의 여부를 가림에 있어서, 채무자의 의사는 제3자가 변제할 당시의 객관적인 제반사정에 비추어 명확하게 인식될 수 있는 것이어야 하며, 함부로 채무자의 반대의사를 추정함으로써 제3자의 변제효과를 무효화시키는 일은 피하여야 한다고 판시하고 있는 점에 비추어보면, 변제효과를 다투는 상대방이 채무자의 의사에 반한 사실의 증명책임을 부담하는 것으로 볼 것이다.[48]

47) 최진수, 앞의 논문, 46~47면.

(3) 채권 준점유자에 대한 변제

민법 470조의 채권의 준점유자에 대한 변제에서 변제자의 선의·무과실의 증명책임은 변제의 효력을 주장하는 채무자에게 있다. 선의라 함은 준점유자에게 변제수령의 권한이 없음을 알지 못하는 것 외에 적극적으로 진정한 권리자라고 믿었어야 된다. 무과실이란 그렇게 믿었는 데에 과실이 없음을 의미한다.

민법 471조는 470조에 대한 특별규정으로 영수증소지자에 대한 변제의 효력을 인정한다. 이 경우에도 변제자의 선의·무과실을 요건으로 한다. 이의 증명책임은 위에서 본 채권 준점유자에 대한 변제에 있어서와 같이 선의·무과실을 주장하는 자(채무자 측)에게 있다 할 것인가, 아니면 악의·과실을 주장하는 자(채권자 측)에게 있는가가 문제된다. 본조는 증서의 진부에 대한 조사의무를 요구하고 그 진정에 관한 증명책임을 변제자에게 부담시키고 있는 점, 이러한 진정한 영수증을 소지한 자에 대한 변제는 통상 유효하다고 보아야 할 것이라는 점 등에 비추어 보면 변제가 무효임을 주장하는 자에게 악의·과실의 증명책임이 있다 할 것이다.[49]

[대법원 1999. 4. 27. 선고 98다61593 판결]

보험금을 지급한 보험자가 피보험자를 상대로 보험자대위권 침해를 이유로 부당이득반환 또는 손해배상청구를 하기 위하여서는 보험자가 피보험자에게 보험금을 지급한 사실, 피보험자가 보험금을 수령한 후 무권한자 임에도 불구하고 제3자로부터 손해배상을 받은 사실(피보험자가 보험자로부터 받은 보험금이 실제 발생된 손해액에 미치지 못한 경우에는 피보험자는 그 차액 부분에 관하여는 여전히 제3자에 대

48) 최진수, 앞의 논문 같은 면; 곽현수, 앞의 논문, 206면 등.

49) 곽현수, 위 논문, 210면.

하여 자신의 권리를 가지고 있으므로 피보험자가 이를 초과하여 제3자로부터 손해배상을 받은 사실), 제3자의 피보험자에 대한 손해배상이 채권의 준점유자에 대한 변제로서 유효한 사실을 주장, 입증하여야 할 것이다. 이 경우에 채권의 준점유자에 대한 변제가 유효하기 위한 요건으로서의 선의라 함은 준점유자에게 변제수령의 권한이 없음을 알지 못하는 것뿐만 아니라 적극적으로 진정한 권리자라고 믿었음을 요하는 것이고, 무과실이란 그렇게 믿는 데에 과실이 없음을 의미한다. 제3자가 피보험자가 보험에 가입하여 보험금을 수령한 사실을 전혀 모르고 이 점에 대하여 과실이 없이 피보험자에게 손해배상을 한 경우, 또는 제3자가 피보험자가 보험에 가입하여 이미 보험금을 수령한 사실을 알고 있었던 경우에는 피보험자가 입은 손해액과 피보험자가 보험자로부터 보험금을 수령함으로써 보험자대위권(상해보험의 경우에는 대위 약정에 따라)의 대상이 된 금액을 살펴, 피보험자에게 아직도 자신에 대한 손해배상청구권이 남아 있다고 믿고 손해배상을 한 경우에만 선의, 무과실에 해당된다고 할 수 있을 것이고, 위 요건의 주장, 입증책임도 보험자에게 있다.

※ 본 판결에서 피보험자가 보험자로부터 보험금을 수령한 뒤 보험사고를 일으킨 제3자로부터 다시 손해배상을 받은 행위는 변제수령권한 없는 자가 채무자인 제3자로부터 변제받은 것과 같이 취급하고 있는 것이다(저자 평석).

(4) 변제제공에 관한 증명책임

일부제공은 채무의 본래 취지에 따른 변제제공으로 볼 수 없다. 다만 당사자의 특약이나 채권자의 승낙이 있었거나, 일부제공을 거절하는 것이 신의칙에 반하는 경우 등에 있어서는 일부제공도 채무 본래 취지에 따른 제공이라 할 수 있다. 이러한 사항은 이를 주장하는 자가 증명하여야 한다.

채권자가 미리 수령받기를 거절하는 등의 예외적 사유도 이를 주장하는 자(채무자 측)에게 증명책임이 있다.[50)]

50) 곽현수, 앞의 논문, 216~217면.

9. 상 계

(1) 판례(대법원 2002. 8. 23. 선고 2002다25242 판결 등)는 항변권(최고·검색의 항변이나 동시이행의 항변 등이 여기에 해당할 것이다)이 붙어있는 채권을 자동채권으로 하여 다른 채권과의 상계를 허용하지 않고 있다. 이러한 자동채권에 기초한 상계행위는 성질이 상계를 허용하지 아니할 때에 해당하는 것으로서 무효가 된다.

(2) 항변권이 붙어있는 채권으로서 상계를 허용하지 않는 채권이라는 주장·증명책임의 분배에 관하여 다음과 같이 견해가 나뉜다.

① 채무의 성질이 상계를 허용하지 않는 것이 아니라는 점에 관하여는 상계권자에게 주장·증명책임이 있는 상계권의 발생원인 사실이므로 상계권자가 자동채권에 항변권이 붙어있지 않다는 사실을 주장·증명할 책임이 있다는 견해

② 채무의 성질이 상계를 허용하지 않는다는 점은 상계권 발생의 장애사실이므로 이 요건사실의 주장·증명책임은 상계권의 존재(상계의 효력발생)를 다투는 자에게 있다는 견해[51]가 그것이다.

민법 492조 1항의 규정 형식상, '채무의 성질이 상계를 허용하지 아니할 때에는 그러하지 아니하다'라는 본문과 단서 규정으로 되어 있으므로 통설인 법률요건분류설에 따르면 ②설이 타당한 것으로 보인다.[52]

판례(1969. 10. 29. 선고 69다108 판결)는 '항변권이 붙어있는 채권을 자동채권으로 하여 타의 채무와의 상계를 허용한다면 상계자 일방의 의사표시에 의하여 상대방의 항변권 행사의 기회를 상실시키는 결과가 되므로 이와 같은 상계는 그 성질상 허용될 수 없다'는 취지이고, 항변권의 존재

51) 김선석, 앞의 책 제2권, 205~206면.

52) 최진수, 앞의 논문, 49면.

자체로서 상계를 허용하지 않는다는 입장이어서 ①설의 견해와 그 결과를 같이한다고 할 수 있다.[53] 그러나 같은 판례의 해석에 있어서도 위와 같은 견해와 결론을 달리하여, 민법 492조 1항 단서의 주장·증명책임은 어느 견해를 취하더라도 판례의 입장은 그 사안의 결론에서는 모두 수긍할 수 있다는 분석도 있다.[54]

(3) 수동채권이 불법행위채권인 경우

민법 496조는 채무자가 고의의 불법행위로 (손해배상)채무를 부담하게 된 경우에는 상계로 채권자에게 대항하지 못한다고 규정한다. 동 규정상 수동채권이 고의의 불법행위에 의한 것이 아니라는 점은 상계권자의 주장·증명책임에 속한다 할 것이다. 즉 불법행위 피해자가 가해자를 상대로 손해배상청구를 하는 때에 그 청구원인사실 자체로서 고의의 불법행위에 의한 것임이 명백할 것이므로 가해자인 피고가 상계권을 행사하려면 위 채권의 발생원인에 관하여 고의의 불법행위로 인한 것이 아님을 주장·증명하여야 한다.

(4) 수동채권이 지급금지 명령을 받은 채권이 아니라는 사실의 증명책임

민법 498조는 지급을 금지하는 명령을 받은 제3채무자가 그 후에 취득한 채권을 자동채권으로 하여 상계하는 것을 금하고 있다. 위 규정에 의한 상계금지 채권인지 여부에 관한 주장·증명책임이 상계의 효과를 다투는 측(수동채권의 채권자)에게 있다는 견해와 상계권의 행사를 주장하는 자(자동채권의 채권자)에게 있다는 견해로 나뉜다. 판례(대법원 2003. 6. 27. 선고 2003다7623 판결)는 채권가압류 명령을 받은 제3채무자는 그 후에 취득한 채권에 의한 상계로 그 가압류 채권

53) 김선석, 앞의 책 제2권, 206면.

54) 최진수, 앞의 논문 49면.

자에게 대항하지 못하지만, 수동채권이 가압류될 당시 자동채권과 수동채권이 상계적상에 있거나 자동채권의 변제기가 수동채권의 그것과 동시 또는 그보다 먼저 도달하는 경우에는 제3채무자는 자동채권에 의한 상계로 가압류채권자에게 대항할 수 있다고 판시하여, 상계권의 행사를 주장하는 자가 위498조에 의한 상계금지채권이 아니라는 사실의 증명책임을 부담시키고 있는 것으로 해석된다.[55]

10. 매매(쌍무계약)와 동시이행항변

(1) 매매를 비롯한 쌍무계약상의 동시이행항변은 항변권자의 행사를 필요로 하는 권리행사저지항변이다. 매매계약상 매수인은 소유권이전등기 청구를 하면서 매매계약 체결사실에 관하여 주장·증명 하면 된다. 매도인이 매매잔대금을 수령하지 못하였다는 동시이행항변을 하여야 한다. 법원은 매수인의 위와 같은 항변이 있을 때 비로소 대금지급 약정사실에 관한 심리를 하는 것이다(대법원 1998. 6. 12. 선고 98다505 판결 등).

(2) 쌍무계약의 한쪽은 그의 반대채무를 이행제공하지 않는 한 상대방에 대하여 이행지체에 빠뜨려 계약의 해제나 이행지체로 인한 지연손해금 등 손해배상청구를 할 수 없다. 쌍무계약에서 쌍방의 채무가 동시이행관계에 있을 때, 한쪽의 채무의 이행기가 도래하더라도 상대방 채무의 이행제공이 있을 때까지는 이행지체의 책임을 지지 않는다. 이와 같은 효과발생은 이행지체책임이 없다고 주장하는 자가 반드시 동시이행항변권을 행사하여야 할 것을 요구하는 것은 아니다(동시이행항변권의 존재효과라고 할 수 있다).

부동산 매매계약의 매도인이 매수인의 잔대금 지급채무 불이행을

---

55) 김선석, 앞의 책 제2권, 213면; 최진수, 앞의 논문, 51면.

이유로 매매계약을 해제하려는 경우를 보자. 매도인은 잔대금 지급일에 소유권이전등기에 필요한 서류를 준비하여 매수인에게 알리는 등 매수인에게 이행지체에 빠뜨렸다는 사실을 주장하고 증명하여야 한다. 설령 매매계약상 매수인이 잔대금 지급일까지 그 대금을 지급하지 못하면 그 계약이 자동적으로 해제된다는 취지의 약정을 하였더라도 마찬가지이다(대법원 2001. 7. 10. 선고 2001다3764 판결).

임대차계약 해지 후에 임차인이 목적물을 점유하더라도 이것은 잔존임차보증금 반환청구권과의 동시이행항변권에 기한 것이어서 불법점유라고 할 수 없다. 따라서 임대인이 불법점유에 기한 손해배상 청구를 하려면 임대차계약의 해지사실을 주장·증명하는 것만으로 부족하고, 그의 반대채무를 현실적으로 이행하거나, 그 채무이행을 제공하였음에도 불구하고 임차인이 목적물을 명도하지 않음으로써 임차목적물 반환채무가 이행지체에 빠지는 등으로 동시이행항변권을 상실하게 되었다는 점에 관하여 주장·증명하여야 한다(대법원 2002. 7. 26. 선고 2001다68839 판결).

(3) 위와 같은 동시이행항변의 법리에 따라 증명책임 분배에 관하여 정리하면 다음과 같다.

첫째, 계약해제를 주장하는 자는 ① 상대방이 이행지체에 빠져 있는 사실, ② 상당한 기간을 정하여 이행을 최고하였으나 그 기간 내에 상대방이 이행 또는 이행제공을 하지 아니한 사실 또는 상대방이 미리 이행하지 아니할 의사를 표시한 사실, ③ 해제의 의사를 표시하고 그 의사표시가 도달한 사실을 주장·증명하여야 한다(대법원 1995. 4. 28. 선고 94다16083 판결 등). 따라서 상당한 기간을 정하여 계약이행을 최고하였으나 그 기간 내에 채무를 이행하지 않았다는 주장·증명만을 하고 있는 경우에, 당사자가 주장하지도 아니한 '채무자가 미리 이행하지 아니할 의사를 명백히 표시하였다'는 사실을 인정하고, 계약해제가 적법하다고 판단하는 것은 변론주의에 위반되는 것이다(대법원 1995. 4. 28. 선고 94다16083 판결).

둘째, 상대방인 채무자는 계약상 급부의 이행 또는 이행제공을 하지 못한데 대하여 그의 귀책사유(고의·과실)의 부존재에 관하여 주장·증명하여야 한다(대법원 1984. 11. 27. 선고 80다177 판결 등).

(4) 계약해제와 제3자 보호

민법 548조 1항은 계약해제 시의 원상회복의무에 관하여 규정하면서 이로 인하여 제3자의 권리를 해하지 못한다고 규정한다. 여기서 제3자란 그 해제된 계약으로부터 생긴 법률효과를 기초로 하여 해제 전에 새로운 이해관계(등기·인도 경료된 경우도 포함)를 맺은 자를 말한다. 위 규정에 따라 보호받는 제3자라는 주장·증명책임은 제3자에게 있다.[56)]

11. 임대차 관계

(1) 임차권의 양도·전대에 있어서 임대인의 동의

민법 629조는 임차인은 임대인의 동의 없이 그 권리를 양도하거나 임차물을 전대하지 못한다고 규정한다. 이때 임대인의 동의 유무에 관한 증명책임의 귀속주체에 관하여 견해가 나뉜다. 임차인 측에 있다는 견해는 임대인의 동의가 있었다는 사실이 요건사실로서 임차권의 양도 또는 임차물의 전대의 법률효과를 주장하는 자에게 증명책임도 있다고 한다. 이에 대하여 임차권의 양도 또는 임차물의 전대의 법률효과를 다투는 임대인이 그 동의의 부존재에 관하여 주장·증명책임이 있다는 견해도 있다.

---

56) 최진수, 앞의 논문, 53면.

생각건대, 임대인의 동의를 얻지 않은 양도 또는 전대라 하더라도 그 이전·전대의 당사자 간에는 유효하고 다만 임대인에게 대항할 수 없다는 점에서 대항요건으로 보아야 한다는 점, 소송상 증명의 난이 및 공평의 이념 등에 비추어 양수인 또는 전차인이 임대인의 동의가 있었다는 사실에 관한 주장·증명책임을 부담하는 것으로 보아야 한다.[57]

(2) 보증금 반환채권

① 임대차계약 존속 중에 임대인의 지위가 임차물의 양도와 더불어 신소유자에게 이전되었을 때(주택임대차보호법 3조3항, 상가건물임대차보호법 3조2항은 임차건물의 양수인은 임대인의 지위를 당연히 승계한 것으로 본다)에는 그 보증금의 액 및 지급사실에 관하여 신소유자의 선의·악의를 불문하고 당연히 신소유자가 반환의무를 승계한다. 이때 신소유자를 상대로 보증금반환청구를 하는 임차인은 ㉠ 임차인이 구임대인(구소유자)에게 보증금을 지급한 사실, ㉡ 신·구소유자 간에 임대인 지위의 승계가 있었다는 사실, ㉢ 임대차가 종료한 사실을 주장·증명하여야 한다. 그 외에 임차인이 목적물을 임대인(신소유자)에게 반환한 사실의 증명책임도 부담한다.

② 임대차계약에 있어서 임대차보증금은 임대차계약 종료 후에 발생하는 임료상당의 부당이득금 반환채권, 훼손된 건물부분의 원상복구비 상당의 손해배상채권 등을 담보하는 기능도 있어서, 임대인은 임대차 보증금에서 그 피담보채무를 공제한 나머지만을 임차인에게 반환하면 된다. 임대인은 공제대상이 되는

57) 양상훈, 소비대차와 준소비대차 및 임대차에 관한 증명책임의 몇 가지 문제, 재판자료 제26집, 236면.

연체임료, 부당이득반환채권 및 손해배상채권의 발생에 관하여 주장·증명하여야 한다.

(3) 유익비 상환 청구

임차인이 유익비를 지출한 경우에 임대차종료시에 유익비의 상환을 청구할 수 있다. 이때 임대인은 임차인이 사실상 지출한 금액과 현존하는 가치의 증가액 중 어느 하나를 선택할 수 있다. 이에 관한 증명책임에 관하여 다음 두 견해가 대립한다.[58] ① 임차물에 대한 유치권의 전제로서 유익비상환을 청구하는 임차인으로서는 임대인에게 그 선택을 시키기 위하여 비용지출액과 현존하는 가치증가액 두 가지를 주장·증명하여야 한다는 견해(양자 증명책임설), ② 유치권자로서는 지출액·증가액의 어느 것 하나를 주장·증명하면 되고, 이에 대하여 임대인(채무자)이 보다 소액인 다른 한 쪽을 선택하려 한다면 이를 주장·증명하여야 하고, 이러한 주장·증명이 없는 이상 유치권자가 청구한 금액으로 채권은 확정된다는 견해(택일 증명책임설)가 그것이다. 판례(대법원 1962. 10. 18. 선고 62다437 판결)는 임차인이 가옥 임대차가 종료한 때에 임차한 가옥에 대한 유익비의 상환을 청구할 경우에는 지출한 금액은 물론 현재 증가액에 대하여도 증명책임이 있다고 하여 ①설을 취하고 있다.

(4) 임차물 반환채무의 이행불능

임차인의 임차물 반환채무가 이행불능이 된 경우, 임차인이 그 이행불능으로 인한 손해배상책임을 면하려면 그 이행불능이 임차인의 귀책사유로 인한 것이 아님을 증명하여야 한다. 임차건물이 화재로 소실된 경우 그 화재원인이 불명인 때에도, 임차인이 책임을 면하려

58) 양상훈, 앞의 논문, 240~243면.

면 그 임차건물의 보존에 관하여 선량한 관리자의 주의의무를 다하였음을 주장·증명하여야 한다(대법원 2001. 1. 19. 선고 2000다57351 판결 등). 이에 대하여 임차목적물의 멸실은 임차인의 목적물 반환의무를 이행불능으로 할 뿐만 아니라 그 목적물을 사용·수익시킬 임대인의 의무도 이행불능으로 만들고, 임대인의 이행불능이 논리적으로 선행한다는 점을 들어 판례의 입장을 비판하는 견해가 있다. 판례에 따르면 발화원인이 불명한 경우뿐만 아니라 발화 장소 자체가 밝혀지지 않은 경우도 임차인이 그 책임을 부담하게 되어 임차인에게 매우 불리한 점이 있으므로, 임차인의 부담인 증명책임의 정도를 어느 정도 완화시킬 필요가 있다는 견해[59]도 있는데 타당한 견해로 보인다.

12. 부당이득 반환

(1) 부당이득 반환청구권의 일반적 성립요건

부당이득자에 대하여 그 이익의 반환을 청구하는 자는 민법 741조의 요건사실인 ① 상대방이 타인의 재산 또는 노무에 의하여 이익을 얻은 사실, ② 타인에게 손해가 발생한 사실, ③ 그 수익과 손해 사이에 인과관계가 있는 사실, ④ 그 수익이 법률상 원인이 없는 사실을 주장·증명하여야 한다.[60]

민법 742조의 비채변제, 744조의 도의관념에 적합한 변제, 745조의 타인의 채무변제 등의 경우, 변제자가 741조의 요건을 충족시켜 부당이득반환청구권이 발생함에도 이를 다시 방해하는 권리장애사유에 관한 규정으로 볼 것이다. 따라서 위 각 조에 해당하는 요건사실은 부당이득반환청구의 상대방(수익자)에게 주장·증명책임이 귀속된

---

59) 최진수, 앞의 논문, 57면.

60) 황형모, 부당이득반환청구권의 증명책, 재판자료 제26집.

다(비채변제에 관한 대법원 1962. 6. 28. 선고 61다1453 판결 참조).

민법 746조의 불법원인급여에 관한 규정도 741조의 부당이득반환청구권 성립에 대한 권리장애규정이므로 부당이득반환청구의 상대방에게 그 요건사실의 주장·증명책임이 있다. 746조 단서에 해당하는 사실은 본문의 예외규정으로서 재항변 사유에 해당하므로 부당이득반환 청구자의 주장·증명책임에 속한다.

(2) 수익자의 반환범위

민법 748조는 수익자가 선의(1항), 악의(2항)인 경우를 나누어 받은 이익의 반환범위를 달리 규정한다. 그 중 문제가 되는 것은 선의인 수익자의 '현존이익'에 관한 증명책임이다. 이에 관하여 ① 이익의 현존사실은 반환청구자가 부당이득의 일반 성립요건과 함께 증명하여야 한다는 견해{반환청구자(손실자)증명설}, ② 수익자(반환의무자)가 이익이 현존하지 않거나 감소한 사실을 권리소멸 사유로서 주장·증명하여야 한다는 견해(수익자 증명설)가 대립 한다. ②설은 부당이득제도의 취지에 비추어 이익의 현존은 추정되므로 수익자가 현존이익이 없음을 증명하도록 하는 것이 공평하고, 이익의 발생사실은 부당이득반환청구권의 권리근거사실이므로 반환청구자가 이의 증명책임을 부담하고, 이득의 감소 또는 멸실은 권리소멸사유이므로 이를 주장하는 수익자가 증명책임을 부담하여야 한다는 것을 근거로 내세운다. 이 견해가 현재 다수설이라 할 수 있다.[61)]

판례는 엇갈리고 있다.[62)] 즉 '선의의 수익자에 대한 부당이득의 반환청구에 있어 그 이익이 현존하고 있는 사실에 관하여는 그 반환청구자에게 증명책임이 있다고 보는 것이 상당하다'고 하여 일반론으

61) 황형모, 앞의 논문, 259~265면.

62) 최진수, 앞의 논문, 61면.

로서 반환청구자 증명설을 취한 판례(대법원 1970. 2. 10. 선고 69다2171 판결)가 보인다. 그러나 금전상의 이득의 경우 '법률상 원인 없이 타인의 재산 또는 노무로 인하여 이익을 얻고 이로 인하여 타인에게 손해를 가한 경우 그 취득한 것이 금전상의 이득인 때에는 그 금전은 이를 취득한 자가 소비하였는가의 여부를 불문하고 현존하는 것으로 추정 된다'는 것이 판례의 일관된 입장이다(대법원 2005. 4. 15. 선고 2003다60297, 60303, 60310, 60327 판결; 대법원 1996. 12. 10. 선고 96다32881 판결 등).

민법 748조 2항의 '악의의 수익자'라는 사실에 관한 주장·증명책임이 반환청구자에게 있다는 점에 관하여는 학설과 판례(대법원 1998. 5. 8. 선고 95다30390 판결)의 일치된 입장이라고 할 수 있다.

Ⅲ. 불법행위로 인한 손해배상

1. 불법행위의 일반적 요건사실과 주장·증명책임(민법 750조)

(1) 고의·과실

① 법률요건분류설에 따라 불법행위의 피해자는 가해자의 고의·과실에 의한 행위가 있었음을 주장·증명할 책임이 있다. 증명책임분배에 관하여 위험영역설을 취하는 견해에 따르면, 요증사실이 누구의 지배영역 내지는 책임영역(위험영역)에서 발생하였는가에 따라 증명책임을 분배하여야 한다고 주장한다. 의료과오, 환경권침해, 제조물책임 소송 등 현대형 소송에서 증거의 구조적 편재현상을 극복하고 증거법상 공평의 원칙을 실현하려는 견해라 할 수 있다. 그러나 위험영역설에 따르면 고의·과실은 어느 경우에나 가해자의 위험영역에 속하므로 불법행위와 계약불이행의 경우를 가리지 않고 항상 가해자 또는 채

무자가 고의·과실의 부존재 또는 면책사유 등에 관한 증명책임을 진다는 결과가 된다. 이는 민법규정과 일치하지 않는 것이므로 부당하다.[63]

② 불법행위의 성립에는 고의·과실을 구별하지 않으므로 피해자는 고의 또는 과실에 의하여 손해가 발생하였다는 사실을 주장하면 되고, 법원은 고의의 주장에 대하여 과실을 인정할 수 있다는 견해[64]가 있으나, 변론주의 원칙에 비추어 타당하지 않다. '과실'의 경우에 평가개념으로서의 '과실이 있었다'는 포괄적 주장을 하여서는 아니 되고, 구체적이고 역사적인 사실을 주요사실로서 주장하여야 한다.

[대법원 1994. 1. 14. 선고 93다46469 판결]

> 등기공무원은 부동산등기법 제55조에 따라 같은 법 제40조에 의하여 등기신청에 첨부된 서류 자체를 검토하고 등기부의 기재와도 대조하여 상호 배치되는 것이 있는지 또는 서류 자체의 양식 등이 관행에 어긋나는 점이 있는지 등을 살펴 그와 같은 잘못이 있는 경우 등기신청을 각하하여야 할 직무상의 심사의무가 있으므로, 첨부된 서류 자체의 기재형식에 의하여 또는 그 기재를 등기부의 기재와 대조하여서 등기공무원으로서의 통상의 주의의무만 기울였어도 그 서류들이 위조되었다는 것을 쉽게 알 수 있었음에도 이를 간과한 채 모두 적법한 것으로 심사하여 등기신청을 각하하지 못하였다면 등기공무원으로서의 통상의 주의의무를 해태하여 형식적 심사의무를 위반한 과실이 있다 할 것이다. 등기공무원에게 이러한 의미의 과실이 있었는지를 판단함에 있어서는 위조되어 제출된 서류들 중 어떠한 부분이 어떻게 위조되었는지, 또 그 위조된 부분이 등기공무원으로서의 통상의 주의의무만 기울였어도 쉽게 발견할 수 있는 정도인지 여부 등 과실의 내

---

63) 호문혁, 앞의 책, 503면.

64) 곽윤직, 채권각론, 박영사, 635면.

용이 되는 사실이 구체적으로 밝혀져야 한다. 단순히 위조된 서류들에 의하여 등기가 이루어진 후 그 위조사실이 밝혀지면 곧바로 등기공무원에게 과실이 있는 것으로 되는 것은 아니다.

※ 본 판결은 등기공무원의 과실 유무에 관한 심리에 있어서 '과실'을 구성하는 (과실이 있다고 평가되는) 구체적 사실을 대상으로 하여야 함을 명시하였다는 점에서 그 의의를 찾을 수 있다. 본건 사안의 경우에 등기신청서류가 위조된 것임에도 등기공무원이 주의의무를 위반하여 이를 간과하였다는 것이다; 본 판결에 따르면 당사자의 주장이나 법원의 판단이 단순히 위조서류 여부를 밝혀내지 못한 과실이 있다는 정도로는 부족하고, 위조되어 제출된 서류들 중 어떠한 부분이 어떻게 위조되었는지 등에 관하여 구체적 사실주장이 있어야 한다는 것이다. 이러한 판례의 태도는 교통사고, 의료사고 등 불법행위 일반에 관하여 유추 적용될 수 있는 것이다(저자 평석).

(2) 위 법 성

피해자에게 가해행위의 위법성에 관한 주장·증명책임이 있음에는 견해가 일치한다.[65] 그러나 가해행위의 위법성이 있느냐 여부는 인정사실에 대한 평가의 문제에 지나지 않는다 할 것이다. 따라서 피해자는 위법성이라는 용어를 사용하여 별도로 주장하여야 하는 것은 아니다.

위법성조각사유인 정당방위, 긴급피난, 피해자의 승낙, 정당행위 등은 권리장애사유로서 각 그 요건사실에 해당하는 주요사실에 대한 주장·증명책임은 불법행위의 성립을 다투는 자에게 있다 할 것이다.

(3) 有責性·책임능력

가해자가 위법행위를 저지른데 대하여 유책성을 필요로 하는지 여

65) 김선석, 앞의 책 제2권, 261면.

부에 관하여 명백하지는 않지만 근대 민법의 기본원칙의 하나인 과실책임주의 원칙에 비추어 가해자의 유책성을 전제로 한다고 볼 것이다. 민법 753조와 754조는 모두 가해자의 유책성을 전제로 하는 규정들이라 할 수 있다.[66)]

다만 가해자의 유책성이나 책임능력은 위법성과 같이 피해자가 별도로 적극적인 주장·증명을 필요로 하는 것은 아니다. 가해자는 책임능력 결여사유를 권리장애사유로서 항변하고 증명할 책임이 있다.

민법 754조 단서의 가해자가 고의 또는 과실로 심신상실의 상태를 초래한 사실의 주장·증명책임이 문제된다. 동 규정의 성격에 관하여 본문에 대한 예외규정으로 볼 것인가, 아니면 동 규정의 요건을 충족시키면 손해배상청구를 할 수 있다는 권리근거규정으로 볼 것인가라는 견해차이가 있을 수 있다.[67)] 그러나 어느 견해에 의하든 동 단서규정의 요건사실(주요사실)에 대한 주장·증명책임은 피해자에게 귀속될 것이다. 다만 본문에 대한 예외규정으로 본다면 가해자(피고)의 항변에 대한 피해자(원고)의 재항변이 될 것이라는 점에서 그 차이를 찾을 수 있을 것이다.

(4) 손해의 발생 및 손해액

손해발생 사실은 피해자가 주장·증명하여야 한다. 손해에는 통상손해와 특별손해가 모두 포함된다. 다만 특별손해(민법 393조 2항)의 경우에는 채무자가 예견하였거나 예견할 수 있었다는 사실을 피해자가 증명하여야 한다. 피해자는 손해발생 사실의 증명 외에 구체적인 피해금액을 증명하여야 한다. 피해자가 주장하는 손해액과 증거조사결과 확정된 손해 사이에 차이가 있는 경우, 청구액에 미달하면 확

66) 김선석, 앞의 책 제2권, 265면.

67) 위 책 제2권, 같은 면.

정된 손해액을, 청구액을 초과하면 청구액만큼의 손해배상을 명할 것이다.

채무불이행·불법행위로 인한 손해배상청구권의 성립이 인정된다면 구체적 손해액에 관한 증명이 불충분하더라도 법원은 그 이유만으로 손해배상청구를 배척할 것이 아니라, 그 손해액에 관하여 적극적으로 석명권을 행사하고 증명을 촉구하여 이를 밝혀야 한다(대법원 1992. 4. 28. 선고 91다29972 판결 등). 경우에 따라서는 법원의 직권증거조사도 필요로 한다.

독일민사소송법 287조는, 손해가 발생하였는지 여부 및 손해액 또는 배상하여야 할 이익의 액수에 관하여 당사자 간에 다툼이 있을 경우에는 법원은 이에 관하여 모든 사정을 평가하여 자유심증으로 재판한다고 규정하여 자유심증주의를 '손해의 존부 및 손해액'의 인정에까지 확장하고 있다.[68]

일본민사소송법 248조는, 손해발생 사실이 인정된 경우에, 손해의 성질상 그 피해액을 입증하는 것이 극히 어려운 경우에는 법원은 구술변론 전체의 취지와 증거조사 결과를 종합하여 상당한 손해액을 인정할 수 있다고 규정하고 있다.

우리 판례에도 이러한 입법례를 참고하여 변론전체의 취지를 기초로 한 손해액산정방식을 긍정하는 예가 있다.

[대법원 2007. 12. 13. 선고 2007다18959 판결]

원심판결 이유에 의하면, 원심은 피고가 이 사건 신용장 개설 통지절차를 지연함으로써 원고는 신용장 개설을 의뢰할 당시 예상했던 시기에 사무용 의자를 수입하여 판매하지 못한 재산상 손해를 입었다고 할 것인데, 입증이 곤란하여 그 손해

68) 김선석, 앞의 책 제2권, 269면.

액의 확정이 불가능하므로, 예외적으로 원고에게 위자료 청구권이 인정된다 할 것이고, 한편 이 사건 신용장 개설 통지절차의 지연 경위, 신용장 개설 수수료의 액수 등 이 사건 변론 과정에 나타난 여러 사정을 참작하면, 피고는 원고에게 위자료로 3,000,000원을 지급함이 상당하다고 판단하였다.

그러나 일반적으로 계약상 채무불이행으로 인하여 재산적 손해가 발생한 경우, 그로 인하여 계약 당사자가 받은 정신적인 고통은 재산적 손해에 대한 배상이 이루어짐으로써 회복된다고 보아야 할 것이므로, 재산적 손해의 배상만으로는 회복될 수 없는 정신적 고통을 입었다는 특별한 사정이 있고, 상대방이 이와 같은 사정을 알았거나 알 수 있었을 경우에 한하여 정신적 고통에 대한 위자료를 인정할 수 있다(대법원 1994. 12. 13. 선고 93다59779 판결, 대법원 2004. 11. 12. 선고 2002다53865 판결, 대법원 2005. 3. 24. 선고 2005다213 판결 등 참조).

그리고 재산적 손해의 발생이 인정되는데도 입증곤란 등의 이유로 그 손해액의 확정이 불가능하여 그 배상을 받을 수 없는 경우에 이러한 사정을 위자료의 증액 사유로 참작할 수는 있다고 할 것이나, 이러한 위자료의 보완적 기능은 재산적 손해의 발생이 인정되는데도 손해액의 확정이 불가능하여 그 손해 전보를 받을 수 없게 됨으로써 피해회복이 충분히 이루어지지 않는 경우에 이를 참작하여 위자료액을 증액함으로써 손해 전보의 불균형을 어느 정도 보완하고자 하는 것이므로, 함부로 그 보완적 기능을 확장하여 재산상 손해액의 확정이 가능함에도 불구하고 편의한 방법으로 위자료의 명목 아래 사실상 재산적 손해의 전보를 꾀하는 것과 같은 일은 허용될 수 없다(대법원 1984. 11. 13. 선고 84다카722 판결, 대법원 2004. 11. 12. 선고 2002다53865 판결 등 참조).

이 사건에서 피고가 계약상의 의무를 이행하지 않음으로 인해 원고가 입은 정신적 고통은 재산적 손해에 대한 배상이 이루어짐으로써 회복되는 것이 보통이라 할 것이고, 한편 채무불이행으로 인한 손해배상청구소송에서 재산적 손해의 발생사실은 인정되나 구체적인 손해의 액수를 증명하는 것이 사안의 성질상 곤란한 경우, 법원은 증거조사의 결과와 변론 전체의 취지에 의하여 밝혀진 당사자들 사이의 관계, 채무불이행과 그로 인한 재산적 손해가 발생하게 된 경위, 손해의 성격, 손해가 발생한 이후의 제반 정황 등 관련된 모든 간접사실들을 종합하여 상당인과관계 있는 손해의 범위인 수액을 판단할 수 있는 것이므로(대법원 2004. 6. 24.

> 선고 2002다6951, 6968 판결, 대법원 2006. 9. 8. 선고 2006다21880 판결 등 참조), 피고의 채무불이행으로 인한 원고의 재산적 손해액의 주장 · 입증 및 분류 · 확정이 불가능하다고 단정하기도 어렵다 할 것이다.
>
> 따라서 피고의 계약상 채무불이행으로 인하여 원고가 입은 정신적 고통에 대한 위자료 청구가 인용되기 위해서는, 원고의 정신적 고통이 재산적 손해의 배상만으로는 회복될 수 없고, 상대방이 이와 같은 사정을 알았거나 알 수 있었다는 사실이 인정되어야 할 것이다.
>
> 그럼에도 불구하고, 원심은 위와 같은 점에 관하여 아무런 심리 · 판단을 하지 아니한 채 피고에게 원고의 정신적 손해를 배상할 책임이 있다고 판단하고, 위자료를 인정하였으니, 원심에는 위와 같은 점에 대한 심리를 다하지 아니하였거나 채무불이행으로 인한 정신적 손해의 배상에 관한 법리를 오해함으로써 판결 결과에 영향을 미친 위법이 있다고 할 것이다.

(5) 인과관계

불법행위에 있어서 인과관계는 ⓐ 불법행위 성립요건으로서의 인과관계 즉 가해행위와 손해발생과의 원인·결과관계(자연적 인과관계 또는 사실적 인과관계라 한다), ⓑ 손해배상 범위를 한정하기 위한 인과관계 즉 어디까지의 손해를 귀책범위로 할 것인가(상당인과관계·법적 인과관계 또는 보호범위라 한다)의 두 가지 측면이 있다. 인과관계에 대한 재판은 가해행위와 사실적 인과관계 있는 결과에 대하여 법적 가치판단을 가하여 상당인과관계를 확정하고 귀책범위를 정하는 과정을 밟게 되는 것이다.[69]

가해행위와 손해발생 및 손해액 사이에 상당인과관계가 있는 범위 내에서 가해자의 책임이 인정된다(민법 763조·393조). 이러한 상당인

---

69) 정태세, 불법행위로 인한 손해배상책임의 요건사실, 재판자료 제26집, 법원행정처, 277면.

과관계의 존재는 피해자가 주장·증명책임을 부담한다는 결론은 법률요건분류설의 관점에서 볼 때 당연하다 할 것이다. 다만 의료과오소송 등 현대형 소송에서의 인과관계 증명책임은 상당정도 경감될 것이다.

2. 책임무능력자의 감독자의 책임(민법 755조)

책임무능력자의 가해행위로 인하여 피해를 입은 피해자는 다음과 같은 요건사실의 주장·증명책임이 있다.[70]

① 피해자의 권리(보호법익)의 존재

② 가해자(책임무능력자)의 고의·과실에 의한 가해행위의 존재

③ 피해자의 손해발생 및 그 액수

④ 피해자의 손해와 가해자 행위 간의 상당인과관계

⑤ 가해자의 책임무능력

⑥ 피고(감독의무자)는 가해행위 이전부터 가해자에 대한 감독의무가 있었다는 사실 등이다.

여기서 감독의무라는 것은 책임무능력자의 가해행위 자체에 대한 감독의무를 의미하는 것은 아니다.

감독의무자는 민법 754조 단서규정에 해당하는 요건사실을 주장·증명함으로써 그의 책임을 면할 수 있다(감독자 책임의 보충성).

감독의무자는 감독의무를 게을리 하지 않았다는 항변을 하고 이에 관한 증명을 통하여 그이 감독자로서의 책임을 면할 수 있다. '감독의무를 게을리 하였다'는 사실은 피해자의 주장·증명책임에 귀속되는 것이 아니고, 감독자의 항변사유에 속하는 것이다(대법원 1994. 2. 8. 선고 93다13605 전원합의체 판결). 감독의무자는 감독의무를 게을리 하지 않았더라도 책임무능력자의 가해행위로 인하여 손해가 생겼으리라는 것을 증명하면 그

70) 정태세, 앞의 논문, 282면.

책임을 면할 수 있는가? 이에 관한 규정은 없으나 민법756조1항 단서를 유추 적용하여 이를 긍정하는 것이 일반적이다.[71] 그러나 실제로 그러한 증명이 가능한 경우를 예상하기란 어렵다. 다만, 민법 755조 2항의 대리감독자의 경우에는 예측가능성이 있어야만 그 책임이 인정될 것이므로 피해자가 이에 관한 증명책임 있는 것으로 봄이 타당하다.

한편, 미성년자가 책임능력이 있어 그 스스로 불법행위책임을 지는 경우에도 그 손해가 당해 미성년자의 감독의무위반과 상당인과관계가 있으면, 감독의무자는 일반불법행위자로서 손해배상책임이 있다(대법원 2003. 3. 28. 선고 2003다5061 판결 등). 이 경우에 그러한 감독의무 위반사실 및 손해발생과의 상당인과관계의 존재는 이를 주장하는 자가 증명하여야 한다(대법원 1994. 2. 8. 선고 93다13605 판결).

3. 사용자 책임(민법 756조)

민법 756조 사용자책임의 요건사실은, ① 피해자의 권리 또는 보호법익의 존재, ② 피용자의 가해행위, ③ 피용자의 고의 또는 과실이 있을 것,[72] ④ 피해자의 손해발생 및 손해액, ⑤ 가해행위와 손해발생 간의 상당인과관계, ⑥ 사용자와 가해자 간에 사용관계 또는 사무감독 관계에 있을 것, ⑦ 피용자의 그 사무집행과 관련하여 가해행위가 있을 것(사무집행 관련성) 등이다.

민법 756조의 피용자라 함은 고용계약에 의한 피용자만을 지칭하는 것은 아니고, 보수의 유무·기간의 장단을 불문하고 사용자의 선임에 의하여 그 지휘·감독하에 사용자가 경영하는 사업에 종사하는 자를 말한다(대법원 1960. 12. 8. 선고 4292민상977 판결). 타인에게 명의를 대여한 자(대

71) 정태세, 앞의 논문, 284면.

72) 반대견해, 즉 피용자의 고의 또는 과실이나 책임능력을 필요로 하지 않는다고 한다; 이은영, 채권각론, 박영사, 852~853면.

법원 1979. 2. 13. 선고 78다1500 판결 등), 지입차주(대법원 1980. 8. 19. 선고 80다708 판결 등) 등도 사용자 개념에 포함된다.

'피용자의 사무집행에 관하여'라 함은 '객관적으로' 사용자의 사업범위 내를 의미한다.[73] 즉 피용자의 주관적 사정, 예컨대 직무권한의 범위를 넘어섰는지, 누구의 이익을 위하여 하였는지 하는 점을 제외하고, 외형을 만든 사용자측의 사정 및 이를 신뢰함에 이른 피해자 측의 사정만을 고려한다(대법원 2008. 2. 1. 선고 2006다33418, 33425 판결 등).

사용자(피고)는 '피용자의 선임 및 그 사무 감독에 상당한 주의를 한 때' 또는 '상당한 주의를 하여도 손해가 있을 경우'에 관하여 주장·증명하여 그 책임을 면할 수 있다.

Ⅳ. 증명책임의 완화(현대형 소송의 경우)

1. 사실상의 추정(표현증명, 일응의 추정)과 간접반증

불법행위에 기한 손해배상청구소송에서 피해자(원고)는 가해자(피고)의 고의·과실과 같은 주관적 사정과 인과관계를 증명하여야 한다. 그러나 실제로 이러한 사실을 증명하기란 매우 어렵다. 특히 증거의 구조적 편재현상이 심하고, 위와 같은 사실의 증명에 있어서 고도의 전문지식을 필요로 하는 현대형 소송에 있어서 더욱 그러하다. 이러한 경우에 피해자는 가해행위(불법행위)가 행하여진 상황을 명백하게 하고, 그로부터 간접적으로 위의 요건사실을 증명하는 방법을 취할 수 있다. 간접사실의 증명과 경험법칙의 적용을 통하여 주요사실의 추정(추인)이라는 결과에 이르는 방식이다. 이때 적용된 경험법칙은 상당정도의 개연성이 있는 것이어야 한다.[74] 여기서 위 경험법칙이 의심의 여지가 없을 정도로 고도

73) 지원림, 사용자책임에 있어서 외형이론의 한계, 민사판례연구ⅩⅣ, 박영사, 239~240면.

의 개연성이 있는 것이어서 A 사실이 있으면 그 결과 B 사실을 인정하는 것이 사리상 당연한 것, 즉 定型的 事象經過로 받아들여져야 하는 경우를 '일응의 추정' 또는 표현증명에 이른 것으로 보는 견해가 있다.[75] 그러나 사실상 추정과 일응의 추정 또는 표현증명의 법리는 일체로서 파악함이 타당하다.[76]

> 표현증명 개념을 법관의 재판에 있어서 객관성과 합리성을 확보하기 위한 수단으로서 파악하는 견해가 있다.[77] 즉 표현증명은 사실인정에 있어서 법관이 지켜야 할 확신형성의 수칙으로서, 법관으로 하여금 정형적인 방법으로 그 특징을 나타내는 어떤 상황이 확인되면, 재판에 중요한 그 특징의 존재를 전제로 재판하여야 한다는 것을 의미한다. 표현증명에 있어서 사상경과는 너무나 명백한 것이어서 이로부터 나오는 결과가 모든 관찰자에게 거의 동일하게 떠오르므로, 만일 법관이 이를 벗어나 다른 결과를 인정하게 되면 재판의 객관성과 합리성이 유지되기 어려운 경우를 의미하는 것이라고 한다.

사실상 추정법리에 따라 고의·과실 또는 인과관계가 있는 것을 추인할 수 있는 간접사실이 존재하는 것으로 법관에게 심증이 형성되면, 가해자(피고)는 이를 깨뜨리기 위한 반증을 제출할 필요가 있다. 사실상 추정(일응의 추정)의 전제사실과 양립 가능한 별개의 간접사실을 증명하여 동 추정을 번복하기 위한 증거 또는 증명활동을 간접반증이라 한다(아래의 진해화학사건 판례 참조). 간접반증은 적극부인에 해당하는 사실에 대한 증명(고유한 의미의 '반증'이라 할 수 있다; 예컨대, 대여금 청구소송에서 피고가 원고로부터 돈을 차용한 것이 아니라 증여받은 것이라고 하면서 증여사실을 적극

---

74) 김영일, 일응의 추정의 법리, 재판자료 제25집, 법원행정처, 259~260면.

75) 이시윤, 앞의 책, 483면.

76) 김영일, 위 논문, 265면.

77) 정선주, 법률요건분류설과 증명책임의 전환, 한국민사소송법학회 民事訴訟 제11권 제2호, 145면.

적으로 증명하는 증거방법은 고유한 의미에서의 반증이며 간접반증과 구별된다) 과는 달리 전제사실과 양립하는 사정에 대한 증명이다. 따라서 그 내용과 성격상 항변사실과 유사하므로 실질상 본증에 해당한다 할 수 있다. 증명도에 있어서도 본증의 정도를 요구하므로 법관에게 확신을 주지 않으면 일응의 추정을 번복할 수 없는 것이다.[78]

[대법원 1984. 6. 12. 선고 81다558(진해화학사건, 해양수질오염피해) 판결]

1. 사안의 내용

원고 의창군(당시에는 창원군이었음)은 농어민소득 증대조장사업의 시범사업으로 대규모의 김양식장을 설치하여 1969년도 및 1970년도에 김 양식사업을 벌였으나 양식 김에 김 갯병 증상의 병해가 발생함으로써 막심한 피해를 보고 김 양식사업을 포기하기에 이르렀다.

한편, 피고 진해화학주식회사는 1967. 4. 9. 공장을 준공하고 인광석, 유황, 염화칼리, 나프타, 기타 화공약품과 물을 주요 소요자재로 하여 복합비료와 요소비료를 제조하고 있었는데 매일 2,000t 내지 3,000t의 물을 폐수로서 행암만 바다에 배출하고 있었다.

위 공장폐수는 김의 생장에 유해한 시안·훼놀·불소·납 등의 물질을 함유한 채 행암만 해수에 섞여서 조석을 거듭하는 동안 조류를 타기도 하고 북서풍 또는 서풍이 강하게 불 때에는 취송류의 영향으로 그 일부가 희석된 채 이 사건 양식장이 있는 용동만으로 유입되고 있었다. 또 김 갯병은 여러 가지 원인으로 생길 수 있지만 최근 임해공업의 발달로 인한 산업폐수도 그 원인의 하나로 되고 있음이 공인되었다.

2. 대법원 판결요지

불법행위 성립요건으로서의 인과관계는 궁극적으로는 현실로 발생한 손해를 누가 배상할 것인가의 책임귀속의 관계를 결정짓기 위한 개념이므로 자연과학의 분야에서 말하는 인과관계와는 달리 법관의 자유심증에 터잡아 얻어지는 확신에 의

78) 김영일, 앞의 논문, 375면.

하여 인정되는 법적인 가치판단의 문제이다.

공해소송에 있어서 피해자에게 사실적 인과관계의 존재에 관하여 과학적으로 엄밀한 증명을 요구한다는 것은 결과적으로 공해피해에 대한 사법적 구제를 사실상 거부하는 것이나 다름없게 될 우려가 있으므로, 공장폐수와 김의 생육에 대한 피해 사이의 인과관계가 문제로 된 이 사건에 있어서 피해자인 원고로서는 ① 피고 공장에서 김의 생육에 악영향을 줄 수 있는 폐수가 배출되고, ② 그 폐수 중의 일부가 해류를 통하여 이 사건 어장에 도달하였고, ③ 그 후에 김에 피해가 있었다는 사실을 모순 없이 입증하면 이로써 피고가 배출한 폐수와 원고가 양식하는 김의 생육에 대한 피해 사이에 인과관계가 존재하는 것으로 일응 추정된다 할 것이다.

이러한 추정을 깨뜨리기 위해서는 피고가 ① 피고 공장폐수 중에는 김의 생육에 악영향을 끼칠 수 있는 원인물질이 들어 있지 않다거나 또는, ② 원인물질이 있더라도 그 혼합률이 안전농도의 범위를 벗어나지 아니함을 입증하지 않으면 안된다 할 것이며, 이러한 입증에 실패하면 그 불이익은 이들 피고에게 돌림이 마땅하다.

[대법원 2004. 11. 26. 선고 2003다2123 판결]

공해로 인한 손해배상청구소송에 있어서는 가해행위와 손해발생 사이의 인과관계의 고리를 모두 자연과학적으로 증명하는 것은 곤란 내지 불가능한 경우가 대부분이고, 가해기업은 기술적·경제적으로 피해자보다 원인조사가 용이할 뿐 아니라 자신이 배출하는 물질이 유해하지 않다는 것을 입증할 사회적 의무를 부담한다고 할 것이다. 그러므로 가해기업이 배출한 어떤 물질이 피해 물건에 도달하여 손해가 발생하였다면 가해자 측에서 그 무해함을 입증하지 못하는 한 책임을 면할 수 없다고 봄이 사회형평의 관념에 적합하다.

여천공단 내 공장들의 폐수 배출과 재첩양식장에 발생한 손해 사이에 인과관계가 일응 증명되었으므로, 반증으로 그 폐수 중에 재첩양식장에 피해를 발생시킨 원인물질이 들어 있지 않거나 원인물질이 들어 있다고 하더라도 재첩양식에 피해를 일으킬 정도의 농도가 아니라는 사실을 증명하거나, 또는 재첩양식장의 피해가 전적으로 다른 원인에 의한 것임을 증명하지 못하는 한 그 책임을 면할 수 없다.

2. 개연성설

일반 소송에서의 증명책임 있는 자의 증명 정도는 '고도의 개연성 있는 확신'의 정도에 이르러야 할 것이 요청된다. 그런데 특수한 경우에는 증명책임의 완화방법으로서 '상당한 정도의 개연성'에 관한 증명이 있으면 인과관계를 인정해도 좋다는 견해이다. 과거에 공해관련소송에서 일부 판례가 취하기도 했다.

[대법원 2002. 9. 6. 선고 2000다71715 판결]

부동산에 대하여 처분금지가처분이 집행된 경우에 그 처분금지의 효력은 상대적인 효력만을 가질 뿐이므로 그 부동산의 처분이 법률상 불가능해진다고 할 수는 없다고 하더라도, 그 부동산을 매수하려는 자로서는 그 부동산의 소유권을 취득하지 못하게 되는 예측하기 어려운 위험을 감수하여야 하므로 달리 특별한 사정이 없는 한 처분금지가처분의 집행으로 인하여 그 부동산의 처분은 대단히 어려워질 개연성은 있다고 할 것이다. 만일 어떤 부동산에 관한 처분금지가처분 집행이 있었고, 그 가처분집행이 계속된 기간 동안 당해부동산을 처분하지 못하였으며, 나아가 주위 부동산들의 거래상황 등에 비추어 그와 같이 부동산을 처분하지 못한 것이 당해 가처분의 집행으로 인하였을 개연성이 입증된다면(개연성설을 대법원이 공식적으로 채택하고 있는 것으로 보인다. 즉, 위와 같이 부동산에 대한 처분금지가처분집행을 당한 소유자가 입은 손해배상청구에 있어서 상대방의 불법행위에 대한 입증책임을 완화하고 있는 것이다.; 저자 평석), 달리 당해 부동산의 처분지연이 가처분의 집행 이외의 사정 등 가처분신청인 측에 귀책사유 없는 다른 사정으로 인한 것임을 가처분신청인 측에서 주장·입증하지 못하는 한, 그 처분금지가처분과 당해 부동산의 처분지연 사이에는 상당인과 관계가 있다 할 것이다.

[대법원 1974. 12. 10. 선고 72다1774 판결(한국전력사건, 아황산가스피해)]

1. 사안의 내용

원고 박이준은 경남 울산시 야음동 343의 1 대 138평, 같은 번지의 2 및 같은 번지의 3 대 265평, 같은 번지의 5 대 657평, 지상 과수원과 같은 번지의 8 전 196평, 같은 시 여천동 858의 2 전 242평, 같은 동 863의 3 전 396평 지상의 과수원을 1967년 이전부터 경영하고 있었다. 과목의 종류는 배나무 279주, 사과나무 11주, 단감나무 4주 및 떫은 감나무 10주이며, 1967년도부터 1971년도까지 평년 내지는 평년보다도 나은 시비 등을 하는 등 양호한 관리를 하였음에도 불구하고 많은 손해를 입었다.

피고 한국전력주식회사의 울산화력발전소는 위 과수원으로부터 남서쪽으로 약 200m 떨어진 곳에 있는데 1967. 8. 5. 개스터빈 4개를 준공한 다음 1968. 8. 30. 개스터빈 6개를 증설하여 1971년까지 가동하였다. 연료는 디젤과 나사후를 혼용하여 사용함으로써 아류산가스가 분출확산 되고 있었고, 울산방면의 작물의 생육이 가장 왕성한 6월 내지 8월 사이의 풍향은 약 40%가 남남서 내지 남동풍이었다.

위 과수원의 피해상황은 수세가 대단히 불량하고, 신초의 신장은 거의 볼 수 없고, 착과된 과실의 수가 적은 데다가 과실이 왜소하고, 과피에 흰색의 오점이 있고, 잎에는 아류산가스의 피해반점으로 보이는 회갈색 내지 적갈색의 반점이 많았고, 낙엽도 많았으며, 고엽 또는 낙엽에는 탈색구멍이 보였으며, 남쪽 울타리 뒤의 잎에는 '실버링(피해반점)'을 볼 수 있었고, 위 피해반점은 유엽 및 고엽보다 신엽에 심하였으며 개체별로 과수의 수관부 및 피고의 위 발전소가 있는 남쪽의 잎이 더욱 심한 경향을 보이는 등으로 1967년도부터 1970년도까지는 수확을 전혀 못했고 1971년도에는 평년작의 5분의 1 정도의 수확밖에 하지 못하였다.

2. 대법원 판결요지

근대산업의 발전에 따라 공업의 대기업화를 촉진하고, 그 결과로 기업이 경영하는 대단위 생산공장에서 사람의 생명, 건강 및 재산에 유해로운 각종 오염물질, 소음 및 진동 따위를 배출확산 하여 사람의 건강에나 동식물의 생장에 위해를 미치게 하는 바 적지 아니하므로 법령에서 이러한 공해를 방지하는 규제를 하고 있다. 이런 공해로 인한 손해배상청구소송에 있어서도 가해행위와 손해발생 사이에 있어야 할 인과관계의 증명에 관하여도 이른바 개연성이론이 대두되어 대소간에 그 이론이 사실인정에 작용하고 있음을 부인할 수 없는 추세에 있다고 하겠다.

개연성이론 그 자체가 확고하게 정립되어 있다고는 할 수 없으나 결론적으로 말하면 공해로 인한 불법행위에 있어서의 인과관계에 관하여 당해 행위가 없었더라면 결과가 발생하지 아니하였으리라는 정도의 개연성이 있으면 그로써 족하다는 다시 말하면 침해행위와 손해와의 사이에 인과관계가 존재하는 상당정도의 가능성이 있다는 입증을 함으로써 족하고 가해자는 이에 대한 반증을 한 경우에만 인과관계를 부정할 수 있다고 하는 것으로 이는 손해배상을 청구하는 원고에 입증책임이 있다는 종래의 입증책임 원칙을 유지하면서 다만, 피해자의 입증의 범위를 완화 내지 경감하는 반면 가해자의 반증의 범위를 확대하자는 것을 그 골자로 하고 있는 것으로 이해된다.

무릇 불법행위로 인한 손해배상에 있어서 불법행위의 성립요건으로서의 인과관계는 현실로 발생한 손해를 누구에게 배상책임을 지울 것인가를 가리기 위한 개념이므로 자연과학의 분야에서 말하는 인과관계가 아니라 법관의 자유심증에 터잡아 얻어지는 확신에 의하여 인정되는 인과관계를 말한다 할 것인데 이런 확신은 통상인이 일상생활에 있어서 그 정도의 판단을 얻을 때는 의심을 품지 않고 안심하고 행동할 것이라는 정도를 일컬어 말함이니 이런 관점에서 볼 때 개연성이론을 수긍못할 바 아니다. 그러나 요는 구체적 사건에서 어떠한 증거에 의하여 어떤 사실을 인정한 조치가 타당한지의 여부에 문제의 초점이 있다고 할 것이므로 개연성이론 그것이 논의의 대상이 될 수 없는 바이다.

※ 이 판결은 불과 1년 전에 개연성이론을 배척한 대법원이 공해소송에서 조심스럽게 개연성이론을 받아들인 최초의 판결로 평가되고 있다. 그러나 대법원은 구체적으로 개연성이론을 택할 때 어느 정도의 입증이면 족한 것인지 통상의 불법행위소송에 있어서 인과관계의 입증 정도와 어떠한 차이가 있는지에 대하여는 밝히지 않고 있다. 그러나 일반적으로 개연성이론 자체에 의하더라도 어느 정도의 증명이면 족한 것인지를 명백히 제시하지 못하고 있는 현실에 비추어 위 판시는 수긍할 수 있다(저자 평석).

3. 역학적(疫學的) 증명

공해소송, 약해(藥害)소송 등에 있어서 질병의 원인이라고 가정되는 인자와 질병의 발생 사이의 인과관계의 증명을 위하여 약학의 성과가 활용되는 경우가 있다.

예를 들어 해명이 불가능한 집단적 질환에 관하여 공통적 인자로서 작용하고 있다고 생각되는 약품의 제조업자를 상대로 소를 제기한 경우에 인과관계의 증명을 위해, ① 역학적 증명에 의하면 공통인자로서 작용하고 있다고 생각되는 약품발매 후 일정한 증후군을 가지는 환자가 발생하였고, ② 소비량의 증감과 환자수의 증감이 상관관계에 있다는 것, ③ 해당약품의 회수 등에 의하여 환자발생수도 일정 수 이하로 격감되었다는 것. ④ 동물실험에 의하여 해당약품이 문제의 증상을 야기할 가능성이 있다고 확인되는 경우에 피해자(원고)측의 집단적 질환과 그 약품 사이의 역학적 인과관계가 증명된다는 것이다.[79)]

역학적 증명은 간접사실에 관한 증명의 일종이다. 이때 각 피해자 개인의 질환이 역학적 증명에 의하여 인정된 원인사실과 동일한 원인으로 인한 것이라는 개별적 인과관계에 대해서는 개별 피해자에 의한 직접적 증명이 있어야 할 것이다.

4. 확률적 심증(비율적 인정)

손해배상 소송에서 인과관계의 유무를 택일적으로 판단하는 것이 아니고, 피해자보호의 관점에서 심증의 정도에 따라 인과관계를 판단하여 손해배상액을 정한다는 것이다. 일본의 일부 하급심판례에서 채택된 이론이다.

민사소송에 있어서의 증명대상 사실이 존부불명의 경우에는 증명책임 분배의 원리에 의하여 처리되는 것이 원칙이므로 확률적 심증론은 위와 같은 원칙과 위배된다는 점에서 문제가 있다.

---

79) 전병서, 앞의 책, 521면.

5. 의료과오소송과 증명책임

(1) 의료과오소송의 경우에는 다음과 같은 논리 이상의 엄연한 현실을 감안할 필요가 있다. 즉 의료과오소송은 의료라고 하는 극히 전문적인 분야에 관한 분쟁이기 때문에 증거방법, 예컨대 진료일지 등을 의사가 거의 독점하고 있다. 이러한 전문적인 소송에 있어서는 감정인의 감정결과나 감정증인의 진술이 소송의 결과에 많은 영향을 미치게 된다. 그러나 감정인이나 감정증인 또한 의사가 될 수밖에 없는 것 이므로 이 경우 초록이 동색이라고 암묵적으로 의사에게 불리한 감정결과나 진술을 기대하기 어렵다는 점 등의 소송현실을 감안하여야 한다. 이러한 경우 환자에게 증명책임의 일반원칙을 그대로 적용한다는 것은 증명책임제도의 기본이념이라고 할 수 있는 공평의 이념에 비추어 받아들이기 어렵다. 따라서 가능하면 환자 측에 유리하도록 증명책임을 완화하여 손해배상청구가 용이하도록 하는 조치가 필요하다.

그렇다면 의료과오소송에서 증명책임의 기본원칙은 어느 정도 수정되어야 할 것인가? 여러 가지의 논의가 있으나, 적어도 손해배상을 청구하는 환자 측의 증명책임을 경감하여야 한다는 것과 그렇다고 하여 의사의 진료행위를 완전하게 위축시킬 정도로 증명의 부담을 의사 쪽에 전이시키지 말아야 할 것이다.[80]

(2) 판례를 통하여 정립된 의료사고 피해자의 증명대상은 다음과 같은 사항으로 정리될 수 있다.

① 의사의 수술(치료)행위로 인하여 환자의 신체건강상태가 악화되거나 사망에 이르게 되었을 것.

---

80) 손용근, 의료과오소송의 증명책임에 관한 대법원 최근판례 소고, 송천 이시윤 박사 화갑기념논문집, 1995. 10.

② 환자의 기왕의 질병만으로는 그와 같은 증세악화가 발생할 수 없었을 것

③ 치료행위 이외에 다른 원인이 개재되어 있지 않을 것

요컨대, 환자 측이 의사의 의료행위에 있어서 주의의무위반과 인과관계를 의학적으로 완벽하게 증명한다는 것은 어려우므로, 일반인의 상식에 바탕을 둔 의료상의 과실 있는 행위를 증명하고, 그 결과와 사이에 다른 원인이 개재될 수 없다는 점을 증명해 보이면, 일단 의료행위와 결과 사이의 인과관계 등이 증명된 것으로 추정한다는 것이다.

(3) 이에 대한 의사의 방어방법은 다음과 같이 정리될 수 있다.

① 그와 같은 사태는 현대의학상 예측가능성 및 예방가능성이 없다는 사실의 주장·증명

② 담당의사에게 치료행위상의 과실이 없었다는 사실의 주장·증명

③ 환자의 사망, 중태와 의료행위 상호간에는 인과관계가 없다는 사실을 간접적으로 인정할 수 있는 간접사실에 관한 주장·증명방법이 있다.

[대법원 1995. 3. 10. 선고 94다39567 판결]

1. 사안의 내용

(1) 원고는 1981년경부터 경부동통, 우측상지의 방사통 및 저린감이 있고, 우측상지의 삼두박근이 약화되어 이를 치료하기 위하여 1985. 3. 15. 피고 B 법인이 운영하는 병원의 신경외과 의사의 진찰을 받았다.

(2) 그 결과 제6 내지 제7 경추간반탈출증으로 진단되었고 제5 내지 제7 경추간 관절에서도 추방골극(spur)이 관찰되었으며, 후방 종인대의 골화증(O.P.L.L.)의 의심도 있는 것으로 진단되어, 같은 달 19. 물리치료를 받기 위하여 위

병원에 입원하였다.

(3) 위 병원의 신경외과 과장으로 재직하던 피고 A는 위 원고에 대한 물리치료로서는 치유가 되기 어렵다고 판단하고 이를 근원적으로 치료하기 위하여 같은 해 4. 2. 원고에 대하여 전방경추융합술(목의 전방의 피부를 절개하여 제6 경추와 제7 경추 사이의 추간반을 제거하고 그 자리에 골편을 삽입하는 수술; 이하 사건 수술이라 한다)을 시행하였다.

(4) 이 사건 수술 직후 원고가 수술시의 마취에서 깨어나서부터 원고에게는 하반신마비증상이 발생하였고, 피고 A는 같은 달 4. 원고에 대한 컴퓨터단층촬영을 실시한 후 재수술을 시도하였으나 위 하반신마비증상은 회복되지 아니하고 원고에게 하반신완전마비를 비롯한 사지의 부전마비증세가 영구적으로 남게 되었다.

2. 원심이 인정한 의료상의 과실 관련 사실은 다음과 같다.

(1) 의학적으로 추간반탈출증은 추간반이 외력에 견디지 못하여 그것을 둘러싼 피막을 찢고 탈출한 상태를 말하는 것으로 주로 후면으로 탈출하여 척수신경근을 압박하여 신경장애를 일으키는데, 그 증세가 심한 경우에는 후방탈출 추간반(디스크)을 제거하는 수술을 하는 것이다.

(2) 피고 A는 이 사건 수술을 함에 있어 "경추척추증에 대한 변형시킨 스미스-로빈슨 방법"을 사용하였는바, 위 수술방법은 원래 1955년 스미스와 로빈슨에 의하여 개발된 경추부추간반 질환에 대한 전방경추융합술을 메이필드와 뉴욕 의과대학의 벤자멘 등이 에어드릴을 이용하여 경추부 추간반과 후방골각을 제거하도록 수술방법을 변형시킨 것이며 위 수술과정은 환자를 전신마비 시켜 반듯이 눕히고 경부 중앙선에서 우측으로 주름선을 따라 옆으로 약 5센치 정도의 피부를 절개하여 해부학적 공간을 따라 경추 전면에 도달한 후 #15 수술칼 및 수술도구인 디스크 훠셉(DISC FORCEP)을 사용하여 디스크를 대강 제거한 다음 수술용 현미경을 사용하여 에어드릴로 디스크를 완전히 제거한 후 그 공간에 환자의 장골능에서 떼어낸 골편을 삽입하는 골이식융합술 이다.

(3) 원고가 이 사건 수술 직후 하지 완전마비 등 사지부전마비증상을 나타내자

피고 A는 같은 달 3. 재수술을 시행하였지만 이식골의 위치도 이상이 없었고 마비를 초래할만한 원인을 발견하지 못하였다(재수술시 척수신경 전방 5 밀리미터의 공간에 피가 응고되어 있는 것을 발견하고 이를 제거하였는데 이것은 척수를 압박할 만한 크기의 혈종이 아니었다).

(4) 원고의 최종진단명은 제6 및 제7 경추부위의 척수 위축증(부적합한 혈류를 동반한 국소적 위축)으로 진단되었으며 원고의 골화증은 돌연한 척수병변의 원인은 되지 아니하고, 달리 원고에게 이 사건 수술 이전에 척수병변을 야기할 만한 척수 공동증(척수내 공동이 형성되어 신경을 파괴하는 병) 등의 흔적은 발견되지 아니하였다.

(5) 이 사건 수술과 같은 경추부의 전방 융합술의 시술과정에서 척수위축으로 인한 하반신마비가 생기는 경우로서 ① 외과성, 즉 외과수술로 인한 것, ② 세균감염으로 인한 것, ③ 탈수초성으로 인한 것, ④ 혈관성으로 인한 것, ⑤ 원인불명인 것(혈관 내 혈류부족으로 인한 경우 포함) 등이 있을 수 있다.

(6) 위 사유들 중 ② 세균감염의 경우에는 열이 몹시 나는 전구증상이, ③ 탈수초성의 경우에는 먼저 눈이 보이지 않는 전구증상이, ④ 혈관성으로 인한 것인 경우에는 전신홍반 및 낭창이 나타나는 전구증상이 각 나타나는데, 원고에게는 이러한 전구증상이 없었다.

(7) 그런데 경수에 혈액을 공급하는 전면척추동맥은 척추동맥으로부터 척수의 중심부를 타고 하향 파생된 동맥으로 1개 내지 3개의 신경근동맥과 합쳐지는데, 위 신경근 동맥이 압박을 받으면 동맥경련 또는 혈전증이 생겨 척수병변을 발생시킬 수 있고, 전면척추동맥이 수술 중 외과적인 원인에 의하여 손상되면 운동마비감각장애 등의 증상을 일으키고 이 사건과 같은 수술 후 극심한 합병증이 발생할 확률은 1퍼센트 미만인 것으로 알려져 있다.

(8) 피고 A는 1982년도 위 수술방법을 습득하여 시행한 이래 원고를 수술하기 전 약 50명의 환자를, 이 사건 수술 이후에 1991. 12. 경까지 약 70명의 환자를 수술하였으나, 이 사건과 같은 척수마비가 발생한 것은 원고의 경우가 유일하였다.

(9) 한편 이 사건 소제기 후 의사기록(차트) 등에 대한 원심법원의 서증조사 기일에 제출된 1987. 3. 16.자 최종 작성된 피고 A 명의의 의사기록(차트) 및 레지

덴트 소외 갑 명의의 의사기록(차트) 중 원고에 대한 진단명의 일부가 흑색 볼펜으로 가필되어 원래의 진단명을 식별할 수 없도록 변조되어 있다.

3. 원심 법원의 판단

위에서 본 인정사실에 의하여 원심 법원은 피고들에게 의료과오책임을 인정하고 다음과 같이 판시하였다.

(…위와 같은 사실관계에 비추어 보면) 원고에 대한 사지부전마비의 발생원인은 피고 A가 시술과정에서 수술기구 등으로 원고의 전면척추동맥 또는 신경근 동맥을 과다 압박 또는 손상하게 하여 척수혈류장애를 초래하였거나, 또는 원고의 제6 경추 또는 제7 경추 부위의 척수를 손상시킨 시술상 과실로 인한 것으로 일응 추정된다 할 것이다. 의료과오를 원인으로 하는 소송사건에 있어서는 그 증거가 모두 병원 또는 의사 측에 편중되어 있는데다가 환자로서는 그 의료행위의 과정도 알 수 없는 것이므로, 환자의 수술 후의 건강상태가 수술 직전에 비하여 '예상하지 않은 뜻밖의 상태'로 바뀌었다면, 병원 측에서 그와 같은 수술 후의 상태는 현재의 의학수준상 피할 수 없는 것이고, 수술담당 의사 측으로서는 아무런 시술상의 과실이 없었다는 것을 주장입증하지 아니하는 한 의료과오의 책임을 면할 수 없다고 할 것이다.

4. 상고이유의 요지

패소한 피고 측에서는 대법원에 상고하면서 상고이유로 위 고등법원 판결에는 손해배상청구소송에 있어서 증명책임에 관한 법리를 오해한 위법이 있고, 감정인 이기찬의 감정결과에 대한 판단을 유탈한 잘못이 있으며, 입증방해 행위에 관한 법리오해의 위법이 있다는 것을 상고이유로 들었다.

5. 상고이유에 대한 판단

위와 같은 상고이유에 대하여 대법원은 모두 그 이유가 없다는 판단을 하였다. 상고이유 제1점에 대하여서는 원심이 증거에 의하여 인정한 사실이 증거에 의하여 수긍이 간다고 하면서 위 확정된 사실관계에 비추어 보면, ① 위 원고의 사지부전마비증세가 이 사건 수술직후에 나타났고, ② 그 증상에 대한 최종적인 의학적 진단명의 혈류부족으로 인한 제6 및 제7 경추부위의 척수 위축증으로 밝혀져 그 부위가 이 사건 수술부위와 일치되며, ③ 이 사건 수술 전후를 통하여 위 원고에게 척수위축으로 인한 하반신 마비를 초래할 만한 특별한 원인이나 증상이 관찰되지 아니하고, ④ 나아가 척수위축으로 인한 하반신 마비가 생기는 원인들 중 세균감염, 탈수초성 및 혈관성으로 인한 경우에는 각 특유한 전구증상이 나타나는 데도 위 원고에게는 이러한 전구증상이 없었으므로 외상성 또는 원인불명의 두 가지만이 남게 되는데다가, 신경근 동맥이 압박을 받으면 동맥경련 또는 혈전증이 생겨 척수병변을 발생시킬 수 있고, 척수 또는 전면척추동맥이 수술 중 외과적인 원인에 의하여 손상되면 운동마비, 감각장애 등의 증상을 일으킬 수 있는 것이라면, 비록 시술상의 잘못 이외의 알 수 없는 원인으로 합병증이 발생하는 확률이 1퍼센트의 미만으로 알려졌다고 하더라도, 위 원고의 사지 부전마비 증세는 피고 김영수가 시술과정에서 수술기구 등으로 위 원고의 전면척추동맥 또는 신경근 동맥을 과다압박 또는 손상하게 하여 척수혈류장애를 초래하였거나, 또는 위 원고의 제6 또는 제7 경추 부위의 척수를 손상시킨 잘못으로 인하여 초래된 것이라고 추정할 수밖에 없다고 한 다음 거기에 수술과 같은 의료과오로 인한 손해배상청구소송에 있어서의 증명책임에 관한 법리를 오해한 위법이 있다고 할 수 없다고 하였다. ⑤ 상고이유 제2점과 관련하여 "원고의 하반신마비는 피고 A의 집도상의 과실로 발생한 것이 아니라, 위 원고에게 잠재된 척수혈류장애에 기하여 자연적으로 척수마비가 발생한 것이거나, 또는 동인에게는 경추간반탈출증과 동반하여 퇴행성 척추증인 경추 골화증이 있는바, 이러한 퇴행성 증상은 경추뿐만 아니라 신체의 전반적인 노화현상과 동반하므로 동맥경화 등 임상적으로 뚜렷이 나타나지 않는 혈관질환이 잠재할 가능성이 있고, 위 혈관질환으로 인한 척수마비증은 현대의학 수준으로서는 불가항력이다"는 피고들의 주장에 대하여, 원심이 피고들의 전 거증으로도 이를 인정하기 부족하고, 달리 이를 인정할 증거가 없다는 이유로 이를 배척하였는바, 기록에 비추어 살펴보면 원심의 위와 같은 판단은 옳고, 거기에 소론과 같이 원심 감정인 이기찬의 감정결과에 대한 판단을 유탈한 잘못이 있다고 할 수 없다고 하여 이를 배척하였다. ⑥ 상고이유 제3점에 대하여서는 원심이 인정한 바와 같이 이 사건 소 제기후의 의사진료기록(차트) 등에 대한 제1심 법원의 서증조사 기일에 제출된 1987. 3. 16. 최종 작성된 피고 A 명의의 의사진료기록(차트) 및 레지던트 소외 갑 명의의 의사진료기록(차트)의 기재 중 원고에 대한 진단명의 일부가 흑색 볼펜으로 가필되어 원래의 진단명을 식별할 수 없도록 변조되어 있다면, 피고 측이 그 변조이유에 대하여 납득할만한 상당하고도 합리적인 이유를 제시하지 못한 이 사건에 있어서, 이는 명백한 입증방해 행위라 할 것이므로, 원심이 이를 피고 A의 수술과정상의 과오를 추정하는 하나의 자료로 삼았음은 옳고, 거기에 소론과 같은 입증방해 행위에 관한 법리오해의 위법이 있다고 할 수 없다고 하여 역시 이를 배척하였다.

6. 제조물 책임

제조물책임법 2조 2호는 제조물의 결함에 관하여 제조, 설계 또는 표시상의 결함이나 기타 통상적으로 기대할 수 있는 안정성이 결여되어 있는 것을 말한다고 규정한다.

그중 '제조상의 결함'에 대하여는 무과실 책임을 명시하고 있다.

그런데, '설계상의 결함'에 관하여는 제조업자가 합리적인 대체설계를 채용하지 않은 것이 과실이고, '표시상의 결함'에 관하여는 제조업자가 합리적인 설명·지시·경고 기타의 표시를 하지 않은 것이 과실이라고 해석될 여지를 남기고 있다(그 과실의 증명책임은 피해자에게 부과될 수 있다는 것이다.).

[대법원 2004. 3. 12. 선고 2003다16771 판결]

1. 사안의 내용

원고 X는 주차관리원으로서 1997. 2. 3. 18:00경 주차장에 세워져 있던 이 사건 자동차{피고 대우자동차 주식회사 (Y라 한다)가 1996년에 생산 판매한 아카디아}를 이동시키기 위하여 위 자동차에 탑승하여 시동을 켜고 자동변속기의 선택레버를 주차에서 전진으로 이동하였다. 그러자, 위 자동차가 갑자기 앞으로 진행하면서 그곳에 주차되어 있던 다른 자동차를 충격하고 계속 전진하면서 다른 차량과 음식점의 벽면을 잇달아 충격한 후 정지하였다. 그에 따라 위 자동차들 및 음식점 벽의 일부가 파손되었다. 이 사건 자동차는 위 사고 이전에 엔진, 자동변속기, 브레이크 내지 전자제어장치에 이상이 생기거나 급발진사고를 일으킨 적이 없으며, 사고 후 점검결과 차량부품 등의 이상이 발견되지 않았다.

2. 각 쟁점별 주장과 원심 법원의 판단

X는 Y가 이 사건 자동차를 제조함에 있어서 ① 엔진제어장치를 부적절한 위치에 장착하고, ② 전자파 간섭을 받지 않도록 하는 장치를 부가하지 않고 전자파 간섭시험을 하지 않은 등의 제조·설계상의 결함이 있고, ③ 그러한 결함이 사고당시 전자파 간섭으로 인한 엔진제어장치의 작동불량상태를 일으켜 급발진 사고를 초래하였다고 주장하였다. 원심(서울고법 2002 나 12248 판결) 법원은, ① 자동차공학상 운전자의 의사와 무관하게, 즉 운전자가 액셀레이터페달을 밟지 않는 한 급발진이 일어나기는 사실상 어렵고, ② 위와 같은 사실은 미국·일본·캐나다 등에서의 연구결과로 뒷받침될 뿐 아니라, ③ 우리나라 소비자보호원의 사례조사(1998. 2.경 실시)와 교통안전공단 자동차성능시험연구소가 1999. 11.경 연구 조사한 결과 급발진을 일으키는 자동차의 구조적결함은 발견되지 않고, ④ 일상생활에서 접할 수 있는 전자파 간섭의 영향력은 미미하다는 연구결과 등을 원용하여, 이 사건 급발진사고는 원고가 시동을 걸고 자동변속기레버를 전진으로 이동하는 단계에서 액셀레이터페달을 밟지 않아야 할 상황인데도 비정상적으로 액셀레이터페달을 밟음으로써 발생한 것으로 추인함이 타당하다고 판단하였다.

X는 X가 오랜 운전경력을 가진 자로서 동종의 사고를 낸 적이 없음에도 통상적으로 자동차를 운전하던 중 급발진사고가 발생하였으니 Y가 이 사건 자동차를 제조, 설계하는 과정에서 발생한 결함으로 인하여 급발진사고가 발생한 것으로 추정되어야 한다는 주장도 하였다. 이에 대하여 원심법원은 X의 페달 오조작으로 인하여 위 자동차가 급발진 한 것으로 추인되는 한 이러한 사고경위에 비추어 볼 때 X가 사고당시 이 사건 자동차를 정상적으로 사용하고 있었음에도 제조업자의 배타적인 지배하에 있는 영역에서 사고가 발생하였다고 볼 수 없다고 하여 X의 위 주장을 배척하였다.

3. 대법원의 판단 내용

(1) 제조물책임법상의 일반 법리에 관하여

① 물품을 제조·판매하는 제조업자는 그 제품의 구조·품질·성능 등에 있어서 그

유통당시의 기술수준과 경제성에 비추어 기대 가능 한 범위내의 안전성과 내구성을 갖춘 제품을 제조·판매하여야 할 책임이 있고, 이러한 안정성과 내구성을 갖추지 못한 결함으로 인하여 소비자에게 손해가 발생한 경우에는 불법행위로 인한 손해배상의무가 발생한다.

② 한편, 고도의 기술이 집약되어 대량으로 생산되는 제품의 결함을 이유로 그 제조업자에게 손해배상책임을 지우는 경우 그 제품의 생산과정은 전문가인 제조업자만이 알 수 있어서 그 제품에 어떠한 결함이 존재하였는지, 그 결함으로 인하여 손해가 발생한 것인지 여부는 일반인으로서는 밝힐 수 없는 특수성이 있어서 소비자측이 제품의 결함 및 그 결함과 손해의 발생과의 사이의 인과관계를 과학적·기술적으로 입증한다는 것은 극히 어렵다.

③ 그 제품이 정상적으로 사용되는 상태에서 사고가 발생한 경우 소비자 측에서 그 사고가 제조업자의 배타적 지배하에 있는 영역에서 발생하였다는 점과, 그 사고가 어떤 자의 과실 없이는 통상 발생하지 않는다고 하는 사실을 증명하면, 제조업자 측에서 그 사고가 제품의 결함이 아닌 다른 원인으로 말미암아 발생한 것임을 입증하지 못하는 이상,

④ 그 제품에 결함이 존재하며 그 결함으로 말미암아 사고가 발생하였다고 추정하여 손해배상책임을 지울 수 있도록 입증책임을 완화하는 것이 손해의 공평·타당한 부담을 그 지도 원리로 하는 손해배상제도의 이상에 맞는 것이라고 할 수 있다. 이 사건 자동차가 정상적으로 사용되는 상태에서 제조업자의 배타적 지배하에 있는 영역에서 사고가 발생하였다는 점이 입증되지 아니하므로 위 급발진사고가 자동차의 결함으로 인하여 발생하였다고 추정할 수 없다.

(2) 제조물의 설계상의 결함에 관하여

① 설령 위 급발진사고가 운전자의 액셀레이터페달 오조작으로 인하여 발생하였다고 하더라도 만약 제조자가 합리적인 대체설계를 채용하였더라면 급발진사고를 방지하거나 그 위험성을 감소시킬 수 있었음에도 대체설계를 채용하지 아니하여 제조물이 안전하지 않게 된 경우 그 제조물의 설계상의 결함을 인정할 수 있다.

② 그러한 결함의 인정여부는 제품의 특성 및 용도, 제조물에 대한 사용자의 기

대의 내용, 예상되는 위험의 내용, 위험에 대한 사용자의 인식, 사용자에 의한 위험회피의 가능성, 대체설계의 가능성 및 경제적 비용, 채택된 설계와 대체설계의 상대적 장단점 등의 여러 사정을 종합적으로 고려하여 사회통념에 비추어 판단하여야 할 것이다.

③ X가 이 사건 자동차의 경우 대체설계로서 주장한 Shift Lock(브레이크페달을 밟아야만 자동변속기레버의 조작이 가능하도록 한 장치)은 ㉠ 모든 유형의 급발진사고에 대하여 예방효과가 있는 것이 아니고, ㉡ 자동차는 법령에 정하여진 바에 따라 운전면허를 취득한 사람만이 운전할 수 있고, 액셀레이터페달의 올바른 사용은 자동차 운전자로서 반드시 숙지하여야 할 기본적인 사항이라는 점 등을 들어서 설계상의 결함이 있다고 보기 어렵다.

(3) 표시상의 결함에 관하여

① 제조자가 합리적인 설명·지시·경고 기타의 표시를 하였더라면 당해 제조물에 의하여 발생될 수 있는 피해나 위험을 줄이거나 피할 수 있었음에도 이를 하지 아니한 때에는 표시상의 결함에 의한 제조물책임이 인정될 수 있다.

② 그러한 결함의 유무를 판단함에 있어서는 제조물의 특성, 통상 사용되는 사용형태, 제조물에 대한 사용자의 기대의 내용, 예상되는 위험의 내용, 위험에 대한 사용자의 인식 및 사용자에 의한 위험회피의 가능성 등의 여러 사정을 종합적으로 고려하여 사회통념에 비추어 판단하여야 할 것이다.

③ 이 사건 자동차의 취급설명서에는 엔진시동시에는 액셀레이터페달과 브레이크페달의 위치를 확인한 후 브레이크페달을 밟고 시동을 걸고 자동변속기 선택레버를 이동시키라는 지시문구가 기재되어 있으므로, X가 위 지시내용을 확인하고 이에 따랐더라면 이 사건 사고는 충분히 예방될 수 있었다고 하여, 결론으로서 X의 주장을 배척하였다.

[자동차 급발진 사고에 관한 최근의 하급심 판결 관련 칼럼]

※ 아래에 소개하는 사건은 현재 항소심 계속 중인 사건임

▣ 급발진 사고, 판매자 하자담보책임 인정 사건[81)]

알고 지내는 후배로부터 급발진 사건 당사자에 대한 법률적 조언을 부탁하는 전화를 받고 나는 의뢰인 조 모 씨를 만났다.

그분은 자신이 거짓말쟁이로 몰리는 억울함, 판매사의 무성의 등 쌓인 분노를 장황하게 펼쳤다.

그분은 여느 의뢰인과 마찬가지로 나름대로 해결방안을 찾아보고 상대방 측과 협상을 위한 노력을 해보다가 그것이 여의치 않자 마지막 방법으로 나를 찾아왔을 것이다.

의뢰인의 요구사항

여기서 나는 고민하지 않을 수 없었다. 의뢰인이 진정 원하는 것은 무엇일까. 나는 먼저 판매사 측에 전화를 걸어 사정을 얘기하고 어떤 타협점이 없는지 알아보았다.

판매사 측 담당이사는 정중한 듯하면서도 노련한 사람으로서, 자동차 급발진은 운전자의 운전과실에서 비롯된 것일 뿐 자동차구조에서 나타나는 것은 아니라고 주장했다. 그러면서 동종의 자동차를 다시 구입하면 5% 할인해주겠다는 말을 덧붙였다.

결국 의뢰인의 요청에 따라 소를 제기하기로 하면서, 의뢰인의 손해를 살펴보았다.

천만 다행히 인적 손해는 없었고(평소에는 사람이 많이 왕래하는 곳이라니 얼마나 다행인가), 물적 손해는 자동차가 충돌한 건물의 외벽에 금이 간 것과 화단의 벽돌 틱이 무너진 것 등인데 의뢰인은 이를 문제 삼지 않았고(보험으로 해결이 된 듯했다), 그렇다면 결국 자동차 자체의 파손이 손해라는 얘긴데 …

제조물책임은 여기서 일단 배제다. 손해배상청구소송으로 가야 하나? 그렇다면 가해자의 고의·과실, 피해자의 손해, 그 사이의 인과관계가 문

---

81) 강신업, 대한변협신문[제293호], 2009. 12. 21.자 '자랑하고 싶은 판결'.

제되고 최종적으로는 가해자의 과실이 문제일터.

그럼 여기서 가해자를 자동차 제작사로 보아야 하는데, 무언가 과실로 자동차를 잘못 만들었고 그로써 자동차가 통상의 용법에 따라서 작동하지 않도록 해 운전자에게 자동차 파손 내지 정신적 충격이라는 손해를 입혔다!! 그렇다면 제작자인 독일의 ○○사를 상대로 손해배상을 청구한다? 제작사가 자동차를 잘못 만들었음을 입증한다?

소송전략 수립

결국 나는 여러 가지 생각을 거쳐 기본 중의 기본, 하자담보책임으로 돌아가 완전물급부청구, 즉 사고차종과 동종의 자동차 지급을 구하는 것을 주위적으로, 예비적으로는 계약을 해제하고 매수인이 지급한 자동차 대금의 반환을 구하는 것으로 결정하였다.

그렇게 첫 발을 디디고 인뢰인과의 여러 번의 미팅, 의뢰인이 요구하는 자료의 법원제출, 몇 번의 준비서면을 거쳐 현장검증에 이르렀다.

물론 전부터 나는 운전자의 과실 없음과 자동차의 하자가능성을 입증하는 데 힘을 기울였었는데, 현장검증이야말로 운전자가 과실 없음을 입증할 수 있는 좋은 기회였다.

물론 운전자의 과실 없음과 관련해서는 현장사진, 목격자 진술, 사고현장의 배치도 등을 증거로 제출했고, 자동차의 하자가능성과 관련해서는 여러 급발진 의심사고에 대한 언론보도, 급발진을 인정하는 자동차 전문가의 논문 등을 제출했다.

소송을 시작한 지 근 10개월, 늘 그렇듯이 판결의 선고일이 다가왔다. 선고를 앞두고는 솔직히 아무 느낌이 없었다는 것이 정확할 것이다. 나름대로 최선을 다했고, 나의 역할은 거기까지이니 소송의 결과에는 초연하겠다.

판결 요지

판결(서울중앙지방법원 2008가단388929)의 요지는 이렇다. 고도의 기술이 집약되어 대량 생산되는 제품의 경우 그 제품의 생산과정은 전문가인 제조업자만이 알 수 있는 것이어서 소비자 측에서 통상 용법에 따라 사용하였다는 것을 입증하기만 하면 제조업자 측에서 그 사고가 제품 결함이 아닌 다른 원인으로 발생한 것이라는 것을 입증하지 못하는 한 그 제품에 결함이 존재하며 그 결함으로써 사고가 났다고 추정하여 손해배상책임을 지우는 것처럼, 고도의 기술이 집약되어 대량 생산되는 제품에 대해 최종소비자인 매수인이 매도인을 상대로 담보책임을 묻는 경우에도 입증책임에 관하여 동일한 원리가 적용되어야 한다.

위와 같은 결론에 이르게 된 논거는 첫째, 운전자가 신체적·정신적으로 건강한 자로서 이 사건 사고 전에 교통사고를 일으킨 전력이 없고, 둘째, 이 사건 사고는 주행 중 발생한 것으로(주행 중 실수로 액셀을 밟는다는 것은 정지상태에서 출발하는 경우에 비해 그 가능성이 희박함), 셋째, 사고현장은 오거리로서 사람의 통행이 빈번하여 상식적으로 그곳에서 속력을 낼 수가 없고, 넷째, 목격자 진술에 의하면 이 사건 자동차가 30m를 질주하여 건물 외벽을 들이받았으며 그 과정에서 굉음이 났고, 다섯째, 운전자 과실이라면 운전자가 지하주차장에서 나오자마자 액셀을 최대한 밟아 벽을 향해 돌진하였다는 것인데 이는 건전한 상식에 반한다.

먼저 법원에 경의를 표한다. 적어도 앞으로는 급발진 문제가 운전자의 과실로만 치부되지는 않을 것 같아 안심이다, 어디 로마가 하루아침에 생겨났는가! 이제 내가 벽돌 한 장 또 올렸으니 또 다른 변호사가 있어 벽돌 한 장 또 올리면 언제가 거대한 콜로세움도 만들어지겠지…

제4장 사례연구

제1절 매매계약상의 매매대금청구

Ⅰ. 매매대금청구의 요건사실

1. 冒頭規定說(모두규정설)

민법 제3편(채권) 제2장에서 규정하는 각종 전형계약에 기한 다양한 내용의 청구권 발생요건사실은 당해 전형계약의 모두규정(전형계약의 정의 및 계약의 성립요건에 관한 규정)에서 정하고 있다. 법률요건분류설을 취하는 통설과 판례에서는 당사자의 합치된 의사가 있더라도 권리발생근거가 되는 법률(민법 등 실체법)에 적용시키는 전제로서 당사자의 의사를 해석하고자 한다. 당사자의 의사와 이에 기초한 행위가 당해 계약에 관한 모두 규정상의 요건사실을 충족시키는 내용이어야 비로소 당사자가 의도하였던 법률효과를 발생하게 된다고 한다. 한편 모두규정에서 정하지 않은 조건이나 기한 등과 같은 특약 등은 권리발생에 대한 장애·멸각·저지사유에 해당하는 것이다. 전형계약에 관한 민법규정 중 모두규정 이외의 규정들 역시 위와 같은 성격을 갖는다고 할 수 있다. 이러한 특약이나 모두규정 이외의 규정상의 요건사실은 항변사항이 되는 것이어서 이로부터 이익을 얻게 될 당사자가 주장하고 증명하여야 한다.

2. 모두규정설에 따라 매매계약에 기한 매도인의 매매대금청구권 발생의 요건사실을 정리하면 다음과 같다.

민법 563조 규정에 따라 매도인은 (1) 매도인이 매매대상물을 매수인에게 이전하기로 약정한 사실(재산권이전의 약속), (2) 매수인은 재산권이전에 대한 대가로서 대금을 지급하기로 약정한 사실(대금지급의 약속)을 주장하고, 상대방이 다투고 있는 사실은 증명을 필요로 한다. 위와 같은 약정이 있으면 그 법률효과로서 매도인의 매매대금지급청구권과 매수인의 재산권이전청구권이 발생하고, 각 청구권은 즉시 이행을 구할 수 있다.

3. 매매계약의 요건사실을 보다 구체적으로 특정 시키는 사실로서는 (1) 계약의 쌍방당사자, (2) 계약일시, (3) 목적물, (4) 매매대금을 들 수 있다.[1] 소송실무상 매매대금청구 소장에서는 통상적으로 위의 사항들을 기재하고 있다. 그 외에도 매매목적물의 소유관계나 매매계약을 체결하게 된 동기 등을 기재하는 것이 일반적 실무례 이기는 하나, 이러한 사실들은 특별한 필요성이 있는 경우 외에는 기재하지 않는 것이 좋다. 그렇게 함으로써 상대방의 불필요한 다툼을 예방하는 효과도 있을 것이기 때문이다.

4. 매매계약의 성립에 있어서는 목적물이 확정되어 있어야 하는 외에 대금액 또는 매매대금의 결정방법이 확정되어야 하므로 매도인이 이에 관하여 확정된 사실을 주장하여야 한다. 매매대금청구 소송에서 매도인이 주장하는 청구금액과 증거조사결과 인정되는 금액에 서로 차이가 나는 경우에는 그러한 사실이 계약의 동일성을 훼손하는 것인지 여부를 살펴보아야 한다. 만약 계약의 동일성이 인정되는 경우라면 새로이 인정되는 금액에 관하여 매도인의 묵시적 주장이 있었던 것으로 볼 것이다. 다만 당사자처분권주의 원칙상(민사소송법 203조) 법원은 인정된 금액이 매도인의 청구금액을 초과하더라도 인정된 금액범위 내에서 인용판결을 하

---

1) 사법연수원, 요건사실론 2008, 26면.

여야 한다.

Ⅱ. 항변사유

1. 매매대금의 지급시기

매매계약상 대금지급채무의 이행기는 계약의 본질적 요소(요건)라 할 수 없다. 매도인은 대금지급시기(기한)에 관한 약정이 있더라도 이를 청구원인에서 주장하여야 하는 것은 아니다. 다만 조건·기한 등을 독립된 공격·방어방법으로 보지 않는 부인설(앞의 제2장 제3절 Ⅱ. 2 참조)에 따르면 이와 결론을 달리할 것이다.

통설·판례가 취하는 항변설은 매매대금 지급시기에 관한 약정의 존재와 그 시기의 미 도래에 관한 주장·증명책임은 매수인에게 있다고 한다.

2. 매매목적물의 인도 또는 소유권이전에 관한 동시이행항변

(1) 매도인이 매매목적물을 매수인에게 인도한 사실 또는 부동산인 목적물의 소유권이전등기를 매수인 명의로 바꿨다거나 이에 관한 이행의 제공을 하였다는 사실 등은 매도인이 주장할 사항은 아니다. 위와 같은 사실의 부존재는 매수인이 행사하는 동시이행항변 사유가 된다.

(2) 앞의 Ⅰ. 2.에서 살펴보았듯이 매도인이 청구원인에서 주장하는 매매계약체결사실을 통하여 동시이행항변권 행사의 기초사실이 제시되고 있으므로, 매수인은 동시이행항변권 행사 외에 그 항변권행사의 기초사실에 관하여 별도로 주장·증명할 필요는 없다.

(3) 매도인은 매수인의 동시이행항변에 대한 재항변으로서 그가 부담

하는 목적물 인도의무, 소유권이전등기절차의 이행 또는 이행제공 사실에 관한 주장·증명책임이 있다.

(4) 매수인이 매매대금을 선 지급하기로 약정하였다면 매도인은 이러한 사실을 재항변으로서 주장할 수 있다.

3. 매수인의 매매대금 변제항변

매수인은 (1) 매수인 또는 제3자가 매도인에게 매매대금채무 본지에 따라 변제한 사실, (2) 동 급부는 매도인 주장의 매매계약상 대금채무의 변제로서 이행되었다는 사실을 주장·증명하여야 한다. 소송실무상으로는 '매수인(피고)은 매도인(원고)에게 본건 매매대금으로서 돈 00 원을 모두 지급 하였다'라는 취지로 주장하고 있다. 제3자가 매수인의 대금지급채무를 변제한 경우에 민법 469조 2항의 채무자(매수인)의 의사에 반하는 변제가 아니라는 사실을 매수인이 주장할 필요는 없다.

4. 법정해제사유에 의한 매매계약해제항변

(1) 매매계약의 법정해제사유에는 ① 이행지체에 기한 해제(민법 544조), ② 이행불능에 기한 해제(동법 546조), ③ 매도인의 하자담보책임에 기한 해제(동법 570조, 571조 1항, 572조 2항, 574조, 575조 1항, 576조 1항, 577조, 578조 1항, 580조 1항, 581조 1항) 등이 있다. 위 ①, ②의 법정해제는 계약상 일반적 채무불이행의 경우에 관한 것이고, ③의 법정해제는 매매계약에 특유한 법정해제사유라 할 수 있다.

(2) 매수인(피고)이 매도인의 이행지체를 이유로 계약해제 항변하는 경우의 요건사실(이행기의 정함이 없을 때)은,

① 매수인이 매도인에 대하여 목적물인도 또는 소유권이전등기절차 이행을 최고한 사실, ② 위 최고 후 상당한 기간이 경과한 사실,

③ 매수인이 매도인에 대하여 위 ②의 기간이 경과한 후 매매계약 해제의사표시를 한 사실, ④ 매수인이 위 ①의 최고 이전에 매매대금의 이행제공을 한 사실 등이다. 위 ③ 계약해제의사는 소송 외에서 표시 할 수도 있겠으나, 소송상의 답변서, 준비서면 또는 변론기일에 말로써 표시할 수도 있다.

매도인(원고)의 채무불이행 사실은 매수인이 증명할 것은 아니다. 매도인의 재항변을 통하여 그의 채무이행 사실을 주장·증명할 것이다. 매도인의 귀책사유 없이 채무불이행 하였다거나, 매도인에게 채무이행을 요구하는 것은 신의칙에 반하여 가혹하다는 것 등은 모두 재항변으로서 매도인이 주장·증명할 것이다.

민법 544조는 계약당사자 일방이 상대방에 대하여 상당한 기간을 정하여 최고하여야 한다고 규정하고 있다. 그러나 상당한 기간을 정하지 아니한 최고라 하여 무효인 것은 아니고, 다만 상당한 기간이 경과함으로써 최고의 효력이 발생하는 것이다(통설; 대법원 1979. 9. 25. 선고 79다1135·1136 판결 등). 따라서 이행지체 해제권 발생에 있어서 상당기간을 정한 최고는 요건사실이라 할 수는 없을 것이다. 한편, 매도인(원고)의 청구원인이 매매계약체결 사실인 경우에 계약당사자의 채무는 동시이행관계에 있고, 쌍방의 채무존재 그 자체로서 이행지체의 위법성조각사유가 된다(존재효과설). 따라서 매수인은 동시이행항변권의 발생장애사실(매도인의 소유권이전등기 의무를 선이행하기로 하는 특약의 존재 등)이나 소멸사실(매수인의 채무이행제공 등)을 주장하지 않는 한 매도인의 채무이행지체로 인한 계약해제항변은 주장 자체로서 이유 없는 것이다.

(3) 이행불능을 이유로 계약해제항변 하는 경우의 요건사실

매수인(피고)은 ① 매도인의 채무(목적물 인도, 소유권이전등기절차이행 등)가 이행불능상태에 있는 사실(매수인의 계약해제시까지 이행불능 상태에 있을 것), ② 매수인이 매도인에게 계약해제 의사표시를 한 사실을 주장·증명하여야 한다.

민법 546조의 규정상 매도인의 채무가 이행불능임을 이유로 매매계약을 해제할 경우에 매도인에게 귀책사유 있음을 채권자인 매수인이 증명하여야 하는 것처럼 볼 수도 있다. 그러나 채무의 이행은 원칙적으로 채무자가 책임지는 것이므로 이행지체에 있어서와 마찬가지로 채무자인 매도인이 귀책사유 없음을 재항변으로서 주장 ·증명하여야 할 것이다.[2)]

민법 546조 적용요건으로서의 이행불능은 매매계약 체결 후에 이행불능으로 되는 '후발적 불능'을 말한다. 계약 성립 이전에 이미 이행불능인 경우에는 계약체결상 과실 또는 하자담보책임의 문제가 된다. 그리고 매도인(채무자: 원고)의 귀책사유에 의하지 않은 이행불능의 경우는 본조 적용의 문제가 아니다. 만약 양 당사자의 귀책사유가 없는 경우에는 위험부담에 관한 민법 537조 적용문제로 된다. 그리고 채권자(매수인)의 귀책사유로 이행불능 된 경우에는 매수인은 그 이행불능을 이유로 계약을 해제할 수 없다(대법원 2002. 4. 26. 선고 2000다50497 판결).

(4) 매도인의 하자담보책임을 이유로 하는 계약해제항변의 요건사실

매매목적물이 특정물로서 숨겨진 하자가 있는 경우(민법 580조), 매수인(피고)은 다음과 같은 사실을 주장·증명하여 당해 매매계약에 대한 해제항변을 할 수 있다.

① 매매계약체결 당시에 목적물에 통상인인 매수인으로서 보통의 주의를 다하여도 발견할 수 없는 하자가 있었음을 인정할 수 있는

2) 사법연수원, 요건사실론 2008, 38면.

구체적 사실, ② 매수인이 매도인에 대하여 당해 매매계약의 해제의 사표시를 한 사실이 그것이다.

이에 대하여 매도인은 재항변으로서,

① 매수인이 매매계약 당시에 목적물에 하자가 있음을 알고 있었던 사실, 또는

② 매수인이 목적물에 하자가 있음을 안 날로부터 6월이 경과한 사실(그 법적 성질은 제척기간이다)을 주장·증명하여야 한다.

5. 약정해제항변의 요건사실

(1) 매매계약에 있어서 해제권유보 약정이 있을 때에는 그 해제권의 행사방법이나 효과에 관하여 특별히 약정하고 있는 경우가 많다. 이러한 특약이 없을 때에는 민법 규정에 따르게 된다. 아래에서는 계약금의 약정이 있는 경우의 약정해제권 행사에 관하여 살펴본다.

(2) 매수인(피고)의 계약해제항변의 요건사실

매수인 Y가 매도인(원고) X에게 매매계약금으로서 5,000만 원을 지급한 사례를 전제로 하여 Y의 항변의 요건사실을 들어보면 다음과 같다.

① Y와 X 사이에 그 매매계약에 따른 계약금으로서 5,000만 원을 지급하기로 합의한 사실

② Y가 X에게 위와 같은 약정에 따라 5,000만 원을 지급한 사실

③ Y가 X에 대하여 계약해제를 위하여 계약금 5,000만 원의 반환청구를 포기한다는 의사표시를 하였다는 사실

④ Y가 X에 대하여 매매계약해제 의사표시를 한 사실

계약금은 당사자 간의 특약이 없는 한 계약해제시의 해약금으로서의 성질을 가지므로(민법 565조), Y로서는 그 성질에 관하

여 특별히 주장·증명할 필요는 없다.

(3) 약정해제항변에 대한 재항변 사유

① 해제권유보 배제의 합의가 있었다는 사실

매수인(Y)의 계약해제항변에 대하여, 매도인(X)은 X와 Y 사이에 매매계약에 대한 약정해제권을 배제하기로 하는 특약이 있었다는 사실을 주장·증명하여 재항변 할 수 있다(그러나 이러한 사례는 특수한 사례에 속할 것이다). 계약금이 위약금의 성격을 가지는 것이라는 주장은 상대방의 해제권유보 주장과 서로 양립하는 것이다.[3)]즉 간접부인에 지나지 않는 것으로서, 재항변으로서의 성격을 갖는 것은 아니다.

② 이행에 착수한 사실

계약금(해약금)에 의하여 유보된 해제권의 행사는 당사자의 일방이 계약의 이행에 착수할 때까지만(민법 565조 1항) 가능하다. 따라서 매도인(X)은 재항변으로서, X는 Y의 계약해제 의사표시에 앞서 계약이행에 착수하였음을 주장·증명할 수 있다. '이행의 착수'란 객관적·외부적으로 인식할 수 있는 형태의 이행행위의 일부를 하거나 또는 이행의 제공에 있어서 필요불가결한 전제행위를 하였을 것을 요한다.

【사 례 Ⅰ】

1. 매수인 X의 진술내용

나는 매도인 Y로부터, 2009. 1. 25. 별지 목록 기재 1, 2번 부동산(이하 '이 사건 부동산'이라 한다)을 대금 7억 원, 이 사건 부동산인도 및 소유권이전등기절차는 2008. 2. 20. A 법무사 사무소에서 Y의 대금 7억 원

3) 일본최고재 1949. 10. 4. 판결. 民集 3. 10. 437면.

지급과 상환으로 이행하기로 약정하여 매매계약을 체결하였다(아래에서는 '이 사건 매매계약'이라 한다). 그런데 위 매매대금으로 충당하기로 예정하였던 돈이 거래처로부터 입금되지 않아, Y에게 사전에 전화로 연락하고 2008. 2. 20. 에 A 법무사 사무실에 나가지 않았다. Y가 그날 그 장소에 나갔는지 여부에 관하여는 알지 못한다. 같은 해 3. 3. 에 Y로부터 같은 달 1. 자 내용증명우편이 송부되었다. 그런데, 다른 거래처로부터 돈을 입금 받아 같은 달 10일에 Y의 자택으로 찾아가 그곳에서 Y에게 본 건 매매대금 7억 원을 지급하였다. 그럼에도 Y는 이 사건 부동산의 인도와 소유권이전등기절차의 이행을 하지 않고 있으므로 이의 이행을 구하는 소를 제기하고자 한다.

2. Y의 진술내용

X와 이 사건 매매계약을 체결한 사실은 인정한다. 나는 이 사건 매매계약에 따라 이사건 부동산의 인도 및 소유권이전등기절차이행에 필요한 서류를 구비하여 2009. 2. 20. A 법무사 사무실에 갔다. 그런데 X는 아무런 연락도 없이 그 장소에 나타나지 않았다. 후에 들은 바에 의하면 X는 그 날 매매대금을 마련하지 못하였다고 한다.

그런데, 나는 X에 대하여 같은 해 3. 1. 자로 내용증명우편을 보내어 매매대금 7억 원을 그 우편을 받은 날로부터 2주 이내에 지급할 것을 청구하였다. 아울러 그 기간 내에 X가 대금을 지급하지 않으면 이사건 매매계약을 해제한다는 통지를 하고, 그 내용증명우편은 같은 달 3.에 X에게 송달되었다. 그럼에도 불구하고 X가 위 최고기간 내에 대금을 지급하지 않았으므로 이 사건 매매계약은 해제되었다. 그런데, X는 같은 달 10. 에 본인의 자택에 찾아와 대금 7억 원을 지급하였다고 주장하고 있으나, 그러한 사실은 없다.

따라서 이 사건 매매계약은 유효하게 해제되었다. 그렇지 않다고 하더라도 나는 대금 7억 원을 지급받지 못하고 있으므로 이 사건 부동산인도와 소유권이전등기절차 이행을 거절한다. 따라서 X의 청구에 응할 수 없다. (※ 별지 부동산목록은 생략함)

1. 소 송 물

위 사례에 있어서의 소송물은 이 사건 부동산에 대한 매매계약상 매수인인 원고(X)의 소유권이전등기 및 인도청구권 2개이다.

2. 청구원인사실

(1) 원칙적으로 청구원인사실이란 소송물인 권리 또는 법률관계가 발생하기 위하여 필요한 최소한의 사실이라고 할 수 있다. 본 사례와 같이 매수인이 매도인을 피고로 하여 재산권이전청구(소유권이전등기, 점유이전청구 등)를 하는 경우, 청구원인으로 소유권이전등기청구의 경우에는 X와 Y 사이에 매매계약이 체결된 사실을 주장·증명함으로써 족하고, 인도청구의 요건사실로서 매도인이 목적 부동산을 점유하고 있는 사실이 추가된다고 할 수 있다. 이때 매매계약의 요소로는 매매목적물(별지 기재 부동산)과 매매대금(7억 원)이 되는 것이므로 당사자는 이의 관한 구체적 주장·증명을 하여야 한다. 매매계약의 체결일은 엄격히 말하여 필요한 최소의 요건사실 또는 본질적 요건사실이 되는 것은 아니지만 필요한 사실의 특정을 위한 '시적 인자'로서 기재를 필요로 한다.

(2) 모두규정설의 입장에서는 매매대금의 지급시기나 목적물의 인도 시기는 매매계약의 본질적 요소가 되는 것은 아니므로 X가 청구원인에서 주장할 필요는 없다. 그리고 소유권이전등기만을 청구하는 경우에는 Y가 목적물을 소유하고 있다든지(즉, 민법 569조 타인 소유물 매매가 아니라는 사실), Y가 X에게 목적물을 인도하지 않고 있다는 사실 등은 청구원인사실로서 주장할 필요가 없다.

3. Y의 항변

(1) X의 이행지체(채무불이행)를 이유로 한 매매계약해제 항변

(가) 요건사실 : 피고가 원고의 이행지체를 이유로 한 매매계약의 해제

를 항변할 경우에는 ① 원고가 채무의 이행을 지체한 사실, ② 원고에게 상당한 기간을 정하여 이행을 최고한 사실, ③ 원고가 상당기간 내에 이행 또는 이행의 제공을 하지 아니한 사실, ④ 해제의 의사표시를 한 사실을 주장·증명하여야 한다.[4)]

본 설문의 사례를 기초로 하여 위 이행지체해제의 요건사실 적용상의 쟁점을 검토하면, ① X의 채무이행지체의 요건이 되는 채무이행기 도래여부, ② 매매계약과 같은 쌍무계약상 X는 동시이행항변을 할 수 있지만, 앞서 살펴본 바와 같이 동시이행항변권의 존재 자체로서 X의 이행지체 상태는 발생하지 않는다(존재효과설). Y의 해제권 행사에 있어서는 이 문제를 반드시 짚고 넘어가야 할 것이다. ③ Y는 X의 채무이행을 최고하면서 동시에 최고기간 내의 채무불이행을 해제의사표시의 효력발생기한(始期)으로 한 이 사건 매매계약해제 의사표시를 하였다. 거래관행으로서 흔히 행하여지는 이러한 형태의 해제의사의 요건과 효과를 검토하여야 한다. 아래에서는 위 각 쟁점을 차례로 살펴본다.

(나) X의 채무이행기 도래여부

채무자의 이행지체책임 발생요건은 이행기의 정함이 있는 경우와 이행기를 정하지 않은 경우로 나누어 고찰하여야 할 것인데, 위 사례와 같은 매매계약에서는 일반적으로 이행기의 정함이 없는 경우로 볼 수 있다. 따라서 이행기의 정함이 없는 경우에 한하여 검토한다. 이행기의 정함이 없는 경우에 이행지체의 효과를 주장한 Y로서는 ① X에게 채무이행을 최고한 사실, ② X가 자기 채무를 이행 또는 이행제공하지 않은 사실, ③ Y가 자기 채무에 대한 이행의 제공을 한 사실을 주장·증명함이 원칙이다.[5)]

---

4) 사법연수원, 요건사실론 2008, 33면.

5) 위 책, 같은 면.

①의 이행최고는 상당한 기간을 정하여 최고함이 원칙이다(민법 544조). 그러한 이행기한의 정함이 없는 최고의 경우에도 최고한 때로부터 상당한 기간이 경과되어야 해제권이 발생하므로(대법원 1994. 11. 25. 선고 94다95930 판결), 최고 당시 상당한 기간을 정하였는지 여부는 최고의 적법성과는 무관하다.

②의 채무불이행사실에 관한 주장·증명책임이 어느 쪽에 귀속되는지에 관하여 견해가 나뉘고 있다. 판례(대법원 1992. 7. 14. 선고 92다5713 판결 등)는 채권자설을 취한다. 따라서 본 사례에서는 Y에게 주장·증명책임이 귀속되는 것이다.

(다) 동시이행항변권의 존재효과

변론주의원칙에 따라 동시이행항변은 항변권자의 항변(주장)이 있어야 당사자변론과 법원의 판단 대상이 되는 것이다. 그러나 위 사례에서는 X가 청구원인으로서 쌍무계약인 매매계약에 기한 Y의 채무이행을 구하고 있고, Y는 항변으로서 이행지체에 기한 계약해제를 주장하고 있다. X의 대금지급 채무와 Y의 재산권이전 의무는 동시이행관계에 있는 것으로서, 대금지급 채무에는 동시이행항변권이 붙어 있음이 Y의 주장 자체로서 명백하다. 즉, 이행지체해제 항변권의 청구원인 자체로 부터 X의 대금지급 채무의 이행지체는 위법성조각사유가 있음을 자인하고 있는 셈이다. 따라서 이 사건 매매계약의 이행지체 해제를 주장하는 Y로서는 X가 행사할 수 있는 동시이행항변권의 발생장애사유(X의 채무에 관하여 선 이행의 합의가 있은 사실), 또는 그 항변권의 소멸사유(Y의 채무의 이행 또는 이행제공)를 주장·증명할 필요가 있다. 위 사례에서도 Y는 X의 동시이행항변권(존재효과)의 소멸사유로서 Y의 재산권이전의무에 대하여 이행제공을 하였다는 취지의 주장을 하고 있다.

(라) 기한부 계약해제항변의 요건사실

위 사례에서 Y는 X가 '3. 1. 자 내용증명우편을 받은 날로부터 2주 이내에 매매대금 7억 원을 지급하지 않으면 이 사건 매매계약을 해제 한다'는 의사표시를 X에게 하였다. 이와 같은 행위는 최고기간 내에 X가 적법한 채무이행을 하지 않는 것을 '정지조건'으로 하여 이사건 매매계약 해제의사를 표시한 것으로 볼 수도 있다. 그러나 이러한 의사 해석은 다음과 같은 문제를 발생케 한다. 즉, 일반적인 이행최고해제에서는 최고기간 내에 채무를 이행한 사실의 주장·증명책임이 채무자(매매대금청구에서는 매수인, 소유권이전등기청구에서는 매도인)에게 귀속된다. 위 사례에서 X(매수인)의 채무불이행 사실에 관한 주장·증명책임은 채권자인 Y(매도인)에게 귀속된다. 이러한 결론은 사실의 부존재를 증명할 책임을 상대방에게 지우는 것이 되어 부당하다. 따라서 이 사건에서와 같은 Y의 계약해제주장은 정지조건부 계약해제'라고 볼 것이 아니고, '최고기간이 경과한 때에 매매계약을 해제한다. 다만 매수인이 최고기간 내에 대금을 지급한 때에는 그렇지 아니하다'라는 의사표시로 보아야 할 것이다. 이른바 '기한부(기한 중에서 이른바 '始期'에 해당하는 것으로 볼 수 있다)' 해제의 주장으로 봄이 타당하다.[6]

(2) 동시이행의 항변

(가) 위 사례에서 Y는 X가 X 부담의 대금지급 채무를 이행하지 않는 한 Y 부담의 목적물인도 채무와 소유권이전등기 의무를 이행하지 않을 것임을 주장하여, 동시이행항변을 하고 있다. Y의 이러한 항변은 상대방의 권리행사저지 항변이라 할 수 있고 그 항변이 이유 있다고 판단될 때에는 법원은 X(원고)의 청구기각판결이 아니라 동시이행을 명하는 이른바 '상환판결'을 하게 된다.

---

6) 村田涉 外 編著, 要件事實論30講, 弘文當, 152면.

(나) 동시이행항변의 요건사실

동시이행항변의 법률요건은 일반론으로서, ① 동일 쌍무계약으로부터 발생한 서로 대립하는 채무가 존재할 것, ② 상대방의 채무가 이행기에 있을 것, ③ 일방이 그의 채무의 이행 또는 이행의 제공 없이 상대방의 채무 이행을 청구하고 있을 것이 필요하다.

위 ①, ② 요건은 원고의 청구원인에서의 매매계약체결 사실주장을 통하여 명백히 제시될 것이고, ③ 요건은 원고가 주장·증명할 책임이 있다. 따라서 이 사건에서 Y(피고)는 동시이행항변권을 행사하는 외에 별도의 사실 증명책임이 있는 것은 아니다.

(다) 동시이행 관계에 있는 재산권이전의무의 내용

부동산매매계약상 매수인의 대금지급의무에 상응하는 매도인의 재산권이전의무에는 소유권이전등기절차 이행 및 점유이전의무 등이 포함되어 있다. 매도인은 이러한 의무(채무)를 모두 이행하거나 이행제공 하여야 매수인의 채무이행을 청구할 수 있는가? 이에 관하여 원칙적으로 부동산 소유권이전등기 절차가 이행되면 매수인은 매매의 목적을 달성하게 되는 것이 일반적이므로 매도인이 이행(또는 이행제공)할 것은 소유권이전등기 절차라 할 수 있다. 그러나 목적물인도가 중요한 의미를 가지는 경우(건물매매 등)에는 매매목적물 인도의무도 동시이행 대상이 된다 할 것이다.[7]

위 사례에서 X의 동시이행 의무에는 부동산인도까지 포함된다 할 것이다.

4. X의 재항변

(1) Y의 이행지체 계약해제 항변에 대하여, X는 그의 채무(재산권이전의무)를 이행하였다는 취지의 재항변을 할 수 있다. 이러한 X의 항

---

7) 일본 최고재 1959. 6. 25. 판결, 판례시보 192호, 16면.

변은 Y의 해제항변에 대하여서 뿐만 아니라, 동시이행항변에 대한 재항변으로서도 역할을 하게 될 것이다.

(2) 재항변의 요건사실은, ① 채무자(X) 또는 제3자가 채무의 본지에 따라 급부를 하였다는 사실, ② 급부는 당해 채권에 응하여 행하였으며, Y가 이 사건 매매계약을 해제하기 전에 행하였다는 사실이 포함된다.

【사 례Ⅱ】(대법원 1988. 9. 27. 선고 87다카1029 판결 참조)

1. X의 진술내용

나는 Y에게, 2007. 6. 3. 나의 소유인 이 사건 부동산을 대금 7,000만 원에 매도하기로 하는 매매계약을 체결함에 있어, Y는 나에게 계약금 1,000만 원은 계약 당일에, 중도금 3,000만 원은 같은 달 13.에, 잔금 3,000만 원은 같은 달 23.에 각 지급하기로 약정하였다. 나는 위 계약당일 Y로부터 계약금만 지급받은 상태에서 이 사건 부동산을 Y에게 인도하여 Y로 하여금 점유·사용하도록 하였다. 그런데 위 중도금지급일에 Y는 중도금 3,000만 원을 나에게 지급하지 않고, 이 사건 부동산에 관하여 우리은행에 채무금 1억 6,000만 원의 공동담보로 근저당권설정등기가 마쳐져 있음을 알고 이를 이유로, 나에게 위 근저당권설정등기를 말소해주거나, 또는 확실한 말소방안을 제시하지 않으면 중도금을 지급할 수 없다고 하면서, 임의로 중도금을 은행에 예탁하였다. 나는 그로부터 2년이 경과한 2009. 6. 3. 위 중도금 및 잔금을 같은 달 20.까지 지급할 것을 최고하고, 그 기간 내에 이행이 없으면 위 매매계약을 확정적으로 해제한다는 내용증명우편을 Y에게 발송하고 같은 달 5. Y에게 송달되었다.

이에 나는 Y에 대하여, 이 사건 부동산의 반환 및 부당이득반환을 청구하고자 한다.

2. Y의 진술내용

X와 이 사건 부동산에 관하여 X 주장과 같은 내용의 매매계약을 체결

한 사실은 인정한다. 이 사건 매매계약 당시 이 사건 부동산에는 우리은행을 채권자로 한 위 근저당권설정등기 외에 여러 건의 근저당설정등기가 되어 있고 그 피담보채권 합계가 위 매매대금의 수십 배에 이르고 있었다. 그래서 나는 X에게 중도금지급 전까지 위 근저당권설정등기를 말소하여 달라고 요구하였으나 X가 이를 이행하지 않았다. 나는 중도금을 은행에 예치하고 X에게 위 근저당권설정등기를 말소하고 찾아가라고 하였으나 X가 이에 응하지 않았다. X가 이 사건 부동산 위에 마쳐져있는 근저당권설정등기를 말소하고 동 부동산에 대한 소유권이전등기에 필요한 서류를 제공하지 않는 한 위 매매대금을 지급할 수 없다.

1. 사례의 요약 및 쟁점

X는 이 사건 부동산 매도인으로서 매수인 Y에게 매매대금 중 중도금 및 잔금을 지급받지 못하여 이의 지급을 최고하였으나, Y가 위 최고에 응하지 않자 이 사건 매매계약을 해제하고, Y에게 이미 인도한 이 사건 부동산의 반환(점유이전)과 부당이득의 반환을 청구하고 있다(편의상 부당이득반환청구는 본 검토에서 제외한다). 이에 대하여 Y는 이 사건 부동산에 마쳐져 있는 근저당권설정등기의 말소의무를 선이행할 것과, X가 이 사건 부동산에 관한 소유권이전등기 서류를 이행제공 하여야 매매대금을 지급할 수 있다고 주장하고 있다.

위 사례에서는 Y가 민법 588조의 대금지급 거절권에 기한 항변권을 행사함에 따라서 원칙적으로 선 지급의무가 있는 중도금의 지급을 거절할 수 있는지 여부가 주요쟁점이라 할 수 있다.

소송물 : 이 사건 부동산의 인도청구권 및 임료상당의 부당이득 반환청구권

청구원인 : Y의 이행지체로 인한 매매계약해제

Y의 항변 : 중도금 지급거절권, 동시이행항변권

X의 재항변 : 상당한 담보의 제공(민법 588조 단서) 항변 Y에 대한 매매대금 공탁청구(민법 589조)

2. 청구원인

X는 이 사건 부동산 소유자 겸 매도인으로서 매수인 Y의 매매대금지급 의무 이행지체로 인한 매매계약의 해제를 주장하고 있다. X가 주장·증명하여야 할 요건사실은 (1) Y가 대금지급채무의 이행을 지체한 사실, (2) Y에게 상당한 기간을 정하여 최고한 사실, (3) Y가 상당한 기간 내에 이행 또는 이행의 제공을 하지 아니한 사실, (4) 해제의사표시를 한 사실이다. 본 사례에서 Y는 중도금 3,000만 원을 선지급 할 의무를 부담하고 있음에도 이를 이행하지 않았다. 따라서 Y에게 이행지체책임이 있는 것으로 볼 수 있다. 한편 X는 그가 부담하는 반대급부 의무인 이 사건 부동산소유권이전등기 및 그 점유를 Y에게 넘겨주었다. 이러한 사실로부터 판단할 때 Y에게는 동시이행항변권이 존재하지 않는 것으로 일단 볼 수 있을 것이다. 본 사례에서 위 (1), (2), (3), (4) 요건사실도 모두 충족된 것으로 판단된다.

3. Y의 항변

(1) Y의 진술내용은 민법 588조의 대금지급 거절권을 원용하는 항변으로 볼 수 있다. 만약 Y의 주장취지가 불명확하다면 법원은 법적관점지적이나 석명권을 행사하여 이를 분명히 하여야 할 것이다.

(2) 민법 588조 규정의 요건사실은 ① 매매의 목적물에 대하여 권리를 주장하는 자가 있을 것, ② 매수인이 매수한 권리의 전부나 일부를 잃을 염려가 있을 것이다. 본 사례에서 이 사건 부동산에 대하여 우리은행을 비롯하여 여러 명의 근저당권자 앞으로 근저당권설정등기가 마쳐져 있으므로 위 ① 요건사실이 충족되고 있다(대법원

1996. 5. 10 선고 96다6554 판결). 본 사례에서와 같이 매수인(Y)이 선이행의무를 부담하는 약정이 있는 경우에 이를 어떻게 처리할 것인가에 관하여 논란이 있을 수 있다. 이러한 경우에 있어서 민법 588조의 적용여부에 관한 판단은 매도인과 매수인의 입장 등 여러 사정을 종합하여 신의칙에 따라 판단할 것이다.[8]

본 사례에서 근저당권에 의한 피담보채권의 합계가 매매대금의 수십배에 달하고 있으므로(Y의 주장) 위 법 규정의 적용이 가능할 것이다.

(3) Y는 민법 588조 적용에 따라 피담보채무 최고액 또는 X가 부담하는 실제 채무액 범위 내에서 X에 대한 매매대금 지급을 거절할 수 있다. 따라서 Y는 지급거절권을 행사할 수 있는 범위 내에서 이행지체책임을 지지 않는다.

(4) 민법 588조의 대금지급 거절권은 동시이행항변권 행사의 경우와는 다음과 같은 점이 다르다.[9]

① 동시이행항변권은 항변권자가 부담하는 대금의 전부이행을 거절할 수 있는 반면에, 대금지급 거절권은 매수인이 매수한 권리의 전부나 일부를 잃을 위험의 한도에서만 이행거절 할 수 있다.

② 동시이행항변이 있으면 법원은 상환(동시이행)판결을 하게 되고, 대금지급 거절권 행사의 경우에는 그 위험의 한도에서 매도인의 대금청구를 배척하는 판결을 하게 된다.

4. X의 재항변

X는 Y에 대하여 민법 588조 2문의 규정에 의한 상당한 담보를 제공하

---

8) 김준호, 민법판례강의, 법문사, 718면.

9) 위 책, 719면.

였음을 주장하여 재항변할 수 있다.

그 외에 X가 행사할 수 있는 재항변으로서 Y에 대하여 매매대금 공탁청구(민법 589조)가 있다. 그러나 본 사례에서 Y는 이미 그 매매대금을 공탁하였으므로 X의 공탁항변은 이유 없게 될 것이다.

【사 례 III】

1. X의 진술

나는 오래 전부터 안면이 있던 부동산중개업자 Y에게, 2007. 8. 20. 이 사건 토지를 대금 4억 원, 동 토지의 인도 및 이전등기절차는 2007. 9. 10. 이행하고, 그 대금은 같은 달 30. 지급하기로 하여 매매계약을 체결하였다. 만약 Y가 위 대금지급을 지체하면 연 20% 비율에 의한 지연손해금을 지급하기로 약정 하였다(아래에서는 '이 사건 매매계약'이라 한다). 나는 위 약정에 따라 2007. 9. 10 Y 명의로 이 사건 토지에 관한 소유권이전등기를 마치고, 위 토지를 Y에게 인도 하였다. 그런데 Y는 위 매매대금지급일이 경과하였음에도 이를 지급하지 않았다. 그래서 나는 2007. 10. 20. Y에게, 위 매매대금 및 이에 대한 위 약정 지급일 다음날인 2007. 10. 1.부터 지급완료일까지 연 20%의 비율에 의한 지연손해금의 지급을 구하는 내용의 내용증명우편을 발송하고, 같은 달 22. 위 우편이 Y에게 송달되었다. 그럼에도 불구하고 Y는 이 사건 매매계약에 따른 매매대금 등을 지급하지 않고 있다.

Y는 이 사건 매매계약체결 당시에 이 사건 토지에서 500m 가량 떨어진 지점에 대형명품매장이 개설될 예정으로 있어서 위 토지를 매수하였다고 주장하고 있으나, 나로서는 전혀 모르는 사실이다. 다만 이 사건 매매계약을 전후하여 A 그룹에서 이 사건 토지가 위치한 지역의 접근성 등에 착안하여 대형 명품아울렛매장 개설을 검토하고 있다는 소문이 돌고 있었던 사실은 나중에 들어서 알았다. 그러나 지역에 소재한 소매상인들의 격렬한 반대에 직면한 관할 행정청이 허가하지 않을 뜻을 밝히자 A 그룹에서 위와 같은 계획을 철회하였다고 한다. Y가 이 사건 매매계약 당시에 위와 같은 誤信을 하였더라도 관할 행정청과 A

그룹 담당자에게 문의하여 대형매장의 설립여부에 관하여 확인하여야 할 것임에도 그렇게 하지 아니한 중과실이 있다. 따라서 Y의 주장은 받아들일 수 없다.
그러므로 나는, Y에 대하여, 이 사건 토지매매대금 4억 원과 이에 대한 2007. 10. 1.부터 지급완료일까지 연 20% 비율에 의한 손해금의 지급을 청구한다.

2. Y의 진술내용

내가 부동산중개업을 운영하면서, X로부터 2007. 8. 20 이 사건 토지에 관하여 X 주장과 같은 내용의 매매계약을 체결하고, 그 소유권이전등기와 토지인도를 받은 사실은 모두 인정한다. 그리고 X 주장과 같이 내용증명우편을 수령한 사실도 인정한다. 내가 이 사건 토지매매대금을 지급하지 않은 것은 다음과 같은 사정이 있기 때문이다. 즉, 이 사건토지는 왕복 4차선도로에 접하여 접근성이 뛰어나고 그로부터 약 500m 떨어진 지점에 A 그룹에서 대규모 명품매장의 개설을 목표로 2007. 7. 경부터 주변 토지 매수에 착수하고 있었다. 그런데 이와 같은 소문을 들은 그 지역 소재의 중소상인을 중심으로 하여 격렬한 반대여론이 일어나게 되었다. 이에 당황한 행정청이 A 그룹이 제출한 허가신청서를 반려함에 따라 위와 같은 계획은 철회되기에 이르렀다. X는 나와 오랜 친분이 있는데다가 수시로 이 사건 토지의 시세를 문의하여 왔으므로 위와 같은 전후 사정을 모두 잘 알고 있을 것으로 생각된다. 따라서 이 사건 토지매매계약은 착오에 의한 것이므로 이를 취소하고자 한다.
그러므로 X의 청구에 응할 수 없다.

1. 사례의 요약 및 쟁점

위 사례에서 X가 Y에게 매매대금 4억 원 및 이에 대한 약정지연손해금의 지급을 청구함에 대하여, Y는 이 사건 매매계약은 동기의 착오에 기한 것으로서 취소한다는 항변을 하고 있다. Y의 취소항변에 대하여 X는 Y의 중과실을 들어서 재항변하고 있다. 요컨대, 위 사례에서의 중요쟁점은, (1) 매매대금채무 이행이체에 기한 손해배상청구의 요건사실, (2) 동기착오에 기한 계약취소의 요건사실, (3) 의사표시를 한 행위자의 중과실의 성립요건 등이라고 할 수 있다.

2. 소 송 물

매매계약에 기한 매매대금지급 및 이에 대한 지연손해금지급 청구권이다.

3. 청구원인에 관한 검토

(1) X는 매매대금과 이에 대한 약정 지연손해금을 청구하고 있으나, 아래에서는 매매대금청구의 요건사실은 생략하고, 지연손해금 청구의 요건사실을 살펴본다.

매매대금에 대한 지연손해금을 함께 청구하는 경우에 그 요건사실은, ① 매매계약의 체결, ② 매매계약에 기한 목적물의 인도, ③ 매매대금 채무와 동시이행 관계에 있는 채무(소유권이전 의무의 이행 등 매매목적물인도를 제외한 나머지 의무)의 이행 또는 이행의 제공, ④ 매매대금 지급기한의 도래(매도인이 매수인에 다하여 대금의 지급을 최고한 사실), ⑤ 손해의 발생과 그 금액이다.

(2) 매매목적물의 인도가 이루어지지 아니하는 한 매도인은 매수인의 대금지급 의무이행지체를 이유로 매매대금에 대한 이자 상당의 손해배상을 청구할 수 없다(대법원 2004. 4. 23. 선고 2004다8210 판결 등). 즉 매매대금에 대한 지연손해금을 청구하는 경우에는 피고(매수인)가 이행지체상태에 있을 것이 필요한데, 동시이행항변권의 존재는 이행지체의 위법성조각사유가 되는 것이다. 따라서 원고(매도인)는 동시이행항변권의 존재효과가 소멸되었다는 사실을 주장·증명하여야 하는 것이다.

위 사례에서는 X가 Y에게 이 사건 토지를 인도한 사실은 당사자 사이에 다툼이 없다.

(3) 위 사례와 같이 매매대금에 대한 지연손해금의 지급을 구하는 경우에 X는 자신의 채무인 소유권이전 의무의 이행 또는 이행제공사실을 주장·증명하여야 한다(동시이행항변의 존재효과). 과거에 이행의 제공이 있었다고 하더라도 그 이행의 제공은 계속되어야 하고, 이행의 제공이 중단되어 더 이상 그 제공이 계속되지 않는 경우에는 상대방의 채무가 이행지체상태에 있다고 할 수 없다(대법원 1995. 3. 14. 선고 94다26646 판결).

위 사례에서는 X가 Y에게 소유권이전등기까지 넘겨주었으므로 Y는 이행지체상태에 있는 것이다.

(4) 위 사례에서는 Y의 대금지급기한에 관한 약정이 있으므로 X는 확정기한에 관한 약정사실만 주장·증명하면 되고, 그 기한의 도과여부는 법원에 현저한 사실이므로 이에 관한 별도의 주장·증명은 필요 없다. 기한의 정함이 없는 경우에는 매수인에게 이행청구를 한 시점에 관하여, 불확정기한의 경우에는 불확정기한의 약정사실 외에 그 기한의 도래사실을 매수인이 알고 있었음을 매도인이 주장·증명하여야 한다.

(5) 위 사례에서는 손해의 발생 및 그 범위에 관하여 약정이 있었으므로 X는 이러한 약정사실에 관하여 주장·증명할 책임이 있다. 이러한 약정은 손해배상액의 예정으로서의 성격을 갖는 것이다(대법원 2007. 7. 28. 선고 99다38637 판결). 따라서 Y가 위 지연손해금의 지급을 면하기 위하여 X에게 손해가 없었다거나, 지연손해금보다 적은 금액의 손해를 입었을 뿐이라는 주장·증명을 하더라도 이에 따라 책임을 면하거나 감액 받을 수 없다. 한편, X의 경우에도 약정손해액 이상의 손해발생 사실을 주장·증명하여 증액 받을 수 있는 것이 아니다.

4. Y의 항변

(1) Y는 이 사건 토지를 매수하게 된 동기에 관하여 위 토지인근에 대규모 명품매장이 개설될 것이라는 소문에 따른 것임을 밝히고 있다. 즉, Y는 이사건 매매계약에 있어서 동기의 착오를 내세워 그 취소항변을 하고 있다. 동기의 착오에 대하여 민법 109조 규정을 적용할 것인가에 관하여는 현재 다양한 견해가 주장되고 있다.[10] 판례(대법원 1998. 2. 10. 선고 97다44737 판결 참조)는 동기를 계약내용으로 하는 의사를 표시하지 아니한 이상 동기의 착오를 이유로 계약을 취소할 수 없다고 하여 이원설(二元說)을 취하고 있다.

(2) 판례의 태도에 따르면, 동기의 착오의 요건사실은, ① 법률행위의 요소에 동기의 착오가 있을 것, ② 동기가 의사표시의 내용으로서 표시되었을 것, ③ 표의자에게 중대한 과실이 없을 것이다. 이 중에서 Y는 ①, ② 요건사실에 관하여 주장·증명하여야 한다. ③의 요건사실은 민법 109조 1항의 조문구조상 X가 재항변을 통하여 주장·증명하여야 할 것이다.

(3) 판례는 동기의 착오는 의사표시의 내용으로서 표시되어야 한다는 입장을 취하여 사실상 동기의 착오를 별도로 인정하지 않는 입장을 취하고 있는 것으로 보인다. 한편, 동기가 상대방의 부정한 방법에 의하여 유발된 경우(대법원 1987. 7. 21. 선고 85다카2339 판결), 또는 동기가 상대방으로부터 제공된 경우(대법원 1978. 7. 11. 선고 78다719 판결)에는 동기가 표시되지 않았더라도 동기의 착오에 의한 취소대상이 된다는 것이 판례의 태도이다. Y는 이러한 사실들의 주장·증명을 통하여 이 사건 매매계약취소 항변을 할 수도 있을 것이다.

---

10) 김형배, 앞의 책, 212~215면; 현재의 다수설은 동기의 착오와 일반착오를 구별하지 않는 '一元說'을 취하고 있는 것으로 보인다.

5. X의 재항변

(1) Y가 이 사건 매매계약상 동기착오를 이유로 한 계약취소를 주장·증명할 경우에 X는 재항변으로서 Y에게 중대한 과실이 있었음을 주장·증명할 책임이 발생한다. 표의자 Y에게 중대한 과실이 있었다는 것은 이른바 '규범적 요건사실'이라 할 수 있다. 규범적 요건사실에 있어서 주요사실은 그 규범적 평가의 기초가 되는 구체적 사실이라고 보는 입장에서는, 위 사례에서 X는 Y의 중과실이 있었다고 평가될 수 있는 구체적 사실을 주장·증명하여야 할 것이다.

(2) 위 사례에서 Y의 중과실이 있었다고 평가될 수 있는 구체적 사실로서는 ① Y는 부동산중개업을 운영하는 자로서 이 사건 토지의 가치 및 장래의 용도에 관하여 전문가로서의 정보를 가지고 있었다는 것, ② A 그룹의 대형 명품매장 개설계획이 소문으로 떠돌 무렵부터 그 지역 중소상인들의 반발이 거세게 일어나고 있어서 당초의 계획추진이 어려울 것이라는 사실을 Y가 충분히 인지할 수 있었다는 것, ③ Y는 지역 관할 행정청의 담당자 및 A 그룹담당자 등에게 위와 같은 사실 등을 구체적으로 확인하지 않았다는 것 등이다.
위와 같은 X의 주장사실의 타당성에 관한 판단에는 부동산거래의 실정, 상관습, 당사자의 부동산 거래경험 등이 중요한 고려사항이 될 수 있다.

6. Y의 재재항변

위와 같은 X의 재항변에 대하여, Y는 Y의 중과실이 있었다고 평가될 수 있는 사실의 인정을 방해하는 사실(간접반증)의 주장·증명을 통하여 재재항변할 수 있을 것이다. 예컨대 관할행정청이 A 그룹에게 대형 명품매장 개설허가를 내어 준 사실(그 뒤 주민들의 반대로 허가를 취소한 경우 등)이나 A 그룹이 필요한 부지를 모두 매수 완료하여 명품매장 개설을 위한 만반의 준비를 완료하였다는 사실 등이 여기에 해당할 것이다.

【사 례Ⅳ】(대법원 1997. 5. 7. 선고 96다39455 판결)

1. X의 진술내용

(1) 나는 충남 아산시에서 농업용 난로, 농산물건조기, 오일버너 등의 제조·판매업을 운영하고 있다. 나는 산업용 실리콘, 산업용 고무, 열기부품 등을 제조·판매하는 Y로부터 2002년도부터 커플링을 공급받아오던 중, 2008. 9. 2. 'D/K커플링' 800개를 개당 2,000원에 공급받아 농업용 난로를 제작·판매하였다.

(2) 충남 서천군의 자영농인 A는 2008. 10. 24. 나의 점포에서 농업용 난로를 구입하여 같은 달 30.부터 가동하였는데, 같은 해 12. 5. 01:00경까지 농업용 난로가 이상 없이 작동하는 것을 확인하였으나, 05:00경 비닐하우스 안에 들어가 보니 농업용 난로가 작동하지 아니하고 있었다. 위 작동 중단으로 인하여 비닐하우스 내의 농작물이 냉해피해를 입게 되었다. 나는 위 A의 요구에 따라 2008. 12. 중순경 2,000만 원을 손해배상으로 A에게 지급하였다.

(3) 충남 당진군의 자영농인 B는 2008. 10. 13. 나의 점포에서 농업용 난로를 구입하여 같은 달 26.부터 가동하였는데, 2009. 2. 2. 01:30경까지 농업용 난로가 이상 없이 작동하는 것을 확인하였으나, 05:30경 비닐하우스 안에 들어가 보니 농업용 난로는 작동하지 않고 비상경보등만 돌아가고 있는 것을 발견하게 되었다. 이로 이하여 농작물이 피해를 입게 되어, 나는 B의 요구에 따라 2009. 2. 15. 경 3,000만 원을 손해배상으로 B에게 지급하였다.

(4) Y가 나에게 공급한 '커플링'은 버너의 모터와 오일펌프를 연결하여 모터의 동력을 충격 없이 오일펌프에 전달하는 조그마한 동력전달장치로서, 모터의 축과 오일펌프의 축에 결합되는 양쪽 끝부분은 특수금속을 사용하여 원형으로 제작하고 그 사이의 시프트부분은 모터와 오일펌프의 회전충격을 흡수할 수 있도록 탄성체를 넣어 제작한다. 원형금속부분은 모터의 회전력을 샤프트를 거쳐 100% 오일펌프로 전달할 수 있게 하기 위하여 그 내부가 완전한 원형의 빈 공간으로 되

어 있지 않고 반달모양의 마구리('멈치'라고도 함)가 형성되어 있어서, 양쪽 마구리부분이 각각 모터의 축 및 오일펌프 축의 각 홈(반달모양으로 깎인 부분)과 맞물리게 되어 커플링이 헛돌지 않고 모터의 축 및 오일펌프의 축과 일체가 되어 회전하게 되며, 그 때 원형부분에 끼워지는 샤프트의 탄성에 의하여 모터회전으로 발생하는 충격이 샤프트부분에 흡수된다.

(5) 위 냉해사고를 발생케 한 난로의 버너 부분을 분해한 결과 위 마구리부분이 마모되어 오일펌프의 축과 커플링이 헛도는 현상이 발생하였음이 판명되었고, 이로 인하여 오일펌프에 동력이 전달되지 아니하여 오일이 분사되지 아니함으로써 위 농업용 난로가 가동되지 않았다.

(6) 커플링의 샤프트부분의 탄성체에 사용되는 재료로는 크게 플라스틱과 고무의 두 가지가 있는데, 플라스틱은 강인성과 내구성이 뛰어난 대신 내한성(耐旱性)이 약하고, 고무는 플라스틱보다 강인성과 내구성은 떨어지지만 내한성이 뛰어나다. 샤프트에 내한성이 없으면 온도가 낮을수록 경도(硬度)가 높아져 샤프트가 탄성을 상실하고 그에 따라 충격을 흡수하는 능력도 떨어지게 된다. 플라스틱으로 만든 샤프트라도 그 재료의 배합비율이나 첨가제의 종류에 따라 내한성이 달라지고, 고무제품이라도 내구성과 강인성을 향상시키기 위하여 여러 가지 특수합성고무가 개발되어 있는 실정이므로 사용목적에 따라서는 플라스틱이 고무보다 나은 경우도 있다.

(7) Y는 개당 2,000원 짜리 'D/K커플링' 외에, 특수고무로 제작한 개당 4,000원 내지 7,000원짜리 커플링도 판매하고 있었으며, 2008년도에 약 18,000개 정도의 'D/K커플링'을 제작·판매하였으나 내한성이 문제된 경우로는 이 사건 농업용 난로에 사용된 2개뿐이었다. 위 1차사고가 발생하였을 때 내가 Y에게 사고 사실을 통보하자, Y는 기존의 'D/K커플링'과 교체할 수 있게끔 나에게 개당 7,000원짜리 특수고무커플링 800개를 개당 4,000원에 공급하였다.

(8) 위에서 진술한 바와 같이 Y는 나에게 하자가 있는 '커플링'을 공급하였고, 나는 그러한 사실을 전혀 모르는 상태에서 이를 부품으로 사용하여 난로를 제작하여 소비자들에게 판매하였다. 그 결과 농민 A, B가 위와 같은 피해를 입게 되어 나는 그들에게 피해변상을 해주게 되

었다. Y는 위 커플링이 농업용 난로에 사용되는 부품이라는 사실을 알고 있었고, 농업용 난로는 추운 날씨에 작동되어야 제 기능을 발휘하는 것이다. Y가 나에게 공급한 커플링이 다른 제품에 비하여 싸기 때문에 성능이 떨어진다는 사실을 알려주었다면, 나는 그 제품을 쓰지 않았을 것이다.

(9) 이상과 같은 이유로 나는, 내가 A, B에게 변상한 5,000만 원과 이에 대한 지연손해금을 청구하고자 한다.

2. Y의 진술내용

(1) X는 위와 같이 문제된 커플링을 공급받기 이전부터 오랜 기간(6년 이상)동안 나와 거래한 사람으로서 주로 농촌에서 쓰이는 난방용 난로를 직접 제조하는 자이므로 위 부품의 성능에 관하여 사실상 나보다 더 잘 알고 있었다. X는 난방용 난로에 쓰이는 커플링은 다양한 가격대의 제품이 있다는 것을 알고 있었는데 제조단가를 낮추기 위하여 가장 성능이 떨어지는 문제의 제품을 스스로 구매하였던 것이다. 즉, X는 평소에도 나의 공장에 배치되어 있던 제품 카탈로그 등을 보고 그가 매수하여 가공·완성할 제품의 사용목적, 사용방법 및 제원(諸元)을 검토·고려하여 성능과 용량이 서로 다른 여러 종류의 제품 중에서 특정 종류를 선택하여 구매하였다. 나는 2008년도에만 약 18,000개의 이 사건 제품과 같은 D/K커플링을 제작·판매하였으나 내한성이 문제된 경우는 A·B에게 판매된 문제의 제품 2개뿐이었다. 그러나 X가 구매한 문제의 커플링은 플라스틱제품으로서 통상적으로 갖추어야 할 성능을 모두 갖추고 있는 것이어서 그 자체에 하자가 있었던 것은 아니다.

(2) A와 B가 재배하던 농작물에 냉해피해를 입게 된 것은 그곳에 설치된 난방용 난로의 일부 결함 탓도 있었는지 모르지만, 근본적인 원인은 2008~9년 겨울은 예년에 비하여 기온이 현저히 낮은 현상이 있었고, 특히 위 각 사고가 있던 날은 다른 날에 비하여 유난히 기온이 낮았기 때문이 있다.

(3) X가 구하고 있는 손해배상액수 역시 부당히 과다한 금액이다. X는 위 A, B에게 냉해피해에 대한 손해배상을 하지 않을 수 없게 되어 이를

배상하게 되었다고 하지만 그 변상액은 합리적 근거에 따라서 산출된 금액이라 할 수 없다. X가 입은 손해는 소위 확대손해 내지 2차손해로서 매도인의 담보책임범위(민법 580조)를 넘어서는 것이다. 이에 관하여 나에게 손해배상청구하려면 별도의 귀책사유, 즉 일반 불법행위책임이 인정되어야 하는 것이다.

1. 논점의 정리

위 사례에서 X는 농업용 난로 제조·판매업자로서 그로부터 난로를 구입한 A, B의 손해를 배상한 뒤, 위 난로의 부품인 커플링의 공급(판매)자인 Y에게 손해배상을 청구하고 있다. 위 사례에서 X의 청구원인사실이 매도인의 하자담보책임인지 매도인으로서의 채무불이행책임인지, 또는 일반 불법행위책임인지 분명하지 않으므로 위 각각의 경우를 전제로 그 요건사실을 살펴보고, 위 사례에서 나타난 사실관계를 각각의 요건사실에 맞추어 검토하여야 할 것이다. 그리고 손해배상의 범위에 관하여서도 매도인의 담보책임인 경우와 일반 불법행위 또는 채무불이행책임의 각 경우에 따라 서로 달라질 것이므로 이에 관하여 검토하여야 한다.

2. 손해배상책임의 성립요건

(1) 물건의 하자에 대한 담보책임의 성립요건

(가) X가 Y에 대하여 민법 580조에 기한 하자담보책임에 따라 손해배상 청구할 경우에는 그 요건사실로서 이 사건 매매목적물인 커플링에 하자가 있었을 것을 주장·증명하여야 한다. 여기서 하자라 함은 매매목적물이 거래통념상 기대되는 객관적 성질·기능을 결여한 경우를 말한다. 만약 위 매매계약 당시, X가 Y에게 제품이 사용될 환경을 설명하면서 그 환경에 관한 X·Y의 합의가 있었던 경우 이를 기준으로 하자의 유무를 결정하여야 한다(대법원 2002.

4. 12. 선고 2000다17834 판결 등). 하자의 유무를 판단하는 기준시는 특정물의 매매시점이다(대법원 2000. 1. 18. 선고 98다18506 판결).

위에서 살펴보았듯이 Y의 하자담보책임이 성립하려면 커플링에 하자가 있어야 하는 것이 반드시 필요하다. 이러한 하자는 그 물건이 통상적으로 가지고 있어야 할 품질·성능을 결여하였거나(객관적 하자), 당사자가 계약에 있어서 합의하였거나 묵시적으로 전제한 목적물의 품질·성능을 결여한 경우(주관적 하자)를 말한다.[11]

(나) 객관적 하자의 존부

대법원(96다39455 판결)은, Y가 X에게 판매한 커플링은 통상의 버너의 부품으로 사용되는 커플링으로서 갖추어야 할 품질·성능을 갖추고 있으면 되고, 겨울에 옥외에서 농업용으로 사용되는 특수한 버너에 사용될 수 있을 정도를 요구하는 것은 아니라고 하였다. 위 사례에서 법원은 커플링에 객관적 하자가 존재한다는 원고(X)의 주장을 배척하고 있다.

(다) 주관적 하자의 존부

위 커플링의 객관적 하자가 인정되지 않더라도, 위 매매계약 당시에 X가 Y에게, 농업용 난로가 사용될 환경을 설명하면서 그 환경에 충분히 견딜 수 있는 내한성 있는 커플링의 공급을 요구한 경우에는 하자의 유무에 관한 판단기준이 달라진다. 이러한 X의 요구에 대하여, Y가 위 커플링이 X 요구의 품질과 성능을 갖춘 제품이라는 점을 명시적으로나 묵시적으로 보증하였음에도 이러한 기준에 미달하는 제품을 공급하였다면 Y는 하자담보책임에 따라 손해배상책임이 발생한다. 따라서 X는 위와 같은 사실에 대한 주장·증명책임이 있다.

---

11) 윤용선, 매매목적물 하자로 인한 확대 손해에 대한 책임추급, 민사판례연구회, 민사판례연구 XXI, 박영사, 294면.

(2) Y의 채무불이행(불완전이행)책임의 성립요건

매도인 Y는 매매계약상 매도인의 채무내용에 좇은 이행을 하여야 하고 이를 이행하지 않음으로써 X에게 손해를 끼친 때에는 X가 입은 손해를 배상하여야 한다(민법 390조). Y는 위 매매목적물인 커플링의 소유권을 X에게 이전하여야 할 뿐만 아니라, 신의칙상 여러 가지 부수적 의무를 부담할 것인데 그 중 하나가 지시·경고 의무라고 할 수 있다.[12] 위 커플링이 통상의 버너부품으로 사용되는 것이 Y가 본래부터 의도하였던 사용방법이라 할 수 있을 것이지만, 그것이 위에서 본 특수한 버너의 부품으로 사용되는 것을 전혀 예견할 수 없었다고 보기도 어려울 것이다.[13] 그렇다면 Y로서는 X에게 위 커플링이 특수한 버너의 부품으로 사용될 경우 발생할 수 있는 위험에 관하여 사전경고 하였어야 했다. 이러한 논리에 대하여, 위 판결은 X는 여러 해 동안 커플링을 사용하여 농업용 난로의 버너를 제작하여온 자로서, 커플링의 재질에 따라 그 등급과 가격 및 용도에 차이가 있다는 사실을 모르고 있었다고는 보기 어렵다고 판시하였다.[14]

(3) 일반 불법행위(민법 750조) 책임의 성립요건

(가) 민법 750조의 불법행위책임이 성립하려면 ① 목적물에 하자가 있을 것, ② Y에게 고의 또는 과실이 있을 것, ③ Y의 불법행위와 손해발생 사이에 인과관계가 있을 것이라는 요건사실이 존재하여야 한다. 이러한 요건사실은 X가 주장·증명하여야 한다.

(나) 위 사례와 같은 제조물 또는 종류매매에서 피해자가 위 요건사실

---

12) 윤용선, 앞의 논문, 289면.

13) 위 논문, 300면.

14) 이러한 판례에 대한 비판적 견해로서는 이은영, 하자로 인한 확대손해의 배상, 법률신문 2609호 참조; 위 논문 300면도 비판적 견해를 취하고 있다.

을 증명하는 것은 매우 어렵고 사실상 불가능에 가까운 경우가 많다. 이러한 사정을 감안하여 학설 및 판례는 피해자의 증명책임의 완화 또는 해석론을 통한 증명책임의 전환 등을 인정하고자 한다.[15)]

3. 손해배상의 범위

(1) 매매목적물의 하자로 인하여 매수인이 불이익 내지 손해를 입은 경우에 민법 580조 등의 하자담보책임에 의하여 구제·조정 받을 수 있는 손해의 범위는 대금감액과 계약체결비용에 한정된다.[16)] 사례의 경우 X가 Y에 대하여 하자담보책임을 묻는다 하더라도 위 커플링의 매매대금과 그 체결에 소요된 비용으로 제한된다. 즉, A·B에게 지급한 이른바 확대손해 내지 2차 손해는 담보책임추궁에 의하여서는 배상받을 수 없다.

(2) X가 A·B에게 지급한 손해배상액 상당을 다시 Y에게 손해배상청구하기 위해서는 앞서 본 바와 같이 Y의 과실책임이 인정되어 채무불이행 또는 불법행위책임을 인정할 수 있어야 한다. 이러한 손해배상책임이 인정되는 경우에도 손해배상액의 결정은 Y의 가해행위와 상당인과관계 있는 범위로 제한되고, X와 A·B 등 피해자의 과실유무에 따라 과실상계 될 것이다.

---

15) 앞의 논문, 292~294면 참조.

16) 위 논문 286면: 반대, 이은영, 앞의 논문 참조.

제2절 대여금반환 및 보증금청구

Ⅰ. 들어가는 말

대여금반환청구는 민사소송에서 가장 높은 비율을 차지하는 사건이라 할 수 있다. 대여금반환청구소송에는 (1) 대여원금 외에, (2) 이자, (3) 지연손해금, (4) 보증인에 대한 보증채무 이행 등이 병합 청구되는 경우가 많다. 위 각 청구는 금전청구로서의 공통성은 있으나, (1)은 소비대차계약, (2)는 이자지급계약, (3)은 이행지체로 인한 손해배상, (4)는 보증인과의 보증계약에 기한 것으로서 서로 다른 청구이다.

아래에서는 위 각 청구의 전형적 사건에서의 요건사실·항변사실을 살펴보고 개별사례에의 적용에 관하여 살펴본다.

Ⅱ. 대여금반환청구

1. 청구원인

(1) 요건사실

① 채권자와 채무자 사이에 금전 기타 대체물의 소유권을 상대방에게 이전하고, 상대방은 동종, 동질, 동량의 물건을 반환할 것을 약정한 사실, ② 채권자가 채무자에게 금전 기타 대체물을 교부한 사실, ③ 변제기의 약정 및 변제기가 도래한 사실

(2) 변제기의 합의유무에 관한 주장·증명책임

소비대차계약은 이른바 대차형 계약으로서, 일정한 재산권을 일정기간동안 이용한다는 데 그 특색이 있다. 이와 같은 종류의 계약에

서 반환시기의 합의는 단순한 법률행위의 부관으로서의 의미를 갖는 것이 아니라 계약의 불가결한 요소로서 보아야 한다. 따라서 소비대차계약의 성립요건으로서 확정기한이든, 불확정기한의 약정이든 아니면 반환시기의 약정이 없었든지 간에 원고(채권자)는 반드시 반환시기에 관한 주장·증명을 하여야 한다.

① 반환시기가 확정기한일 경우에는 그 도래사실에 관하여 별도의 주장·증명을 할 필요는 없다. 그러나 기한이익 상실을 주장할 경우에는 기한이익 상실에 관하여 특약한 사실과 특약에 해당하는 사실이 발생하였음을 원고가 주장·증명하여야 한다.

② 반환시기가 불확정기한부인 약정의 경우에 그 기한을 정하는 사실이 발생한 사실, 예컨대 특정인의 사망 시를 변제기로 한 때에는 그 특정인의 사망사실을 원고가 주장·증명하여야 한다.[17] 불확정기한부 약정의 경우에 그 사실이 발생한 경우는 물론이고, 그 사실의 발생이 불가능한 것으로 확정된 때에도 이행기는 도래하였다고 볼 것이다(대법원 1989. 6. 27. 선고 88다카10579 판결 등).

③ 반환시기의 약정이 없는 경우에는 원고는 청구원인으로서 반환시기의 정함이 없이 대여한 사실만 주장·증명하여 대여금의 반환을 청구할 수 있다. 이때 채무자인 피고는 민법 604조 2항을 원용하여 상당한 기간을 청한 최고가 없었음을 항변할 수 있다.

2. 피고의 항변

(1) 원고의 대여금반환청구에 대하여 피고(채무자)가 제출할 수 있는 항변의 대표적인 것으로는 ① 변제, ② 상계, ③ 공탁, ④ 시효소멸

---

17) 사법연수원, 요건사실론 2008, 51면.

등이 있으므로 이에 관하여 살펴본다.

(2) 변 제

(가) 변제의 요건사실에 관한 근거조문은 없으나, 민법 460조를 참고하면, ① 채무의 내용에 좇은 급부가 현실적으로 제공될 것, ② 급부가 당해채권에 대하여 행하여 질 것이 요건사실이라고 할 수 있다. 실무에서는 '피고(또는 제3자 00)는 이 사 건 채무의 이행(변제)으로서 1,000만 원을 지급하였다'라는 형식으로 주장하는 것이 일반적이다. 위 요건사실 중 ② 요건사실에 관하여 주장·증명책임에 관하여는, 채무자가 변제효과의 발생요건사실로서 당해급부와 채무의 상호 결합 사실을 주장·증명하여야 한다는 견해와, 변제의 효과를 다투는 측에서 결합의 부존재 사실 또는 채무자가 변제 이외의 목적을 위하여 급부행위를 하였다는 사실의 주장·증명책임이 있다는 견해(채권자설)로 나뉜다. 생각건대 ② 요건사실에 관하여 원고(채권자)가 적극적으로 다투고 나오는 경우(간접부인)에 변제의 효과를 주장하는 피고가 이를 증명할 책임이 있다고 보아야 할 것이다.

(나) 제3자가 채무자를 위하여 변제한 경우에, 그 변제가 당사자의 의사에 반한다는 사실 등을 들어서 변제의 효과를 다투고 나올 때(민법 469조 1,2항)는, 제3자변제의 무효를 주장하는 자가 그 사실의 주장·증명책임을 부담한다.

(다) 원고가 대여금채권 중 일부를 청구하고 있는 경우에는 일반적으로 전체 대여금중 일부를 변제받고 남은 부분을 청구하는 것으로 볼 수 있다(외측설). 이 때 피고의 변제항변이 인용되려면 그 변제금액이 원고가 미리 공제한 금액을 초과하여야 한다. 예컨대, 총 대여금 2,000만 원 중에서 일부인 1,000만 원을 원고가

청구하는 경우에, 피고가 변제항변 하는 금액이 1,000만 원을 초과하는 경우에만 그 초과금액의 범위 내에서 항변이 인정되는 것이다.

(라) 피고의 변제항변에 대하여 원고는 피고가 제공한 급부의 전부 또는 일부가 합의충당, 지정충당, 법정충당 등의 방식에 의하여 다른 채무에 충당된 사실을 주장하며 변제충당의 재항변을 할 수 있다. 이에 대하여 피고는, 원고 주장의 채무는 발생원인이 무효사유에 해당하여 그 채무가 아예 발생하지 않았다거나(권리장애사유), 이미 변제하여 소멸한 사실(권리소멸사유) 등을 주장하며 재재항변을 할 수 있다.

변제충당의 주장·증명책임은 다음과 같이 분배한다.

[대법원 1994. 2. 22. 선고 93다49338 판결]

> 채무자가 동일한 채권자에 대하여 같은 종류를 목적으로 한 수개의 채무를 부담한 경우에 변제의 제공에 있어서 당사자가 변제에 충당할 채무를 지정하지 아니한 때에는 민법 제477조의 규정에 따라 법정 변제충당 되는 것이다. 특히 민법 477조 4호에 의하면 법정 변제충당의 순위가 동일한 경우에는 각 채무액에 안분비례 하여 각 채무의 변제에 충당되는 것이다. 그러므로 위 안분비례에 의한 법정 변제충당과는 달리, 그 법정 변제충당에 의하여 부여되는 법률효과 이상으로 자신에게 유리한 변제충당의 지정, 당사자 사이의 변제충당의 합의가 있다거나 또는 당해채무가 법정 변제충당에 있어 우선순위에 있어서 당해채무에 전액 변제충당 되었다고 주장하는 자는 그 사실을 주장·증명할 책임을 부담한다.

(3) 상 계

(가) 상계의 요건사실은 ① 자동채권의 발생사실, ② 자동채권과 수

동채권이 상계적상에 있는 사실, ③ 피고가 원고에게 수동채권과의 상계 의사표시를 한 사실 등이다.

민법 492조는 위 상계적상에 관하여, ㉠ 대립하는 채권이 동종의 목적을 가질 것, ㉡ 쌍방의 채무가 변제기에 있을 것 등을 필요로 한다고 규정하고 있다. 그 중 ㉠요건은 위 ① 요건사실에 관한 주장·증명에 포함되는 것이 일반적이다. ㉡ 요건은 자동채권의 발생원인에 따라 그 주장·증명책임의 부담자가 달라지게 된다.

자동채권의 발생 원인이 매매형 계약인 경우에는 피고는 ① 요건사실에 관한 주장·증명을 하면 될 것이다. 자동채권의 변제기 미도래 사실은 상대방인 원고가 재항변으로 주장·증명하여야 한다. 자동채권이 대차형 계약인 경우에는 ① 요건사실에 관한 주장·증명을 통하여 변제기에 관한 합의유무가 나타날 것이므로, 피고가 변제기의 도래사실에 관하여서도 주장·증명하여야 한다.

(나) 채무의 성질상 또는 당사자의 합의에 의하여 상계가 허용되지 않는 경우(민법492조 1항 단서, 2항)는 원고의 재항변사유에 해당되므로 원고에게 주장·증명책임이 있다.

그러나 수동채권의 내용 자체로부터 명백한 경우(민법 496조에 해당하는 채무)에는 상계항변은 주장 자체로서 이유 없게 된다.

(다) 상계에 조건이나 기한을 붙일 수 없으므로(민법 493조 1항 후문), 상계의사표시에 조건이나 기한이 붙어있다는 사실은 상계의 효력을 다투는 원고에게 주장·증명책임이 있다.

(4) 변제공탁

변제공탁의 요건사실은 ① 민법 487조 규정의 3가지 공탁원인사실(수령거절, 수령불능, 채권자 불확지)의 존재, ② 공탁금이 채무의 전부를 변제하기에 족한 사실이다. ② 요건사실에 관하여 피고는 채무 전액임을 공탁원인 중에 밝히고 공탁한 사실과, 채권자인 원고가 그와 같은 공탁원인을 수락하고 공탁금을 수령한 사실을 증명함으로써 전액공탁 사실에 대한 증명책임에 갈음할 수 있다.[18]

원고는 공탁물수령시의 이의유보 사실을 재항변으로 주장·증명할 수 있다.

(5) 시효소멸

(가) 시효소멸의 요건사실은 ① 권리행사가 가능한 상태에 있었다는 사실, ② 위 ①의 시점으로부터 일정기간(시효기간)이 경과된 사실이다. ① 요건사실은 원고의 청구원인사실에서 나오는 것이므로 피고가 별도로 주장·증명하여야 하는 것은 아니다. 다만, 아래에서 보는 바와 같이 기산점에 관하여서는 당사자의 주장이 서로 다를 수 있으므로 각자에게 유리한 기산점에 관하여 주장·증명책임이 있는 것이다. 절대적 소멸설(대법원 1978. 10. 10. 선고 78다918 판결 ; 대법원 1985. 5. 14. 선고 83누655 판결)에 따르면, 시효이익 원용권자가 상대방에게 시효원용 의사표시를 한 사실은 요건사실이 아니다.[19] 그러나 변론주의원칙상 소멸시효 이익을 받는 자가 이 사실을 주장(원용)하여야만 법원은 이에 관하여 판단할 수 있다.

(나) 위 ① 요건사실은 소멸시효의 기산점에 관한 것으로서 주요사실이다(대법원 1995. 8. 25. 선고 94다35886 판결 등). 법원이 당사자 주장의 기산점이 아닌 다른 시점을 기산점으로서 인정하면 변론주의에 위배되는 것이다.

---

18) 사법연수원, 요건사실론 2008, 57면.

19) 위 책, 61면.

할부매매계약 등과 같이 기한이익상실의 약관(특약)이 있는 경우 기한이익상실사유가 발생하였을 때 그 기산일을 어떻게 정할 것인가는 당사자의 주장·증명책임과 관련하여 살펴 볼 필요가 있다. 판례(대법원 2002. 9. 4. 선고 2002다28340 판결)는 기한이익상실의 특약에는 정지조건부 특약과 형성권적 특약 2가지가 있음을 전제로, 정지조건부 특약은 조건의 성취시 자동적으로 이행기가 도래하는 데 반하여, 형성권적 특약은 채권자가 기한이익상실의 의사표시를 하여야 이행기가 도래한다고 하여, 특별한 사정이 없는 한 형성권적 특약으로 보아야 한다는 입장이다. 이 견해에 따르면 피고는 채권자가 기한이익 상실 특약에 따라 기한이익상실의 의사표시를 함으로써, 그 시점부터 소멸시효기간이 경과한 사실을 주장·증명하여야 한다.

민법 162조 내지 165조 또는 상법 64조가 정하는 각종의 단기소멸시효를 원용하는 자는 그 각각의 법 규정에 해당하는 채권이라는 사실의 주장·증명책임이 있다. 그러나 그러한 사실을 근거로 인정된 채권이 어떤 시효기간의 적용을 받는 가에 관한 당사자의 주장은 법률상의 견해에 불과하므로 법원은 이에 구속되지 않는 것이다.

(다) 원고의 재항변

피고의 시효소멸항변에 대한 원고의 재항변사유로서는 시효중단 및 시효소멸이익의 포기 등이 있다.

① 시효중단사유로서의 재판상 청구에는 채무자가 채무부존재확인의 소를 제기한 데 대하여 채권자가 피고로서 응소하여 적극적으로 그 채권의 존재를 주장하여 법원이 이를 받아들인 경우도 포함된다(응소행위의 시효중단효 ; 대법원 2005. 12. 23. 선

고 2005다59383, 59390 판결 등).

② 시효중단사유로서의 승인은 시효기간 진행 중에만 인정될 수 있는 것이다. 소멸시효완성 후의 승인은 시효이익의 포기여부가 문제 될 뿐이다.

묵시적 승인을 주장하는 경우에는 채무자가 채권자에게 채무의 존부와 액수에 관한 인식을 표시한 사실을 인정할 수 있는 구체적 사실에 대한 주장·증명이 있어야 한다.

③ 원고의 시효중단항변에 대응하여 피고는 그 중단사유 종료 시부터 시효가 다시 진행되어 새로운 시효소멸사유가 발생하였음을 주장·증명할 수 있다. 이러한 항변은 원고의 재항변에 대한 재재항변이라기보다는 당초의 시효소멸항변과 양립하는 별개의 항변으로 볼 것이다.[20]

Ⅲ. 이자·손해배상청구

1. 이자청구

(1) 이자청구의 요건사실은 ① 원본채권의 발생원인 사실, ② 이자지급에 관한 합의, ③ 목적물(대여금)의 인도 및 인도시기 등이 있다. 위 요건사실 이외에 이자 발생기간, 원본채권의 사용기간에 관하여 주장·증명할 책임이 원고에게 있다. 한편 채무자(차주)의 귀책사유로 대여금 수령을 지체한 때에는 채권자(대주)가 이행을 제공한 때부터 이자지급 의무가 발생한다(민법 600조). 이 경우 원고는 대여금의 이행제공사실 및 그 시기, 피고의 귀책사유로 대여금 수령을 지체한 사실을 주장·증명하여야 한다.

---

20) 사법연수원, 요건사실론 2008, 65~66면.

(2) 소비대차계약은 무이자가 원칙이므로 위 ② 요건사실은 원고가 주장·증명하여야 하는 것이다. 그런데 소비대차계약 당사자 중 어느 한 쪽이라도 상인인 경우에는 당연히 상법(54조)이 정한 이자를 청구할 수 있다. 즉, 상인 간에 금전소비대차가 있었음을 주장하면서 약정이자의 지급을 구하는 청구에는 약정이자율이 인정되지 않더라도 상법 소정의 법정이자의 지급을 구하는 취지가 포함되어 있다고 보아야 할 것이다(대법원 2007. 3. 15. 선고 2006다73072 판결). 상인간 소비대차에 관한 요건사실은 ① 채권자와 채무자가 모두 상인이거나, 그중 어느 한쪽이 상인이라는 사실, ② 절대적 또는 영업적 상행위에 의한 소비대차계약의 성립사실이 포함된다. 그러나 상법 47조 2항에 의하여 상인의 행위는 상행위로 추정되므로 원고는 ② 요건사실 중 소비대차계약의 성립사실만 주장·증명하면 될 것이다.

2. 이행지체에 기한 지연손해금배상청구

(1) 지연손해금청구의 요건사실은, ① 원본채권의 발생원인 사실, ② 반환시기 및 그 도과사실, ③ 손해의 발생과 그 범위(수액)이다. ② 요건을 구체적으로 보면, 확정기한의 경우에는 그 기한의 도과, 불확정기한의 경우에는 불확정기한을 확정하는 사실의 발생과 그 기한의 도래 및 채무자가 알고 있음에도 이를 도과시키고 있는 사실, 기한을 정하지 아니한 경우에는 최고 및 상당기간의 경과(민법 603조 2항)사실이 될 것이다.

(2) 금전채무불이행의 경우 특약이 없더라도 당연히 연5%의 법정이율(민법 397조 1항)에 의한 지연손해금을 청구 할 수 있다. 이 경우에는 위 요건사실 ③의 주장·증명이 필요 없게 될 것이다. 이와는 달리 원고가 법정이율을 초과하는 이자약정이 있을 경우(민법 397조 1항 2

문) 또는 손해배상의 예정(민법 398조)에 따른 지연손해금을 청구할 경우 이러한 약정사실에 따른 ③ 요건사실의 주장·증명이 있어야 한다.

3. 이자·지연손해금배상청구에 대한 피고의 항변과 원고의 재항변은 원본채권에 대한 청구의 경우와 동일하므로 이에 관한 설명은 생략한다.

Ⅳ. 보증채무 이행청구

1. 소 송 물

보증채무 이행청구 소송에 있어서는 원본채권과 더불어 이자 및 지연손해금이 같이 청구되는 경우가 일반적이다. 그런데 보증채무는 특약이 없는 한 주채무의 이자 및 지연손해금까지 보증하는 것이므로(민법 429조 1항), 1개의 보증계약에 따라 원본, 이자, 지연손해금의 지급을 청구하는 경우에 소송물은 1개가 된다. 주 채무자에 대한 원본, 이자, 지연손해금 청구의 경우 이를 각각 별개의 소송물로 취급하는 것과 서로 구분되는 점을 유의할 필요가 있다.

2. 청구원인

(1) 요건사실

보증채무 이행청구의 요건사실은, ① 주채무의 발생원인 사실, ② 보증인과 채권자(대주)사이에 ①의 주채무를 보증하는 합의의 존재사실이 된다.

보증채무의 부종성(민법 430조)에 따라 주 채무의 존재를 필요로 하므로 먼저 주채무의 발생원인 사실에 관한 주장·증명이 필요하다. 보증채무는 주 채무의 이자, 위약금, 손해배상 기타 주 채무에 종속한 채무를 포함하게 되므로(민법 429조 1항), 보증계약에서 이러한 종된 채무에 대한 보증을 배제하는 특약을 한 경우에는 보증인이 항변으로서 이러한 특약사실에 관한 주장·증명을 하여야 한다.

(2) 연대보증약정

원고(채권자)가 주채무자와 보증인을 공동피고로 하여 연대채무이행을 청구하는 경우에는 보증인과 사이에 연대보증의 특약이 있었음을 원고가 주장·증명하여야 한다. 이와는 달리 보증인에 대하여 단순히 보증채무의 이행을 구하는 경우에는 연대보증의 특약사실을 주장·증명할 필요는 없을 것이나, 보증인이 최고·검색의 항변을 하여오는 경우 재항변으로서 연대보증특약사실을 주장·증명하여야 할 것이다.

3. 보증인의 항변사유

(1) 주채무와 관련된 항변

(가) 주채무의 시효소멸

주 채무자가 시효원용권을 상실하거나 포기하더라도 상대적 효력에 그치는 것이므로(민법 433조), 보증인은 주채무에 대한 시효소멸의 이익을 원용할 수 있다. 한편, 보증인이 보증채무의 시효완성 후에 그 시효이익을 포기한 경우에도 주채무의 시효소멸을 원용할 수 있는 지에 관하여는 긍정설과 부정설이 대립하고 있다.[21] 이러한 경우에도 보증인은 특별한 사정이 없는 한, 주채무의 시효소멸을 원용할 수 있다고 보아야 할 것이다.

시효소멸항변에 대한 재항변으로서 시효의 중단을 주장하려면 주채무에 대한 시효중단사유를 주장하여야 한다. 그렇지 않고 보

---

21) 사법연수원, 요건사실론 2008, 71면.

증채무 자체에 대한 시효중단사유를 주장하는 것은 주채무의 시효소멸을 막을 수 없어 주장자체로서 이유 없는 것이 된다(대법원 2002. 5. 14. 선고 2000다62476 판결).

(나) 상 계

보증인은 주채무자가 채권자에 대하여 가지는 채권을 자동채권으로 하여 주채무와 상계할 수 있다(민법 434조). 보증인의 채권자에 대한 채권을 자동채권으로 하여 주채무와 상계를 할 수 있음은 당연하다 할 수 있다.

(다) 보증인은 주 채무자가 가지는 각종 취소권·해제권 등을 근거로 이행거절의 항변을 할 수 있다(민법 435조).

(2) 보증인은 보증채무에 특유한 항변으로서 최고·검색의 항변권을 행사할 수 있다(민법 437조). 연기적 항변권이라 할 수 있는 데, 이에 대하여 채권자는 연대보증의 특약 또는 주채무자에 대하여 이미 권리행사를 하였던 사실 등을 들어 재항변할 수 있다.

【사 례 I】

1. X의 진술내용

나는 절친한 사이이던 친구 Y로부터 아파트매입자금으로 필요한 돈 3,000만 원을 빌려달라는 요청을 받고, Y에게 2008. 6. 20. 1,000만 원을 빌려주었다(아래에서는 '제1회 대여금'이라 한다). 위 돈을 언제 반환할 것인지에 관하여는 달리 정하지 않았다. Y는 같은 해 9월에 다시 5,000만 원을 더 빌려달라고 요청하였다. 절친한 친구가 어려움 속에서 아파트를 매입하는데 필요한 자금을 빌려달라고 하는 것을 차마 거절하지 못하고, 같은 해 9. 15. 5,000만 원을 더 빌려주게 되었다(아래에서는 '제2회 대여금'이라 한다). 위 5,000만 원 차용계약을 체결하면서 그 돈을 분할하여 Y가 변제하기로 하였는데, 제1회는 2008. 12. 15, 제2회 이후는 2009.

1, 2, 3, 4월의 매월 15일에 1,000만 원씩 나누어서 갚기로 하고 Y가 위 각 변제기일에 1회라도 연체할 때에는 그 시점에서 잔액 전부에 대한 기한의 이익을 상실하기로 약정하였다. 그런데 Y는 제1회 변제기일부터 연체하였다. 이에 나는 Y에 대하여 2008. 12. 20. 자로 위 제1회 대여금 1,000만 원과 제2회 대여금 중 제1회 분할 변제금 1,000만 원을 같은 해 12. 31.까지 변제할 것을 최고하였으나 Y가 이에 응하지 않았다. 한편, Y는 위 제1회 대여금 1,000만 원을 나에게 변제하였다고 주장하고 있으나 그러한 사실은 없다.

2. Y의 진술내용

나는 친구인 X로부터 2008. 6. 20. 1,000만 원을 빌린 사실이 있다. 그 사용목적은 아파트구입자금으로 쓰고자 하였던 것도 사실이다. 위 돈 차용시에 X는 특별한 호의를 가지고 위 차용금의 변제기한도 정하지 않고 빌려주었다. 그런데 나는 같은 해 8. 5. 위 돈을 모두 갚았다. 그리고 2008. 9. 15. X로부터 5,000만 원을 아파트구입자금조로 빌린 것도 사실이다. X의 주장과 같이 위 5,000만 원을 5회에 걸쳐 분할하여 변제하기로 한 것도 맞다. 그러나 제1회 변제기일이 2008. 12. 15. 이라는 X의 주장은 사실과 다르다. 나는 2009. 4월 초에 A 은행으로부터 융자를 받기로 예정되어 있어서 X에 대한 위 제2회 대여금의 변제는 동 융자가 실행되기로 예정된 이후인 2009. 4. 15.에 제1회 분할 변제금을 지급하기로 하였고, X도 이에 동의하였다. 따라서 제2회 대여금의 변제기는 아직 도래하지 않고 있는 것이다. X는 2008. 12. 20. 자로 제1회 대여금 1,000만 원과 제2회 대여금중 제1회 분할 변제금 1,000만 원의 지급을 최고하였다고 주장하지만 그러한 사실은 없었다.
위와 같이 X의 청구는 어느 모로 보더라도 이유 없으므로 이에 응할 수 없다.

[문제] 위와 같은 X의 진술을 기초로 아래의 각 경우를 고찰하시오(현재 시점은 2009. 3. 4. 이라고 가정한다).

(1) 먼저, Y에 대하여, 제1회 대여금 1,000만 원과, 제2회 대여금 중 2008. 12월, 2009. 1월과 2월의 3개월분 3,000만 원 합계 4,000만 원

> 의 지급을 구하고자 한다.
> (2) Y에 대하여 제2회 대여금 5,000만 원 및 이에 대한 2008. 12. 16.부터 다 갚을 때까지 연5% 비율에 의한 돈의 지급을 구하고자 한다.

1. 사례의 요약 및 쟁점

본 사례는 X가 (1) Y에게 대여한 돈 중 제1회 대여금 1,000만 원과 제2회 대여금 중 변제기가 도래한 3,000만 원, 합계 4,000만 원의 지급을 구하고, (2) 제2회 대여금 돈 5,000만 원에 대하여 제1회 분할변제금의 변제를 연체하여 기한의 이익을 상실하였다고 주장하면서 대여금 5,000만 원과 이에 대한 제1회 분할변제금의 변제기 경과 후의 지연손해금의 지급을 구하고 있는 사안에 관한 것이다.

이에 대하여 Y는 제1회 대여금 1,000만 원을 변제하였고, 제2회 대여금의 제1회 변제기가 아직 도래하지 않았다고 주장하여 X의 주장을 다투고 있다.

2. 청구원인

(1) 요건사실

① X가 Y에게 금전을 지급하고, Y는 동액의 금전을 X에게 반환하기로 하는 합의를 한 사실, ② 위 합의에 따라 X가 Y에게 금전을 지급(교부)한 사실, ③ X와 Y사이에 변제기에 관하여 합의한 사실, ④ 변제기가 도래한 사실이 본 사례의 요건사실이라 할 수 있다.

(2) 변제기의 합의가 없는 경우

본 사례의 제1회 대여금에 대하여는 변제기의 합의가 없는 경우(민법 603조 2항)이므로, X는 변제기의 합의가 없었다는 사실과 Y에 대하여 변제의 최고를 함으로써 변제기가 도래하였다는 주장·증명을 하여야 한다. 이에 대하여 Y가 재항변으로서 최고 후 상당기간이 경과하지 않았다는 주장을 할 수 있다. 실무에서는 Y에 대한 소장부본 송달로서 이러한 변제최고사실의 주장과 증명이 동시에 이루어지는 것으로 볼 수 있으므로 실제상 문제되는 경우는 없을 것이다.

(3) **기한이익의 상실**

X의 (1) 청구에서는 제2회 대여금 중 이미 변제기가 도래한 3,000만 원의 변제를 청구하고 있으므로 기한이익 상실에 관한 주장·증명은 필요 없다. 그러나 (2) 청구에서는 2,000만 원은 기한이 도래하지 않았음에도 대여금 전액인 5,000만 원에 대하여 제1회 변제기(2008. 12. 15.) 다음날부터 지연손해금을 청구하고 있다. 그러므로 X는 기한이익 상실에 관한 합의 및 그 합의에 따라 기한의 이익을 상실하게 된 요건사실에 관하여 주장·증명하여야 한다.

본 사례에서 X는 분할변제에 관한 합의와 1회라도 연체할 때에는 기한의 이익을 상실하기로 하는 합의의 존재에 관하여 주장·증명하여야 하고, Y가 제1회 분할변제금을 연체한 사실은 주장으로 족하고 증명할 필요는 없는 것이다. 즉, Y가 제1회 변제기에 분할변제금을 변제한 사실은 기한이익상실의 효력발생장애사실로서 Y가 주장·증명하여야 하는 것이다.

(4) **X의 (2) 청구중 지연손해금 청구에 관한 검토**

X는 청구원인으로서 ① 원본채권의 발생원인 사실, ② 변제기의 경과, ③ 손해의 발생과 그 액수에 관하여 주장·증명하여야 할 것이다. 위 요건사실 중 ①, ②에 관하여서는 이미 설명하였으므로 ③에 관하여 살펴본다.

본 사례에서 X는 법정이율인 연 5%의 비율에 의한 지연손해금을 청구하고 있으므로 별도의 지연손해금 지급에 관한 약정사실을 주장·증명할 필요는 없다. 지연손해금은 이행지체기간에 따라 결정되는 것이므로 X는 그 시기(始期)를 주장·증명하여야 한다. 종기(終期)는 'Y가 다 갚을 때 까지'가 될 것이므로 별도의 주장·증명을 필요로 하는 것은 아니다.

3. 청구원인에 대한 Y의 답변(認否)

(1) Y는 X의 제1회 대여금청구에 대하여, X로부터 X 주장 날짜에 X 주장과 같이 1,000만 원을 변제기의 정함이 없이 빌린 사실을 인정함으로써 자백하고 있다.

(2) Y는 X의 제2회 대여금청구에 대하여, 제1회 분할변제금의 변제기에 관하여 X 주장과 다른 날짜를 주장하고 있는 데 이것은 X 주장을 부인하는 것에 해당한다. 따라서 X는 그가 주장하는 날짜를 증명할 책임이 있다.

4. Y의 항변

Y는 제1회 대여금 1,000만 원을 2008. 8. 5. 변제하였다는 항변을 하고 있고 X는 그 사실을 다투고 있다. 따라서 Y는 변제의 요건사실에 맞추어 주장·증명할 책임이 있다.

【사 례 II】

1. X는 그의 친생자 A를 X의 형인 Y에게 입양시켰다. 1996. 10. 10 Y로부터 A를 미국의 명문 사립대에 유학시키려 하는데, 그 학자금을 비롯한 유학비용조로 5,000만 원을 빌려달라는 요청을 받고 이에 응하게 되었다. 위 5,000만 원에 대한 소비대차계약을 체결하면서 이자는 연 10%, 변제기는 1998. 6. 10로 약정하고, X는 위 계약당일에 위 돈 전액을 Y의 은행계좌로 입금하였다.
   그 후 X는 2008. 10. 10 Y에게 위 대여금원금과 이자의 지급을 요구하였다.
2. 이에 대하여 Y는 위 돈은 X가 그의 친생자 A의 유학비용에 보태어

쓰라며 증여한 것이라고 주장하고 있다. 한편, Y는 X의 주장과 같이 위 돈을 빌렸다고 하더라도 그로부터 1년여 뒤인 1997년 말에 모두 변제하였고, 그렇지 않더라도 위 돈의 변제기로부터 10년 이상이 도과하였으므로 X의 채권은 시효소멸 되어 위 돈을 변제할 의사가 없다고 주장하고 있다.

3. Y의 위 주장에 대하여, X는 Y로부터 위 돈을 변제받은 사실은 결코 없고, Y가 2008. 5월 초에 X로부터 위 돈의 변제독촉을 받고 2008. 10월초까지 위 돈을 틀림없이 변제하겠다고 간청하여 X가 그때까지 지급을 유예한 것이므로 Y의 시효소멸 주장은 부당하다고 주장한다.

4. 위와 같은 X와 Y의 주장을 전제로 하여, X가 Y에 대하여 대여금반환과 이에 대한 이자 및 지연손해금의 지급을 청구할 경우에 그 청구원인과 Y의 항변 및 X의 재항변을 요건사실별로 정리하시오.

1. 소송물 및 쟁점

위 사례에서 X는 Y를 상대로, 5,000만 원 및 이에 대한 이자와 지연손해금의 지급을 구하고 있고, Y는 X의 청구에 대하여 (1) 소비대차계약이 아니라 증여한 것이라고 하여 X의 청구원인에 대한 부인의 답변, (2) 변제항변, (3) 시효소멸항변을 하고 있다. 끝으로 X는 Y의 시효소멸항변에 대하여 채무승인의 재항변을 하고 있다.

2. 청구원인사실

(1) X와 Y 사이의 소비대차계약의 요건사실로서, X는 '변제기를 1998. 6. 10. 로 하여 5,000만 원을 대여하기로 합의하고, 위 합의에 따라 위 돈을 X의 은행계좌에서 인출하여 Y의 은행계좌로 송금하였다'고 주장하면 된다. 여기서 '대여'는 원본채권의 반환을 전제로 하는 개념이므로 '반환하기로 하였다'는 표현을 명시할 필요는 없다.

(2) 위 사례에서 X는 이자의 지급청구를 하고자 하므로 그 요건사실은

다음과 같다. ① 원본채권의 발생원인 사실은 원본채권 청구원인사실에서 나오므로 ② 이자지급의 합의와 ③ 이자발생기간, 즉 일정기간의 경과에 관하여 X가 주장·증명하여야 한다. 즉 'X와 Y는 위 대여계약시에 이율 연10%로 하여 이자를 지급하기로 합의하였고, 변제기인 1998. 6. 10이 도래하였다'라는 주장이 필요하다. 약정변제기는 이자채권 계산의 기초가 되는 최대한의 종기(終期)가 되는 것이다. 변제기 이후에는 지연손해금 배상의 기초가 되는 기간이 진행되는 것이다.

(3) 위 사례에서 X는 지연손해금도 같이 지급청구 하고자 하므로 그 요건사실을 검토하면 다음과 같다.
① 원본채권의 발생사실과 ② 변제기가 도래(경과)한 사실은 앞에서 나왔으므로 ③ 손해의 발생과 그 액수에 관하여 주장·증명하여야 한다. 금전채무의 경우에는 원본채무의 불이행에 따라 당연히 손해가 발생하는 것이고 X가 손해발생 사실을 증명할 필요는 없다(민법 397조 2항). 그 손해 액수는 위 사례에서 법률상 제한이율을 초과하지 않는 약정이율인 연10%의 비율에 의하여 결정된다. 손해 산정기간은 'Y가 원본채권을 다 갚을 때까지'가 되는 것이므로 이자계산의 경우와는 달리 종기의 도래에 관한 주장은 필요 없다.

3. Y의 항변

(1) 위 사례에서 Y는 Y가 X로부터 5,000만 원을 지급받은 사실은 인정하고 있으므로 이 요건사실에 관하여는 자백이 성립하고 있다. 한편, Y가 위 돈은 대여금이 아니고 Y에게 증여한 것이라고 주장하고 있으므로 X의 청구원인사실 중 일부부인(적극부인; 간접부인)하고 있는 것이다. 따라서 X가 위 돈은 대여금임을 인정할 수 있는 요건사실에 관하여 증명하여야 한다.

(2) Y는 변제항변을 하고 있고, X가 이를 부인하고 있으므로 변제의 요건사실은 Y가 주장·증명하여야 한다.

(3) Y는 시효소멸의 항변도 하고 있으므로 그 요건사실에 관하여 주장·증명하여야 한다. 시효소멸의 요건사실 중 ① 권리를 행사할 수 있는 상태에 있었다는 사실은 X의 청구원인사실에서 이미 나오므로 Y로서는 이에 관하여 별도의 주장·증명을 할 필요가 없다. 그리고 X가 권리를 행사하지 않은 사실(부작위)은 Y가 주장할 필요는 없고, X가 시효중단의 재항변을 통하여 권리를 행사한 사실에 관하여 주장 ·증명하여야 하는 것이다. 시효소멸의 다른 요건사실인 ② 위① 로부터 시효기간이 경과한 사실에 관하여는 채권의 일반소멸시효인, 변제기로부터 10년 이상의 기간이 경과하였다(변제기 다음날인 1998. 6. 11로 부터 10년이 되는 2008. 6. 10이 이미 지났다)고 주장하면 되고, 그 기간의 경과여부는 법원에 현저한 사실이 되는 것이다.

4. X의 재항변

X는 Y가 '2008. 10월 초까지 위 5,000만 원을 틀림없이 변제 하겠다'고 하여 지급유예요청을 한 사실에 관한 주장을 하고 있다. 이러한 주장은 Y의 시효소멸 항변에 대한 재항변인 '채무의 승인(민법 168조 3호)'에 관한 것이다(만약 Y가 위 시효소멸기간 경과 후에 위와 같은 요청하였다면, 이것은 시효원용권 포기에 해당되므로 그 요건사실은 달리 보아야 한다). 그러므로 채무승인에 관한 요건사실을 검토하여야 한다. 즉 위 사례에서 X는 'Y가 X에게, 2008. 5월 초에 위 대여금채권의 지급을 유예하여 달라는 요청을 하였다'는 시효중단사유로서의 채무승인(민법 168조)을 주장하고, Y가 그러한 사실을 다투면 이를 증명할 책임이 있다.

【사 례 Ⅲ】

1. A는 평소 자동차에 대한 관심이 많은 자로서 중고자동차 매매중개업

을 운영하고 있다. A와 같이 자동차매매 중간브로커인 B, C는 A에게, A의 오랜 고객 중의 1인이 이전부터 갖고 싶어 하던 희귀모델 중고차를 자동차 딜러인 D가 갖고 있다는 정보를 알려주었다. 이에 A는 2008. 8. 20. B, C와 함께 D의 점포를 방문하여 위 중고차를 살펴보았다. 실제로 위 중고차를 시운전하는 등 자세히 살펴본 결과 그 보존상태가 열악하다는 것을 알게 되었지만, D가 위 중고차를 수리하면 신차와 별로 차이가 없을 것이라 하고 동행하였던 B, C도 같은 의견이었다. 그리하여 A가 위 중고차의 구입의사가 있음을 밝히고, D는 수리비까지 포함된 가격 9,000만 원을 제시하였다. A는 동 가격이 A의 지불능력 밖의 것이기는 하지만 A의 고객은 그 돈을 지불할 수 있는 충분한 자력이 있다고 보고 D가 제시하는 가격을 받아들여 그 자리에서 매매계약서를 작성하고 A와 D가 서명·날인하였다. 동 매매계약시에, D는 위 중고차를 수리하여 2008. 10. 1. 까지 A에게 인도하되, 위 중고차의 수리비로 많은 돈이 필요하다는 이유로 D의 요구에 따라 위 매매대금은 위 중고차의 인도에 앞선 같은 해 9. 1. 까지 지급하기로 합의하고, 매매계약서에 이를 기재하였다.

2. A는 D의 점포에서 돌아오던 도중에 곰곰이 생각하여보니 D가 위 매매계약내용을 성실히 이행할 것인지 여부에 관하여 회의가 일기 시작하였다. 그리하여 동행하고 있던 B ,C에게 'D가 약속대로 자동차를 인도한다는 것을 보증하여 주면 좋겠다'라고 요청하였다. B, C는 위 중고차매매와 관련하여 D로부터 중개수수료를 받기로 사전에 약속되어 있었으므로, 위와 같은 A의 요구에 대하여 '알았다'라고 하면서 보증인이 될 것을 약속하였다. A가 B, C에게 서면에 의한 보증계약을 체결할 것을 요구함에 따라 2008. 8. 21. A의 집에서 위 보증계약서를 작성하기로 하였다. 그런데 8, 21. 당일에 C는 급한 일이 생겨서 A의 집으로 올 수 없으나 전일에 약속한대로 D의 중고차 인도의무에 관하여 틀림없이 보증한다고 다시 다짐하였고, B는 A의 집으로 왔으므로 A와 B는 보증계약서를 작성하고 각자 서명·날인하였다.

3. A는 2008. 9. 1 D에 대한 위 대금지급을 위하여 그 중 일부인 4,000만 원을 사채업자 E로부터 빌리기로 하였다. E가 위 돈의 대여조건으로서

연대보증인을 세울 것을 요구하자, A는 마땅한 인물을 물색하던 중 그의 고객으로서 자동차 매매계약 체결을 위하여 A에게 위임하고 있던 F의 인장과 인감증명서를 보관하고 있다는 데 생각이 미치게 되었다. A는 위 중고차를 고객에게 전매하면 곧바로 위 차용금을 변제할 수 있을 것으로 생각하고, F 명의의 위임장을 위조하여 위 인감증명서와 함께 E에게 제시하고 F를 연대보증인으로 하여 E로부터 4,000만 원을 이자 연 15%, 지연시의 지연손해금은 연 20%, 변제기는 2008. 12. 1로 약정하여 소비대차계약을 2008. 9. 1자로 체결하고, 연대보증인 난에 F의 서명·날인을 위조하여 F 명의의 연대보증계약도 함께 체결하였다.

그 후 A는 2008. 9. 1. E로부터 빌린 4,000만 원과 A가 가지고 있던 돈을 보태어 위 중고차 대금을 D에게 송금하였다.

4. 위 송금 후, 2008. 10. 1이 지난 뒤에도 D로부터 아무런 연락이 없자, A가 D의 점포를 찾아가 확인한 결과, A가 구입한 위 중고차는 A가 처음 위 점포를 방문하여 살펴보았던 당시의 상태 그대로 방치되어 있었다. 이에 A가 D에게 항의한 결과, D는 A가 송금한 위 대금을 다른 곳에 유용하여 버렸고, 현재 D의 자금사정이 워낙 어려워 위 중고차 수리비를 조달할 수 없는 관계로 상당기간 위 차의 수리도 어렵다는 답변을 하였다. 그리하여 A는 변호사와 상담하여 상당한 기간을 정하여 D에게 최고를 하고, D의 채무불이행을 이유로 D와의 위 중고차 매매계약을 해제하였다.

   그 후 A는 D 및 B를 공동피고로 하여 위 대금 9,000만 원과 이에 대하여 2008. 10. 1부터 다 갚을 때까지 민법이 정한 연 5%의 비율에 의한 돈의 지급을 구하는 소를 제기하였다(아래에서는 '제1소송'이라 한다).

5. 한편 E는 A가 위 대여금의 변제기인 2008. 12. 1이 지나도 이를 변제하지 않자 E의 직원을 A의 자택에 보내어 A를 만나 위 돈의 변제를 독촉하게 하였는데, 그 직원은 A로부터 200만 원을 위 돈의 일부변제조로 받고, A가 가지고 있던 10만 원권 상품권 10매를 강제적으로 빼앗아 소지하던 중 위 돈과 상품권을 모두 임의로 소비하여 버렸다.

   그 후 E는 A 및 F를 공동피고로 하여, 위 대여금 4,000만 원과 이에 대한 이자 및 지연손해금의 지급을 구하는 소를 제기하였다(아래에서는

'제2소송'이라 한다).

6. 위 제1, 제2소송의 청구원인과 항변·재항변의 요건사실에 관하여 검토하시오.[22]

1. 소송물 및 쟁점

위 사례 제1소송에서는 A가 D와의 중고차 매매계약을 해제하고, 이미 지급한 대금의 반환 및 이에 대한 위 대금지급일 이후부터 법정이율에 의한 지연손해금의 지급을 D와 B에게 구하고 있고, 제2소송에서는 E가 A와 A의 대여금채무 보증인으로 기재된 F에게 동 대여금과 이에 대한 이자 및 지연손해금을 구하고 있다.

제1소송에서는 매매계약상 매도인의 이행지체로 인한 계약해제 및 손해배상을 중심으로 한 보증인의 채무에 관하여, 제2소송에서는 대여금반환청구를 중심으로 표현대리의 성립여부와 보증인의 채무에 관하여 그 요건사실과 항변·재항변의 요건사실에 관하여 검토하여야 한다.

아래에서는 위 각 논점들 중에서 보증계약과 관련된 논점을 중심으로 하여 관련 논점을 살펴본다.

2. 청구원인사실

(1) 제1소송

(가) 주채무자 D에 대한 청구의 요건사실은, ① A와 D 사이에, D가 위 중고차를 수리한 뒤에 A에게 그 소유권과 점유를 이전하고, A는 이에 대한 대금 9,000만 원을 D에게 지급하기로 하는 계약의 체결사실, ② A가 D에게 위 매매계약상의 대금 9,000만 원을 지급한 사실, ③ A가 D에게 위 중고차의 인도를 최고한 사실, ④ 위 최고

22) 伊藤滋夫 外, 民事要件事實講座3, 青林書院, 158~161면 참조.

로부터 상당한 기간이 경과한 사실, ⑤ A가 D에 대하여 위 ④의 기간 경과 후 ①의 계약을 해제한다는 취지의 의사를 표시한 사실이다.

(나) 보증인 B에 대한 청구의 요건사실은, 위 주채무의 요건사실에 더하여, A와 B사이에 위 주채무에 대한 보증계약을 체결한 사실에 관하여 주장·증명하여야 한다(일본의 2005개정 민법 446조 2항은 '보증계약은 서면에 의하지 않으면 그 효력이 발생하지 않는다'고 하여 요식계약임을 명시하였다. 이러한 규정하에서는 'A와 B가 서면에 의하여 주채무에 대한 보증계약을 체결한 사실'이 요건사실이다).

(다) 위 사례에서 A가 D와의 위 중고차 매매계약을 해제함으로써 D의 A에 대한 위 중고차 소유권 및 점유이전의무는 소멸하고, 이에 갈음하여 원상회복의무로서 매매대금 9,000만 원의 반환의무가 발생하였다. 이러한 D의 원상회복의무까지 B가 보증채무를 부담하는 것인지가 문제된다. 이와 같은 특정물 매매에 있어서 매도인의 채무를 보증한 자는 원칙적으로 매도인의 채무불이행에 의하여 계약이 해제된 경우에 매도인이 부담하는 원상회복의무에 대하여서도 보증책임을 부담한다고 보아야 할 것이다. 따라서 위 사례에서 B의 보증채무는 D의 9,000만 원 반환채무도 포함하는 것이다.

(2) 제2소송

(가) 주채무자 A에 대한 청구의 요건사실은, ① E는 A에게, 4,000만 원을 이자 연 15%, 지연손해금 연 20%, 변제기는 2008. 12. 1로 약정하여 대여한 사실, ② 위 변제기가 경과한 사실, ③ 이자·지연손해금의 발생과 그 액수이다.

(나) 보증인 F에 대한 청구의 요건사실에는 위 (가)의 주채무의 성립사실에 더하여 ① E와 A 사이의 보증계약체결사실, ② 위 보증계약 체결시에 A가 F의 대리인임을 밝힌 사실, ③ 위 보증계약체결에

앞서 F가 A에게 동 보증계약체결에 관한 권한을 위임(수여)한 사실이 추가된다.

(다) 위 사례에서 A는 F로부터 위 보증계약체결에 관한 권한을 위임받지 않고, 위임장을 임의로 위조한 뒤 F의 인장을 함부로 사용하여 E와 보증계약을 체결하였다. 위 사례에서 F가 위와 같은 위조·무권대리 주장에 앞서 A의 대리권의 존재 자체를 다투고 나올 경우에 E는 A가 대리권을 위임받았음을 증명할 책임이 있다.

이러한 경우에 E가 취할 수 있는 방법으로서 사문서의 진정성립 추정에 관한 이른바 2단 추정(민사소송법 358조)을 주장하는 경우와, 표현대리(특히, 민법 126조)를 주장하는 경우가 있을 것이다.

(라) 2단의 추정

보증계약서에 보증인의 인장이 날인되어 있으나, 보증인이 주 채무자에 의한 인감의 도용·모용이나 계약서의 위·변조 등을 이유로 하여 문서의 진정성립을 다투고 있는 경우가 자주 발생하고 있다. 위 사례에서도 E로부터 보증채무 이행 청구를 받은 F는 보증계약 체결에 관한 위임장에 그의 인감을 날인한 사실이 없다고 하면서 대리권수여사실을 부인하고 있다. 그러나 위임장과 보증계약서에 F의 인감이 날인되어 있는 것은 인정되므로(F가 다투지 않는다) 2단의 추정법리에 따라 위 보증계약서의 진정성립이 추정된다. 따라서 그 추정을 번복하기 위하여 인장의 도용·모용·위조사실을 주장·증명할 책임이 있다.

[대법원 2000. 10. 13. 선고 200다38602 판결]

사문서의 작성명의자가 그 사문서의 진정성립 여부에 관하여 부지라고 답변하였으나 그 사문서상의 인영이 자신의 진정한 인장에 의한 것임을 인정하는 취지로 진술하고 그 작성명의자가 타인에게 위임하여 발급받은 자신의 인감증명서상의 인영과 그 사문서상의 인영을 육안으로 대조하여 보아도 동일한 것으로 보이는 경우, 원심으로서는 그 작성명의자에게 그 인영부분의 진정성립 여부를 석명한 후 그에 따라 그 서증의 진부에 대한 심리를 더하여보고 그 결과 그 사문서의 진정성립이 추정되면 그 작성명의자가 자신의 인장이 도용되었거나 위조되었음을 입증하지 아니하는 한 그 진정성립을 부정할 수 없음에도 바로 그 사문서의 형식적 증거력을 배척한 원심판결은 사문서의 진정성립에 관한 법리오해가 있다.

(마) 표현대리

위 사례에서 A는 F로부터 보증계약체결과는 전혀 관계가 없는 별개의 매매계약체결을 위한 위임을 받고 인감증명과 인감도장을 교부받은 뒤 F의 승낙을 받음이 없이 F 명의의 보증계약을 체결하였다. 이러한 사례는 민법 126조의 권한을 넘은 표현대리의 적용의 문제라고 할 수 있다. 표현대리의 요건사실 중 E가 위 소비대차 및 보증계약체결시에 A가 F의 대리인으로서 위 보증계약을 체결할 권한이 있다고 믿을만한 정당한 이유가 있었는 지 여부가 핵심쟁점이라 할 수 있다. 이러한 '정당한 이유'의 판단기준으로서는 E가 위 보증계약체결에 있어서 보증인인 F의 보증의사 확인의무가 있는가? 등이 결론에 있어서 중대한 영향을 미치게 될 것이다.

3. 항변사유와 그 요건사실

(1) 주채무와 관련된 항변

(가) 변제항변

제2소송의 사례에서 A는 E에게 200만 원을 변제한 사실이 있으므로(E의 종업원이 A로부터 받은 돈을 임의로 소비하였지만 변제로서의 효력발생에는 지장이 없는 것으로 보인다) 원본채권에 대한 일부변제 항변을 할 수 있다. 한편 F의 보증채무가 성립될 경우에 F는 보증채무의 부종성에 의하여 주채무자 A가 E에 대하여 가지는 위 변제항변을 할 수 있다.

(나) 상계항변

제2소송의 사례에서 E의 종업원이 A 소유의 상품권 10매 100만원 상당을 강제로 빼앗아 이를 임의로 소비한 사실이 인정된다. 따라서 A는 E에 대하여 불법행위에 기한 손해배상채권(민법 756조)이 있으므로 이를 자동채권으로 하여 상계항변을 할 수 있다. F 역시 A의 상계권을 행사할 수 있다(민법 438조 1항)

(2) 보증채무자 고유의 항변

위 사례에서 보증인 B와 F는 채권자인 A와 E에 대하여 최고 및 검색의 항변권을 행사할 수 있다.

제3절 임대차 관련 청구

Ⅰ. 들어가는 말

임대차 관련 청구는 이해의 편의상 임대인의 임차 대상 목적물의 반환청구와 임차인의 임대차보증금반환청구로 나누어서 요건사실을 살펴보는 것이 좋다. 목적물반환청구는 그 청구원인이 소유권(물권)에 기한 것인가 임대차기간 종료에 기한 채권적 청구인가에 따라 요건사실이 서로 달라지게 된다.

Ⅱ. 임대차목적물 반환청구

1. 소송물 파악의 필요성

(1) 우리의 판례 및 이를 따르는 법원 실무의 입장인 구실체법설(구소송물이론)에 따르면, 임대인의 임대차목적물 반환청구의 소송물은 물권적 청구권에 기한 경우와 채권적 청구권에 기한 경우를 서로 별개의 소송물로서 취급한다. 원고(임대인)는 여러 가지 사정을 고려하여 소송물을 선택할 수 있고, 청구원인에서 이를 특정하여야 한다. 당사자처분권주의 원칙상 법원은 당사자의 청구와 다른 청구(소송물)에 기한 판단을 할 수 없다.

임대차계약(특히 토지임대차의 경우) 종료 후에 임차인은 목적물의 원상회복의무를 부담한다. 임대인이 임차인에 대하여 지상물철거와 토지인도를 청구할 경우에 이를 각각 별개의 소송물로 볼 것인지가 문제된다. 이러한 경우에 소송물은 임대차계약의 종료에 따른 목적물반환 청구권으로서의 지상물(건물)철거·토지인도청구권을 묶은 1개의 소송물로 보아야 할 것이다. 한편, 임대차계약 종료에 따른 부동산인도청구의 경우, 주된 청구에 부속하여 부대청구로서 임대차계약종료 후 인도시까지 임료상당의 돈의 지급을 청구하는 경우가 일반적이다. 이러한 경우의 소송물로서는 불법행위에 따른 손해배상청구권, 부당이득 반환청구권 등으로 이를 구성할 수 있을 것이다. 일반적으로는 손해배상청구로 볼 수 있을 것이다. 한편 임대차기간 중의 임료청구는 위의 청구와는 별개의 청구로 보아야 할 것이다.

(2) 임대차목적물이 주택이나 상가건물인 경우에는 민법에 대한 특별법인 주택임대차보호법과 상가건물임대차보호법 등에 의하여 임차인이 특별히 보호를 받고 있다. 특히 임대차기간 및 임대차보증금

반환청구권에 관하여 원칙적으로 민법 규정의 적용이 배제된다는 점에 유의하여 위 특별법의 규정내용과 이에 관한 판례 등을 정확히 알고 있어야 한다.

(3) 아래에서는 민법의 일반 법리를 위주로 하여 그 요건사실을 검토하되, 물권적 청구권에 기한 소송은 제4절에서 설명하므로, 임대차기간 만료시에 임대인이 행사하는 채권적 청구권에 관하여 살펴보기로 한다.

2. 청구원인사실

(1) 임대차목적물 반환청구의 청구원인사실(요건사실)은 ① 임대인과 임차인 사이에 임대차계약이 체결된 사실, ② 위 ①의 임대차계약에 따라 임차인에게 임대차목적물이 인도된 사실, ③ 임대차계약(관계)의 종료사실이다.

원고가 물권적 청구권에 기초하여 청구할 때에는 위 ① 요건사실은 피고의 점유권원에 관한 항변의 요건사실이 되고, ③ 요건사실은 원고가 피고의 임차권 주장에 대하여 하는 재항변의 요건사실이 되는 것이다.

(2) 임대차계약은, 당사자 일방이 상대방에게 목적물을 사용, 수익하게 할 것을 약정하고 상대방이 이에 대하여 차임을 지급할 것을 약정함으로써 그 효력이 생기는 것이다(민법 618조). 즉, 임대차계약에 있어서는 임차인의 목적물사용·수익권 부여와 이에 대한 대가로서의 임료의 지급이 그 본질적 요소라 할 수 있다.

임대차계약은 소비대차계약, 사용대차계약과 더불어 이른바 '대차형 계약'으로서, 임대차기간, 즉 임대차계약의 종기(終期)에 관한 합의가 계약의 본질적 요소를 이룬다. 따라서 임대차계약의 체결을 주장하는 자는 목적물, 임료, 임대차기간에 관한 합의의 존재를 주장·증명하여야 한다. 위 본질적 요소 외에 임대인이 목적물의 소유자라거나 임료의 지급시기 등은 본질적 요소라 할 수 없으므로 이에 관한 주장을 필요로 하지 않는다.

(3) 임대인이 임대차계약에 따라서 목적물을 임차인에게 인도함으로써 그 목적물에 대한 반환청구권 발생의 기초가 되는 것이다. 즉, 원고는 목적물의 인도사실에 관한 주장·증명이 있다.

(4) 임대인이 임차인에 대하여 임대차계약에 기한 임대차목적물 반환청구를 하려면 어떠한 사유로든 당해 임대차계약이 종료된 사실에 관하여 주장·증명하여야 한다. 임대차계약 종료사유로서는 ① 임대차기간의 만료, ② 이행불능을 이유로 하는 계약해지, ③ 임대인의 수선의무 위반을 이유로 한 해지, ④ 임차인의 임료지급의무불이행(이행지체)을 이유로 한 임대차계약 해지(민법 640조) 등 민법(625조, 627조 2항, 629조 2항, 637조 등) 규정에 의한 중도해지와 약정해지권의 행사(민법 636조) 등이 있다.

(5) 한편, 임차인이 임대인의 동의를 얻어 임차물을 전대한 경우, 전차인에 대한 목적물 반환청구의 요건사실은 ① 임대인이 임차인과 임대차계약을 체결한 사실, ② 임대인이 임차인에게 목적물을 인도한 사실, ③ 임차인이 임대인의 동의를 얻어 전차인과 임대차 또는 사용대차계약을 체결한 사실, ④ 임차인이 전차인에게 목적물을 인도한 사실, ⑤ 임대차가 종료한 사실을 주장·증명하여야 한다.[23)]

---

23) 사법연수원, 요건사실론 2008, 116면.

3. 항변·재항변의 요건사실

(1) 임대차기간의 묵시의 갱신(민법 639조) 항변

임대차기간이 만료한 후 임차인이 임차물을 사용·수익을 계속하는 경우에 임대인이 상당한 기간 내에 이의를 하지 아니한 때에는 전 임대차와 동일한 조건으로 다시 임대차한 것으로 본다. 주택임대차의 경우에는 주택임대차보호법 6조 1항이, 상가건물임대차의 경우에는 상가건물 임대차보호법 10조 4항에서 묵시의 갱신에 관한 특별규정을 두고 있다.

민법 639조의 요건사실은 ① 임대차기간 만료 후 임차인이 임차물을 계속 사용·수익하고 있을 것, ② 임대인이 위 ① 사실을 알고 있을 것, ③ 위 ②로부터 상당한 기간이 경과되었을 것, ④ 임대인이 위 ③의 기간 내에 이의를 제기하지 않았을 것이다.

(2) 임대차관계는 계속적 급부를 목적으로 하는 채무가 중심을 이루고 있는 것이므로 급부의 이행, 계약의 효력 등을 판단함에 있어서는 당사자의 신뢰관계를 중시하여야 할 것이다. 그러므로 당사자 한 쪽의 채무불이행이 상대방과의 신뢰관계에 손상이 가는 정도를 고려하여 손해배상범위, 계약해제(해지)의 가부를 결정하여야 할 것이다. 예컨대 경미한 임료지급의무 위반이 있을 뿐이고, 상호간의 신뢰관계를 파괴할 정도로 불성실한 정도에 이르지 않는 경우에 계약해제(해지)권의 행사는 신의칙에 반한다고 할 수 있다.[24)]

임차인은 위와 같은 신의칙 위반에 의한 해제권(해지권)남용을 이유로 항변할 수 있을 것이다. 판례(대법원 1989. 9. 29. 선고 88다카17181판결 등)는 신의성실의 원칙에 반하거나, 권리남용이 있는 경우

---

24) 일본 최고재 1964. 7. 28. 판결, 民集 18권 6호 1220면.

당사자의 주장이 없더라도 법원이 직권으로 판단할 수 있다는 입장이지만 변론주의원칙이나 상대방 당사자의 절차참여권(변론권) 보장이라는 차원에서 원칙적으로 당사자의 항변을 전제로 하는 것이 바람직할 것이다.

(3) 부속물 매수청구권

건물 기타 공작물의 임차인이 그 사용의 편익을 위하여 임대인의 동의를 얻어 이에 부속한 물건이 있는 때, 또는 임대인으로부터 매수한 부동산이 있는 때에는 임대차의 종료시에 임대인에 대하여 그 부속물의 매수를 청구할 수 있다(민법 646조; 전대차계약에서 전차인의 부속물매수청구권에 관하여는 민법 647조). 임차인의 위 권리는 임대인의 부속물철거청구에 대한 관계에서 그 청구권의 소멸사유로서, 건물인도청구에 대한 관계에서 부속물매수대금지급과의 동시이행항변권으로서 기능하는 것이다(대법원 1981. 11. 10. 선고 81다378 판결). 위 항변권의 요건사실은 ① 임대인의 동의를 얻어 부속물을 설치하였거나, 그 부속물을 임대인으로부터 매수한 사실, ② 임대차계약이 종료된 사실, ③ 그 부속물이 현존하는 사실, ④ 매수청구권을 행사한 사실이다. 위 ② 요건사실은 청구원인에서 주장·증명할 것이므로 별도의 주장·증명을 요하는 것은 아니다.

위 항변에 대하여 원고는 재항변으로서 ① 임차인의 채무불이행으로 인하여 임대차계약이 종료되었다는 주장(민법 640조의 차임연체 등의 경우), ② 부속물이 건물의 구성부분이 되지 아니하여 건물의 사용에 객관적 편익을 가져오지 아니한 것으로서 오로지 임차인의 특수목적에 사용하기 위하여 부속된 것이라는 주장(대법원 1993. 10. 8. 선고 93다25738, 25745 판결), ③ 부속물매수청구권 포기의 특약이 있었다는 주장 등을 할 수 있다.[25)]

(4) 지상물 매수청구권

(가) 건물 기타 공작물의 소유 또는 식목, 채염, 목축을 목적으로 한 토지임대차의 기간이 만료한 경우에 임대인이 임대차기간의 갱신을 거절한 때에는 건물, 수목, 기타 지상시설이 현존한 때에는 임차인은 상당한 가액으로 위 지상물의 매수를 청구할 수 있다. 임차인의 지상물매수청구권 행사는 임대인의 지상물철거 및 토지인도청구에 대한 가장 강력한 항변권이 될 수 있다. 피고(임차인)가 위 항변권을 행사할 때 법원으로서는 임대인이 종전의 청구를 계속 유지할 것인지, 아니면 예비적으로라도 대금지급과 상환으로 지상물의 명도를 청구할 의사가 있는 것인지를 석명하여야 한다(석명의무). 임대인이 그 석명에 응하여 소를 변경하지 아니하는 때에는 원고의 청구를 기각하여야 한다(대법원 1995. 7. 11. 선고 94다34265 전원합의체 판결).

(나) 지상물 매수청구권의 요건사실은 ① 지상물 소유 목적으로 토지임대차계약을 체결한 사실, ② 토지임차권의 기간이 만료한 사실 ③ 임차인이 지상물을 건축하여 현존하고 있는 사실, ④ 계약갱신을 청구하였으나 임대인이 이를 거절한 사실, ⑤ 매수청구권을 행사한 사실이다.

(다) 토지임차인이 지상물 소유를 주된 목적으로 하는 것이어야 하므로 건물소유 이외의 사업(건축자재를 쌓아 둘 목적의 토지임대차, 골프연습장 운영을 목적으로 한 토지임대차, 다른 사업에 부수적으로 필요한 사무실 건물의 건축 등) 목적의 토지임차인은 위 항변권을 행사할 수 없다.

25) 사법연수원, 요건사실론 2008, 116~117면.

(라) 2기 이상의 차임연체 등과 같은 임차인의 귀책사유로 인한 임대차 종료의 경우에는 위 항변권이 인정되지 않는다. 임대차계약이 당사자의 합의에 의하여 해지된 경우에는 특별한 합의가 없는 한 지상물매수청구권 포기가 전제되었다고 봄이 타당하다.

(5) 임대차보증금 반환과의 동시이행항변

(가) 임대차보증금은 차임채권, 임차물의 멸실·훼손 기타의 원인에 의한 손해배상채권 등 임대인의 모든 채권을 담보한다. 임대차가 종료되어 목적물을 반환받을 때 명백하고도 명시적인 반대 약정이 없는 한 임대인의 모든 채권액이 보증금으로부터 당연히 공제된다(대법원 1983. 6. 23. 선고 86다카2865 판결 등). 따라서 논리적으로 보면 임대인의 임대차보증금반환 의무에 앞서 임차인의 임대차목적물반환 의무가 선 이행되어야 함이 옳다(구 판례의 입장이다 : 대법원 1962. 3. 29. 선고 4294민상939 판결). 그러나 임대차계약기간이 만료된 경우에 임차인이 임차목적물을 명도할 의무와 임대인이 보증금 중 연체차임 등 당해 임대차에 관하여 명도시까지 생긴 모든 채무를 청산한 나머지를 반환할 의무는 모두 이행기에 도달하고, 이들 의무 상호간에는 동시이행관계에 있다고 보는 것이 현재의 판례(대법원 1977. 9. 28. 선고 77다1241, 1242 전원합의체 판결 등)이다. 따라서 임차인이 동시이행항변권에 기하여 임차목적물을 점유하고 이를 사용·수익한 경우 그 점유는 불법점유라 할 수 없으므로, 그로 인한 손해배상책임은 지지 아니할 것이며, 다만 사용수익으로 인하여 실질적으로 얻는 이익이 있으면 이는 부당이득으로 반환하여야 할 문제가 생긴다(대법원 1989. 2. 28. 선고 87다카2114, 2115, 2116 판결 등).

(나) 임대차보증금반환 의무에 기한 동시이행항변을 할 경우에 요

건사실로서 임차인은 ① 임대차계약의 체결, ② 임대차보증금의 지급, ③ 임대차관계의 종료 ④ 임대차보증금반환청구를 한 사실에 관하여 주장·증명할 책임이 있다. 위 요건사실 중 ①, ③ 사실은 청구원인사실에 관한 것으로서 원고(임대인)의 주장·증명책임에 속하는 것이므로 피고(임차인)는 ②, ④사실에 관하여 주장하고, 임대차보증금의 지급유무 및 그 금액에 관하여 다툼이 있을 때에는 이를 증명할 책임이 있다. ④ 요건사실은 동시이행항변과 동시에 할 수 있는 것이므로 별도의 증명이 필요한 것은 아니다. 피고의 동시이행항변에 대한 재항변으로서 원고는 보증금에서 공제될 대상인 채권의 발생 사실을 주장·증명하여야 한다. 이러한 원고의 재항변에 대하여 피고는 차임의 지급과 같은 공제대상채권의 소멸사실에 관하여 재재항변할 수 있다.

(다) 전대차의 경우 임대인에 대한 대항력을 취득한 전차인은 임차인의 임대차보증금반환청구권에 기한 동시이행항변권을 원용할 수 있다.

[대법원 1988. 4. 25. 선고 87다카2509 판결]

가. 주택임대차보호법 제3조 제1항에 의한 대항력을 갖춘 주택임차인이 임대인의 동의를 얻어 적법하게 임차권을 양도하거나 전대한 경우에 있어서 양수인이나 전차인이 임차인의 주민등록퇴거일로부터 주민등록법상의 전입신고기간 내에 전입신고를 마치고 주택을 인도받아 점유를 계속하고 있다면 비록 위 임차권의 양도나 전대에 의하여 임차권의 공시방법인 점유와 주민등록이 변경되었다 하더라도 원래의 임차인이 갖는 임차권의 대항력은 소멸되지 아니하고 동일성을 유지한 채로 존속한다고 보아야 한다.

나. 주택의 임차인이 제3자에게 전대한 이후에도 그의 임차권의 대항력이 소멸되지 아니하고 그대로 존속하고 있다면 임차인은 그의 임차권의 대항력을 취득

한 후에 경료 된 근저당권의 실행으로 소유권을 취득하게 된 자에 대하여 임대보증금반환청구권에 기한 동시이행항변권을 행사하여 그 반환을 받을 때까지 위 주택을 적법하게 점유할 권리를 갖게 되는 것이고 따라서 그로부터 위 주택을 전차한 제3자 또한 그의 동시이행항변권을 원용하여 위 임차인이 보증금의 반환을 받을 때까지 위 주택을 적법하게 점유·사용할 권리를 갖게 된다.

(6) 유치권행사

(가) 임차인은 임차물의 보존·관리를 위하여 지출한 필요비(민법 626조 1항)와 유익비(민법 626조 2항) 상환청구권에 기하여 임대차 목적물에 대한 유치권을 행사할 수 있다.

필요비청구의 요건사실은 ① 목적물에 관하여 일정 비용을 지출한 사실, ② 그 비용이 목적물의 보존에 필요한 사실이다.

유익비청구의 요건사실은 ① 목적물의 객관적 가치를 증가시키기 위하여 일정한 비용을 지출한 사실, ② 그 가액의 증가가 현존하는 사실이다. 유익비 상환 범위는 임차인이 유익비로 지출한 비용과 현존하는 증가액 중 임대인이 선택하는 바에 따라 정하여지는 것이므로, 피고는 원고의 선택권 행사를 위하여 실제로 지출한 비용과 현존하는 증가액 모두에 대한 주장·증명책임을 부담한다(대법원 2002. 11. 22. 선고 2001다40381 판결).

(나) 필요비로서 지출한 비용이 통상의 비용범위를 초과하는 경우, 임대인(원고)은 그 통상비용에 관한 주장·증명을 통하여 필요비 감액에 관한 재항변을 할 수 있다.[26]

필요비·유익비 등에 관한 민법 626조 규정은 강행규정이 아니

26) 사법연수원, 요건사실론 2008, 120면 각주38.

므로 (민법 652조 참조), 당사자 사이의 특약으로 필요비·유익비 상환청구권을 포기하거나 제한하는 것이 가능하다. 이러한 특약의 존재는 피고의 유치권항변에 대한 재항변사유가 된다. 예컨대, 임대차계약에서 '임차인은 임대인의 승인하에 개축 또는 변조할 수 있으나 부동산의 반환기일 전에 임차인의 부담으로 원상복구하기로 한다'라고 약정한 경우, 이는 유익비 상환청구권의 사전 포기에 해당한다(대법원 1995. 6. 30. 선고 95다12927 판결). 그리고 건물임차인이 자신의 비용을 들여 증축한 부분을 임대인 소유로 귀속시키기로 하는 약정은 임차인이 원상회복의무를 면하는 대신 투입비용의 변상이나 권리주장을 포기하는 내용이 포함된 것으로서 특별한 사정이 없는 한 유효하다(대법원 1996. 8. 20. 선고 95다44705, 44712 판결).

4. 물권적 청구권에 기한 점유물 반환청구와의 차이점 비교

(1) 임대차계약에 기한 임대차목적물 반환청구는 채권적 청구권이므로 그 상대방인 피고는 임차인 또는 전차인(임대인의 승낙이 있는 경우)이 되는 것이고, 그 청구권의 기초는 임대차계약에 있어서 목적물 반환의무이다. 그 청구목적물에 설치된 공작물 또는 지상건물 등의 철거를 청구하는 것도 임차인의 임대차계약 종료시의 원상회복의무에 가한 것이다. 만약 위와 같은 공작물이나 지상건물의 점유자(소유자)가 임차인이 아닌 경우에는 그들에 대한 청구는 별도의 권원에 의할 수밖에 없을 것이다. 즉, 점유자와 임차인이 서로 다른 경우에는 임차인을 상대로 목적물반환의 승소판결을 받더라도 집행불능이 될 수 있으므로, 원고는 현실의 점유자에 대하여는 물권적 청구권에 기하여 별도의 소를 병합 제기함이 타당하다.

(2) 물권적 청구권의 경우에는 부속물 철거청구와 관련하여 부합(민법 256조)이 발생하였을 경우에는 철거의 대상이 소멸하므로, 철거의 상대방도 존재하지 않게 된다. 임대차계약에 기한 반환청구의 경우에는 부합의 문제가 일어나지 않는다. 이때에는 부속물매수청구권이 임차인에게 주어지는 것이다.

Ⅲ. 임대차보증금 반환청구

※ 임대차보증금이란 부동산임대차에 있어서 임차인의 채무 등을 담보하기 위하여 임차인 또는 제3자가 임대인에게 지급하는 금전 기타의 유가물을 말한다. 외국에서 그 예를 찾아보기 힘든 우리의 특유한 제도라 할 수 있다.

1. 청구원인

(1) 임차인의 임대인에 대한 임대차보증금 반환청구의 요건사실은, ① 임대차계약의 체결사실, ② 임대차보증금의 지급사실, ③ 임대차관계의 종료사실이다. 목적물반환청구와는 달리 임대차보증금 반환청구의 경우 임대차계약의 체결사실에는 임대차보증금이 구체적으로 특정되어야 한다.

(2) 임대차관계의 종료원인은 기본적으로 임대차목적물 반환청구의 경우와 동일한 것이나, 임차인이 원고로서 임대인에 대하여 청구한다는 점에서 보면 임대인의 계약위반을 이유로 하는 임대차계약 해지가 중요한 종료원인이 될 것이다. 예컨대 임대차목적물의 소유권 변동으로 임대인이 임차인에게 더 이상 사용·수익하게 할 수 없는 경우는 이행불능으로 인한 임대차관계 종료사유가 된다(대법원 1996. 3. 8. 선고 95다15087 판결 등). 다만 주택임대차나 상가건물임대차에

있어서 임차인이 법상의 대항요건을 갖추고 있는 경우에는 임대인의 지위가 당연히 신소유자에게 승계되므로(주택임대차보호법 3조 2항, 상가임대차보호법 3조2항), 이행불능은 아니다. 이와 같이 임대인 지위의 승계가 있는 경우 임차인(원고)은 위 특별법상의 대항력관련 요건사실의 주장·증명을 함으로써 양수인에 대하여 임대차보증금 반환청구를 할 수 있다.

임대인은 임대차기간 중 임대물의 사용·수익에 필요한 상태를 유지할 적극적인 의무를 부담한다(민법 623조). 목적물이 사용·수익에 적합하지 아니한 경우에는 다른 약정이 없는 한 이를 수선하여야 할 의무가 있다. 수선의 필요여부는 계약에서 정한 목적에 좇아 목적물을 사용·수익할 수 없는 가의 여부에 따라 판단한다(대법원 2003. 3. 23. 선고 98두18053 판결). 수선의무는 천재지변 기타 불가항력으로 목적물이 훼손된 경우에도 면제되지 않는다. 임대인이 위와 같은 의무를 이행하지 아니하는 때에는 임차인은 임대차계약 해지와 임대차보증금의 반환을 청구할 수 있다.

(3) 임차인이 임대인에 대하여 임대차보증금에 대하여 지연손해금의 지급을 구하고자 한다면, 임차인은 임대차목적물을 임대인에게 반환하였다는 사실에 관하여서도 주장·증명하여야 한다. 앞서 살펴본 바와 같이 목적물반환 의무와 보증금반환 의무는 동시이행관계에 있는 것이므로 동시이행항변권의 존재 그자체로서 상대방은 이행지체 책임을 부담하지 않기 때문이다(동시이행항변권의 존재효과).

2. 항변과 재항변의 요건사실

(1) 보증금반환시 임차인의 채무불이행에 관한 요건사실

임차인이 임대인에 대하여 임대차보증금 반환청구를 할 경우에,

임차인이 차임연체 등 각종 채무불이행 사실이 없음을 스스로 주장·증명하여야 하는가(정지조건설), 아니면 임대인이 그 반환을 거부하려면 임차인의 채무불이행 사실을 주장·증명하여야 하는가(해제조건설)에 관하여 견해가 나뉜다.[27)]

원칙적으로 임대차보증금 반환채권은 임대차 종료 후 목적물을 임대인에게 인도할 때까지 발생한 연체차임, 관리비, 부당이득, 손해배상금 등 임차인의 모든 채무를 공제한 잔액이 있을 것을 조건으로 하여 그 잔액에 관하여 발생하는 정지조건부 권리로서[28)] 임대인의 임대차목적물 인도청구권과 동시이행관계에 있다. 그러나 주장·증명의 순서는 실제로 다음과 같이 전개될 것이다.

① 원고(임차인)는 앞서 본 청구원인사실에 관하여 주장·증명한다.

② 피고(임대인)는 임차인의 임료지급 약정을 전제로 한 연체차임의 존재, 임대차 종료 후에도 계속하여 목적물을 점유·사용하는데 따른 부당이득의 발생사실, 임차인의 점유기간 중에 임차인의 귀책사유로 목적물이 멸실·훼손된데 따른 손해배상채무의 발생과 그 액수 등에 관하여 주장·증명한다.

③ 원고는 위 ②에서 임대인이 주장하는 연체차임, 부당이득, 손해배상채무의 변제 등 소멸사유(재항변사유이다)를 주장·증명한다. 결국 임대차보증금에서 임대인이 우선 공제받을 수 있는 채권의 액수는 위와 같은 주장·증명의 과정을 통하여 확정되는 것이므로, 임차인의 임대차보증금 반환채권이 정지조건부 권리인가 해제조건부 권리인가의 문제는 주장·증명책임의 측면에서 보면 논의의 실익이 없다고 할 수 있을 것이다.

---

27) 김형배, 앞의 책, 1396~1397면.

28) 사법연수원, 요건사실론 2008, 113면.

(2) 임대차목적물 인도와의 동시이행항변

임차인의 임대차보증금반환청구에 대하여, 임대인은 위 (1)에서와 같은 과정을 통하여 확정된 임대차보증금반환 금액의 지급과 임대차목적물 인도의 동시이행항변을 할 수 있다.

(3) 기타 항변

임대인은 임차인이 임대차관계의 종료사실을 주장하는 데 대하여, 민법 639조 1항의 요건사실을 주장·증명하여 임대차계약의 묵시적 갱신에 관한 항변을 할 수 있다. 그러나 임차인의 임대차보증금 반환채권이 제3자에게 양도되고 임대인이 그 양도통지를 받은 후에는, 위와 같은 묵시적 갱신이나 기존의 임대인과 임차인 사이의 임대차계약기간 연장합의의 효과를 양수인에게 대항할 수 없다(대법원 1989. 4. 25. 선고 88다카4253, 4260 판결). 따라서 양수인이 원고가 된 경우에는 위와 같은 사유를 들어서 재항변할 수 없을 것이다.

한편, 묵시적 갱신이 인정된다하더라도 그 임대차는 기간의 정함이 없는 임대차가 되므로(대법원 1992. 1. 17. 선고 91다25017 판결), 원고는 재항변으로서 계약해지통고(민법 635조)에 의한 계약기간 종료의 재항변을 할 수 있다. 다만 주택임대차보호법 6조 1, 2항, 4조 1항 및 상가건물임대차보호법 10조 4, 5항에는 이에 관한 별도의 규정이 있다.

【사 례 I】

1. X의 진술내용

별지 기재 건물과 그 대지(이 사건 부동산이라 한다. 별지는 생략한다)는 나의 소유로서 사정상 내가 이용할 형편이 못되어 상당기간을 비워두고 있었다. 그러던 중 2006. 6. 20. Y에게 이 사건 부동산을 아래의 조건으로 임대하였다. 즉, 임대차보증금은 5,000만원, 임료는 월 100만 원으로 하고 매월 20일에 지급하고, 임대차기간은 위 계약일로부터 5년으로 정하고, Y는 위 계약일에 바로 이 사건 부동산에 입주하여 현재까지 거주하고 있다. 그런데 Y는 2008. 5월분 이후의 임료를 지급하지 않으므로, 나는 같은 해 9. 5. Y에 대하여 내용증명우편을 보내어 연체된 임료를 10일 이내에 입금하지 않으면 이사건 임대차계약을 해지하겠다고 통지하였다. 그 내용증명우편은 같은 해 9. 7. 에 Y에게 도달되었다. 그럼에도 Y는 현재까지 연체된 임료를 지급하지 않고 있다.

Y는 내가 연체된 임료의 지급을 2008. 12월말까지 연기하여 주었다고 주장하고 있으나, 그러한 사실은 없다. 또한 Y는 내가 집에 없을 때 나의 집을 방문하여 나의 아내에게 연체차임을 자급하고자 하였으나 나의 아내가 이의 수령을 거절하였다고 주장하고 있지만, 내가 아내에게 확인해본 바에 의하면 Y가 집에 찾아온 사실은 있으나 Y의 딱한 사정이야기만 늘어놓고서 연체된 임료의 지급을 상당기간 유예하여 달라는 요청을 한 사실만 있었다고 한다.

이에 나는 Y에 대하여, 이 사건 부동산의 반환과 그 반환시까지 2008. 5월분 이후의 연체된 임료 및 임료상당의 부당이득의 지급을 청구하고자 한다.

2. Y의 진술내용

내가 X로부터 이 사건 부동산을 임차하여 가족과 같이 현재까지 거주하고 있는 사실과 이 사건 임대차계약의 내용은 X의 주장과 일치한다. 나는 2008. 4. 30. 근무하던 회사에게 갑자기 해고되었고, 그로 인하여 극심한 경제적 어려움에 직면하게 되었다. 그로 인하여 X에게 매달 지급하여야 할 임료를 연체하게 된 것이다. 그러던 중 불행 중 다행으로 같은 해 8. 30. 경 친척의 소개로 다른 회사에 취직이 되어 근무하게 되었다. X에게는 그 무렵 전화로 사정설명을 하였는데, X는 나의 딱한 사정을 참작하여 같은 해 연말까지 연체된 임료의 지급을 연기하여 주겠다고 하였다. 그래서 한숨을 돌리게 되었는데 X는 느닷없이 같은 해 9. 7.에 내용증명우편으로 연체차임의 지급을 독촉하였다. 나는 너무나 놀라서 나의 친척과 친구 등으로부터 400만원을 차용하여 9. 15. 경 X의 집을 찾아갔더니 X는 부재중이고 X의 처가 있어서 위 돈을 X의 처에게 지급하고자 하였다. X의 처는 위 돈을 받기를 거부하면서 임대차 계약이 이미 해지되었으니 빨리 이 사건 부동산을 인도하여 달라고 요구하였다.
위와 같은 이유로 나는 X의 이 사건 임대차계약 해지 주장을 받아들일 수 없다. 설령 해지되었다 하더라도 X로부터 임대차보증금을 반환받기 전에는 이 사건 부동산을 인도 할 수 없고 내가 연체한 임료는 임대차 보증금에서 공제되어야 한다.

1. 소송물 및 쟁점

X는 Y에게 이 사건 부동산을 임대하였다가, Y의 임료지급 연체를 이유로 이 사건 임대차계약의 해지에 기한 이 사건 부동산의 인도(반환)와 연체임료 및 임료상당의 부당이득(해지 후로부터 목적물반환시까지)의 지급과 반환을 구하고 있다.

이에 대하여 Y는 X가 연체차임의 지급을 유예하였다거나 또는 그 변제의 제공을 주장하면서 X의 이 사건 임대차계약해지 주장에 관하여 다투고 있다. Y는 또한 이 사건 임대차계약이 해지되었다고 하더라도 목적물 반환의무와 임대차보증금 반환의무의 동시이행항변과 함께 연체차임 채무 등은 임대차보증금에서 공제할 것을 주장하여 상계항변을 하고 있다.

아래에서는 이 사건 청구원인과 항변 등에 관한 요건사실에 관하여 살펴본다.

2. 청구원인

(1) X는 Y에 대하여 이 사건 부동산의 반환과 연체차임 등의 지급을 구하고 있으므로 먼저 부동산반환의 청구원인 사실로서, ① X와 Y 사이의 임대차계약 체결 사실(목적물과 임대차기간은 동 계약의 본질적 요소이다) ② X가 Y에게 위 계약에 따라 목적물을 인도한 사실, ③ 위 임대차계약관계의 종료원인사실에 관하여 주장·증명하여야

한다. X는 위 ③ 요건사실로서 Y의 차임연체를 주장하고 있으므로 민법 640조 규정에 따라 연체차임이 2기 이상의 차임액에 이른다는 주장을 하여야 한다. 위 민법 규정에 따라 X가 이 사건 임대차계약을 해지함에 있어서는 상당한 기간을 정하여 Y에게 위 연체차임의 지급을 구하는 최고를 하여야 한다. 위 사례에서 X는 Y에게 이행최고를 하면서 이른바 기한(始期)부 임대차계약해지 의사를 표시하였다. 따라서 X가 Y의 채무이행기간으로서 유예한 기간이 경과함으로써 위 기한이 도래하였다고 보아야 한다(앞의 제1장 제2절 Ⅰ. 2. 참조).

(2) X는 Y에 대하여, 연체차임 및 월임료 상당의 부당이득의 반환을 구하고 있다.

위 연체차임지급 및 이 사건 임대차관계 종료 후 Y의 목적물반환시까지의 월임료 상당의 부당이득반환청구는 각각 별개의 소송물이므로 그 청구원인사실은 위 1의 ①, ② 요건사실과 Y가 차임지급을 연체한 기간의 경과사실이 된다. 한편 X가 이 사건 임대차보증금을 Y에게 반환하지 않는 한 그와 동시이행관계에 있는 목적물의 반환거부는 위법행위를 구성하지 않는다(존재효과설). 다만 X는 Y가 이 사건부동산을 계속 점유하여 주거용으로 사용한 사실과 그 점유기간을 주장·증명하여 그 점유기간 동안의 임료상당의 부당이득반환청구를 할 수 있다.

3. 항변·재항변

(1) 기한의 유예

Y의 주장과 같이 X가 Y의 연체차임의 지급기한을 유예한 사실이 있으면 X는 Y의 차임연체를 이유로 이 사건 임대차계약을 해지할 수 없다. 따라서 지급기한의 유예는 X의 권리발생 장애사유가 되므

로 Y에게 주장·증명책임이 있다.

(2) **변제의 제공**

(가) Y는 X에 대하여 연체차임 400만 원을 변제제공 한 사실을 주장하고 있다. Y의 변제제공이 민법 460조의 요건사실을 충족시킬 때에는 그 때부터 차임지급의무에 대한 이행지체책임을 면하게 되므로(민법 461조), X의 이 사건 임대차계약 해지는 부적법하게 된다. 따라서 Y의 변제제공 사실은 X의 권리발생에 있어서 장애사유이자 Y의 항변사유가 된다.

(나) 변제제공의 요건사실은 ① 채무변제 장소에서, ② 변제하여야 할 채무전액에 대하여, ③ 채권자에게 제공하여야 한다는 것이다. 금전채무에 대한 지참채무의 원칙(민법 467조 2항)에 따라 Y는 X의 주소지에서, 변제일시까지 지급하여야 할 연체차임 400만 원을 X의 처에게 제공하였다. 다만 금전채무의 이행지체시에는 법정이율 상당의 지연손해금을 함께 지급하여야 하므로(민법 397조 1항, 390조, 392조), 위 사례에서 Y가 위 연체차임 4개월분만을 이행제공 한 것은 이른바 채무의 본지에 따른 변제라고 할 수 없다. 만약 X가 내용증명으로 이행최고하면서 이행지체 중인 4개월분 임료 400만 원을 특정하여 그 이행을 최고하였다면 Y의 위 변제제공은 적법하다고 할 수 있다. Y의 입장에서는 X가 연체임료 400만 원 외에 그에 대한 지연손해금의 미지급을 이유로 채무본지에 따른 변제가 아니라고 주장할 경우에는 신의칙상 권리남용을 이유로 항변할 수도 있을 것이다.

한편 Y가 X의 처에게 이행제공 한 것이 적법한 변제수령권자에 대한 변제제공이라 할 수 있는가도 문제될 수 있다. 생각건대 X의 처는 X를 위하여 변제를 받을 수 있는 이행보조자로 보아야 할 것이다.

(3) 동시이행항변 및 상계(공제)항변

(가) X의 임대차보증금 반환의무와 Y의 목적물 반환의무는 동시이행관계에 있으므로 Y의 동시이행항변은 적법한 항변이 된다.

(나) X의 반환의무가 인정되는 범위는 Y의 연체차임 및 부당이득·손해배상채무 이외에 Y가 부담하는 일체의 채무를 공제한 잔액이다. 위와 같은 공제액에 관한 주장·증명책임은 각 성립근거에 따라 구별된다. 즉, 연체차임 및 부당이득에 관하여 X는 임료지급약정 사실과 점유기간에 관하여 주장·증명 하여야 할 것이다. 이에 대하여 Y는 변제사실 등 그 채권소멸사유에 관한 주장·증명책임이 있다. 손해배상채권의 발생 및 그 액수는 원칙적으로 X가 주장·증명하여야 한다. 위와 같은 법리에 비추어보면 Y의 상계항변은 실질적 의미를 상실하는 것으로 볼 수 있다.

제4절 소유권(물권)에 기한 부동산인도·철거·퇴거청구

Ⅰ. 들어가는 말

1. 배타적 지배권인 물권을 가진 자는 그 권리행사를 방해하는 상대방에 대한 방해배제권을 행사할 수 있다. 여기서 방해라 함은 현재에도 지속되고 있는 권리침해상태를 의미하고, 법익침해행위가 과거에 일어나서 이미 종결된 경우에 해당하는 손해와는 그 개념을 달리한다.[29] 각종 물권에 기한 방해배제청구의 소송물은 당해 물권에 기한 방해배제청구권이며, 상대방의 방해행위의 구체적 유형(예컨대 소유권에 기한 지상건물철거

29) 사법연수원, 요건사실론 2008, 73면.

청구소송에서 상대방이 지상건물의 소유자라던가 점유자라는 주장)은 소송물과는 관계없는 단순한 공격·방어방법에 불과하다(대법원 1985. 3. 26. 선고 84다카2001 판결).

아래에서는 설명의 편의상 대표적 물권인 소유권에 기한 방해배제청구권 행사관련소송의 청구원인과 항변의 요건사실에 관하여 살펴본다.

2. 소유권에 기초한 부동산 인도·철거·퇴거 청구소송은 민사소송에서 주요한 부분을 차지하고 있다. 특히 소송물가액의 면에서나 관련된 법적 쟁점의 복잡성 등에 있어서 보면 그 비중은 더욱 높아진다.

Ⅱ. 청구원인(요건사실)

1. 부동산인도청구의 경우

(1) 부동산소유자가 현재의 점유자를 상대로 부동산인도청구를 하는 경우 그 요건사실은 ① 목적부동산이 원고의 소유인 사실, ② 피고가 현재 목적부동산을 점유하고 있는 사실이다. 민법 200조는 '점유자가 점유물에 대하여 행사하는 권리는 적법하게 보유한 것으로 추정 한다'라고 하여 이른바 권리추정을 하고 있으므로, 부동산인도청구의 청구원인사실로서 점유자가 권원에 기하여 점유하는 자라는 사실이 포함될 것인지가 문제될 수 있다. 그러나, 판례(대법원 1982. 4. 13. 선고 81다780 판결)는 민법 200조는 특별한 사정이 없는 한, 부동산물권에 대하여는 적용되지 않는다고 판시하고 있다. 또한 부동산에 대한 소유권을 비롯한 각종 물권은 등기명의인에 대하여서만 권리추정력이 인정되고 있을 뿐이므로, 부동산점유자는 그의 점유취득원인(점유권원)에 관하여 항변사유로서 주장·증명하여야 할 것이다.

(2) 부동산의 소유권은 원고 명의의 소유권이전등기가 마쳐져 있는 사실의 주장·증명이 있으면 등기의 추정력(판례는 법률상 권리추정력으로 본다)을 통하여 추정받을 수 있다. 그러나 원래부터의 정당한 부동산소유자가 미등기부동산 또는 등기부 멸실의 부동산에 관하여 그 불법점유자를 상대로 자기의 소유권을 주장하는 경우에는 등기부에 의한 증명이 없이도 다른 증명을 통하여 그의 소유임을 증명할 수 있다(대법원 1971. 10. 25. 선고 70다1127 판결). 목적 부동산이 원고의 소유임을 인정하는 진술은 선결적 법률관계에 관한 진술 즉 '권리자백'으로 볼 수도 있겠으나 아래에서 보는 바와 같이 판례는 '재판상 자백'으로서의 효력을 인정한다.

[권리자백의 法理]

1. 당사자의 권리관계나 법률효과에 관한 진술 중에는 법률용어(소유권, 임대차관계의 존재 등)를 사용하고 있지만 실제로는 법규의 구성요건에 해당하는 사실을 총괄적으로 진술하고 있는 것으로 해석되는 경우가 흔히 있다. 이러한 법률용어나 법적 개념은 그 내용을 이루는 사실에 대한 압축적 진술 내지 법률적으로 윤색된 사실이라고 할 수 있으므로 그 본질은 사실에 관한 진술이라 할 수 있다. 따라서 소유권 침해를 이유로 하는 손해배상청구소송에서 피고가 손괴된 물건이 원고의 소유임을 인정하든가, '미완성 상태에 있기는 하지만 법률상 건물로서 이미 부동산화 하였다'는 변호사 대리인의 진술은 '건물의 기초 및 주벽을 갖추고 토지에 정착되어 있는 1개의 건조물'임을 인정하는 것으로서, 사실상의 진술로서 재판상자백이 인정 된다 할 것이다.

2. 권리자백을 재판상자백으로 보아서 동일한 법적 효력을 인정할 것인가에 관하여 과거의 통설은 이를 부정하였다(아래에서는 이러한 견해를 부정설이라 부른다). 우리 판례는 이러한 부정설의 입장을 현재까지 유지하고 있는 것으로 보인다. 이러한 부정설은 '법은 법원이 안다'라는 法諺을 맹목적으로 신뢰한 결과라고 할 수 있을 것이다. 그리고 법에 대

하여 無知한 당사자가 법을 오해하거나 잘 알지 못하고 있는 상태에서 그에게 불리한 진술을 하고 재판상자백의 효력에 구속되어 법에 의한 보호를 받을 수 없게 되는 것을 방지하려는 정책적 배려도 그 배경에 있다고 보아야 한다. 그러나 최근에 이르러 당사자의 자기결정권을 법 적용의 영역에까지 확장하여야 한다는 관점에서 권리자백의 법적 효력을 긍정하는 견해가 유력하여지고 있다. 아래에서는 권리자백의 법적 성격 및 그 효력에 관한 학설과 판례의 태도를 살펴보기로 한다.

3. 학 설

(1) 부 정 설

재판상자백은 사실에 관한 진술에 있어서만 인정되는 것이므로 권리자백은 자백으로서의 효력이 인정되지 않는다는 것이다. 권리자백이 있으면 상대방은 이에 관하여 증명할 필요가 없지만 확정적으로 법원의 판단을 배제하는 것은 아니고, 판단의 기초가 되는 사실이 변론을 통하여 제출되고 인정되는 경우에는 법원은 권리자백에 반하는 법률판단을 할 수 있다는 견해가 과거 일본의 통설이었다고 할 수 있다. 이 견해에 의하더라도 매매나 임대차와 같이 일상적인 법률용어화 되어 있는 경우에는 구체적 사실관계의 표현으로 인정하여 재판상자백의 성립을 인정한다. 권리자백의 경우에도 사실부분과 법률부분의 구분이 가능한 경우에는 사실부분에 대하여 재판상자백의 성립을 인정한다. 위와 같은 견해를 철저히 관철하면, 권리자백이 법원을 구속하지 않는 한도에서 당사자도 구속하지 않게 되므로 당사자는 이를 자유롭게 철회할 수 있다고 한다.

(2) 긍 정 설

권리자백의 대상인 선결적 권리 또는 법률관계가 중간확인의 소의 대상으로 되어 있을 경우에는 청구인낙의 대상이 될 수 있다. 중간확인의 소가 제기되지 않음으로써 청구인낙을 할 수 없어서 단순히 상대방의 법적 주장과 일치하는 진술을 하는데 그치는 경우에는 법원에 대하여 구속력을 인정하여야 한다는 견해이다. 만약, 권리자백이 있음에도 불구하고 법원이 선결적 권리 또는 법률관계의 존부를 판단하기 위하여 당사자에게 구체적 사실의 진술을 구한 후에야 비로소 사실 확정을 할 수 있다면 절차지연의 원인이 되고 소송경제에도 반할 수 있을 것이다.

다만 긍정설도 당사자는 선결적 권리 또는 법률관계나 추상적 법률요소의 내용을 이해하고 있어야 하며, 자백한 주체의 법적 지식·경험 등에 의하여 보장되어야 함을 전제로 하고 있다. 따라서 자백한 선결적 권리·법률관계의 내용을 이해하고 그러한 권리를 다투지 않겠다는 의사가 명백한 경우에만 권리자백의 성립을 인정할 수 있을 것이다. 특히 본인소송의 경우에는 위와 같은 요건의 충족 여부를 잘 살펴볼 필요가 있을 것이다. 만약 권리자백한 내용과 다른(모순되는) 사실 주장을 하고 있는 경우에는 그 선결적 권리·법률관계를 분쟁해결의 기초로 하겠다는 의사가 없다고 볼 것이므로 권리자백은 성립하지 않는다고 한다.

4. 판 례

(1) 선결적 법률관계 중에서 사실에 대한 법적 추론의 결과에 대하여 의문의 여지가 없는 단순한 법 개념에 대한 자백의 경우에 한하여 재판상 자백의 성립을 인정하는 것이 판례의 기본적 입장이라고 할 수 있다.

(2) 판례가 인정하는 선결적 법률관계에 대한 자백의 대표적 사례는 소유권을 선결문제로 하는 소송에 있어서 피고가 원고의 소유권을 인정하는 진술이다(대법원 1989. 5. 9. 선고 87다카749 판결 등). 그러나 도급계약의 해석상 시공업자의 건물에 대한 원시취득이 문제되는 경우와 같이 당사자가 자백한 선결적 법률관계와 다른 법적 추론이 가능한 때에는 목적 건물에 대한 원고의 소유권을 피고가 인정하는 진술을 하더라도 재판상자백이 되는 것은 아니라고 한다(대법원 2007. 5. 11. 선고 2006다6836 판결).

(3) 회사의 설립무효를 구하는 청구에서 원고가 소장에서 이사건 피고회사의 설립이 모집설립임을 전제로 하여 회사설립 절차 중 창립총회가 개최되지 아니하였음을 들어 그 무효사유 주장하고, 피고는 모집설립임을 인정하는 진술을 하였다. 그 후 원고는 준비서면을 통하여 피고회사의 설립은 원래 발기설립으로 하여야 하나 편의상 모집설립의 절차를 취하였는바, 이는 탈법적 방법으로 그 설립이 선량한 풍속 기타 사회질서, 강행법규 또는 주식회사의 본질에 반하여 설립된 회사로서 그 설립이 당연 무효라고 주장하면서 청구원인을 보충하였다.

위와 같은 사안에서 피고회사 설립이 모집설립 절차에 의한 것이라는 원고와 피고의 일치된 진술의 법적 성격에 관하여, 대법원은, 소송물의 전제가 되는 권리관계나 법률효과를 인정하는 진술은 권리자백으로서 법원을 기속하는 게 아니므로 청구의 객관적 실체가 동일하다고 보여 지는 한 법원은 원고가 청구원인으로서 주장하는 실체적 권리관계에 대한 정당한 법률해석에 의하여 판결 할 수 있다고 하였다(대법원 1992. 2. 14. 선고 91다31494 판결).

(4) 임대차계약 종료에 기초한 토지인도청구소송의 피고 Y가 임대차관계의 성립을 자백한 후에 이를 철회하고 목적 토지에 대하여 지상권을 취득하였다고 주장할 수 있을 것인가? 이에 대하여 법원은, Y가 목적토지에 대한 지상권 취득을 주장하는 것은 Y가 동 토지를 사용할 수 있는 권리를 취득한 사실관계는 종전과 동일하고 다만 사실관계에 대한 법률판단을 바꾼 것에 불과한 것으로 보아야 하고, 이와 같은 법률상 추론부분에 대하여는 자백한 자가 특히 고의 또는 부당한 의도를 가지고 자백한 것이 아닌 한, 이를 자유롭게(즉 자백철회 요건의 존부와는 관계없이) 철회할 수 있다고 판시하였다.[30]

(5) 소유권에 기한 토지인도 청구소송에서 피고가 목적 토지는 원고의 소유임을 인정하는 진술을 한 후에 이를 철회하고 원고의 소유권 취득원인을 다투고 나온 경우에 피고의 당초의 진술에 대하여 권리자백을 인정할 것인가?

법원은, 소송상 청구의 선결문제인 권리 또는 법률관계 자체에 대하여 상대방이 이를 인정하는 진술을 한 때에는 이에 대하여 주장·입증책임이 있는 자는 당해 권리 또는 법률관계의 발생기초가 되는 요건사실의 주장·입증책임을 면하게 되고, 법원도 당해 권리 또는 법률관계의 존재를 전제로 원고 청구의 당부를 판단하여야 함은 물론이다. … 당해 권리 또는 법률관계를 인정하는 취지의 진술을 한 자가 그것이 법률적 개념을 사용하여 구체적 사실의 자백을 한 것이라고 인정되지 않는 한에 있어서는 앞서의 진술을 철회하고 당해 권리 또는 법률관계 발생의 기초가 되는 요건사실의 존부를 다툴 수 있다

30) 東京高裁, 1961. 9. 16. 판결, 일본 下級裁判所民事裁判例集 14권 9호, 1814면.

고 해석함이 상당하다고 판시하였다.[31]

* 위 판결은 권리자백은 당사자가 사실에 관한 진술 없이 선결적 권리·법률관계를 자인하는 진술을 하는 경우에 한하여 성립함을 명시하였다는 점에서 그 의의가 있다(저자 평석).

(6) 피고 학교법인이 설치·경영하는 대학교 산하 어학교육원 시간강사 또는 전임강사가 피고 법인의 근로자라는 점에 대한 자백의 성립여부(대법원 2008. 3. 27. 선고 2007다87601 판결).

① 본 사건의 사실관계를 간단히 정리하면 다음과 같다.
원고들은 피고 법인이 설치·경영하는 아주대학교 산하 어학교육원의 원장과 강사채용계약을 체결하고 한국어 강좌의 시간강사 또는 전임강사로 근무하다가 2003. 5. 1. 부터는 아주대학교 한국어학당에서 강사로 근무하였다. 피고 법인이 2005. 12. 31. 원고들에 대한 재임용을 거절하자, 원고들은 위 재임용거절이 부당해고라면서 피고 법인을 상대로 근로자지위확인 등 청구소송을 제기하였다.

② 원고들은 피고법인의 근로자라는 원고들 주장에 대하여 피고법인은 제1심 제1차 변론기일에서 원고들이 피고법인의 근로자의 지위에 있었다는 점에 다툼이 없다고 진술하였다. 그 후 피고법인은 원고들이 피고법인의 정규근로자가 아니라 시간제 근로자라거나 피고법인의 교직원이 아니라는 등의 주장을 하였다. 한편 사립학교법상 사립학교 소속의 근로자로서는 교원과 직원이 있을 뿐이고, 원고들은 사립학교법에 의한 교직원이 아니고 이를 전제로 하여 이사건 청구를 하는 것도 아니라는 점은 자인하고 있다.

③ 위 사건에서, 대법원은 재판상자백과 권리자백에 관한 정의를 종전의 판례 입장과 동일하게 유지한다는 전제 위에서, 피고법인의 제1심 제1차 변론기일의 진술에 따라 원고들이 임금을 목적으로 종속적인 관계에서 피고법인에 근로를 제공하였다는 점에 대하여는 재판상자백이 성립하였다고 보아야 한다고 판시하였다.[32]

---

31) 東京高裁, 1983. 12. 20. 판결, 判例時報 1102호 69면.

32) 이상 拙稿, 權利自白에 관한 小考, 21世紀商事法·民事訴訟法의 課題(鄭東潤

2. 건물철거 및 퇴거청구의 경우

(1) 토지인도청구소송에서 목적 토지 위에 타인이 건물 등 각종 공작물을 소유하고 있을 때 그 지상물의 철거와 건물에서의 퇴거청구를 함께 제기하여야 할 경우가 많다. 만약 토지인도청구만 제기하여 승소판결을 받는다고 하더라도 판결의 효력이 지상물 철거에까지 미치지 못하므로 실효성을 상실하게 되기 때문이다.

이러한 건물철거 청구원인(요건사실)은 ① 목적 토지가 원고의 소유인 사실, ② 피고가 목적 토지 위에 건물을 소유하고 있는 사실이다. 목적 건물의 점유자와 소유자가 다른 경우에는 건물철거와 토지인도 외에 그 건물점유자를 피고로 하여 목적건물에서의 퇴거를 구하여야 할 것인데, 퇴거를 구하는 피고에 대하여는 동 피고가 목적 건물을 점유하고 있는 사실이 요건사실로서 추가 된다. 한편, 건물의 소유자가 아닌 단순한 점유자에 대하여는 대지인도 청구를 별도로 하지 않는다(대법원 2003. 11. 13. 선고 2002다57935 판결). 지상건물을 소유한 사실을 증명하면 피고의 대지점유사실까지를 증명한 것으로 볼 수 있을 것이다.[33]

(2) 건물철거는 그 소유권의 종국적 처분에 해당되는 사실행위이므로 원칙적으로는 그 소유자(일반적으로는 등기명의자)에게만 철거처분권이 있다 할 것이다. 예외적으로 건물을 전소유자로부터 매수하여 점유하고 있다는 등 그 권리의 범위 내에서 점유 중인 건물에 대하여 법률상 또는 사실상 처분을 할 수 있는 지위에 있는 자에게도 그 철거처분권이 있다 할 것이다(대법원 2003. 1. 24. 선고 2002다61521 판결). 따라서 그 건물의 존재로 인하여 불법점유를 당하고 있는 토지소유

先生 古稀紀念), 법문사, 2009, 참조.

33) 사법연수원, 요건사실론 2008, 75면.

자는 위와 같은 건물점유자에게 그 철거를 청구할 수 있다. 미등기건물의 경우가 이러한 사례에 주로 해당될 것이다. 그러나 미등기건물에 대한 양도담보계약상의 채권자 지위를 승계하여 건물을 관리하고 있는 자는 건물의 소유자가 아님은 물론 건물에 대하여 법률상 또는 사실상 처분권이 있는 자라고 할 수도 없다 할 것이어서 건물에 대한 철거처분권이 있는 자라고 할 수 없다고 하였다(위 대법원 2002다61521 판결).[34]

3. 부당이득반환청구를 병합하는 경우

(1) 토지소유자가 그 점유자를 상대로 지상물 철거 및 대지인도청구를 하는 기회에 그 토지의 사용·수익으로 인한 차임 상당의 부당이익반환청구를 병합하여 제기하는 경우가 일반적이다. 민법 741조 규정에 따른 부당이득반환청구의 일반 요건사실은, ① 타인의 재산 또는 노무에 의하여 이익을 얻은 사실(수익이 있을 것), ② 이익을 받음에 의하여 타인에게 손실을 준 사실(손실의 발생), ③ 당해 수익과 손실 사이에 인과관계가 존재할 것(인과관계의 존재), ④ 당해 수익이 법률상 원인이 없을 것(원인의 흠결)이다(대법원 1970. 11. 24. 선고 70다1012 판결 등). 토지점유자에 대한 차임 상당의 부당이득반환을 구하는 원고(토지소유자)는 위 2, (1)의 요건사실과 위 부당이득반환 청구원인사실 및 부당이득 금액에 관한 주장·증명을 하여야 한다.

타인 소유 토지 위에 권원 없이 건물을 소유하고 있는 자는 그 자체로서 법률상 원인 없이 타인의 재산으로 인하여 토지의 차임에 상당하는 이익을 얻고, 이로 인하여 타인에게 동액 상당의 손해를 주고 있다고 보아야 한다(대법원 2007. 8. 23. 선고 2007다21856, 21863 판결 등).

---

34) 문용선, 미등기건물에 대한 양도담보계약상의 채권자에 대한 건물철거청구, 대법원 판례해설44호, 법원도서관.

(2) 토지소유자 이외에 지상권자, 전세권자, 사용대차권자, 임차권자도 목적물에 대하여 가지는 사용·수익권이 침해당한 경우에는 차임 상당의 부당이득반환을 청구할 수 있다. 그러나 임차인이 진실한 소유자로부터 목적물 반환청구나 차임 내지 그에 상당하는 금액의 지급 요구를 받는 등, 임대인이 임차인으로 하여금 사용·수익하게 할 수 없는 사정이 있다면 임대인의 채무는 이행불능이 되는 것이다. 임차인은 이행불능으로 인한 임대차 종료를 이유로 그 이후의 차임 또는 차임 상당의 부당이득금지급을 거절할 수 있다. 이러한 특별한 사정은 피고의 항변사유가 될 것이다.

(3) 부당이득 발생요건으로서의 인과관계는 수익과 손실 사이의 연관성이 인정되면 그 성립을 다소 넓게 인정한다.[35] 즉, 여기서 인과관계의 문제는 공평의 이념 또는 부당한 재화의 이전에 대한 조정이라는 측면에서 해결하려는 것이고, 누구를 이득자로 보고, 누구를 손실자로 볼 것인가라는 당사자확정의 기능을 담당한다는 것이다.

(4) '법률상 원인 결여'라는 요건사실의 증명책임에 관하여는 앞의 요건사실과는 달리 학설이 다양하게 나뉜다.[36] 판례의 일반적 입장은 부당이득반환청구에서 피고는 그의 정당한 권원 있음을 항변으로서 주장·증명하여야 할 것으로 보고 있다.[37]

---

35) 김선석, 증명책임의 연구 제1권, 육법사, 274~275면.

36) 위 책, 276~283면; 사법연수원, 요건사실론 2008, 81면 각주 31.

37) 사법연수원, 앞의 교재, 81면; 김선석 위 책 285면은 이와 달리 본다.

[대법원 2002. 11. 22. 선고 2001다6213 판결]

1. 민법 201조 1항에 의하면 선의의 점유자는 점유물의 과실을 취득한다고 규정되어 있고, 민법 197조 1항에 의하면 점유는 선의인 것으로 추정되도록 규정되어 있으나, 같은 조 2항에는 선의점유자라도 본권에 관한 소에 패소한 때에는 그 소가 제기된 때로부터 악의의 점유자로 본다고 규정되어 있는바, 위 민법 197조 2항의 취지와 부당이득반환에 관한 민법 749조 2항의 취지 등에 비추어볼 때, 여기서의 본권에 관한 소에는 소유권에 기하여 점유물의 인도나 명도를 구하는 소송은 물론 부당점유자를 상대로 점유로 인한 부당이득의 반환을 구하는 소송도 포함된다.
2. 원고가 소유권에 기하여 피고를 상대로 부동산의 불법점유를 이유로 한 부동산반환청구 및 점유기간 동안의 부당이득반환청구를 한 경우, 부당이득반환청구에 민법 201조 1항, 197조 1항을 적용함에 있어서는 소유권에 기한 부동산반환청구가 변론종결 전에 소유권이 상실되었음을 이유로 배척된다고 하더라도, 법원으로서는 소유권상실 이전기간의 부당이득반환청구와 관련하여 원고의 소유권의 존부와 피고의 점유권원의 유무 등을 가려서 그 청구의 당부를 판단하고, 원고의 부당이득 주장이 이유 있는 것으로 판단된다면 민법 201조1항 197조 1항에도 불구하고 적어도 그 소 제기일 부터는 피고의 점유를 악의로 의제하여 피고에 대하여 부당이득의 반환을 명하여야 한다.

(5) 부당이득반환 범위

(가) 타인의 부동산을 점유·사용함으로써 얻는 부당이득액은 임료상당액이라 할 것이다. 따라서 당사자 사이에 원래부터 지급하기로 하였던 약정 임료가 있는 경우에는 그 사실을 주장·증명하여 부당이득으로서 반환을 청구하는 것이 일반적이다. 그러나 당사자 사이에 임료지급약정이 존재하지 않거나(예컨대, 공유자 중의 1인이 공유물 전체를 점유·사용하고 있는 경우에 다른 공유자가 그의 지분에 상응하는 부당이득반환청구를 할 때 ; 대법원 2002. 10. 11. 선고

2000다17803 판결 참조), 약정임료를 초과하는 실제임료가 있을 때에는 법원의 감정을 통하여 인정되는 임료 상당액의 반환을 청구할 수 있다.

(나) 점유자가 선의인 때에는 받은 이익이 현존하는 한도 내에서 반환할 의무가 있다(민법 748조 1항). 판례(대법원 2005. 4. 15. 선고 2003다60297 판결)와 실무는 점유자가 받은 이익은 원래 상태대로 현존한다는 추정하에, 점유자가 항변으로서 위 법 규정을 원용하여 받은 이익의 감소사실을 증명할 책임이 있다고 한다. 이 경우 선의의 수익자라는 사실은 추정되므로(민법 200조) 받은 이익의 부존재 또는 감소사실을 증명하면 될 것이다. 다만, 선의의 수익자라도 패소한 때에서는 그 소를 제기한 때로부터 악의의 수익자로 간주된다(민법 749조 2항).

(다) 부동산점유자는 점유물을 소유자에게 반환할 때까지 점유·사용으로 인한 부당이득을 지급하여야하므로 장래의 채무를 부담한다 할 수 있다. 그 의무의 종기는 일반적으로 목적물의 인도완료일이 된다. 소장의 청구취지나 판결주문에서는 '인도완료일까지 월 000 원의 비율에 의한 금원을 지급하라'라고 표시한다. 예외적으로 피고의 점유상태가 부동산인도일까지 존속한다는 것을 변론종결 당시에 확정적으로 예정할 수 없는 경우에는 목적물의 사용·수익종료일까지를 종기로 삼아야 한다(대법원 2002. 6. 14. 선고 2000다37517 판결).

4. 항변·재항변의 요건사실

(1) 부동산 인도·철거·퇴거청구의 경우

(가) 소유권 상실의 항변

① 원고는 목적부동산의 소유권자(기타 제한물권 등의 경우에도 동일하다)임을 전제로 하여 청구하고 있으므로, 이러한 소유권상실에 관한 사유는 권리발생장애사실로서 피고의 항변사유가 된다.[38] 부동산물권은 등기명의인에게 귀속되는 것이므로 원고명의의 등기가 원인무효임을 주장·증명하는 것도 피고의 항변사유로서 피고에게 그 책임이 있다. 이러한 소유권상실의 항변은 무효·취소·계약해제 등 그 사유가 다양할 것이므로, 각 사유에 따른 요건사실과 재항변사유에 따른 요건사실을 살펴보아야 한다.

② 부동산을 매수하여 이를 인도받아 점유하고 있는 매수인은 그 점유 중인 부동산에 대하여 법률상 또는 사실상 이를 점유하고 처분할 권한이 있으므로 매도인에 대하여 이러한 사유를 들어서 항변할 수 있다. 대법원 1999. 1. 15. 선고 98다43953 판결은 매도인이 매매목적물을 점유·사용 중인 매수인에게 그 부동산의 인도를 요구하는 것은 신의칙에 위배되는 것으로 본다. 어느 쪽으로 보든 피고는 매수인의 지위에서 항변권을 행사할 수 있다는 점에서 차이가 없다.

(나) 취득시효완성(시효취득)의 항변

목적물에 대하여 민법 245조, 1, 2항에 따른 취득시효가 완성된 경우에는 소유자에 대하여 목적물의 인도를 거부할 정당한 권원을 취득하게 된다(대법원 1993. 5. 25. 선고 92다 52180 판결 등). 주로

---

38) 伊藤滋夫 外, 民事要件事實講座4, 靑林書院, 9면.

제기되고 있는 점유취득시효 항변의 요건사실은, ① 소유의 의사로, ② 평온·공연하게, ③ 20년간, ④ 목적 부동산에 대한 계속점유 사실이다. 위 요건사실 중 ①, ② 및 점유의 계속은 민법 197조 1항, 198조에 의하여 추정 된다(법률상 사실추정). 따라서 원고는 소유의 의사가 없는 타주점유, 평온·공연하지 아니한 점유(강폭·은비점유), 점유의 단절 또는 시효의 중단이나 시효완성 후 점유자가 시효이익을 포기하였다는 사실 등을 들어서 재항변 할 수 있다(앞의 제1장 제2절 Ⅱ. 2. 참조).

(다) 정당한 점유권원에 기한 항변

피고는 피고가 목적 부동산을 적법하게 점유할 수 있는 각종 권원을 주장하여 항변할 수 있다. 물권으로서는 지상권, 전세권, 유치권 등의 제한물권, 채권으로서는 임차권 등이 있고, 동시이행항변권도 점유자로 하여금 자신의 인도의무 이행을 거절할 권능이 생기게 하므로 적법한 점유권원이 된다. 피고는 그가 주장하는 위 각 점유권원의 요건사실을 주장·증명할 책임이 있고, 원고는 피고 주장의 점유권원에 대하여 그 권리장애·멸각·행사저지 사유를 들어 재항변 할 수 있다.

지상건물철거 청구소송에서 피고가 법정지상권의 성립을 주장하면서 정당한 점유권원의 항변을 하는 경우가 많다.[39] 법정지상권은 민법 366조 규정에 의한 경우와 관습법상 법정지상권 2종류가 있다. 민법 366조 규정상의 법정지상권의 요건사실은 ① 저당권설정 당시 목적 토지 위에 건물이 존재한 사실(무허가건물이거나 미등기건물이라도 무방하다 : 대법원 2004. 6. 11. 선고 2004다13533 판결 등), ② 저당권설정 당시 목적 토지와 건물의 소유자가 동일한

39) 사법연수원, 요건사실론 2008, 77면.

사실(저당권설정 후에는 양자의 소유자가 서로 달라져도 무방하다: 대법원 1999. 11. 23. 선고 99다52602 판결), ③ 목적 토지나 건물에 설정된 저당권의 실행으로 토지 및 건물의 소유자가 서로 달라진 사실이다.

관습법상 법정지상권의 요건사실은 ① 목적 토지와 건물이 동일인에게 속하였던 사실, ② 매매·증여·공유물분할·강제경매 등 적법한 원인으로 목적 토지와 건물의 소유자가 서로 달라진 사실이다.

위와 같은 법정지상권 주장(항변)에 대하여 원고는 새로운 건물 소유자가 법정지상권을 스스로 포기하였다는 사실(예컨대, 지상건물을 철거하기로 하는 합의가 있었다거나, 지상건물만을 매수한 자가 토지소유자와 토지임대차계약을 체결한 사실 등)의 주장·증명을 함으로써 재항변 할 수 있다.

(라) 신의칙위반·권리남용 항변

토지소유자가 소유권을 행사하여 지상건물의 철거와 대지인도를 구하는 청구를 하는 경우에 권리남용이나 신의칙위반에 해당하는 사례가 있다(권리남용은 신의칙의 파생원칙의 하나라고 할 수 있고, 가치규범으로서의 권리남용여부 판단을 위하여 신의성실의 원칙이 원용되고 있다).

권리남용항변의 요건사실은 다음과 같다. ① 행사할 권리가 존재하고, 권리의 행사가 있을 것, ② 권리행사가 정당성을 결여하였을 것. 정당성은 신의칙, 사회질서, 사회상식, 권리의 성질을 기초로 객관적으로 평가되어야 한다. 판례는 '객관적 수인(受忍) 한도의 초과'를 권리남용여부 판단의 기준으로 하고 있다(대법원 2002. 12. 10. 선고 2000다72213 판결 등). 피고는 원고의 건물철거 및 토지인도청구가 정당한 이익 없이 오로지 피고에게 고통이나 손해를 입힐 것을 목적으로 하고 있다거나, 권리의 사회적·경제적 목적에 위반되는 것임을 주장하여 권리남용의 항변을 할 수 있다.

(2) 부당이득반환청구에 대한 항변

피고는 원고가 부당이득반환청구권을 명시적·묵시적으로 포기한 사실을 주장·증명하여 항변할 수 있다.

[대법원 1998. 5. 8. 선고 97다52844 판결]

1. 어느 사유지가 종전부터 자연발생적으로 또는 도로예정지로 편입되어 사실상 일반 공중의 교통에 공용되는 도로로 사용되고 있는 경우 그 토지의 소유자가 스스로 그 토지를 도로로 제공하여 인근 주민이나 일반 공중에게 무상으로 통행할 수 있는 권리를 부여하였거나 그 토지에 대한 독점적으로 배타적인 사용수익권을 포기한 것으로 의사해석을 함에 즈음하여서는, 그가 당해 토지를 소유하게 된 경위나 보유기간, 나머지 토지들을 분할하여 매도한 경위와 그 규모, 도로로 사용되는 당해 토지의 위치나 성상, 인근의 다른 토지들과의 관계, 주위환경 등 여러 가지 사정과 아울러 분할·매도된 나머지 토지들의 효과적인 사용·수익을 위하여 당해 토지가 기여하고 있는 정도 등을 종합적으로 고찰하여 판단하여야 한다.
2. 토지소유자가 토지를 분할하여 매도하면서 중앙에 위치한 토지를 남겨 두어 남겨진 토지부분이 분할·매도된 나머지 토지들로부터 공로에 이르는 유일한 통행로로 사용되어 온 경우, 소유자가 남겨진 토지부부분의 사용수익권을 포기한 것으로 볼 여지가 있다.
3. 토지의 원소유자가 토지의 일부를 도로부지로 무상제공 함으로써 이에 대한 독점적이고 배타적인 사용수익권을 포기하고 이에 따라 주민들이 그 토지를 무상으로 통행하게 된 이후에 그 토지의 소유권을 경매, 매매, 대물변제 등에 의하여 특정 승계한 자는 그와 같은 사용·수익의 제한이라는 부담이 있다는 사정을 용인하거나 적어도 그러한 사정이 있음을 알고서 그 토지의 소유권을 취득하였다고 봄이 상당하므로 도로로 제공된 토지부분에 대하여 독점적이고

배타적인 사용수익권을 행사할 수 없고, 따라서 지방자치단체가 그 토지의 일부를 도로로서 점유·관리하고 있다고 하더라도 그 자에게 어떠한 손해가 생긴다고 할 수 없으며 지방자치단체도 아무런 이익을 얻은 바가 없으므로 이를 전제로 부당이득반환청구를 할 수 없다.

【사 례 I】

1. X의 진술내용

나는 2009. 1. 5. 별지 1항 기재 토지를 A로부터 매수한 뒤 소유권이전등기를 마쳤다. 그런데 Y1은 아무런 권한도 없이 2007. 5월 경 위 토지 위에 별지 2항 기재의 건물을 신축하여 소유하면서 그 건물 1층은 2007. 12월 말 경 Y2에게 임대하여 Y2는 그 곳에서 음식점을 운영하고 있고, 그 건물 2층은 Y1이 사무실로 사용하고 있다.

나는 Y1에게 무단 건축한 위 건물을 철거하여 위 토지를 인도하고, 2009. 1. 5.부터 위 토지인도완료일까지 차임 상당의 부당이득반환을, Y2에게는 위 건물 1층에서 퇴거를 청구하고자 한다.

2. Y1·Y2의 진술내용

X가 인도를 구하는 토지는 원래부터 위 토지를 소유하였던 A와 X가 절친한 친구사이이고 A가 사업실패로 채권자들로부터 빚 독촉에 시달리던 중 강제집행을 면하기 위하여 매매를 가장하여 X 명의의 소유권이전등기를 마친 것이므로, X는 위 토지의 진정한 소유자라고 할 수 없다. Y1이 위 토지위에 위 건물을 신축하여 소유하고 있는 사실은 인정하지만, A로부터 건물신축에 관한 동의를 받고 행정청의 건축허가를 얻어서 신축한 건물이므로 X에 대하여 위 건물의 매수를 청구한다.

Y2는 위 건물 1층을 Y1 으로부터 임차하여 음식점을 개업하였으나 계속된 불경기로 인하여 현재는 음식점을 폐업한 상태이다.

【사 례 II】(대법원 2002. 11. 22. 선고 2001다6213 판결 참조)

1. X의 진술

나는 별지 기재 건물 및 기계기구(아래에서는 '이 사건 부동산'이라 한다)

를 전소유자로부터 매수하여 나의 처인 A 명의로 소유권이전등기를 마치고, 그곳에서 '성산냉동'이라는 상호로 냉장창고업을 운영하게 되었다. 나는 위 사업과 관련한 실무를 나의 아들 B에게 일임하였는데, B는 위 '성산냉동'을 운영하다가 2000. 10. 9. 이 사건 부동산 중 일부를 Y1에게 임대하여 그때부터 Y1이 그가 임차한 부분을 점유하기 시작하였다. B는 다시 이 사건 부동산 전부를 2007. 6. 1. Y2에게 임대하였는데 Y2는 그때부터 Y1이 점유한 부분을 제외한 나머지 부분을 점유하기 시작하였다.

Y1의 임대차기간이 2007. 10. 9. 자로 종료하자, Y2와 Y1은 Y1의 점유부분에 관하여 전대차계약을 체결하여 Y1이 계속 이 사건 부동산 일부를 점유·사용하게 되었다.

나의 사업실패로 인하여 이 사건 부동산은 경매절차에 부쳐져 C가 매수인으로 결정되어 2009. 7. 10. 자로 C 명의의 소유권이전등기가 마쳐졌다.

나는 Y1과 Y2에 대하여, Y1과 Y2는 나로부터 이 사건 부동산의 임대차계약체결에 관한 권한을 위임받지도 않은 B와 사이에 무권대리에 의한 임대차계약을 체결하고, 이 사건 부동산의 각 일부분을 법률상 원인 없이 점유한 것이므로, Y1과 Y2는 각 점유부분의 인도와 함께 각 그 점유부분에 대하여 차임 상당의 부당이득반환을 청구하고자 한다.

Y1·Y2는 이사건 부동산에 대한 선의의 점유자라고 하지만, 위와 같은 경위에 비추어 악의의 점유자임이 분명하다.

2. Y1·Y2의 진술

Y1·Y2는 공동으로 변호사 D를 선임하기로 하고 다음과 같은 사실을 진술하고 있다. 우리 두 사람은 X의 아들 B가 X로부터 이 사건 부동산의 관리 및 임대차계약에 관한 권한 일체를 위임받고 있다는 B의 말을 그대로 믿고 B와 각각 임대차계약을 체결하였다. X의 주장과 같이 B가 권한 없이 우리 둘과 임대차계약을 체결하였다고 하더라도 X는 B에게 이사건 부동산의 관리에 관한 권한 일체를 위임하고 있었으므로 B에게 기본대리권이 있었다 할 것이다. 즉 B가 우리 둘과 체결한 임대차계약은 권한을 넘은 표현대리라고 할 수 있다. 그렇지 않더라도 X는 우리

둘이 이 사건 부동산을 점유 ·사용 중인 것을 직접 확인하고서도 그동안 어떠한 조치를 취하지도 않고 있다가, 많은 빚을 지고 이 사건 부동산을 경매당하고 난 뒤에야 위와 같은 청구를 하고 있는데, X의 그 동안의 태도에 비추어 B의 무권대리를 추인하였다 할 것이다. 한편, 우리 둘은 위와 같은 경위로 이사건 부동산을 점유·사용하게 된 것이므로 선의의 점유자로서 과실수취권이 있다 할 것이고, 무엇보다도 X는 이미 이 사건 부동산의 소유권을 상실한 상태이므로 우리 둘에 대한 이 사건 부동산의 인도청구권은 존재하지 않는다 할 것이다.

【사 례Ⅲ】

1. X의 진술

나는 2008. 3. 2. 별지 기재 토지와 그 지상의 B 건물(이하 '이 사건부동산'이라 한다)을 그 소유자이던 갑으로부터 돈 7억 원에 매수하여 그 돈을 모두 지급한 뒤 같은 달 27. 나의 명의로 소유권이전등기를 마치고 이 사건 부동산을 갑으로부터 인도받아 점유하게 되었다. 그런데, B 건물은 갑이 을에게 2006. 12. 20. 임대차기간은 5년, 차임 월 100만 원 보증금 5,000만 원에 임대하여 을이 점유하면서 잡화점을 운영하고 있었다. 위 임대차계약에는 을이 건물을 무단으로 타인에게 전대하거나 위 임차권을 양도할 수 없고, 차임의 지급을 1개월이라도 연체할 때에는 최고 없이 갑이 위 임대차계약을 해지할 수 있다는 특약조항을 두고 있다. 을은 위 잡화점을 계속하여 운영하였고, 내가 이 사건 부동산소유권을 취득한 뒤에는 을이 나에게 차임을 지급하여 왔다. 그러던 중 2008. 9월경 나는 B 건물 앞을 우연히 지나다가 을이 운영하던 잡화점은 없어지고 그 자리에 식료품점이 개설되어 영업 중인 것을 알게 되었다. 그래서 즉시 위 식료품점에 들어가 그 점원에게 확인한 결과 위 점포는 Y 회사가 2008. 6월 중순경 개설·운영하고 있다는 사실을 알게 되었다. 나는 Y 회사의 대표이사인 병에게 전화로 그 경위를 알아보았는데, 병은 'B 건물을 2008. 4. 30. 을로부터 임차하였고, 임대차기간은 3년, 차임은 월 110만 원으로 약정하였으며, B 건물이 X의 소유라는 말은 듣지 못하였다'고 답변하였다. 나는 그 즉시 병에게 을이 나에게 동의나 승낙을 받지 않고 B 건물을 전대하였으니 무효라고 하면서 즉시 건물

사용을 중단하라고 항의하였다.

동시에 을에게도 전화로 B 건물의 무단전대에 대하여 항의하는데, 을은 '갑이 당신(X)에게 B 건물을 양도하기 전인 2008. 2월 경 갑으로부터 B 건물을 전대하는 데 대하여 동의를 받았고, 2008. 2. 21 자 갑이 서명한 동의서도 가지고 있다'라고 답변하였다. 나는 다시 갑에게 확인하였는데, 갑의 말에 의하면 을이 전대차문제에 관하여 상의를 요청하므로 동의하고, 그러한 내용의 동의서초안을 작성하기까지 하였으나 나와 이 사건 부동산매매 이야기가 본격화된 뒤에는 위 전대차문제에 관하여 더 이상 논의한 적도 없고, 동의서에 정식으로 서명·날인하지도 않았다고 하였다.

나는 2009. 2. 10. 을에 대하여 같은 날 도달한 내용증명우편으로 을과의 임대차계약의 무단양도를 이유로 해지한다는 의사표시를 하였으므로, Y에 대하여 이 사건 부동산의 소유자로서 이의 반환과 아울러 인도시까지 차임상당의 부당이득의 반환을 청구하고자 한다.

2. Y의 대표이사 병의 진술내용

나는 Y 회사가 설립된 이후 계속하여 그 대표이사직에 종사하고 있다. Y는 X 주장내용과 같이 을과 임대차계약체결 후 약 2개월간의 준비기간을 거쳐 식료품점을 운영하게 되었다. 나는 Y 회사가 B 건물을 임차하기 전에 그 장소에서 을이 잡화점을 하다가 폐업한 사실을 알고 있었으나, B 건물이 X의 소유인 사실을 모르고 있었다. 나중에 X로부터 B 건물의 인도를 요구받고 난 뒤 을로부터 들은 바에 의하면, 을은 갑으로부터 B 건물을 타에 전대하는데 대하여 사전 동의를 얻었고, Y와 전대차계약을 체결하는 것에 관한 동의서에 갑의 서명·날인을 받았다고 하였다. 나는 을로부터 B 건물을 임차한 후 매월 차임을 꼬박꼬박 지급하였다. X는 을이 B 건물을 임차하여 잡화점으로 운영할 때와는 달리 Y의 식료품점이 들어선 뒤 건물의 관리상태가 엉망이 되었다고 하지만, Y는 위생 면에서 세심한 주의를 기울이고 있고 건물도 최대한 깨끗이 관리하고 있으므로 X의 주장은 사실과 다르다. X가 내용증명우편을 을에게 보내어 무단전대를 이유로 임대차계약을 해지한다는 의사표시를 하였다고 하지만 X가 사전에 동의한 이상 위 해지는 무효이고 설령 을이 동의를 얻지 못하였다고 하더라도 을이 현재까지 차임지급을 연체하지 않고 제때에 지급하여 왔으므로 X에 대하여 배신행위를 한 것도 없다 할 것이다.

Ⅰ. 소송물 및 쟁점

1. 위 각 사례에서 X는 목적 부동산에 대한 소유권에 기한 물권적 청구권행사로서 그 점유자들에 대하여 지상건물의 철거(사례Ⅰ)와 토지인도(사례Ⅰ·Ⅱ·Ⅲ) 및 차임상당의 부당이득반환을 청구하고 있으므로 이러한 청구권의 성립을 위한 요건사실을 살펴본다.

2. 위와 같은 X의 청구에 대하여 사례I에서 Y1·Y2는 소유권상실의 항변을 하고, 예비적으로 지상물매수청구권(Y1)을 행사하고 있고, 사례Ⅱ에서 Y1·Y2는 점유권원으로서 임차권의 성립(대리·표현대리·추인)과 선의점유자의 과실수취권을 주장하고 있고, 사례Ⅲ에서는 X에 의한 전대차의 사전 동의를 주장하고 있다. 위 각 항변 및 이에 대한 X의 재항변의 요건사실을 살펴본다.

Ⅱ. 청구원인

1. 사 례 Ⅰ

(1) X의 이 사건 토지인도청구의 청구원인(요건사실)사실은 ① 이 사건 토지가 X의 소유인 사실(이 사건 토지에 대한 X 명의의 소유권이전등기가 경료 된 사실), ② 현재 Y1이 이 사건 토지 위에 2층 건물(별지 2항 기재 건물)을 신축하여 소유하면서 이 사건 토지를 점유·사용 중인 사실이다.

(2) X의 건물철거청구의 청구원인사실(요건사실)은 ① 이 사건 토지가 X의 소유인 사실, ② Y1이 이 사건 토지 위에 건물을 소유하고 있는 사실이다.

(3) X의 Y2에 대한 건물퇴거청구의 청구원인사실(요건사실)은 위 (2)의 요건사실 외에 ③ Y2가 위 건물을 점유하고 있는 사실이 추가된다.

(4) X의 Y1·Y2에 대한 부당이득반환 청구원인사실은 ① Y1·Y2가 이 사건 부동산을 점유·사용함으로써 이익을 얻은 사실, ② Y1·Y2가 이 사건 부동산을 점유·사용함으로써 X에게 손실을 준 사실, ③ 위 ①의 이익발생과 ③의 손실발생 사이에 인과관계가 있을 것, ④ Y1·Y2가 법률상 원인 없이 이 사건 부동산을 점유·사용한 사실이다. 그 외에 X는 위 부동산 중 Y1·Y2 점유부분의 차임상당액에 관하여 증명하여야 한다.

2. 사 례 II

(1) X는 부동산인도와 부당이득반환청구를 하고 있으므로 위 사례 I 의 (1), (4) 요건사실을 참조할 것.

(2) 다만 X는 현재 이 사건 부동산 소유자가 아니므로 Y의 소유권상실 항변에 따라 부동산인도청구는 법적 근거가 없는 것이 된다. 다만, 부당이득반환 청구부분은 X의 소유기간과 Y1·Y2의 점유기간이 중복되는 기간 동안에는 인정될 수 있을 것이다.

3. 사 례 III

본 사례에서 X는 부동산인도와 부당이득반환청구를 하고 있으므로 위 각 사례에서 살펴 본 요건사실 청구원인이 그대로 적용된다 할 것이다.

III. 항 변

1. 사 례 I

(1) 소유권상실의 항변

Y1·Y2는 X 명의의 이 사건 부동산에 관한 소유권이전등기는 통정허위표시(민법108조)에 의한 것으로서 원인무효라는 취지의 항변을 하고 있다. 이러한 통정허위표시의 요건사실은 ① X와 A 사이에 이 사건 부동산매

매계약이 있을 것, ② 위 매매계약을 통하여 나타난 X·A의 의사와 진의가 서로 일치하지 않을 것(X·A 사이에 이 사건 부동산매매의사가 존재하지 않을 것), ③ 위와 같은 의사불일치 사실을 X·A가 알고 있었을 것, ④ X·A가 진의와 다른 의사표시(법률행위)를 함에 있어서 상호 통모가 있었을 것이다(허위표시를 한 이유나 원인은 그 효과에 아무런 영향을 미치지 않는다). 따라서 Y1·Y2는 위와 같은 요건사실을 주장·증명하여야 한다.

(2) 지상건물 매수청구권의 행사

Y1의 지상건물 매수청구권의 요건사실은 ① X와 Y1 사이에 건물소유를 목적으로 한 이 사건 토지에 대한 임대차계약의 체결사실, ② 임대차기간의 만료, ③ Y1이 X에게 임대차기간의 갱신을 청구한 사실, ④ X가 Y1의 갱신청구를 거절한 사실, ⑤ 지상건물의 현존사실이다. 위와 같은 요건사실이 존재하는 것을 전제로 Y1이 상당한 가액을 제시하여 X에게 지상건물의 매수를 청구하면 X는 이러한 매수청구에 응할 의무가 발생한다. 즉, Y1이 행사하는 매수청구권은 형성권이므로, 그 행사로 인하여 X와 Y1 사이에 지상건물에 관한 매매가 성립한다. 이에 관한 민법규정(643조, 283조)은 강행규정(민법 652조 참조)이므로 임차인에게 불리한 약정은 그 효력이 없다.

본 사례에서 Y1의 항변의 성립여부는 위 ① 요건사실 중 이 사건 임대차계약의 목적이 건물소유를 목적으로 하는 것인지 여부에 있다고 하겠다.

2. 사 례 II

(1) Y1·Y2는 X의 아들 B가 X로부터 이 사건 부동산 임대차계약 체결권한을 위임 받은 자로서 X의 적법한 대리인이고, 그렇지 않더라도 표현대리 또는 무권대리에 대한 X의 추인이 있었다는 주장을 하고 있다. 이러한 항변사실들은 모두 Y1·Y2의 이 사건 부동산에 대한

적법한 점유권원으로서의 임차권의 성립에 관한 항변이라 할 수 있으므로 Y1·Y2가 위와 같은 경위의 임대차계약의 성립요건사실 또는 X의 추인사실에 관하여 주장·증명하여야 할 책임이 있다.

먼저 대리행위 성립의 요건사실은 ① Y1·Y2와 B가 이 사건 부동산(Y2는 그의 점유부분, Y1은 이 사건 부동산 전부)에 대하여 각 임대차계약을 체결한 사실, ② 위 각 임대차계약 체결시에 B가 X를 위하여 계약을 체결한다는 의사를 표시한 사실, ③ 위 각 임대차계약 체결에 앞서 X가 B에게 그 계약체결 권한을 위임한 사실이다.

표현대리(권한을 넘은 표현대리)의 요건사실은 위 대리행위 요건사실 중 ①, ② 사실 외에 ③ B가 X로부터 (기본)대리권을 위임받은 사실, ④ Y1·Y2가 B와 이 사건 각 임대차계약을 체결하면서 B에게 그러한 계약체결 권한이 있다고 믿었을 뿐만 아니라 믿을만한 정당한 이유가 있었을 것이라는 요건이 추가된다. Y1·Y2는 위와 같이 믿게 된 정당한 이유(이러한 요건사실을 규범적 요건이라 한다)에 관하여 구체적으로 주장·증명할 책임이 있다.

무권대리 행위의 추인의 요건사실은 ① X가 B의 무권대리에 의한 Y1·Y2와의 이 사건 각 임대차계약 체결사실을 알고, ② Y1·Y2에 대하여(추인의 상대방), ③ 명시적·묵시적 방법으로 할 수 있다(대법원 2003. 12. 26. 선고 2003다49542 판결 등). 다만 위 추인의 상대방은 무권대리인인 B에 대하여 할 수도 있으나 Y1·Y2가 이 사실을 알 때까지 Y1·Y2에 대하여 추인의 효력을 주장할 수 없다(민법 132조 단서).

(2) Y1·Y2는 민법 201조 1항의 선의점유자의 과실수취권을 주장하여 항변하고 있다. 민법 197조 1항은 점유자의 선의를 추정하고 있으므로 Y1·Y2가 선의임을 증명할 책임은 없고 X가 Y1·Y2의 악의점유를 주장·증명하여야 한다. 다만 197조 2항의 적용에 의하여 Y1·

Y2가 본권에 관한 소(본 사례에서는 위 임차권의 존재에 관한 항변이 될 것이다)에서 패소한 때에는 그 소가 제기된 때로부터 악의의 점유자로 보는 간주규정을 두고 있으므로 X는 동 규정의 적용을 주장함으로써 악의 점유에 관한 증명책임을 면할 수 있다.

3. 사 례 Ⅲ

(1) X의 진술내용에 의하면 X는 갑과 을 사이에 체결된 임대차계약상 임대인의 지위를 승계하기로 을과 합의(묵시적으로라도)하였거나, 적어도 갑과는 합의된 것으로 보인다. 그러나 Y는 위와 같은 임대인의 지위승계 또는 임차권의 양도에 관한 항변은 하지 않고, 을과 Y 사이의 전대차계약체결 및 이에 대한 갑의 사전 동의가 있었음을 주장하고 있다. 즉 Y의 X에 대한 점유권원항변은 을과 Y 사이의 전대차계약체결과 동 전대차계약은 전 소유자 갑의 동의하에 체결된 것으로서 대항력이 있다는 것과, X는 갑의 임대인으로서의 지위를 승계하였으므로 X에 대하여도 위 전대차계약이 유효하다는 것이므로 이러한 항변의 요건사실을 본다.

(2) 을과 Y 사이의 전대차계약이 전소유자 갑에 대하여 효력을 갖기 위한 요건사실은 ① 갑과 을 사이에 이 사건 부동산에 관한 임대차계약이 체결된 사실, ② 갑이 을에게 위 ①계약에 기하여 이 사건 부동산을 인도한 사실, ③ 을과 Y 사이에 이 사건 부동산에 관하여 임대차계약을 체결한 사실, ④ 을이 Y에게 위 ③계약에 따라 이 사건 부동산을 인도한 사실, ⑤ 갑이 을 또는 Y에 대하여 위 ③의 임대차계약체결에 관하여 동의한 사실이다.

이 사건 부동산의 전대차에 관하여 위와 같은 요건사실을 구비하면 Y는 갑에 대하여 대항력을 갖게 될 것이다. 이 사건 부동산의 신소유자인 X에 대하여 대항력을 인정받으려면 X가 갑의 지위를 승계한 사실을 주장·증명하거나, 임차권등기를 마치거나, 상가건물임대차보호법 3조 규정상의 대항력 취득이나 주택임대차보호법 3조 규정상의 대항력 취득(본 사례에서는 상가 건물로 보이므로 여기에는 해당하기 어렵다)사실을 주장·증명하여야 할 것이다.

제5절 각종 등기청구

Ⅰ. 매매를 원인으로 한 소유권이전등기청구

1. 청구원인

매수인은 매매계약에 기한 채권적 청구권으로서의 소유권이전등기청구권을 매도인에 대하여 가진다. 따라서 소유권이전등기의 청구원인사실은 매수인과 매도인 사이에 특정 목적물에 관한 매매계약의 체결사실이라고 할 수 있다.

2. 항변·재항변

매도인(피고)은 권리발생장애·권리소멸(멸각)·권리행사저지 사유를 들어서 항변할 수 있다(앞의 제1절 참조).

매수인(원고)은 매도인의 항변에 대응하여 관련되는 재항변을 할 수 있고, 이에 대하여 매도인은 재재항변을 할 수 있다.

Ⅱ. 소유권이전등기말소청구

1. 물권적 청구권으로서의 방해배제청구권

특정 부동산의 소유권자임을 주장하면서 그 부동산에 대한 타인 명의의 소유권이전등기를 비롯한 각종 등기가 원인무효임을 이유로 그 말소를 구하는 소송이 전체 민사소송에서 차지하는 비중은 매우 높다고 할 수 있다. 특히 재산적 가치(소송물가액)의 측면에서 다른 일반 민사소송을 압도하는 경우가 많다. 이러한 말소등기청구소송은 말소대상 등기의 원인무효로 인한 말소, 즉 소극적·물권변동적 등기청구권 또는 소유권에 기한 방해배제청구권의 행사를 소송물로 본다. 따라서 당해 등기의 원인무효 사유들은 단순한 공격방어방법에 지나지 않는다고 한다(대법원 1993. 6. 29. 선고 93다11050 판결).

2. 청구원인

(1) 물권적 등기청구권으로서의 말소등기청구는 현재의 실체적 권리관계와 등기부상에 기재된 권리관계가 일치하지 않는 경우에 그 불일치를 제거하기 위한 것이다. 그 요건사실은 ① 원고가 당해 부동산의 소유권자인 사실, ② 피고 명의의 소유권이전등기가 경료 되어 있는 사실, ③ 피고 명의의 ② 등기가 원인무효인 사실이다. 1물1권주의(하나의 목적물 위에 하나의 소유권만이 인정됨)원칙이나 부동산소유권이전등기의 법률상 권리추정에 따라 ①과 ③ 요건사실은 동일한 개념으로 볼 수 있을 것이다. ③ 요건사실을 별도로 언급하지 않고 있는 예도 있다.[40)]

(2) 법률의 규정에 의한 부동산에 관한 물권의 취득은 등기를 요하지 아니하므로(민법 187조), 원고는 이러한 사실의 주장·증명을 통하여 목적 부동산에 대한 소유권을 인정받을 수 있다. 그 외의 경우에는 현재의 등기명의자인 피고의 소유권(물권)의 존재가 추정되므로, 원고는 피고 명의의 소유권이전등기가 원인무효임을 주장·증명할 때에

40) 일본사법연구소, 紛爭類型別の要件事實, 65면.

비로소 목적 부동산에 대한 원고의 소유권을 인정받을 수 있다. 피고가 최종 소유권등기 명의인이고 원고와 피고 사이에 제3자 명의의 소유권이전등기가 경료 되어 있을 경우에, 원고는 그 제3자 명의의 소유권이전등기가 원인무효의 등기임을 주장·증명함으로써 피고 명의의 소유권이전등기의 원인무효사실까지 증명할 수도 있다. 민법상 부동산등기의 공신력이 인정되지 않기 때문에 원인무효등기에 기한 피고 명의의 소유권이전등기 역시 원인무효의 등기로 되는 것이다. 이 경우에 피고는 그의 등기가 유효하게 되는 별도의 항변을 하고 그 요건사실에 대한 주장·증명을 하여야 한다. 예컨대, 갑→을→병으로 순차 소유권이전등기 된 경우에 갑·을 사이의 소유권이전등기가 민법 107조 1항 비진의 의사표시에 의한 것으로 원인무효의 등기가 되는 경우에, 병은 같은 조 2항의 선의의 제3자임을 주장·증명(항변)하여 그 명의의 등기가 유효한 등기라는 주장·증명을 할 수 있다.

(3) 판례는 등기의 추정력을 넓은 범위에 걸쳐서 인정하고 있다. 즉, 권리의 적법추정뿐만 아니라, 등기원인과 절차의 적법성이라든지, 등기를 경료 하기 위하여 전제요건이 되는 농지매매증명, 농지분배절차, 경매절차, 외국인 토지취득절차 등이 적법하게 구비된 것으로 추정한다(대법원 1983. 11. 22. 선고 83다카950 판결). 그리고 등기명의자가 전 소유자로부터 부동산을 취득함에 있어 등기부상 기재된 등기원인이 아닌 다른 원인으로 취득하였다고 주장하고 있는 경우에도 이러한 주장만 가지고 그 등기의 추정력이 깨어진다고 할 수 없다(대법원 2001. 8. 21. 선고 20001다23195 판결 등)고 한다.

원고는 위와 같이 피고가 추정력을 인정받고 있는 사실이 실체관계와 다르다는 사실의 주장·증명을 함으로써 추정력을 깨뜨릴 수 있다.

3. 항변·재항변

(1) 원고가 부동산의 소유권에 기한 물권적 방해배제청구권 행사의 일환으로서 당해 부동산에 관하여 피고들 명의로 마쳐진 소유권이전등기의 말소를 구하려면 먼저 원고에게 그 말소를 청구할 수 있는 권원이 있음을 적극적으로 주장·증명하여야 한다. 만일 원고에게 그러한 권원이 있음이 인정되지 않는다면 설사 피고들 명의의 소유권이전등기가 말소되어야 할 무효의 등기라고 하더라도 원고의 청구를 인용할 수는 없다. 이러한 법리는 피고들 명의의 소유권이전등기가 원고 명의의 소유권이전등기로부터 전전하여 경료 된 것으로서 선행하는 원고 명의의 소유권이전등기의 유효함을 전제로 하여야만 그 효력을 주장할 수 있는 경우라 하여 달리 볼 것은 아니다(대법원 2005. 9. 28. 선고 2004다50044 판결). 따라서 이러한 경우에도 피고는 원고 명의의 소유권이전등기가 원인무효 사유에 해당하는 주장·증명하여 이른바 '소유권상실의 항변'을 할 수 있다(앞의 제4절 참조). 그리고 원고의 후발적 소유권 상실을 주장·증명하는 경우도 마찬가지라 할 수 있다. 피고 명의의 소유권이전등기가 비록 원인무효라고 하더라도 부동산등기부 시효취득(민법 245조 2항)사실을 주장·증명함으로써 원고의 소유권 상실을 주장하는 예(대법원 1995. 3. 3. 선고 94다7348 판결)가 여기에 속한다.

(2) 실체적 권리관계 부합등기라는 항변

(가) 등기가 실체적 권리관계에 부합한다고 하는 것은 그 등기절차에 어떤 하자가 있더라도 진실한 권리관계와 합치되는 것을 의미한다(대법원 2007. 1. 11. 선고 2006다50055 판결 등). 피고는 피고 명의의 등기가 이러한 실체관계에 부합하는 등기임을 주장·증명하여 항변할 수 있다.

① 부동산양수인 명의의 등기가 설사 등기의무자의 신청에 의하지 아니한 하자가 있더라도 실체관계에 부합하는 등기로서 유효하다(대법원 1978. 8. 22. 선고 76다343 판결).

② 피고는 등기부 기재에 의하여 공시된 외형과 같은 권리의 취득원인이 실제로 있었음을 항변으로 주장할 수 있다.

[대법원 1972. 8. 22. 선고 72다1059 판결]

위조문서를 이용하여 한 등기는 그 절차에 있어서 부적법한 것임은 소론과 같으나 등기가 부동산물권 변동의 효력발생 요건이 된다고 할지라도 원래부터 그것이 부동산물권의 공시방법으로 채택되어 왔었다는 점에는 다름이 없는 이상 그 절차보다는 그 공시된 외형을 중시하여야 할 것이다. 따라서 설사 그 절차에 있어서 하자가 있었다고 할지라도 그 공시된 외형과 같은 권리관계가 실재하고 있다면 그 공시방법으로서의 등기의 효력을 부정할 것이 아니라고 함이 상당할 것이다. 이와 같은 견해 아래 원심이 피고 명의의 이 사건 소유권이전등기가 위조된 등기신청서류에 의하여 이루어졌다하더라도 피고가 원고의 대리인으로부터 이 사건 임야를 적법하게 매수한 이상 위 등기는 실체적 권리관계에 부합하게 되어 유효하다 할 것이라고 판단하였음을 정당하다 할 것이다.

(3) 피고는 원고가 주장하는 등기원인의 무효사실과 양립 가능한 별개의 사유를 들어서 피고 명의의 등기의 유효를 항변할 수 있다. 예컨대, 원고가 피고와의 매매계약이 무권대리에 의한 것으로서 무효라고 주장할 경우에 피고는 표현대리 또는 무권대리의 추인을 주장하면서 항변할 수 있다. 그리고 원고가 피고와의 매매계약이 피고의 잔대금지급의무 이행지체를 이유로 해제되었다고 주장할 경우에 피고는 해제의사표시가 도달하기 전에 잔대금을 변제하거나 변제의 제공을 하였으며, 그렇지 않더라도 해제권 행사가 신의칙에 위배된다는 등의 주장을 하여 항변할 수 있다.

Ⅲ. 진정명의회복을 원인으로 한 소유권이전등기청구

1. 소 송 물

특정 부동산에 관하여 소유권이전등기가 순차적으로 이루어진 경우에 진정한 소유자가 그의 등기명의를 회복하는 방법은 그 소유자 이후에 순차적으로 이루어진 등기명의자 전원을 상대로 하여 각 소유권이전등기의 말소를 청구하는 방법과, 그러한 말소등기에 갈음하여 현재의 등기명의자를 상대로 소유권이전등기를 청구하는 방법이 있다. 예컨대, 갑 명의의 소유권이전등기가 경료 되어 있던 어떤 부동산에 관하여 을 명의로 원인무효등기가 경료 되어 순차적으로 병, 정, 무 앞으로 소유권이전등기가 경료 된 경우를 보자. 이 경우에 갑은 을, 병, 정, 무 전원을 상대로 한 말소등기청구소송을 제기할 수도 있고, '무'만을 상대로 소유권이전등기청구소송을 제기할 수도 있다. 말소등기에 갈음하여 허용되는 진정명의회복을 원인으로 한 소유권이전등기청구권과 무효등기의 말소등기청구권은 어느 것이나 진정한 소유자의 등기명의를 회복하기 위한 것으로서 실질적으로 그 목적이 동일하고 두 청구권 모두 소유권에 기한 방해배제청구권으로서 그 법적 근거와 성질이 동일하므로 서로 같은 소송물로 보아야 한다는 것이 판례(대법원 2001. 9. 20. 선고 99다37894 전원합의체 판결)의 입장이다.

2. 청구원인

진정명의회복을 원인으로 한 소유권이전등기청구의 요건사실은 ① 목적 부동산에 대하여 원고 명의의 소유권이전등기가 경료 되어 있었거나 법률의 규정에 의한 소유권 취득이 있었을 것, ② 피고는 목적 부동산에 대한 현재의 등기명의인이거나 또는 그의 상속인 등과 같은 포괄적 승계인일 것, ③ 피고 명의의 등기가 원인무효일 것이다. 요컨대 본 청구는 소유권이전등기말소청구와 동일한 소송물이므로 그 요건사실 역시 위에서 설명한 말소등기청구와 동일한 것이다.

본 청구의 원고는 등기부상 그의 명의의 소유권이전등기가 경료 되었던 자이거나 법률의 규정에 의한 소유권 취득을 하였던 자이어야 하므로, 등기부상 소유권이전등기를 한 적이 없는 명의신탁자(예컨대, 부동산을 매수한 뒤 바로 명의수탁자명의의 소유권이전등기를 경료 한 경우)는 본 청구의 원고가 될 수 없다(대법원 2003. 1. 10. 선고 2002다41435 판결).

3. 항변·재항변

진정명의회복을 원인으로 한 소유권이전등기청구는 말소등기청구소송과 소송물이 동일하므로 항변·재항변사유는 말소등기에 관한 사유들이 그대로 적용된다.

원고가 피고를 상대로 한 소유권이전등기말소청구 소송을 제기하여 패소 확정판결을 받고, 다시 진정명의회복을 원인으로 한 소유권이전등기청구 소송을 제기하였다면 피고는 위 확정판결의 기판력에 저촉된다는 항변을 할 수 있다.

Ⅳ. 점유취득시효완성으로 인한 소유권이전등기청구

1. 청구원인

(1) 민법 245조 1항은 점유취득시효에 관하여, 20년간 소유의 의사로 평온, 공연하게 부동산을 점유한자는 등기함으로써 그 소유권을 취득한다고 규정한다. 동 규정에 따른 부동산점유로 인한 시효취득의 요건사실은, ① 점유자에 의한 어떤 시점에서의 당해부동산에 대한 점유의 시작, ② 위 ① 시점으로부터 20년이 경과된 시점까지 점유를 계속하였을 것, ③ 점유자가 당해 부동산에 대한 소유의 의사로

서 점유하였을 것, ④ 평온·공연한 점유일 것이다.

그런데 민법 197조 1항은 점유자는 소유의 의사로 평온, 공연하게 점유한 것으로 추정하고, 동 198조는 전후 양시에 점유한 사실이 있는 때에는 그 점유는 계속한 것으로 추정한다는 이른바 '법률상 사실의 추정' 규정을 두고 있다. 이러한 추정규정에 따라 부동산점유자(원고)는 위 요건사실 중 당해 부동산에 대한 어떤 시점에서의 점유사실과 그로부터 20년이 경과된 시점에서의 점유사실을 주장·증명하면 될 것이다. 나머지 ② 요건사실 중 점유의 계속이나 ③, ④ 요건사실에 대하여는 피고에 의한 반대사실의 주장·증명을 통하여 해결될 것이다.

(2) 판례의 태도에 의하면 점유의 개시시점은 주요사실이 아니라 '당해 부동산에 대한 20년간의 점유'라는 주요사실을 확정하기 위한 간접사실에 지나지 않는 것이 되므로(대법원 2007. 2. 8. 선고 2006다28065 판결 등), 원고는 청구원인에서 '20년간 점유한 사실'을 주장하면 된다는 논리가 성립할 수 있다.[41)]

그러나 소송실무에서는 원고가 위 (1)에서 언급한 요건사실 전부에 관하여 청구원인으로서 주장하고 있는 것이 일반적이다. 위와 같은 민법의 추정규정이나 판례의 태도 등에 비추어 볼 때 현재의 실무관행은 일종의 '과잉주장'이 될 수는 있을 것이다.

(3) 점유의 기산점(개시시점)은 주요사실은 아니지만 점유취득시효 완성 후에 목적부동산에 대한 소유권의 변동이 있을 경우에 점유시효취득자의 대항력 판단에 있어서 중요한 요소가 되는 것이다. 판례(대법원 1971. 12. 28. 선고 71다1566 판결 등)에 의하면, 부동산에 관한

41) 사법연수원, 요건사실론 2008, 92면 참조.

시효기간 만료의 효과는 소유권 취득의 효력에 있는 것이 아니라 이를 원인으로 하여 소유권 취득을 위한 소유권이전등기 청구권이 발생함에 그친다고 봄이 민법 245조 1항의 법의라 할 것이라고 한다. 따라서 그 시효기간 만료 후에 그 부동산의 소유권이 제3자에게 이전된 경우에는 제3자에 대하여 시효완성을 주장할 수 없다고 한다. 그렇기 때문에 시효기간 만료 후 이해관계 있는 제3자가 있는 경우에 시효이익을 주장하는 자는 임의로 시효기산점을 선택할 수 없고(대법원 1977. 6. 28. 선고 77다47 판결 등), 시효기산점에 관한 당사자의 주장(진술)에 재판상 자백의 법리가 적용되지 않는다(대법원 2007. 2. 8. 선고 2006다28065 판결 등; 시효의 기산점은 간접사실로 본다). 그러나 시효기간 만료 후에 그 부동산의 소유권이 제3자에게 이전되지 않은 경우에는 원고는 기산점을 임의로 선택하여 현재로부터 거슬러 올라가 20년 이상 점유한 사실만 증명하면 그것으로 취득시효의 요건사실을 증명한 것이 된다(역산설의 입장 ; 대법원 1998. 4. 14. 선고 97다44089 판결 등).

점유시효취득에 필요한 점유기간이 20년이어야 하므로 그 사이에 점유의 승계가 있을 수 있다. 이 경우 시효의 이익을 주장하는 원고는 자기의 점유만을 주장하거나, 자기의 점유와 그전의 점유자의 점유를 아울러 주장할 수 있다. 다만 전 점유자의 점유기간 전부를 합산하여야 하고, 임의로 그 중간시점을 선택하여 주장할 수는 없다(대법원 1980. 3. 11. 선고 79다2110 판결 등).

2. 항변·재항변

(1) 피고는 항변으로서 원고의 점유가 타주점유라거나 평온·공연하지 않은 점유 또는 점유의 중단사유 등을 주장·증명하여 법률상의 사실추정을 뒤집거나, 원고가 시효의 이익을 포기한 사실이나 시효완성

후에 부동산소유권의 변동이 있는 사실을 주장·증명하는 항변이 가능하다.

(2) 타주점유

[대법원 2002. 2. 26. 선고 99다72743 판결]

1. 민법 197조 1항에 의하면, 물건의 점유자는 소유의 의사로 점유한 것으로 추정되므로, 점유자가 취득시효를 주장하는 경우 스스로 소유의 의사를 입증할 책임은 없고, 그 점유자의 점유가 소유의 의사가 없는 점유임을 주장하여 취득시효의 성립을 부정하는 자에게 그 입증책임이 있으며, 점유자의 점유가 소유의 의사 있는 자주점유인지 아니면 소유의 의사 없는 타주점유인지의 여부는 점유자의 내심의 의사에 의하여 결정되는 것이 아니라 점유의 원인이 된 권원의 성질이나 점유와 관계가 있는 모든 사정에 의하여 외형적·객관적으로 결정되어야 하기 때문에 점유자가 성질상 소유의 의사가 없는 것으로 보이는 권원에 바탕을 두고 점유를 한 사실이 증명되었거나, 점유자가 타인의 소유권을 배제하여 자기의 소유물처럼 배타적 지배를 하려는 의사를 가지고 점유하는 것으로 볼 수 없는 객관적 사정, 즉 점유자가 진정한 소유자라면 통상 취하지 아니할 태도를 나타내거나 소유자라면 당연히 취했을 것으로 보이는 행동을 취하지 아니한 경우 등 외형적·객관적으로 보아 점유자가 타인의 소유권을 배척하고 점유할 의사를 갖고 있지 아니하였던 것이라고 볼 만한 사정이 증명된 경우에 한하여 그 추정은 깨어지는 것이다.
2. 점유의 승계가 있는 경우 전 점유자의 점유가 타주점유라 하여도 점유자의 승계인이 자기의 점유만을 주장하는 경우에는 현 점유자의 점유는 자주점유로 추정된다.
3. 점유자가 스스로 매매 또는 증여와 같이 자주점유의 권원을 주장하였으나 이것이 인정되지 않는 경우에도, 원래 자주점유의 권원에 관한 입증책임이 점유자에게 있지 아니한 이상 그 주장의 점유권원이 인정되지 않는다는 사유만으로 자주점유의 추정이 번복된다거나 또는 점유권원의 성질상 타주점유라고 볼 수 없다.

(가) 권원의 성질상 타주점유에 해당하는 예로서는, ① 임대차에 의한 점유취득, ② 국유지를 장차 불하받을 생각으로 그 점유·사용권만을 양도받아 점유한 경우(대법원 1997. 7. 11. 선고 97다1562 판결), ③ 명의수탁자의 점유, ④ 매매나 증여대상토지의 실제면적이 공부상 면적을 상당히 초과하는 경우 그 초과부분에 대한 점유(대법원 2004. 5. 14. 선고 2003다61054 판결), ⑤ 악의의 무단점유(소유권취득원인인 법률행위 등이 없이 하는 점유 ; 대법원 1997. 8. 21. 선고 95다28635 전원합의체 판결) 등이 있다.

(나) 점유자가 타인의 소유권을 배제하여 자기의 소유물처럼 배타적으로 지배하려는 의사를 가지고 점유하는 것으로 볼 수 없는 외형적·객관적 사정으로는, ① 점유자가 담당공무원에게 국유 토지를 점유 중임을 인정하고 매수의사를 명백히 표시한 경우(대법원 1996. 1. 26. 선고 95다28502 판결), ② 토지점유자가 점유기간동안 여러 차례 특별조치법에 의한 등기의 기회가 있었음에도 소유권이전등기를 하지 않았고 오히려 소유자가 소유권보존등기를 마친 후에도 별다른 이의를 하지 않은 경우(대법원 2000. 3. 24. 선고 99다 56765 판결)등이 있다.

(다) 피고가 타주점유라는 항변과 함께 관련사실(간접사실)을 주장하고, 이에 관한 증거를 제출하면, 원고는 재항변으로서 자주점유로의 전환사실을 주장·증명하여야 한다. 즉 점유자가 소유자에 대하여 소유의 의사가 있음을 표시하거나, 새로운 권원에 의하여 소유의 의사로 점유한 사실을 주장·증명하여야 한다(대법원 1996. 10. 11. 선고 96다19857 판결).

(3) 점유의 중단

점유자의 점유의 계속사실은 법률상 추정(민법 198조)되므로 점유의 중단사실은 피고의 항변사유가 된다. 실무상으로는 원고가 청구원인에서 점유의 계속을 주장하고 그 증거를 제출하는 예가 많다. 이러한 경우에 점유의 중단에 관한 피고의 주장은 부인에 불과하다는 견해가 있으나[42] 의문이다. 원고의 점유취득시효기간 만료 후 점유를 상실한 사실은 점유 중단사유가 되지 않는다(대법원 1995. 3. 28. 선고 93다44745 전원합의체 판결).

(4) 시효중단

소멸시효중단에 관한 규정(민법 168조)은 취득시효에도 적용된다(민법 247조 2항). 따라서 피고는 시효중단사유에 속하는 사실의 주장·증명책임이 있다.

[대법원 1997. 12. 12. 선고 97다30288 판결]

> 권리자가 시효를 주장하는 자로부터 제소당하여 직접 응소행위로서 상대방의 청구를 적극적으로 다투면서 자신의 권리를 주장하여 그것이 받아들여진 경우에는 민법 제247조 제2항에 의하여 취득시효기간에 준용되는 민법 제168조 제1호, 제170조 제1항에서 시효중단사유의 하나로 규정하고 있는 재판상의 청구에 포함되는 것으로 해석함이 상당하다 할 것이나, 점유자가 소유자를 상대로 소유권이전등기 청구소송을 제기하면서 그 청구원인으로 '취득시효완성'이 아닌 '매매'를 주장함에 대하여, 소유자가 이에 응소하여 원고청구기각의 판결을 구하면서 원고의 주장사실을 부인하는 경우에는, 이는 원고 주장의 매매사실을 부인하여 원고에게 그 매매로 인한 소유권이전등기청구권이 없음을 주장함에 불과한 것이고 소유자가 자신의 소유권을 적극적으로 주장한 것이라 볼 수 없으므로 시효중단사유의 하나인 재판상의 청구에 해당한다고 할 수 없다.

점유이전금지가처분의 상대방이 직접점유자인 경우에는 간접점유

42) 사법연수원, 요건사실론 2008. 98면.

자에게 점유이전금지가처분 사실을 통지하여야(민법 176조 참조) 간접 점유자에 대하여서도 취득시효중단의 효력이 미친다(대법원 1992. 10. 27. 선고 91다41064, 41071 판결).

(5) 시효이익의 포기

취득시효이익의 포기는 ① 점유자가 시효완성사실을 알고, ② 시효완성의 이익을 포기하였을 것이 요구된다. 위 ① 요건사실은 점유자의 내심에 속하는 사실로서 피고의 입장에서 이를 직접적으로 인정할 증거를 제출하기 어렵고, ② 요건사실은 점유자의 명시적 의사 외에 정황에 의하여 시효이익의 포기의사를 추인할 수 있는 사실의 주장·증명도 가능하다. 요컨대 시효이익의 포기는 간접사실을 통하여 주장·증명되는 경우가 대부분이라 할 수 있을 것이나, 판례는 매우 제한적인 태도를 취하고 있다.

(6) 취득시효완성 후의 소유자 변경

(가) 점유취득시효완성 후 시효취득자가 소유권이전등기를 하지 않고 있는 사이에 목적부동산에 대한 제3자명의의 소유권이전등기가 경료 될 경우, 시효취득자는 제3자에 대하여 취득시효완성을 주장할 수 없다(대법원 1992. 9. 25. 선고 92다21258 판결 등). 따라서 피고는 위와 같은 사실을 주장·증명하여 항변할 수 있다.

(나) 비록 매매일자가 취득시효완성 전이라고 하더라도 그 소유권이전등기가 시효완성일 이후인 경우에는 시효취득을 주장할 수 없다(대법원 1977. 3. 22. 선고 76다242 판결). 위 제3자에는 취득시효완성 사실을 알면서 소유자로부터 그 부동산을 매수하여 소유권이전등기를 마친 악의의 취득자도 포함된다(대법원 1995. 5. 9. 선고 94다22484 판결 등). 소유권이전등기가 취득시효완성 전에 있었

다고 하더라도 원인무효의 등기이고, 취득시효완성 후에 적법한 권리자로부터 권리를 양수하여 실체관계에 부합하게 된 것이라면, 그 등기명의자는 취득시효 완성 후에 소유권을 취득한 자에 해당한다. 따라서 시효취득자는 위 등기명의자에 대하여 취득시효완성을 주장할 수 없다(대법원 1992. 3. 10. 선고 91다43329 판결). 가등기는 그 성질상 본등기의 순위보전의 효력이 있으므로 후일 본등기가 경료 된 때에는 본등기의 순위가 가등기한 때로 소급하는 것뿐이고, 본등기에 의한 물권변동의 효력이 가등기한 때로 소급하여 발생하는 것은 아니다. 따라서 취득시효완성 전에 이미 설정되어 있던 가등기에 기하여 취득시효 완성 후 소유권이전의 본등기를 경료 하였다면 그 가등기나 본등기를 무효로 볼 수 있는 경우가 아닌 한 시효취득자는 등기명의인에 대하여 시효취득을 주장할 수 없다(대법원 1992. 9. 25. 선고 92다21258 판결).

(다) 위와 같은 취득시효완성 후의 소유권변동이라는 피고의 항변에 대하여, 원고는 ① 제3자(취득시효완성 후에 소유권이전등기 받은 자) 명의의 등기가 원인무효인 사실(대법원 1986. 8. 19. 선고 85다카2306판결 등), ② 시효완성 후에 제3자 명의의 보존등기가 경료된 사실. 판례(대법원 1995. 2. 10. 선고 94다28468 판결)는 토지에 대한 점유로 인한 취득시효완성 당시 미등기로 남아있던 토지에 대하여 소유권을 가지고 있던 자가 취득시효완성 후 그 명의로 소유권보존등기를 마쳤다고 하더라도 이는 소유권의 변경에 관한 등기가 아니므로 그러한 자를 시효완성 후의 새로운 이해관계인으로 볼 수 없다고 하였다. ③ 시효완성 당시의 등기명의인으로부터 명의신탁 받은 사실(대법원 1995. 9. 5. 선고 95다24586 판결) 등을 주장하여 재항변 할 수 있다.

(7) 점유취득시효완성 후 소유권이전등기청구권의 시효소멸

점유자의 소유권이전등기청구권은 채권적 청구권이므로 이를 10년간 행사하지 않으면 시효소멸 된다. 따라서 피고는 이에 관한 요건사실을 주장·증명하여 항변할 수 있다. 이때 점유자가 시효완성 후에 점유를 상실한 날로부터 10년간 소멸시효기간이 도과한 사실을 주장·증명하여야 한다. 이러한 항변에 대하여 원고는 위 시효기간 진행 중에 목적 부동산의 점유를 회복한 사실이나, 소유자에게 소유권이전등기를 청구한 사실 등 시효중단사유를 주장·증명하는 재항변을 할 수 있을 것이다.

V. 저당권설정등기 말소청구

1. 소 송 물

근저당권을 비롯한 각종 저당권설정 계약에는 그 피담보채무 전액에 대한 변제가 있으면 저당권자가 당해 저당권설정등기를 말소하여 주기로 하는 내용도 포함되어 있다. 저당권설정자는 위와 같은 채권관계에 기하여 저당권설정등기의 말소청구(채권적 청구)를 할 수도 있지만, 당해 부동산소유자가 소유권에 기한 물권적 청구권을 행사하여 저당권설정등기의 말소를 청구하는 경우도 많으므로 위 각각의 경우에 있어서의 요건사실에 관하여 살펴본다.

2. 청구원인

(1) 저당권설정계약에 기한 경우

(가) 채권적 청구권 행사로서의 저당권설정등기말소청구의 요건사실은 ① 원고와 피고 사이에 저당권설정계약이 체결된 사실, ② 피고 명의의 (근)저당권설정등기가 경료 된 사실, ③ 피담보채권

변제 등에 의한 저당권의 소멸사실이다.

(나) ②, ③ 요건사실에서 특히 중요한 것은 피담보채무의 내용이라고 할 수 있다. 일반 저당권에서는 채무액이 확정되어 있을 것이다. 그러나 근저당권에 의하여 담보되는 채무는 기본계약이 존속하는 동안 계속 증감·교체될 것이다. 따라서 근저당권설정등기말소를 청구하는 원고는 피담보채무의 확정사유에 관하여 주장·증명할 책임이 있다.[43] 위 확정사유에는 결산기의 합의 및 그 도래사실, 근저당권설정자가 해지의 의사표시를 한 사실, 또는 근저당권자가 경매를 신청한 사실이 포함된다. 근저당권자가 스스로 경매를 신청한 때에는 경매신청시를 기준으로 하여 피담보채무가 확정된다(대법원 1989. 11. 28. 선고 89다카156 판결). 그러나 후순위 근저당권자를 비롯한 다른 채권자가 목적 부동산에 대한 경매를 신청한 경우, 선순위 근저당권자의 피담보채권은 매각대금 완납시를 기준으로 하여 그 때까지 존재한 원본, 이자, 위약금, 채무불이행으로 인한 손해배상 및 저당권실행비용 중에서 채권최고액 범위 내의 금액이라고 할 수 있다(민법 360조 참조).

(다) 피담보채무가 확정되면 채무자는 피담보채무전액을 변제하여야 비로소 근저당권설정등기의 말소를 청구할 수 있는 것이므로, 원고는 피담보채무의 확정사실 및 그 변제사실 등에 관한 주장·증명책임을 부담한다.

(라) 저당권의 부종성으로 인하여 피담보채권이 위에서 본 변제 외의 포기·혼동 ·면제 기타의 사유로 소멸하면 저당권도 소멸하므로(민법 369조) 원고는 위와 같은 사유를 주장·증명하여 ③ 요건

43) 사법연수원, 요건사실론 2008, 105면.

사실을 충족시킬 수도 있다. 요컨대 채권적 청구권으로서의 저당권설정등기말소청구는 아래의 물권적 청구의 경우와는 달리 채권관계가 유효하게 성립되었음을 전제로 하여 그 후 피담보채무의 후발적 소멸사유가 요건사실로 되는 것이다.

(2) 소유권에 기한 경우

(가) 소유권에 기한 방해배제청구권으로서의 저당권설정등기말소청구의 요건사실은 ① 목적 부동산이 원고의 소유인 사실, ② 피고 명의의 (근)저당권설정등기가 경료되어 있는 사실, ③ 저당권의 소멸사실이다. 채권적 청구권행사의 경우와는 달리 원고와 피고 사이의 저당권설정 계약체결 사실은 요건사실이 아니고, 목적 부동산이 원고의 소유인 사실이 이를 대체하고 있다. 한편, 피고가 보유한 저당권의 부종성에 따라 피담보채무의 변제·면제·포기·혼동 등에 의한 소멸뿐만 아니라, 피담보채권을 발생케 한 계약이 무효이거나 취소·해제가 되면 저당권도 무효가 되거나 소급적으로 효력을 상실하게 되므로 이러한 사유도 위 ③ 요건사실에 포함되는 것이다.

(나) ① 요건사실은 원고 명의의 소유권이전등기가 경료 되어 있는 사실 자체로부터 원고의 소유로 추정 받고(앞의 제4절 참조), ② 요건사실 역시 피고 명의의 저당권설정등기가 경료 되어 있는 등기부(등본) 기재에 의하여 원고의 소유권행사에 대한 방해사실까지도 증명되는 것이다. 요컨대 물권적 청구로서의 저당권설정등기말소청구에서도 피담보채무의 소멸에 기한 저당권 소멸여부를 중심으로 하여 당사자의 공격과 방어가 전개될 것이다.

3. 항변·재항변

(1) 피담보채권(채무)의 존재

(가) 원고가 청구원인에서 저당권의 소멸사유로서 피담보채무(채권)의 변제를 주장할 경우에, 피고는 원고가 변제한 돈은 다른 채무에 변제충당 되었다고 항변 할 수 있다. 이때, 피고에게 유리한 변제충당의 효과를 인정받으려면, 그에 해당하는 사실의 주장·증명책임은 피고에게 있다(대법원 1994. 2. 22. 선고 93다49338 판결).

그리고 원고가 피담보채권은 원고의 피고에 대한 다른 채권과 대등액에서 상계함으로써 소멸되었다고 주장하는 경우에, 피고는 원고의 채권에 동시이행 항변권이 붙어있어서 성질상 상계가 허용되지 아니한다는 항변을 할 수도 있다(대법원 1975. 10. 21. 선고 75다48 판결). 다만 상계를 주장하는 자는 자동채권이 상계적상에 있음을 스스로 주장·증명하여야 한다는 견해에 따르면 위와 같은 주장은 항변이 아니라 부인이 될 것이다.

(나) 저당권설정등기에 의하여 담보되는 피담보채무도 시효소멸의 대상이 되므로(민법 369조), 원고가 피담보채무의 시효소멸을 주장하는 경우에 피고는 소멸시효의 중단사유를 들어서 항변할 수 있다.

[대법원 2004. 1. 16. 선고 2003다30890 판결]

원심은, 원고가 정리회사와 사이에 1995. 11. 7. 이형래의 정리회사에 대한 물품대금채무 482,596,940원 상당을 담보하기 위하여 이 사건 부동산에 관하여 정리회사를 근저당권자로 하고, 이형래를 채무자로 하는 채권최고액 1억 5,000만 원인 근저당권을 설정하기로 약정하고, 이에 따라 위 근저당권설정계약을 원인으로 하여 서울지방법원 관악등기소 1995. 11. 7. 접수 제39101호로 근저당권설정등기가 이루어진 사실을 인정한 다음, 정리회사의 이형래에 대한 위 물품대금채권은 시효로 소멸되었다는 원고의 주장에 대하여, 상행위로 인한 채권은 5년간 행사하지 아니하면 소멸시효가 완성되고, 근저당권설정등기가 이루어진 1995. 11. 7.로부터 5년이 경과되었음이 계산상 분명하나, 근저당권설정등기 말소청구소송에서 채권자가 응소하여 적극적으로 피담보채권을 주장한 경우에 당해 저당권의 피담보채권의 시효중단사유인 청구에 해당된다는 전제에서 피고가 2000. 5. 22. 제1심법원에 제출한 답변서를 통하여 근저당권의 피담보채권인 물품대금채권 중 332,164,701원이 남아 있다고 주장하면서 적극적으로, 응소한 것이 기록상 분명하므로 그 담보채권에 관하여 소멸시효가 중단되었다고 판단하고, 근저당권설정등기의 원인무효를 원인으로 한 말소등기절차이행청구부분을 기각한 제1심을 유지하고 그 부분에 관하여 원고의 항소를 기각하였다.

그러나 소멸시효 중단에 관한 원심의 위와 같은 판단은 다음과 같은 이유로 수긍할 수 없다.

채무자 겸 저당권설정자가 피담보채무의 부존재 또는 소멸을 이유로 하여 제기한 저당권설정등기 말소등기절차이행청구소송에서 채권자 겸 저당권자가 청구기각의 판결을 구하면서 피담보채권의 존재를 주장하는 경우에는 그와 같은 주장은 재판상 청구에 준하는 것으로서 피담보채권에 관하여 소멸시효중단의 효력이 생긴다. 그러나 타인의 채무를 담보하기 위하여 자기의 물건에 담보권을 설정한 물상보증인은 채권자에 대하여 물적 유한책임을 지고 있어 그 피담보채권의 소멸에 의하여 직접 이익을 받는 관계에 있으므로 소멸시효의 완성을 주장할 수 있는 것이지만, 채권자에 대하여는 아무런 채무도 부담하고 있지 아니하므로, 물상보증인이 그 피담보채무의 부존재 또는 소멸을 이유로 제기한 저당권설정등기 말소등기절차이행청구소송에서 채권자 겸 저당권자가 청구기각의 판결을 구하고 피담보채권의 존재를 주장하였다고 하더라도 이로써 직접 채무자에 대하여 재판상 청구를 한 것으로 볼 수는 없는 것이므로 피담보채권의 소멸시효에 관하여 규정한 민법 제168조 제1호 소정의 '청구'에 해당하지 아니한다고 할 것이다.

(2) 피고가 원고 주장의 피담보채무 소멸사실과 양립가능 한 피담보채무의 존재사실을 주장하는 경우에는 유효한 항변사유로서 피고가

그 요건사실에 관한 주장·증명책임을 부담한다. 예컨대, 저당권설정계약이 무권대리 행위에 의한 것으로서 무효라는 주장에 대하여 피고가 무권대리 행위의 추인을 주장하는 경우 등이 여기에 해당한다. 그런데 저당권설정등기원인이 불법원인급여로 인한 것인 경우에는 다음과 같은 이유로 피고는 민법 746조를 원용하는 항변을 할 수 없다. 도박자금으로 금원을 대여함으로 인하여 발생한 채권을 담보하기 위한 근저당권설정등기가 경료 되었을 뿐인 경우와 같이 수령자가 그 이익을 향수하려면 경매신청을 하는 등 별도의 조치를 취하여야 하는 경우에는, 그 불법원인급여로 인한 이익이 종국적인 것이 아니어서 등기설정자는 무효인 근저당권설정등기의 말소를 청구할 수 있다(대법원 1995. 8. 11. 선고 94다54108 판결).

Ⅵ. 등기상 이해관계 있는 제3자에 대한 승낙 청구

1. 소 송 물

(1) 등기는 물권의 효력발생요건이고 존속요건은 아니어서 등기가 원인 없이 말소된 경우에는 그 물권의 효력에 영향이 없으므로, 그 회복등기가 이루어지면 원래의 순위에 따라 대항력을 유지하게 된다. 즉 말소회복등기는 어떤 등기의 전부 또는 일부가 부적법하게 말소된 경우에 그 말소된 등기를 회복함으로써 처음부터 그러한 말소가 없었던 것과 같은 효력을 보유하게 할 목적으로 행하여지는 등기이다.

(2) 부동산등기법 75조는 말소된 등기의 회복을 신청하는 경우에 등기상 이해관계 있는 제3자가 있는 때에는 신청서에 그 승낙서 또는 이에 대항할 수 있는 재판의 등본을 첨부하여야 한다고 규정하고 있

다. 여기서 말하는 등기상 이해관계 있는 제3자란 말소회복등기를 함으로써 손해를 입을 우려가 있는 사람으로서, 그 손해를 입을 우려가 있다는 것이 기존의 등기부 기재에 의하여 형식적으로 인정되는 사람이다(대법원 1997. 9. 30. 선고 95다39526 판결).

(3) 위와 같은 승낙의무 있는 제3자는 그의 선의·악의를 묻지 않고 회복등기절차에 필요한 승낙의무가 있으며, 이러한 승낙의사를 구하는 청구의 소송물은 물권에 기한 방해배제청구권이라고 할 수 있다(위 95다39526 판결 등 참조).[44)]

2. 청구원인

(1) 부동산등기법 75조의 등기상 이해관계 있는 제3자에 대한 승낙청구의 요건사실은 말소회복등기의 요건사실 및 피고의 승낙의무의 존재라고 할 수 있다.

말소회복등기청구의 요건사실은 ① 원고 명의의 등기가 부적법하게 말소되었을 것, ② 말소된 등기 그 자체를 회복하려는 것일 것, ③ 회복등기로 제3자에게 불측의 손해를 주지 않을 것이다.[45)]

등기의 부적법 말소원인은 실체적 이유에 기한 것이든, 절차적 하자에 기한 것이든 묻지 않는다.

(2) 피고의 승낙의무는 기존의 등기부 기재에 의하여 형식적으로 인정되거나, 피고가 원고에 대한 관계에서 그 승낙을 하여야 할 실체법상의 의무가 있는지 여부에 따라 결정된다 할 것이다(대법원 2007. 4. 27. 선고 2005다43753 판결 참조 : 동 사안은 부동산등기법 171조의 적용

44) 이석우, 말소회복등기, 재판자료 제43집, 법원도서관, 627면.
45) 위 논문 참조.

범위에 관한 것이다).

요컨대 원고 명의의 회복등기가 이루어지게 되면 그보다 후순위로 밀리게 되어 원고에 대한 대항력을 상실하게 되는 자가 여기에 해당될 것이다.

[대법원 1997. 9. 30. 선고 95다39526 판결]

가등기가 가등기권리자의 의사에 의하지 아니하고 말소되어 그 말소등기가 원인무효인 경우에는 등기상 이해관계 있는 제3자는 그의 선의, 악의를 묻지 아니하고 가등기권리자의 회복등기절차에 필요한 승낙을 할 의무가 있으므로, 가등기가 부적법하게 말소된 후 가처분등기, 근저당권설정등기, 소유권이전등기를 마친 제3자는 가등기의 회복등기절차에서 등기상 이해관계 있는 제3자로서의 승낙의무가 있다.

【사 례 I】

1. X의 진술

나는 농산물저온창고 신축부지를 물색하던 중 고향친구 '갑'의 소개로 강원 원주시 소재 A 부동산을 매수하기로 결정하고, 그 소유자 Y를 만나 절충한 끝에, 2009. 7. 10. A부동산에 대한 매매계약을 체결하게 되었다. 당시 A 부동산의 매매대금은 3억 원으로 정하면서 계약금 3천만 원은 계약당일에, 중도금 1억 2천만 원은 2009. 8. 10. 에, 잔금 1억 5천만 원은 2009. 9. 10. 에 각 지급하기로 약정하고, 계약당일 Y에게 계약금 3천만 원을 지급하면서, 이와 별도로 중도금의 일부인 1억 원의 지급에 갈음하여 내가 '을'에 대하여 가지고 있던 물품대금채권을 Y에게 양도하기로 하였는데, 그 당시 '을'이 입회하여 있었다.

나는 위 중도금 지급기일에 거래처로부터 지급받기로 예정되어 있던 물품대금을 받아서 위 중도금을 지급할 계획이었는데 위 거래처에서 입금이 되지 않아서 Y에 대한 중도금도 지급하지 못하였다. 그 후 나는 다른 거래처에서 받은 대금을 합친 1억 7천만 원을 준비하여 위 잔금 지급기일에 원주시 소재 모 법무사사무실에서 만날 것을 Y에게 통고하고 그 장소로 갔으나, Y는 아무런 연락도 없이 약속장소에 나타나지 않았고, 전화도 받지 않았다.

Y는 위 계약 이후 부동산 경기가 호전되고 A 부동산소재지 일대에 대규모 개발계획이 발표되어 땅값이 많이 올랐다고 하면서 매매대금을 1억 원 이상 올려달라고 하는 등 터무니없는 요구를 하면서 소유권이전등기를 하여주지 않고 있다. 이에 나는 Y를 상대로 A 부동산에 대한 소유권이전등기청구를 하고자 한다.

2. Y의 진술

나의 소유인 A 부동산에 관하여 X의 진술과 같은 내용의 매매계약을 체결하고, 계약금 3천만 원을 지급받은 사실은 모두 인정한다. 그 매매계약체결 장소에 '을'이 입회하여 X의 '을'에 대한 채권을 중도금의 일부 지급에 갈음하여 나에게 양도한 것도 모두 사실이다. 그러나 '을'은 위 채무의 변제기가 경과하였음에도 아직까지 채무원리금을 변제하지 않고 있다.

그런데 위 매매계약 당시에 내가 심각한 자금난을 겪고 있어서 급히 A 부동산을 매각하느라 시세에 비하여 상당히 저렴한 가격으로 매매하게 된 것으로서 그 사실을 X도 잘 알고 있었다. 나는 2009. 7. 30. 위 계약금의 배액인 6천만 원을 자기앞수표로 준비하여 X의 거주지로 찾아가, X에게 위 수표를 제시하면서 A 부동산 매매계약을 해제한다는 것과 위 양수금 채권을 다시 X에게 양도한다는 의사를 분명히 표시하였다.

【사 례 II】

1. X의 진술

나는 경주김씨 참판공파 천호문중의 종중원으로서, 서울 강동구 천호동 소재 A 토지는 원래 위 종중소유였다. 나의 선친은 위 종중원으로서 오랜 기간 동안 종중의 대소사를 도맡아 챙기고, 종중원에게 궂은 일이 생기면 본업을 제쳐두고 열심히 돌보아 주었다. 그리하여 1980. 6. 30. 경. 위 종중에서 그 당시 본격적 개발이 시작되기도 전이어서 특별한 가치가 없던 A 토지를 선친에게 증여해 주었다. 그 날 이후 선친은 A

토지에 비닐하우스를 지어 그곳에서 거주하다시피 하면서 화초를 재배하여 판매하는 화훼원예업에 종사하게 되었다.
그런데 선친은 A 토지의 가치가 그리 높지 않은데다가 등기의 중요성을 제대로 인식하지 못하여 선친 명의의 소유권이전등기를 하지 않은 채로 그냥 지내오던 중 2000. 4. 20. 사망하였다. 선친 사망 후에는 형제들의 합의에 따라 내가 A토지를 계속 점유하게 되었다. 따라서 나는 A 토지에 관하여 점유취득시효완성을 원인으로 한 소유권이전등기를 청구하고자 한다.

2. Y의 진술

A 토지는 경주김씨 참판공파 천호문중 소유로서, 그 종손인 '갑' 명의로 소유권보존등기 되어 있던 것을 1999. 10. 5. 부동산소유권이전등기등에 관한 특별조치법에 의하여 나의 명의로 소유권이전등기가 되어있다. 내가 위 종중의 종손이자 '갑'의 손자이기 때문에 종중 결의에 의하여 나에게 명의신탁된 것이다. 위 종중은 A 토지 이외에도 농지와 임야가 여러 필지 있어서 종손이 직접 관리하기가 어려워 종중원 등에게 위탁관리 하여 왔다. A 토지는 원래 황무지로 버려져 있던 것을 X의 선친이 종중의 동의하에 무상으로 경작하게 되었다고 한다. X는 선친이 종손으로부터 A 토지를 증여받아 점유·경작하게 되었다고 주장하고 있으나 이는 사실과 다르다. 종손이라 하더라도 함부로 종중소유 부동산을 처분할 수 없는 것이다. 나는 2002. 10. 경 종중재산목록을 다시 작성하면서 A 토지를 점유하고 있던 X에게 A 토지를 반환하던지, 적정한 임대료를 지급하라고 촉구한 사실이 있는데 X는 종중이 요구하면 A 토지를 즉시 반환하겠다고 다짐하였다.

【사 례Ⅲ】 (대법원 1985. 4. 9. 선고 84다카130, 84다카131 판결 참조)

1. X의 진술

나는 Y와 2008. 8. 10. 나의 소유인 경기 파주시 소재 A 부동산에 관하여 매매대금은 5억 원으로 하되, 계약금 5천만 원은 계약당일에, 중도금 2억 원은 2008. 9. 30.에, 잔금 2억 5천만 원은 2008. 10. 30. 에 각 지급하기로 하여 매매계약을 체결하고 계약금 5천만 원을 지급받았다. 나와 Y는 위 매매계약 당시에 위 A 부동산 외에 B 부동산에 대한 매매계약을 같이 체결하면서, B 부동산에 대하여는 잔금을 지급받기 전에 우선 Y 명의의 소유권이전등기를 넘겨주기로 하고 관련서류를 Y에게 교부하여 주었다. Y는 위 B 부동산의 소유권이전등기 신청서류를 작성하면서, 그 부동산목록에 임의로 A 부동산을 추가하였다.

Y는 위와 같이 A 부동산에 대한 소유권이전등기를 경료 한 뒤 2008. 11. 5. 자로 Z 명의의 소유권이전등기를 넘겨주었다. 그럼에도 Y는 A 부동산매매대금 중 중도금 1억 원과 잔금을 지급하지 아니하므로, 나는 2008. 11. 10. Y와 체결한 A 부동산에 관한 매매계약을 해제하고, Y·Z에 대하여 그들 명의의 각 소유권이전등기의 말소를 청구하고자 한다.

2. Y·Z의 진술

내가 X 소유 A·B 부동산에 관하여 X와 매매계약을 체결하고 나의 명의로 소유권이전등기를 경료 한 뒤, A 부동산에 관하여 Z 명의의 소유권이전등기를 넘겨준 것은 사실이다. X는 내가 A 부동산에 대하여는 등기신청서류를 임의로 변조하여 소유권이전등기를 경료 하였다고 주장하지만 사실과 다르다. 나는 B 부동산의 소유권이전등기 신청서류를 교부받은 뒤 A 부동산에 대하여도 매매계약을 체결하였으니 이왕이면 동시에 소유권이전등기하는 것이 좋겠다는 뜻을 밝히고, X의 동의하에 부동산목록에 A 부동산을 추가한 것이다. 설령 A 부동산에 대하여 X의 동의가 없었다고 하더라도 나와 X 사이에 매매계약을 체결한 것이므로 등기과정상 일부 하자가 있더라도 이는 실체관계에 부합하는 등기라 할 것이다. 한편 X는 A 부동산에 대한 매매계약을 해제한다는 의사를 표시하였으나 그 해제 이전에 Z 앞으로 소유권이전등기 됨으로써 민법 548조 1항 규정에 따라 Z에 대하여는 그 해제의 효력을 주장할 수 없는 것이다.

【사 례 Ⅳ】

1. X의 진술 내용

나는 경기 남양주시 소재 A 토지와 그 지상의 B 건물(아래에서는 '이 사건 부동산' 이라 한다)을 소유하고 있다. 이 사건 부동산에는 Y 명의의 2002. 10. 19. 남양주 등기소 접수 제5984호, 채권최고액 금 2억 원, 채무자 '갑'으로 된 근저당권설정등기가 경료되어 있다. 이 사건 부동산은 나의 선친인 '을'이 매수하여 소유하다가 2008. 1. 20. 사망함에 따라 내가 단독으로 상속한 것이다. 나는 인천에 소재한 회사에 근무하고 있는 관계로 이 사건 부동산을 제대로 관리할 수 없어서 이를 타에 매도하기로 하고 이 사건 부동산 등기부 등본을 떼어보았는데, 거기에는 위에서 기재한 내용과 같이 Y 명의의 근저당권설정등기가 경료 되어 있음을 알게 되었다. 그 경위를 알아보니, 선친께서는 20여년 전에 홀로 되셔서 적적하게 지내던 중 인근에서 화장품대리점을 운영하던 '갑'과 친구로서 가깝게 지내면서 적적함을 달래셨다고 하였다. 그러던 중 2002. 10.월 경 선친께서 갑자기 위암진단을 받고 서울대학병원에서 수술과 함께 입원치료를 받게 되었다고 한다. 그 기간 동안에는 '갑'이 선친의 부탁을 받고 선친 명의의 예금을 인출하여 병원비를 지불하고 세금을 납부하는 등 사실상 선친의 재산관리인 역할을 하였다고 한다. '갑'은 그러한 업무처리를 하면서 선친의 인감도장을 보관하게 되었는데, 그 도장으로 임의로 선친 명의의 위임장을 작성하고 인감증명서 등을 발급받아 위와 같은 근저당권설정등기를 경료 하였다고 한다.

따라서, Y 명의의 근저당권설정등기는 무권대리에 의한 것으로서 원인무효의 등기이므로 당연히 말소되어야 한다. 설령 '갑'이 선친으로부터 위임을 받았다고 하더라도 '갑'이 Y와 돈거래를 할 당시에는 상인(화장품대리점운영)이고, 사업자금에 쓸 목적으로 돈을 차용한 것으로서 상사채무이므로 상법 64조 규정의 5년이 경과되어 시효소멸 한 것이다.

2. Y의 진술내용

나는 X의 선친 '을'이나 '갑'과는 모두 평소부터 잘 알고 지내오던 사이였다. '갑'은 1996년경부터 '을'과 친구 이상의 사실혼관계를 맺고 있었다. '갑'은 긴급히 사업자금이 필요할 때는 나에게 부탁하여 그 돈을 차용하여왔다. 나는 2002. 1. 경 '을'의 연대보증하에 '갑'에게 5천만 원을 대여하였다. 그 후, 2002. 10월초 갑자기 '을'이 위암으로 병원에 입원하면서 5천만 원을 더 빌려 달라고 하였다. 나는 1억 원에 이르는 거액을 그냥 빌려줄 수 없으니 담보를 제공하라고 요구하였다. 그러자 '갑'이 '을'의 인감도장, 인감증명서, 위임장 및 이 사건 부동산의 등기필증을 가지고 왔다. 나와 '갑'은 남양주등기소 인근의 법무사 사무실에서 위 서류를 이용하여 근저당권설정계약서를 작성하여 등기를 신청하면서 동시에 돈 5천만 원을 '갑'에게 지급하였다.
X는 나의 '갑'에 대한 채권이 시효소멸 하였다고 주장하고 있으나, 나는 '갑'과 '을'에게 위 채무의 변제를 수시로 독촉하였다. 그렇지만, 2002. 10. 이후부터 '을'은 위암수술과 수술 후의 요양 등으로 인하여 외부 거동을 할 수 없었고, '갑'도 화장품 대리점을 폐업하고 '을'의 병간호에 전념하고 있어서 심하게 빚 독촉을 할 수 없었다. 그리고 무엇보다도 채권최고액을 2억 원으로 한 근저당권설정등기가 되어 있었기에 위 채무를 변제받지 못한다는 생각을 전혀 하지 않았다.
X는 '을' 사망 후 생전에 아버지를 제대로 모시지 못하였다고 뼈저리게 반성하면서 아버지의 뜻을 받들겠다고 맹세하였다는 말을 '갑'으로부터 들었다. 요컨대, '갑'의 채무가 시효소멸 하였다하더라도 X는 시효이익을 스스로 포기하였다.

1. 소송물 및 주요쟁점

(1) 사 례 I

본 사례의 소송물은 X가 A 부동산의 매수인으로서 매도인 Y에 대하여 2009. 7. 10. 매매계약을 원인으로 한 소유권이전등기청구권이다. 이에 대하여 Y는 2009. 7. 30. 이 사건 매매계약금의 배액을 X에게 지급제시하고 위 계약해제 의사를 표시함으로써 계약을 해제하였다고 항변하고 있다. 이러한 항변에 대하여 X가 이미 중도금 일부변제에 갈음하여 X의 '을'에 대한 채권 1억 원을 Y에게 양도한 사실의 법적 효력을 어떻게 평가할 것인가에 따라 위 해제권 행사의 효력유무가 판가름 날 것이다.

(2) 사 례 Ⅱ

본 사례의 소송물은 A 토지에 대한 2000. 6. 30. (점유)취득시효 완성을 원인으로 한 소유권이전등기 청구권이다. 원고 X는 그의 父 사망 후 상속에 의하여 점유를 계속한 자이고, 피고 Y는 경주김씨 참판공파 천호문중으로부터 A 토지를 명의신탁 받은 현재의 등기명의인이다. Y는 X가 A 토지에 대한 점유취득시효완성 후에 시효이익을 포기하였다는 항변을 하고 있으므로 이에 관하여 살펴본다.

(3) 사 례 Ⅲ

본 사례의 소송물은 A 부동산에 대한 Y·Z 명의의 소유권이전등기에 대한 말소등기청구권이다. X는 그 청구원인상의 공격방법으로서 Y 명의의 소유권이전등기가 법률상 원인 없이 이루어진 것이라거나, 또는 X·Y 사이의 2008. 8. 10.자 매매계약이 해제되었다는 주장을 하고 있다. 이에 대하여 Y·Z는 Y 명의의 소유권이전등기가 실체관계에 부합하는 등기로서 X에 대하여 소유권 상실의 항변을 하고, 민법 548조 1항 단서규정을 원용하여 매매계약 해제의 효력은 제3자에게 주장할 수 없다는 항변을 하고 있다.

(4) 사 례 Ⅳ

본 사례의 소송물은 이 사건 부동산에 대한 X의 소유권에 기한 Y 명의의 근저당권설정등기 말소청구이다. 이에 대하여 Y는 갑이 을의 대리인으로서 근저당권 설정계약을 체결하였다거나, 피담보채권에 대한 소멸시효가 완성되었다고 하더라도 X가 시효이익을 포기하였다는 각 항변을 하고 있다.

2. 청구원인

(1) 사 례 Ⅰ

본 사례에서 X는 A 부동산에 대한 소유권이전등기청구의 요건사실로서, X와 Y가 2009. 7. 10 A 부동산에 대하여 매매계약을 체결한 사실을 주장·증명할 책임이 있다. 그 밖에 대금의 지급방법이나 매매계약체결시에 A 부동산이 Y 소유였다거나 Y 명의 등기가 존재한다는 사실 등을 주장·증명할 필요는 없다. 다만 Y가 매매계약체결사실을 다투고 나올 경우에는 매매계약의 구체적 내용을 특정하여야 한다. 그리고 Y가 그의 A 부동산에 대한 소유권이전등기 의무와 X의 대금지급의무가 동시이행관계에 있다는 항변을 할 경우에는 매매대금지급 방법에 관한 주장·증명이 필요할 것이다.

(2) 사 례 Ⅱ

본 사례에서 X는 X의 父가 A 토지에 대하여 1980. 6. 30.경 점유를 시작하여 점유하던 중 2000. 4. 20. 사망하고 X가 상속하여 현재도 A 토지를 점유하고 있는 사실을 주장·증명할 책임이 있다. X는 X의 父가 A 토지를 점유한 시점과 그로부터 20년이 경과한 시점에서 X가 점유한 사실을 증명함으로써 나머지 요건사실인 자주점유와 평온·공연한 점유 사실 및 점유의 계속 사실을 법상 추정 받을 수 있다.

(3) 사 례 Ⅲ

(가) 본 사례는 위Ⅰ·Ⅱ 사례와는 달리 소유권에 기한 방해배제청구권으로서의 소유권이전등기말소를 청구하는 것이다. 따라서 X는 A 부동산이 X의 소유인 사실과 현재 A 부동산에 대하여 Y·Z 명의의 소유권이전등기가 존재한다는 사실을 요건사실로서 주장·증명할 책임이 있다. Y·Z 명의의 소유권이전등기에 대하여는 권리추정력이 인정되므로 X가 A 부동산의 소유권자라는 사실을 증명하

려면 Y·Z 명의의 등기가 원인무효로 되는 사실에 관하여 X에게 주장·증명책임이 있다. 따라서 X는 먼저 Y가 A 부동산에 대한 Y 명의의 소유권이전등기신청서를 작성하면서 그 부동산 목록에 임의로 A 부동산을 추가하여 신청서를 변조한 사실에 관하여 주장·증명하여야 할 책임이 있다.

(나) 한편 예비적으로 Y의 매매중도금 및 잔금의 지급의무 이행지체로 인한 매매계약해제(민법 제544조)의 요건사실에 관하여 주장·증명할 책임이 있다.

매수인의 대금지급채무 이행지체 해제의 요건사실은, ① X가 Y에게 중도금 및 잔금지급의무 이행을 최고한 사실, ② X의 위 ① 최고 후 상당한 기간이 경과한 사실, ③ X가 Y에 대한 위 ②의 기간 경과 후 A부동산에 대한 매매계약해제 의사표시를 한 사실이다. 본건과 같은 쌍무계약에 있어서 X는 그의 채무(A 부동산에 대한 소유권이전등기 의무)의 이행제공을 필요로 하지만 본건에서 Y는 이미 A 부동산에 대한 소유권이전등기를 넘겨받았으므로 위와 같은 이행제공의 필요는 없다.

(4) **사 례** Ⅳ

(가) 본 사례의 소송물 역시 위 사례 Ⅲ의 경우와 동일하게 이 사건 부동산에 대한 X의 소유권에 기한 방해배제청구권으로서 Y 명의의 근저당권설정등기 말소를 구하는 것이다. X는 이 사건 부동산이 X의 소유라는 사실과 동 부동산상에 Y 명의의 근저당권설정등기가 존재한다는 사실에 관하여 주장·증명할 책임이 있다. 그런데 위와 같은 요건사실은 이 사건 부동산등기부를 제출함으로써 증명할 수 있다.

(나) 본 사례에서는 Y 명의의 근저당권 설정등기가 경료 된 사실로부터 Y는 근저당권자로서 법률상 권리추정을 받는다. X는 동 근저

당권설정등기의 원인행위인 근저당권설정 계약이 갑의 무권대리 행위에 의한 것임을 주장·증명할 책임이 있다(대법원 1992. 4. 24. 선고 91다26379, 26386 판결).

(다) X는 청구원인으로서 갑이 Y로부터 이 사건 돈을 차용할 당시 상인이고, 차용한 돈은 사업자금으로 사용한 것이므로 상사채무의 단기 소멸시효에 해당한다는 주장을 하고 있다. 따라서 X는 위와 같은 상행위에 해당할 수 있는 요건사실에 관하여 주장·증명책임이 있다. 즉 갑은 상법 4, 5조 규정상의 상인인 사실에 관한 요건사실의 주장·증명책임이 있다. 갑이 상인으로 인정되면 상법 47조 2항에 의하여 상행위로 추정한다.

3. 항변·재항변

(1) 사 례 Ⅰ

본 사례에서 Y는 이 사건 매매계약금의 배액인 6천만 원을 X에게 지급하고 위 매매계약을 해제(약정해제권의 행사)하였다고 항변한다. 따라서 Y는 약정해제권의 성립요건사실에 관한 주장·증명책임이 있다.

이에 대하여 X는 매수인으로서 그의 채무(매매대금지급의무)에 대한 이행착수를 주장하여 재항변 할 수 있다.[46)]

본 사례에서는 X가 을에 대하여 가지고 있던 채권을 위 매매계약상의 중도금 중 일부 지급조로 Y에게 양도하고 그 대항요건까지 모두 갖춘 사실은 위 계약상의 대금채무에 대한 이행에 착수한 것으로 볼 수 있을 것이다.

(2) 사 례 Ⅱ

본 사례에서 Y는 X가 A 토지에 대한 점유취득시효완성 후에 시효

46) 일본 사법연구소, 분쟁유형별 요건 사실, 17면.

이익을 포기하였다는 항변을 하고 있으므로 시효이익 포기의 요건사실에 관한 주장·증명책임이 있다. 즉 Y는 (1) X가 A 토지에 대한 시효취득일(2000. 6. 30.) 이후에 점유취득시효의 완성사실을 알고 있었다는 사실, (2) X(또는 그 대리인)가 A 토지의 소유자인 Y(A 토지는 경주김씨 참판공파 천호문중이 Y에게 명의신탁 한 것으로 볼 수 있으므로 위 문중에 대하여서도 포기의사를 표시할 수 있을 것이다)에게 시효의 완성으로 인하여 생긴 법률상의 이익을 받지 않겠다는 의사표시를 한 사실에 관하여 주장·증명책임을 부담한다.

(3) **사 례** Ⅲ

(가) 본 사례에서 Y, Z는 Y 명의의 등기가 실체적 권리관계에 부합하는 등기라는 항변(소유권 상실의 항변)을 하고 있다. 등기부의 기재가 실체적 권리관계에 부합한다 함은 그 등기절차에 문서의 위조 등 어떤 하자가 있더라도 진실한 권리관계와 합치되는 것을 말한다. 예컨대 약정매매대금이 전액 지급되었다거나 또는 매매대급 완불 이전이라고 하더라도 그 소유권이전등기를 하기로 하는 약정이 있는 경우 등이 여기에 해당할 것이다(대법원 1985. 4. 9. 선고 84다카130, 84다카131 판결).

따라서 Y, Z는 위와 같은 사실에 대한 주장·증명책임이 있다. 그런데, 위와 같은 대법원 판례와는 달리 등기의 실체관계(원인관계)가 외형상 존재하면 비록 그 실체관계에 무효·취소·해제에 해당하는 하자가 있어도 일단 실체적 권리관계에 부합하는 저범등기라고 보는 견해가 있다. 이러한 견해를 외형설(外形說)이라 한다.[47] 이러한 견해와 반대되는 위 대법원 판례의 입장을 적법·유효설 또는 확정설이라 한다. 본 사례에서 X·Y 사이에 A 부동산에 대하여

47) 김평우, 실체관계에 부합하는 등기의 항변, 서울지방변호사회, 판례연구 18집, 75면.

적법한 매매계약을 체결한 사실이 있으므로 위 외형설(外形說)에 따르면 위 A 부동산에 대한 Y 명의의 소유권이전등기는 실체관계에 부합하는 유효한 등기라 할 수 있다. 그러나 위 대법원 판례에 따르면 Y는 A 부동산 등기신청서류를 위조하였을 뿐만 아니라(형식적 하자), X에게 그 매매대금을 지급하지도 않았고 X로부터 Y 명의로 A 부동산에 대한 소유권이전등기를 경료함에 있어서 X의 동의를 받은 사실도 없으므로 위 등기는 실체관계에 부합하는 등기라고 할 수 없다.

(나) Z는 A 부동산에 대한 매매계약해제 후 Y·Z의 원상회복범위에 관하여 제3자인 Z의 경우에는 민법 548조 1항 2문이 적용되어야 한다는 항변을 하고 있다. 따라서 Z는 ① 계약해제를 인한 원상회복등기 등이 이루어지기 이전에 X와 양립하지 않는 법률관계로서 소유권이전등기를 Y로부터 경료 받은 사실, ② Z가 X·Y 사이의 매매계약이 해제된 사실을 모르고 있었던 사실에 관하여(위 대법원 판례 참조) 주장·증명할 책임이 있다.

(4) **사 례** Ⅳ

본 사례에서 Y는 X의 주장과 같이 피담보채권의 소멸시효가 완성되었다고 하더라도 그 후 X가 시효이익을 스스로 포기하였다고 항변하므로 그 요건사실에 관한 주장·증명책임이 있다. 시효이익 포기의 요건사실은 (가) X가 피담보채권의 소멸시효완성 이후에 그러한 사실을 알고 있었을 것, (나) X가 Y에 대하여 소멸시효의 완성으로 인한 법률상의 이익을 받지 않겠다는 의사표시를 한 사실이다.

제6절 사해행위취소청구

Ⅰ. 사해행위취소권의 법적 성격

1. 사해행위취소권은, 채무자가 채권자를 해함을 알고 재산권을 목적으로 한 법률행위를 한 경우에 채권자가 그 효력을 부인하고, 당해 법률행위에 따른 이익을 얻은 수익자 또는 전득자에 대하여 원상회복을 청구할 수 있는 권리이다(민법 406조).

2. 사해행위취소권의 행사는 소의 제기에 의하여서만 행사할 수 있고(민법 406조 1문), 소송 외에서나 소송과정에서 항변을 통하여서 행사 할 수 있는 것은 아니다.

3. 사해행위 취소권의 법적 성질에 관하여 통설[48]과 판례(대법원 2005. 6. 9. 선고 2004다 17535 판결 등)는 사해행위취소의 결과 행하여지는 원상회복은 소송당사자인 채권자와 수익자(또는 전득자) 사이에서만 이루어진다고 하여 상대적 효력설(상대적 무효설)을 취하고 있다.

위와 같은 판례의 법리에 따르면 ① 사해행위취소는 목적물의 반환에 필요한 범위에서만 상대적 효력이 있을 뿐이므로, 그 반환의 상대방인 수익자 또는 전득자만이 피고로 되고 채무자는 피고로 될 수 없다(당사자 적격의 한정). ② 현실적인 재산급부가 수반되지 않은 사해행위를 취소할 때에는 그 취소를 구함으로써 충분하다. 그 밖의 경우에는 사해행위의 취소와 재산반환을 함께 구하여야 할 것이지만 그 시기를 달리 하더라도 무방하다(형성소송과 이행소송의 병합). ③ 수익자와 전득자 중 누구를 상대

48) 곽윤직 외, 앞의 민법주해 Ⅸ, 812면(김능환 집필부분).

방으로 할 것인가는 채권자인 원고의 선택에 달려 있다는 것으로 정리할 수 있다.[49]

4. 소송실무에서는 채무자가 피고로서 포함되는 것이 일반적 통례라고 할 수 있다. 채무자에 대하여 그의 채무 즉 사해행위취소 소송에서의 피보전채무의 이행을 구하는 소를 병합하여 제기하고 있기 때문이다.

Ⅱ. 요건 사실

1. 서 언

사해행위최소 소송의 요건사실은 (1) 피보전채권의 발생사실(채권자인 원고의 채무자에 대한 채권의 발생원인 사실), (2) 채무자의 사해행위(채무자가 채권자를 해하는 재산권을 목적으로 하는 법률행위를 하였을 것), (3) 채무자의 사해의사가 있었을 것이다. 위 요건사실 중 (1), (2)는 객관적 요건사실. (3)은 주관적 요건사실이라 할 수 있다. 위 요건사실 이외에 채무자의 무자력을 요건사실로서 열거하는 학자도 있다.[50]

2. 피보전채권

(1) 사해행위취소 소송에서 피보전채권은 금전채권이나 종류채권(대법원1965. 6. 29. 선고 65다477 판결)이어야 한다. 소유권이전등기와 같은 특정물채권은 피보전채권이 될 수 없다(대법원 2001. 12. 27. 선고 2001다32236 판결 등).

(2) 피보전채권은 사해행위 이전에 성립되어 있어야 한다(대법원 1999.

49) 앞의 민법주해 Ⅸ, 806면.

50) 이은영, 채권총론, 박영사, 476면.

4. 27. 선고 98다56690 판결 등). 따라서 채권의 성립 시기는 주요사실이므로 원고가 명확히 주장하여야 한다. 사해행위 이전에 성립되어 있으면 되고, 변제기가 도래하여야 하는 것은 아니다. 한편, 다음과 같은 요건을 충족하는 경우에는 장래의 채권이라도 피보전채권이 될 수 있다. 즉 ① 그 사해행위 당시에 이미 채권 성립의 기초가 되는 법률관계가 발생되어 있고(기초적 법률관계의 존재), ② 가까운 장래에 그 법률관계에 기하여 채권이 성립되리라는 점에 대한 고도의 개연성이 있으며(고도의 개연성의 존재), ③ 실제로 가까운 장래에 그 개연성이 현실화되어 채권이 성립된 경우(개연성의 현실화)에는 원고가 위 요건사실을 주장·증명 하여 피보전채권으로 포함시킬 수 있다.

피보전채권이 사해행위 이전에 성립되어 있는 이상 사해행위 이후에 양도된 경우에는 그 양수인이 사해행위 취소권을 행사 할 수 있다. 이 경우 채권양도의 대항요건을 사해행위 이후에 갖추었더라도 무방하다.[51]

(3) 조건부·기한부 채권이라도 민법이 이를 특별히 보호하는 규정(148조, 154조)을 두고 있는 점 등을 고려할 때, 기한의 도래 또는 조건의 성취여부와 관계없이 당연히 피보전채권에 포함되는 것이다.

보증인은 변제에 의하여 또는 사전 구상권에 의하여 현실적으로 구상권을 취득하지 않은 이상 단순히 보증인이라는 것만으로 주채무자의 사해행위에 대하여 취소권을 행사할 수 없다.

(4) 담보 있는 채권의 경우

① 채권자의 채권에 대하여 물적 담보권 등 우선변제권이 확보되

51) 앞의 민법주해 Ⅸ, 812면.

어 있으면 그 범위 내에서는 피보전채권에서 제외된다. 한편 당해채권이 담보부동산의 가액이나 피담보채권 최고액을 초과하고 있는 경우에는 그 담보물로부터 우선변제 받을 액을 공제한 나머지 채권이 피보전채권으로 인정된다(대법원 2002. 11. 8. 선고 2002다41589 판결 등). 이러한 경우, 채권자취소권을 행사하는 원고(채권자)는 그 담보권의 존재에도 불구하고 자신이 주장하는 피보전채권이 위와 같이 우선변제에서 제외된다는 점에 관하여 주장·증명할 책임이 있다(대법원 2002. 11. 8. 선고 2002다41589 판결).

② 위와 같은 물적 담보와는 달리 채권에 보증인·연대채무자 등 인적 담보가 붙어 있는 채권은 피보전채권이 될 수 있다.

(5) 채권자가 취소권을 행사할 때에는 자신의 채권액을 초과하여 취소권을 행사할 수 없다. 이때 채권자의 채권액에는 사해행위 이후 사실심 변론종결시까지 발생한 이자나 지연손해금이 포함된다(대법원 2002. 10. 25. 선고 2002다42711 판결 등).

3. 사해행위

(1) 채권자취소권의 대상인 사해행위는 채무자가 한 법률행위이다.

① 채권자와 채무자 사이에 직접적인 채권·채무관계에 있어야 한다. 따라서 채무자를 위하여 물상담보를 제공하기로 채무자와 약정한 자가 그 부동산을 다른 자에게 매도하는 행위는 취소권의 대상이 될 수 없다.

② 수익자·전득자가 한 행위는 취소대상이 아니다. 따라서 수익자와 전득자 사이의 법률행위의 취소를 구하는 소는 소의 이익이 없어 부적합하다.

(2) 사해행위는 채무자가 적극재산을 감소시키거나 소극재산을 증가시킴으로써 채무초과에 이르거나, 이미 채무초과 상태에 있는 것을 심화시켜 채권자를 해하는 것이다.

① 채무초과여부의 판단은 특별한 사정이 없는 한 재산처분행위 당시의 시가를 기준으로 판단하여야 한다. 즉 채권자는 채무자의 재산처분행위 당시의 시가를 주장·증명하여야 한다(대법원 2002. 11. 8. 선고 2002다41589 판결 등). 부동산의 경우 특별한 사정이 없는 한 등기부상의 등기원인일자를 중심으로 주장하면 된다.

② 가등기에 기하여 본등기가 경료 된 경우, 가등기의 원인인 법률행위와 본등기의 원인인 법률행위가 명백히 다른 것이 아닌 한 가등기의 원인인 법률행위 당시를 기준으로 하여 채무초과 여부를 판단한다(대법원 2002. 4. 12. 선고 2000다43352 판결).

(3) 재산권을 목적으로 한 법률행위일 것

① 채무자가 한 법률행위의 종류나 성질은 문제되지 않는다. 권리의 포기나 채무면제와 같은 단독행위, 공익법인 설립과 같은 합동행위도 취소의 대상이 된다.

② 최고·채권양도의 통지나 시효중단사유가 되는 채무의 승인 등과 같은 적극재산의 감소를 수반하는 준법률행위도 채권자취소의 대상이 된다는 것이 통설이다.[52)]

③ 채권자취소권의 대상인 채무자의 법률행위는 유효하게 성립되어 있어야 한다. 그러나 통정허위표시(민법 108조 1항)의 경우, 판례(대법원 1984. 7. 24. 선고 84다카68 판결 등)는 민법 406조가 단순히 법률행위라고 할 뿐 유효한 법률행위일 것을 명시하지

---

52) 앞의 민법주해 Ⅸ, 816면.

않았다고 하여 무효인 법률행위일지라도 채권자취소의 대상이 된다고 하였다.

④ 재산권 자체를 직접적인 목적으로 하지 않은 신분법상 법률행위는 채권자취소권의 대상이 될 수 없다. 즉 혼인·이혼·상속의 포기·승인 등은 그 대상이 될 수 없다. 채무자의 자유로운 의사가 존중되어야 하는 증여 또는 유증의 거절, 노무제공계약 등은 취소의 대상이 아니다.[53]

⑤ 이혼에 따른 재산분할이나 위자료의 지급 등과 같은 행위는 원칙적으로 채권자취소권의 대상이 되지 않을 것이지만, 지나치게 과다하여 재산분할을 빙자한 재산처분행위로 평가되는 경우에는 채권자취소권의 대상이 될 수 있다.

[대법원 2006. 9. 14. 선고 2006다33258 판결]

이혼에 따른 재산분할은 혼인 중 부부 쌍방의 협력으로 이룩한 공동재산의 청산이라는 성격에 경제적으로 곤궁한 상대방에 대한 부양적 성격이 가미된 제도로서, 이미 채무초과 상태에 있는 채무자가 이혼을 하면서 그 배우자에게 재산분할로 일정한 재산을 양도함으로써 일반 채권자에 대한 공동담보를 감소시키는 결과가 된다고 하더라도, 이러한 재산분할이 민법 제839조의2 제2항의 규정 취지에 따른 상당한 정도를 벗어나는 과대한 것이라고 인정할 만한 특별한 사정이 없는 한 사해행위로서 채권자에 의한 취소의 대상으로 되는 것은 아니고, 다만 상당한 정도를 벗어나는 초과 부분에 관한 한 적법한 재산분할이라고 할 수 없어 취소의 대상으로 될 수 있을 것이나, 이처럼 상당한 정도를 벗어나는 과대한 재산분할이라고 볼 특별한 사정이 있다는 점에 관한 입증책임은 채권자에게 있다고 보아야 할 것이다 (대법원 2000. 7. 28. 선고 2000다14101 판결, 2001. 2. 23. 선고 2000다57757 판결 등 참조). 원심이 판시한 바와 같이 피고가 2003. 5. 23. 소외인으로부터 그의

53) 앞의 민법주해 Ⅸ, 818면.

유일한 부동산인 이 사건 부동산을 증여받고 같은 달 24. 그 소유권이전증여를 마치고 2003. 10. 20. 협의이혼신고를 하였다면, 단지 이 사건 부동산의 증여가 협의이혼신고를 하기 약 5개월 전에 이루어졌다는 사정만으로 이를 이혼에 따른 재산분할이 아니라고 단정할 수는 없고, 달리 그 협의이혼이 가장이혼이라는 등 특별한 사정이 없는 한 피고의 주장대로 실질적으로는 소외인과의 협의이혼에 따른 재산분할로 볼 여지가 없지 아니하며, 만일 소외인이 피고에 대한 재산분할로서 이 사건 부동산을 양도한 것이 사실이라도 그것이 상당한 정도를 넘는 과도한 것이라면 그 상당성을 벗어나는 초과 부분만 취소의 대상으로 될 수 있을 것이므로, 원심으로서는 마땅히 피고와 소외인 사이의 협의이혼과 이 사건 부동산의 증여 경위 등을 더 심리하여 실제로 그 증여가 재산분할에 해당하는지 여부 및 만일 그러하다면 쌍방의 재산 보유 상황 등 두 사람의 혼인 이후 이혼에 이르기까지의 모든 사정을 종합하여 피고가 받을 적정한 재산분할의 액수를 확정한 다음 이를 초과하는 부분이 있을 경우 그 부분에 한하여 사해행위로서 취소를 명하였어야 할 것이다.

[대법원 2006. 9. 14. 선고 2005다74900 판결]

1. 협의이혼에 따른 재산분할에 있어 분할의 대상이 되는 재산과 액수는 협의이혼이 성립한 날(이혼신고일)을 기준으로 정하여야 한다(대법원 2003. 3. 14. 선고 2002므2230 판결 참조). 따라서 협의이혼 성립일 이후에 부부 일방이 새로운 채무를 부담하거나, 부부 일방의 채무가 변제된 경우에도 이와 같은 재산변동 사항은 재산분할의 대상이 되는 재산과 액수를 정함에 있어 이를 참작할 것이 아니다. 한편, 협의이혼을 예정하고 미리 재산분할 협의를 한 경우에도 그 기준일에 관하여 달리 볼 것은 아니다. 따라서 재산분할 협의를 한 후 협의이혼 성립일까지의 기간 동안 재산분할 대상인 채무의 일부가 변제된 경우, 원칙적으로 변제된 금액은 채무액에서 공제되어야 한다. 그런데 채무자가 자금을 제3자로부터 증여받아 위 채무를 변제한 경우에는 전체적으로 감소된 채무액만큼 분할대상 재산액이 외형상 증가하지만 그 수증의 경위를 기여도를 산정함에 있어 참작하여야 하고, 또 채무자가 기존 적극재산으로 위 채무를 변제하거

나 채무자가 위 채무를 변제하기 위하여 새로운 채무를 부담하게 된 경우에는 소멸된 채무액만큼 적극재산액도 감소하거나 새로운 채무액이 증가하게 되어 결국 어느 경우에도 전체 분할대상 재산액은 변동이 없다.

2. 위와 같은 법리에 비추어 볼 때, 소외 1의 벌금채무에 관한 원심의 판단은 수긍할 수 없다.

기록에 의하면, 소외 1의 벌금 채무 발생의 원인이 된 범죄사실은, '소외 1은 소외 2 주식회사의 대표이사와 함께, 소외 7 주식회사가 1997. 12. 2. 재정경제원으로부터 종합금융업무 정지명령을 받는 바람에 위 회사의 주가가 폭락하자 소외 1과 그 아버지인 소외 8이 소유하고 있던 소외 7 주식회사의 주식을 소외 2 주식회사에게 주가가 폭락하기 전인 1997. 7. 2. 매도한 것처럼 꾸며 그 매매대금 채권과 소외 2 주식회사가 소외 1회사에 대하여 가지고 있던 가지급금 채권을 상계처리한 다음, 소외 2 주식회사가 위 주식을 소외 9 주식회사에 저가로 되팔아 투자자산처분손실을 입은 것처럼 허위로 계상하여 소외 2 주식회사의 법인세를 포탈하기로 공모하고, 1998. 3. 31. 서울 중부세무서에서 1997. 분 소외 2 주식회사의 법인세를 신고납부함에 있어, 사실은 1997. 12. 23. 소외 1과 소외 8 소유인 소외 7 주식회사의 주식 1,548,245주를 소외 2 주식회사가 매수하였음에도 불구하고 1997. 7. 2. 소외 2 주식회사가 위 주식을 1주당 6,760원씩 합계 10,466,136,200원에 매수한 것처럼 허위 매매계약서를 작성하는 한편, 1997. 12. 23. 소외 2 주식회사가 소외 9 주식회사에게 위 주식 중 1,200,000주를 1주당 540원에 매도한 것으로 처리함으로써 소외 2 주식회사가 합계 7,464,000,000원의 투자자산 처분손실을 입은 것으로 허위조작하는 방법으로 소외 2 주식회사의 1997년분 법인세 2,089,920,000원을 적게 납부하여 법인세를 포탈하였다는 것인바, 위 범죄사실은 피고와 소외 1이 협의이혼한 1997. 12. 24. 이후에 발생한 것으로, 소외 1이 법인세 신고서류에 주식의 매도일을 1997. 7. 2.로 소급하여 기재하였거나 소외 1이 실제로 소외 2 주식회사에게 소외 7 주식회사의 주식을 매도한 날이 1997. 12. 23이라는 사정만으로는 이 사건 협의이혼 성립일 이전에 벌금채무 발생의 기초적인 법률관계가 성립되었다고 볼 수 없다. 그렇다면 소외 1의 위 벌금 채무 2,089,920,000원은 피고와 소외 1의 위 이혼 성립일 이후에 발생한 것으로서 이 사건 재산분할의 대상

> 이 되는 소극재산으로 삼을 수 없을 뿐만 사해성 판단의 자료가 되는 소극재산으로 삼을 수도 없다.
> 그럼에도 불구하고, 원심은 소외 1의 위 벌금채무를 1997. 12. 19. 당시의 소외 1의 소극재산에 포함시켜 채무초과 여부를 판단하고 나아가 재산분할 대상인 소외 1의 소극재산에 포함시켰는바, 이는 앞서 본 법리에 반하는 것으로서 이를 지적하는 상고이유의 주장은 이유가 있다.

⑥ 민사집행법상 압류가 금지된 재산권(동 법 195조, 246조) 및 특별법에 의하여 압류가 금지된 재산권에 관련된 법률행위는 채권자취소권의 대상으로 되지 않는다.

⑦ 판례(대법원 2001. 4. 24. 선고 2000다41875 판결 등)는 채무자가 자기의 유일한 재산인 부동산을 매각하여 소비하기 쉬운 금전으로 바꾸는 행위는 특별한 사정이 없는 한 항상 채권자에 대하여 사해행위가 된다는 입장이다. 학설은 이러한 판례에 대하여 비판적인 입장이 통설이라 할 수 있다. 즉 상당한 가액으로 재산을 매각한 경우, 채무자의 재산이 감소하지 않는다는 점과 거래안전의 보호라는 관점에서 사해행위가 되지 않는다고 하며, 채무자의 악의를 추정하여서도 안 된다는 것이다.[54]

⑧ 채무의 변제행위
채무자가 변제기에 도달한 채무를 그 본래 내용에 따라 변제하는 것은 사해행위라고 볼 수 없다는 것이 학설이나 판례(대법원 2001. 4. 10. 선고 2000다66034 판결 등)의 입장이다. 그러나 채무자가 일부 채권자와 통모하여 다른 채권자를 해할 의사를 가지고 변제한 행위나, 변제기 미도래 채무의 변제 등은 채권자취소권의 대상이 된다.

---

54) 김형배, 민법학강의, 신조사, 1015면.

⑨ 채무자의 재산이 채무의 전부를 변제하기에 부족함에도 채무자가 그의 유일한 재산인 부동산을 어느 특정채권자에게 대물변제로서 소유권이전등기하는 행위는 특별한 사정이 없는 한 채권자취소권의 대상이 된다(대법원 2006. 4. 14. 선고 2006다5710 판결). 그러나 적정가격으로 평가하였을 경우에는 원칙적으로 사해행위라 할 수 없다(대법원 1962. 11. 15. 선고 62다634 판결).

⑩ 담보물권의 설정행위

이미 채무초과 상태에 빠져있는 채무자가 그의 유일한 재산인 부동산을 채권자 중 어느 한 사람에게 채권담보로 제공하는 행위는 다른 특별한 사정이 없는 한 다른 채권자들에 대한 관계에서 채권자취소권의 대상이 된다(대법원 2002. 4. 12. 선고2000다43352 판결). 그러나 채무자가 자금을 융통하여 사업을 계속 추진하는 것이 채무변제력을 갖게 되는 최선의 방법이라고 생각하고 부득이 부동산을 특정채권자에게 담보로 제공하고 신규자금을 추가로 융통 받은 경우는 사해행위가 아니다(대법원 2007. 11. 29. 선고 2007다52430 판결 등).

4. 사해의사 내지 그 인식(주관적 요건)

(1) 채무자가 법률행위를 함에 있어 그 채권자를 해하게 된다는 사실을 인식하여야 한다. '채무자의 악의'는 공동담보재산의 부족에 의하여 채권자가 채권변제를 받기 어렵게 될 위험에 처하게 된다는 사실을 인식하는 것을 의미한다. 그 인식의 정도나 증명은 처분행위의 구체적 태양에 따라 개별적으로 고찰할 것이다.[55] 우리 판례나 통설적 견해는 채무자의 적극적 의욕이나 의도에까지 이를 필요는 없다고 한다. 특히 유일한 재산인 부동산을 매각하여 금전으로 바꾸는

55) 앞의 민법주해 Ⅸ, 824면.

행위에 있어서는 채무자의 사해의사를 추정하는 것이 판례의 태도임은 앞서 본 바와 같다.

(2) 사해의사는 채권자를 해한다는 것에 대한 현실적인 인식을 함을 의미한다. 채무자가 과실로 인식하지 못하였다고 하더라도 사해행위는 성립하지 않는다.

Ⅲ. 항변, 재항변 사유

1. 제척기간의 도과

(1) 채권자취소권은 채권자가 취소원인을 안 날로부터 1년, 법률행위가 있은 날로부터 5년 내에 행사하여야 한다(민법 406조 2항).

'취소원인을 안 날'이라 함은 채무자가 채권자를 해함을 알면서 사해행위를 한 사실을 알게 된 날을 의미한다. 즉, 그 법률행위가 일반채권자를 해하는 행위라는 사실 및 채무자에게 사해의사가 있었다는 사실을 알았을 것까지 포함된다(대법원 2002. 9. 24. 선고 2002다23857 판결).

(2) 민법 406조 2항은 제척기간에 관한 규정이므로 그 기간의 준수여부는 법원의 직권조사사항(소송요건)이다. 즉 제척기간의 도과여부에 관하여 원고나 피고에게 주장·증명책임이 있는 것은 아니다. 법원은 법원에 현출된 모든 소송자료를 통하여 제척기간이 도과되었다고 의심할만한 사정이 발견되지 않는 한 추가적으로 직권조사 할 의무를 부담하는 것은 아니다(대법원 2002. 7. 26. 선고 2001다73138, 73145 판결). 따라서 피고로서는 적극적으로 원고의 제척기간도과 사실에 관하여 주장·증명할 사실상의 부담을 진다.[56]

2. 수익자·전득자의 선의

수익자 또는 전득자는 채무자와의 법률행위 당시 또는 전득 당시에 채권자를 해함을 알지 못하였음을 주장·증명하여 항변할 수 있다(민법 406조 1항 2문). 여기서 '선의'란 사해행위 당시 또는 전득 당시에 사해행위의 객관적 요건을 구비하였다는 사실에 대하여 인식하지 못하였음을 의미한다.

3. 채무자의 자력 회복(사해행위 후의 사정변경)

처분행위 당시에는 채권자를 해하는 것이었다고 하더라도 그 후 채무자가 자력을 회복하여 사해행위취소권을 행사하는 사실심 변론종결시에는 채권자를 해하지 않게 되는 사정변경이 일어날 수 있다. 이 경우에는 책임재산보전의 필요성이 없어지게 되므로 채권자취소권은 소멸한다(대법원 2007. 11. 29. 선고 2007다54849 판결). 피고는 위와 같은 사정변경 사실을 주장·증명하여 항변할 수 있다.

4. 피보전채권의 시효소멸 항변의 가부

사해행위취소 소송의 피고인 수익자 또는 전득자가 피보전채권이 시효소멸 하였다는 항변을 할 수 있는지에 관하여는 긍정설과 부정설이 대립하고 있다.[57] 긍정설의 입장에 서면 피고가 피보전채권의 시효소멸을 원용하는 항변도 가능할 것이다.

---

56) 사법연수원, 요건사실론 2008, 126면 각주 21.

57) 위 책, 128면.

[원상회복 청구에 관한 검토]

※ 채권자는 사해행위취소 소송과 원상회복청구를 병합하여 제기하는 것이 통례이므로 아래에서는 취소권행사 범위와 원상회복청구의 요건사실에 관하여 살펴본다. 사해행위취소 소송을 제기함이 없이 원상회복청구만을 제기하는 것은 허용되지 않는다. 사해행위취소 소송을 통하여 사해행위가 취소되지 않는 한 원상회복청구권이 인정되지 않기 때문이다.

Ⅳ. 채권자취소권의 행사범위

1. 피보전채권의 범위 내이어야 한다.

(1) 사해행위취소 대상은 피보전채권을 상한으로 하여야 한다. 다른 채권자가 다수 존재하더라도 원고의 채권액을 초과하는 취소나 원상회복은 허용되지 않는다. 취소채권자의 채권액 산정의 기준시점은 사해행위 당시이다. 따라서 사해행위 이후에 발생한 채권액은 피보전채권에 합산되지 않는다. 다만 사해행위 이후 변론종결시까지 발생한 이자나 지연손해금은 피보전채권액에 포함된다(대법원 2002. 4. 12. 선고 2000다63912 판결).

(2) 다만 집행권원 있는 다른 채권자의 배당참가가 명백히 예견될 때에는, 원고는 그 채권자의 채권액까지 포함하여 취소권을 행사할 수 있다. 그러한 가능성이 있다는 사실에 대한 주장· 증명 책임은 원고에게 있다.

2. 목적물이 불가분인 경우

(1) 판례(대법원 1975. 2. 25. 선고 74다2114 판결)는 목적물의 가분·불가분을 단순히 물리적인 면에서 뿐만 아니라 사회경제적 단일성의 유무

또는 거래의 실정까지도 고려하여 그 가액의 합산액이 피보전채권액을 초과 하더라도 그 전부에 대한 취소를 허용하는 입장이다. 대지와 그 지상건물이 사해행위 대상인 경우, 자동차운수사업면허권과 부대시설 전부 및 그에 따른 차량 일체가 사해행위 목적물인 경우(대법원 1975. 6.24. 선고 75다625 판결)가 이에 해당한다는 것이다.

(2) 그러나 뒤에서 보는 바와 같이 최근의 판례들은 목적물이 부동산이고 그 가액이 피보전채권액을 초과하는 경우에는 가액배상을 원칙으로 하는 것으로 보인다.[58]

Ⅴ. 원상회복의 범위

1. 원물반환의 원칙

(1) 사해행위가 취소되면 수익자 또는 전득자는 그가 취득한 원물을 반환하여야 한다. 다만 원물반환이 불가능하거나 현저히 곤란한 경우에 한하여 예외적으로 가액을 반환한다.

(2) 목적물이 동산이나 금전인 경우 누구에게 반환하도록 할 것인가?

학설상의 대립은 있으나,[59] 현재 통설[60]과 실무례는 최소채권자(원고)가 상대방에 대하여 직접 자기에게 인도 또는 지급할 것을 청구할 수 있다는 입장이다. 이 경우 금전을 수령한 채권자는 그가 채무자에 대하여 갖는 채권(피보전채권이라 할 수 있다)과 채무자에 대한 반환물의 인도채무를 상계함으로써 실질적으로 우선변제를 받게 될

58) 이은영, 채권각론, 박영사, 477~478면 참조.

59) 위의 책, 485~488면 참조.

60) 앞의 민법주해 Ⅸ, 843면.

것이다.

(3) 목적물이 채권인 경우

사해행위의 내용이 채무면제나 상계와 같이 채권을 목적으로 하는 경우 급여가 수반되지 않으므로 사해행위의 취소를 구함으로써 충분하고 별도의 원상회복청구가 필요 없다. 사해행위취소의 상대적 효력을 인정하는 통설·판례에 따르면 그 채권은 채무자에게 다시 귀속된다고 본다. 취소채권자(원고)는 자신의 채권에 기하여 채무자에게 귀속된 채권에 대한 압류·전부 받는 등의 방법에 의하여 채권추심을 할 수 있다.

(4) 목적물이 부동산인 경우

사해행위에 의하여 채무자의 책임재산으로부터 일탈된 부동산을 회복하는 방법은 일반적으로 수익자 또는 전득자 명의로 경료 된 부동산등기의 말소등기 이다. 부동산이 수익자로부터 전득자에게로 순차 경료 된 경우에는 수익자와 전득자 모두를 피고로 하여 그 이전등기를 말소하지 않으면 원상회복의 목적을 달성할 수 없게 된다. 이때 전득자의 선의가 증명되면 원상회복의 목적을 달성할 수 없게 될 수도 있을 것이다.[61]

2. 가액배상을 할 경우

(1) 원물빈환이 불가능하거나 현저히 곤란할 경우

예컨대 사해행위 목적물을 수익자가 선의의 전득자에게 양도하여 버렸을 경우, 목적물이 상대방의 일반재산에 혼입되어 특정성을 상실하거나 멸실된 경우 등에는 예외적으로 가액반환에 의한다. 수익

61) 앞의 민법주해Ⅸ, 844면.

자 또는 전득자의 가액배상의무의 성립요건을 갖추고 있는 외에 원물반환이 불가능하거나 현저히 곤란하다는 요건을 갖추고 있으면 성립한다. 수익자나 전득자에게 그 이익이 현존하고 있는지 여부는 불문한다. 그리고 수익자나 전득자의 고의나 과실을 필요로 하는 것도 아니다.

[대법원 2001. 9. 4. 선고 2000다66410 판결]

근저당권이 설정되어 있는 부동산을 증여한 행위가 사해행위에 해당하는 경우, 그 부동산이 증여된 후 근저당권설정등기가 말소되었다면, 증여계약을 취소하고 부동산의 소유권 자체를 채무자에게 환원시키는 것은 당초 일반 채권자들의 공동담보로 제공되지 아니한 부분까지 회복시키는 결과가 되어 불공평하므로, 채권자는 그 부동산의 가액에서 근저당권의 피담보 채무액을 공제한 잔액의 한도 내에서 증여계약의 일부취소와 그 가액의 배상을 청구할 수밖에 없다(대법원 1999. 9. 7. 선고 98다41490 판결, 1999. 11. 9. 선고 99다50101 판결 등 참조). 또한 사해행위를 전부 취소하고 원상회복을 구하는 채권자의 주장 속에는 사해행위를 일부 취소하고 가액의 배상을 구하는 취지도 포함되어 있으므로, 채권자가 원상회복만을 구하는 경우에도 법원은 가액의 배상을 명할 수 있다.

근저당권이 설정되어 있는 부동산에 관하여 사해행위가 이루어진 후 근저당권이 말소되어 그 부동산의 가액에서 근저당권 피담보채무액을 공제한 나머지 금액의 한도에서 사해행위를 취소하고 가액의 배상을 명하는 경우 그 가액의 산정은 사실심 변론종결시를 기준으로 하여야 하고(대법원 1998. 2. 13. 선고 97다6711 판결, 1999. 9. 7. 선고 98다41490 판결 등 참조), 기존의 근저당권이 말소된 후 사해행위에 의하여 그 부동산에 관한 권리를 취득한 전득자에 대하여도 사실심 변론종결시의 부동산 가액에서 말소된 근저당권 피담보채무액을 공제한 금액의 한도에서 그가 취득한 이익에 대한 가액배상을 명할 수 있다. 한편 채권자가 채권자취소권을 행사할 때에는 원칙적으로 자신의 채권액을 초과하여 취소권을 행사할 수 없고(대법원 1997. 9. 9. 선고 97다10864 판결 참조), 이 때 채권자의 채권액에는 사해행위 이후 사실심 변론종결시까지 발생한 이자나 지연손해금이 포함된다.

(2) 가액배상의 범위

가액배상은 ① 채권자의 피보전채권액, ② 목적물의 공동담보 가액, ③ 수익자·전득자가 취득한 이익 중 가장 적은 금액을 한도로 이루어진다.[62)]

3. 부동산 원물반환 관련 문제

(1) 수익자·전득자 모두 악의인 경우

이 경우에는 앞서 본 바와 같이 수익자와 전득자 모두를 피고로 하여 그들 명의로 순차 경료 된 등기의 말소를 구하거나, 전득자로부터 채무자에게로 진정명의 회복을 위한 소유권이전등기를 구하여야 한다.

(2) 수익자가 악의이고 전득자가 선의인 경우

이 경우 전득자를 상대로 한 원상회복·가액배상 청구를 할 수 없으므로 수익자에 대하여 원상회복에 갈음한 가액배상을 구하거나 전득자에게 영향을 미치지 않는 범위 내에서 원상회복을 청구하여야 한다.[63)] 예컨대, 부동산이 수익자에게 이전된 후 저당권을 설정한 경우, 수익자는 악의이나 저당권자는 선의인 때에는 수익자를 상대방으로 하여 사해행위를 취소하고 저당권이 있는 채로 수익자 명의의 등기말소 또는 채무자 명의로의 이전등기를 청구하여야 한다. 이때 피담보채권액을 공제한 부동산 가액이 피보전채권액을 초과할 때에는 그 부족한 피보전채권액 상당의 가액반환을 구하여야 할 것이다.

(3) 수익자가 선의이고 전득자가 악의인 경우, 또는 선의의 전득자로부터

62) 사법연수원, 요건사실론 2008, 131~132면.

63) 앞의 민법주해 IX, 836면.

다시 전득한자가 악의인 경우.

통설[64]은 악의인 전득자에 대하여 채권자취소권을 행사 할 수 있다고 한다. 부동산의 경우에는 채무자에로의 원상회복이 불가능하므로 가액배상을 구하여야 할 것이다.

【사 례】(대법원 2002. 11. 8. 선고 2002다41589 판결 참조)

1. X의 진술

(1) 나는 여러 가지 사업을 하여 모은 재산을 기본자산으로 하여 사채업을 운영하고 있다. 나는 2006. 12. 초 평소 잘 알고 지내던 갑으로부터 연말에 돌아오는 어음결제를 위하여 필요한 자금 15억 원을 빌려달라는 부탁을 받았다. 갑은 나의 주요고객으로서 신용이 있었기에 나는 을의 연대보증하에 어음할인 등의 방법으로 15억 원을 갑에게 대여하였다. 위 대여당시 이자는 연 20%, 변제기는 대여일인 2006. 12. 10.로부터 1년으로 약정하였다. 갑은 나에게 감사하다는 말을 수없이 하면서 나의 요구가 있으면 갑과 을의 소유 부동산을 담보로 제공하겠다는 약정도 하였다. 그 후 나는 갑작스럽게 평소의 지병이 악화되어 2007. 8.부터 약 15개월간 병원에서 입원치료를 받으면서 재산관리도 제대로 할 수 없었다.

(2) 갑은 위 대여금의 변제기가 지났음에도 그 차용원금을 변제하지 않음은 물론이고 2007. 12. 이후의 이자도 제대로 지급하지 않고 있다. 그뿐만 아니라 연대보증인인 을은 그의 유일한 재산인 A 부동산을 2008. 10.14. 그의 사위인 Y에게 같은 해 9. 1. 매매를 원인으로 한 소유권이전등기를 경료 하여 주었다. 그런데 나는 갑에게 위 돈을 대여하면서 갑과의 약정에 따라 2006. 12. 30. 갑 소유인 경기도 고양시 소재 공장용지 및 그 지상 공장건물('B 부동산'이라 한다)에 관하여 위 대여금 채권을 피담보 채권으로 하는 채권최고액 15억 원인 근저당권설정등기를 경료 받았다. 내가 B 부동산에 대한 근저당권 실행을 위한 경매신

64) 앞의 민법주해 Ⅸ, 837면.

청을 함으로써 2008. 12. 10. 그 대금 11억 2,110만 원에 최종매각결정이 이루어졌다. 나는 위 매각대금 중에서 위 대여금 채권의 일부에 불과한 1,072,305,951원을 배당 받았다.

(3) Y는 을의 사위로서 B 부동산에 대하여 나를 채권자로 한 채권최고액 15억 원의 근저당원 설정등기가 경료 되어 있지만 실제가치가 그 정도가 되지 않으며, 경매에 들어가면 그 대금이 시세보다도 현저히 떨어지게 되어 나의 갑에 대한 대여금 원리금 채권 변제에 턱없이 부족하다는 사정을 잘 알고 있었다. 그럼에도 Y와 을이 A 부동산에 관한 매매계약을 체결하고 Y 명의로 소유권이전등기를 경료 한 것은 오로지 채권자인 나를 해하고자 한 것으로 볼 수밖에 없다.

(4) A 부동산에 대한 을과 Y 사이의 매매일자가 등기부상 2008. 9. 1.로 되어 있으나, 이러한 매매일자는 을과 Y가 서로 공모하여 실제보다 앞당겨서 등기한 것으로 보아야 한다. 그 이유는 다음과 같다. A 부동산에 관하여 Y의 진술과 같이 2001. 4. 21.자로 병 명의의 근저당권 설정등기가 경료 되어 있었다. 사해행위 대상 부동산에 대하여 사해행위 당시에 저당권이 설정되어 있다가 사해행위 후 변제 등에 의하여 저당권설정등기가 말소된 경우에, 그 부동산의 가액에서 저당권의 피담보채무액을 공제한 잔액의 한도에서 사해행위를 취소하고 그 가액의 배상을 구할 수 있을 뿐이다. 그러나 사해행위 시점에서 이미 저당권설정등기가 말소된 경우에는 위와 같은 법리는 적용 될 수 없는 것이다. Y와 을은 위와 같은 법리를 잘 알고 사해행위임이 밝혀지더라도 A 부동산을 원물반환 당하지 않으려는 의도로 등기부상 매매일자를 근저당권말소등기 일자보다 앞당겨 등기한 것이다.

(5) 이에 나는 Y를 상대로 사해행위 취소 및 A 부동산에 대한 Y 명의의 소유권이전등기의 말소를 청구하고자 한다.

2. Y의 진술

(1) X의 진술 중에서 갑이 을의 연대보증하에 X로부터 15억 원을 이자 연 20%, 변제기 대여일로부터 1년으로 약정하여 차용한 사실은 모두 인정한다. 갑은 위 채무에 대한 담보조로 X의 진술과 같이 B 부동산에 대하여 채권최고액 15억 원인 근저당권설정등기를 경료 하여 주었

다. B 부동산은 가격이 급등하고 있는 고양시 지역에 위치하고 있어서 실 거래가는 20억 원 이상 되는 곳이다. 그리고 갑이 2008. 1.까지 약정이자를 모두 지급하여, 내가 A 부동산을 을로부터 매수할 시점인 2008. 9. 경에는 B 부동산에 대한 근저당권을 실행하는 것만으로도 위 채권을 모두 변제받을 수 있었다.

(2) 내가 나의 장인인 을로부터 A 부동산을 매수한 경위는 다음과 같다. 을은 그의 형인 갑과 사업체를 공동운영하면서, 2001. 4. 21. 갑의 병 상호신용금고에 대한 대출금채무 3억 원의 담보조로 A 부동산에 관하여 채권최고액 3억 5천만 원인 근저당권설정등기를 병 명의로 경료하여 주었다. 그 후 갑이 위 채무원리금을 변제하지 못하자 병의 근저당권실행에 의한 경매절차가 진행되었다. 그 경매절차가 진행되어 2008. 8. 23. 매각허가결정이 발령되자 그로인하여 A 부동산이 제3자에게 저가에 처분되는 것을 회피하기 위하여 내가 나서서 2008. 9. 1. 가족회의를 소집하였다. 그 회의에서 내가 병에 대한 채무변제자금을 마련하여 을의 병에 대한 채무를 대위변제하기로 결정하였다. 아울러 A 부동산의 소유권은 내가 을의 채무를 대위변제한 후 을에 대하여 취득하게 될 구상금 채권의 대물변제조로 나에게 넘기기로 결정하였다. 위와 같은 회의 결과에 따라 나는 2008. 10. 6. 병에게 을의 채무 253,500,000원 중 216,449,631원을 대위변제하고 잔여 채무에 대하여 병으로부터 일부 포기를 받았다. 이에 따라 위 근저당권설정등기는 2008. 10. 7.에 말소등기가 경료 되었다.

(3) X는 나와 을의 A 부동산에 대한 등기부상 매매일자를 의도적으로 근저당권말소 전인 2008. 9. 1.로 하였다고 주장하고 있으나 그 날짜에 매매계약이 이루어진 것은 틀림없는 사실이다. 그렇지 않다면 내가 2억 원이 넘는 거액을 조달하여 을의 채무를 대위변제 하였을 리가 없지 않겠는가?

1. 소송물 및 쟁점

(1) 본 사례의 소송물은 갑의 사해행위에 기한 갑과 Y 사이의 매매계약

의 취소와 Y 명의의 이 사건 부동산에 관한 소유권이전등기의 말소등기청구권이다. 청구원인사실에서는 을과 Y 사이의 A 부동산 매매계약이 사해행위에 해당하는지 여부에 관하여 살펴보는 전제로서 사해행위의 요건사실을 검토하여야 한다. 위 사례에서 X는 피보전채권에 대한 담보로서 갑 소유 B 부동산에 근저당권설정등기를 경료 받았으므로 그 부분이 피보전채권에서 제외될 것인지를 검토하여야 한다.

(2) 위 사례에서 Y가 반환하여야 할 대상이 A 부동산(원물)인지 아니면 그 부동산의 가액에서 저당권의 피담보채권액을 공제한 잔액 즉 가액반환인지가 주요한 쟁점으로 되어 있다. 이에 관하여는 근저당권설정등기의 말소시점을 기준으로 어느 시기에 사해행위가 있었는지에 관하여 살펴보아야 한다.

(3) 위와 같은 각 쟁점에 대하여 요건사실의 내용 및 그 주장·증명책임의 귀속주체를 밝혀내는 것은 결론에 이르는데 있어서 결정적 영향을 미치는 것이다.

2. 청구원인

(1) 사해행위취소권 발생의 요건사실은 ① 피보전채권의 발생사실 ② 채무자의 사해행위, ③ 채무자의 사해의사이다. 아래에서는 본 사례를 기초로 위 각 요건사실의 구체적 내용을 분석한다.

(2) 피보전채권의 발생사실

① 본 사례에서 채권자 X가 채무자 갑에 대하여 가지는 채권은 대여금 15억 원과 이에 대한 연 20%의 비율에 의한 이자채권과 변제기 이후의 지연손해금채권이라 할 수 있다. 피보전채권의 발생시점은 반드시 사해행위 이전이어야 하는데, 본 사례에서는 2006. 12. 10.이고 변제기는 대여일로부터 1년 후인 2007. 12. 10.이다.

요컨대, 본 사례에서 대여금채권의 발생원인 사실은 ㉠ X가 갑에게 2006. 12. 10. 15억 원을 변제기는 대여일로부터 1년 후로 정하여 대여한 사실이다. 이자채권의 발생원인 사실은 위 ㉠에 더하여, ㉡ X와 갑이 대여금에 대하여 이자를 지급하기로 하고, ㉢ 그 이율은 연 20%로 하고 ㉣ 일정기간의 경과이다. 지연손해금 채권의 발생 원인 사실은 위 ㉠~㉢ 요건사실 외에, ㉤ 대여금 채권의 변제기의 도과가 추가된다.

② 본 사례에서와 같이 주채무자 또는 제3자 소유 부동산에 대하여 채권자 앞으로 근저당권이 설정되어 있을 경우에는 그 피담보채권은 피보전채권에서 제외된다. 따라서 B 부동산에 대한 채권최고액 15억 원인 근저당권설정등기에 의하여 담보되는 채권(이자 및 지연손해금 채권이 우선 변제될 것이다)은 피보전채권에서 제외된다. 본 사례에서 을의 사해행위시점인 2008. 9. 1. 당시를 기준 시점으로 하여 그때까지의 미지급 이자채권과 지연손해금 채권 및 원본채권을 합산한 금액 중에서 위 피담보채권 최고액 15억 원을 초과하는 채권액이 피보전채권으로 되는 것이다. 다만 본 사례에서는 B 부동산에 대한 경매절차에서 환가결과 피담보채권 최고액 15억 원에 현저히 못 미치는 금액으로 매각되어서 결과적으로 채권자에게 실 매각가액과 채권최고액의 차액만큼의 손해를 끼치게 되었다. 그럼에도 불구하고 사해행위가 B 부동산의 매각허가결정 이전에 있었으므로 위 피담보채권 최고액을 초과하는 금액에 한하여 피보전채권으로 볼 것이다(대법원 2002. 11. 8. 선고 2002다41589 판결). 만약 위 근저당권실행에 의한 매각허가결정 이후에 사해행위가 있었다면 위와 결론을 달리 할 것이다.

(3) 채무자의 사해행위

① 본 사례에서 을은 주채무자 갑의 채무를 연대보증한 자이므로 사해

행위의 주체가 된다. 본 사례에서 을이 그의 유일한 재산인 A 부동산을 처분한 행위는 그 대가의 정당성 여부를 묻지 않고 특별한 사정이 없는 한 사해행위가 된다고 보는 것이 확립된 판례의 입장이다. 본건의 경우에는 채무자(을)와 수익자(Y)의 신분관계(장인과 사위)도 사해행위 성립을 판단하는데 있어서 중요한 간접사실이 될 수 있다.

② 본건에서 X, Y의 진술을 종합하면 Y가 을의 병 금고에 대한 채무를 대위변제 하고 그 후에 취득하게 될 을에 대한 구상금채권의 대물변제조로 A 부동산에 관한 소유권이전등기를 Y 명의로 경료 하였다고 볼 수도 있다. 이러한 대물변제가 특정 채권자에게 유리하게 될 수도 있지만 적정가격으로 평가된 경우에는 사해행위가 되지 않는다. 다만 본건에서와 같이 채무초과 상태에 있는 을이 그의 유일한 재산인 A 부동산을 대물변제로 제공한 경우에는 평가의 적정성과 상관없이 다른 채권자에 대한 관계에서 사해행위가 된다(대법원 2006. 4. 14. 선고 2006다5710 판결 등).

(4) 앞서 여러 차례 언급하였듯이 채무자의 재산처분행위가 사해행위가 되는지 여부는 사해행위 당시를 기준으로 판단하여야 한다. 그리고 사해행위 시점은 다른 특별한 사정이 없는 한 처분문서에 기초한 것으로 보이는 등기부상 등기원인일자를 중심으로 하여 판정하여야 한다. 본 사례에서는 등기부상의 매매일자인 2008. 9. 1.이 사해행위 시점이 되는 것이다. 따라서 B 부동산 가액의 평가는 2008. 9. 1. 당시의 시가를 기준으로 하여야 한다(대법원 2001. 7. 27. 선고 2000다73377 판결).

X는 2008. 9. 1. 당시의 부동산의 시가와 그 시가가 B 부동산에 설정되어 있는 채권최고액 15억 원에 못 미친다는 사실을 주장·증명하여 주채무자 갑이 채무초과 상태에 있음을 밝혀야 한다.

(5) 채무자의 사해의사

사행행위취소권 발생요건사실로서의 채무자의 사해의사는 원칙적으로 원고인 채권자가 주장·증명하여야 한다. 그러나 본 사례에서와 같이 채무자 을이 그의 유일한 재산인 A 부동산을 매각·처분하는 행위로부터 사해의사까지 사실상 추정된다는 것이 판례의 입장이다. 따라서 X가 을의 사해의사의 존재에 관하여 별도로 증명할 책임은 없다고 할 수 있다.

3. 항 변

(1) Y의 선의

① 본 사례에서 사해행위의 수익자는 Y이므로 Y의 선의에 관한 주장·증명책임은 Y에게 귀속된다. X는 채무자 을의 사해의사를 주장·증명함으로써 수익자인 Y의 악의의 존재사실에 관하여 사실상 추정을 받는 것이다.

② Y는 X가 갑 소유의 B 부동산에 대하여 채권최고액 15억 원인 근저당권을 보유하고 있고 2008. 9. 1.당시 그 시가가 X의 채권 원리금을 훨씬 상회하고 있었다는 취지의 진술을 하고 있다. Y의 위와 같은 진술은 본 사해행위 당시에 Y가 선의였다는 취지의 주장을 하고 있는 것으로 볼 수 있다.

③ 본 사례에 나타난 X와 Y의 진술을 검토하여 보면 채무자 갑과 을은 위 사해행위시점인 2008. 9. 1. 당시 A·B 부동산 외에 달리 다른 재산이 없었던 것으로 판단된다. 그리고 갑의 유일한 재산인 B 부동산은 X의 신청에 의하여, 을의 유일한 재산인 A 부동산은 병 금고의 신청에 의하여 각각 경매절차가 진행 중에 있었다. 그 결과 B 부동산은 갑의 채권원리금에 훨씬 미달하는 금액으로 매각되었다. 그리고 A 부동산 역시 시가에 비하여 현저히 저렴한 가격에 매각될

것이 분명하여지자 Y가 자금을 조달하여 을의 병 금고에 대한 채무를 대위변제하고 위 경매신청을 취하시킨 것이다. 위와 같은 간접사실을 종합하면 Y가 선의였다는 주장은 받아들이기 어려울 것이다.

(2) 기타 항변사유

본 사례에서 직접 제기되지 않고 있으나, X의 소제기가 제척기간을 도과하였다는 항변이나, X의 갑에 대한 피보전채권이 변제 등의 사유에 의하여 소멸되었다는 항변 등을 할 수 있다.

4. 원상회복·가액배상

(1) 사해행위 목적물에 저당권이 설정되어 있는 경우

① 본 사례에서 A 부동산에는 사해행위에 앞선 2001. 4. 21. 을의 병 금고에 대한 채무 3억 원의 담보조로 채권최고액 3억 5천만 원인 근저당권설정등기가 병 앞으로 경료 되어 있었다. 그 후 Y의 을 채무에 대한 대위변제에 따라 2008. 10. 7. 위 근저당권설정등기의 말소등기가 경료 되었다. 한편 A 부동산에 대하여 을로부터 Y 명의의 소유권이전등기는 2008. 10 .14.자로 경료 되었지만 그 등기원인인 매매일자는 등기부상 2008. 9. 1.자로 되어 있다.

② A 부동산에 대한 사해행위가 취소되면 Y는 A 부동산에 대한 소유권이전등기를 말소하여 을에게 원물반환 함이 원칙이다. 그러나 A 부동산에는 저당권이 설정되어 있었다가 그 후에 피담보채무변제에 의하여 말소되었으므로 사해행위의 성립 범위와 수익자인 Y의 반환 범위는 위 사해행위와 위 근저당권설정등기 말소시점의 확정 여하에 따라 달라진다. 판례는 다른 특별한 사정이 없는 한 처분문서에 기초한 것으로 보이는 등기부상 등기원인일자를 중심으로 하여 사해행위일을 확정하고 있다. 이러한 판례의 입장에 따르면 을과 Y의 사해행위는 2008. 9. 1.에 있었던 것으로 볼 수 있다. 따라서 사

해행위 후에 위 근저당권이 말소되었으므로 Y는 X에게 A 부동산의 가액에서 위 근저당권의 피담보채무액 3억 5천만 원을 공제한 잔액의 한도에서 가액반환을 하여야 할 의무가 있다. 이때 목적물의 가액 및 피담보채권액의 산정 기준시점은 사실심 변론종결시가 된다(대법원 2001. 12. 27. 선고 2001다33734 판결 등). 만약 변론종결 당시 밝혀진 피담보채권액이 근저당권설정 된 채권최고액보다 적을 때에는 실제 피담보채권액 만을 공제하여야 할 것이다.[65]

(2) **Y(수익자)가 가액배상을 할 경우 Y 자신의 을(채무자)에 대한 채권을 자동채권으로 하여 상계할 수 있는가?**

Y가 을에 대하여 가지는 채권을 자동채권으로 하여 위 가액반환채무와 대등액에서 상계할 수 없다는 것이 판례(대법원 2001. 6. 1. 선고 99다63183 판결)의 입장이다.

[대법원 2001. 6. 1. 선고 99다63183 판결]

1. 채권자취소권은 채권의 공동담보인 채무자의 책임재산을 보전하기 위하여 채무자와 수익자 사이의 사해행위를 취소하고 채무자의 일반재산으로부터 일탈된 재산을 모든 채권자를 위하여 수익자 또는 전득자로부터 환원시키는 제도로서, 수익자로 하여금 자기의 채무자에 대한 반대채권으로써 상계를 허용하는 것은 사해행위에 의하여 이익을 받은 수익자를 보호하고 다른 채권자의 이익을 무시하는 결과가 되어 위 제도의 취지에 반하므로, 수익자가 채권자취소에 따른 원상회복으로서 가액배상을 할 때에 채무자에 대한 채권자라는 이유로 채무자에 대하여 가지는 자기의 채권과의 상계를 주장할 수는 없다.
2. 채권자취소권은 채권의 공동담보인 채무자의 책임재산을 보전하기 위하여 채무자의 일반재산으로부터 일탈된 재산을 모든 채권자를 위하여 수익자 또는 전득자로부터 환원시키는 제도로서, 그 행사의 효력은 채권자와 수익자 또는

65) 사법연수원, 요건사실론 2008, 133면.

전득자와의 상대적인 관계에서만 미치는 것이므로 채권자취소권의 행사로 인하여 채무자가 수익자나 전득자에 대하여 어떠한 권리를 취득하는 것은 아니라고 할 것이고, 따라서 수익자가 채무자에게 가액배상금 명목으로 금원을 지급하였다는 점을 들어 채권자취소권을 행사하는 채권자에 대하여 가액배상에서의 공제를 주장할 수는 없다.

제7절 전부금·추심금 청구

Ⅰ. 금전채권에 대한 강제집행

1. 채무자의 재산 중 금전채권 즉 채무자가 제3채무자에 대하여 금전의 급여를 구할 수 있는 각종 청구권에 대한 강제집행은 압류 → 현금화 → 변제의 3단계로 실시된다. 즉 채권자가 집행법원에 집행신청(압류명령의 신청)을 하면 집행법원은 압류명령을 발령하여 채무자의 제3채무자에 대한 채권을 압류한 후, 다시 채권자의 신청에 의하여 추심명령 또는 전부명령을 발령하여 현금화 한다.

추심명령에 따른 채권추심이 이루어진 경우에는 그 절차에 참가한 다른 채권자가 없을 때에만 추심한 금전으로 추심채권자의 집행채권 및 집행비용 변제에 충당할 수 있다. 절차에 참가한 다른 채권자가 있는 경우에는 추심한 금액을 바로 공탁한 뒤 그 신고를 하여야 하고(민사집행법 236조2항), 이에 따라 배당절차가 이루어진다.

전부명령이 발령되어 확정된 경우에는 압류한 금전채권이 압류시점에 소급하여 권면액(券面額)으로 집행채권의 변제에 갈음하여 집행채권자에

게 이전되므로 집행절차는 종료되고 배당·변제 절차가 별도로 집행될 여지가 없다.[66]

2. 전부·추심명령의 대상이 될 수 있는 채무자의 채권은 집행대상으로서의 적격 즉, 피압류 적격을 가져야 한다. 성질상 양도가 불가능하거나 법률상 양도가 금지된 채권은 피압류 적격이 없다.[67]

전부·추심명령은 채권에 대한 강제집행절차에 의하는 것이므로 유효한 집행권원의 존재와 절차상 하자가 없어야 한다. 이러한 요건의 결여는 전부·추심금청구 소송에서 피고(제3채무자)에 의하여 항변으로서 주장될 수 있다.

전부명령은 압류된 채권의 실질적 가치를 고려하지 않고 그 권면액으로 채권자에게 이전하는 효력(채권양도의 효과)을 가지는 것이므로 아래와 같은 요건을 갖추어야 한다.[68]

(1) 강제집행의 일반적 요건 및 유효한 채권압류 명령의 존재.

(2) 압류된 채권이 금전채권으로 권면액(劵面額)을 가지고 있을 것.

(3) 피전부채권이 양도가능 할 것.

(4) 피전부채권에 대하여 압류·가압류의 경합이나 배당요구가 없을 것.

Ⅱ. 전부금 청구

1. 청구원인

(1) 전부금청구의 청구원인인 요건사실은 ① 피전부채권의 존재사실, ② 법원으로부터 전부명령이 내려진 사실, ③ 전부명령이 제3채무자

66) 법원행정처 법원실무제요, 민사집행Ⅲ, 291면 참조.

67) 위 책, 292~301면 참조.

68) 위 책, 371~377면; 이러한 요건의 결여는 피고의 항변사유로 된다.

에게 송달되고 확정된 사실이다.

(2) 원고는 채무자와 피고(제3채무자)사이에 피전부채권이 발생한 사실을 당해채권 발생의 요건사실에 맞추어 주장·증명하여야 한다. 앞서 살펴 본 바와 같이 피전부채권은 압류적격이 있어야 한다. 피전부채권이 장래의 채권, 조건부채권인 경우에는 그 정지조건의 성취 또는 이행기의 도래사실도 같이 주장·증명하여야 한다.

(3) 전부명령은 확정되어야 효력이 발생한다(민사집행법 229조 7항). 전부명령에 대하여는 제3채무자나 채무자가 즉시항고 할 수 있으므로 제3채무자와 채무자에게 모두 전부명령을 송달하여 즉시항고의 기회를 주어야 한다. 따라서 원고는 전부명령이 제3채무자와 채무자에게 적법하게 송달되어 확정된 사실을 주장·증명하여야 한다. 다만 전부명령이 확정된 사실에 관하여 당사자 사이에 다툼이 없을 경우에는 제3채무자나 채무자에 대한 송달사실을 주장·증명할 필요는 없다.

(4) 전부명령의 본질적 효력은 피전부채권이 원고(집행채권자)의 집행채권액과 집행비용의 범위 내에서 동일성을 가진 채로 채무자로부터 원고(집행채권자)에게 이전된다는데 있다(권리이전적 효력). 그 결과 채무자의 원고에 대한 채무는 전부된 채권의 권면액 범위 내에서 당연히 소멸된다(변제효과). 이러한 효력은 제3채무자에게 전부명령이 송달된 시점으로 소급하여 발생한다.

2. 항변·재항변

(1) 전부명령에 관한 다툼

① 피고(제3채무자)는 전부명령의 원인인 집행채권(원고가 채무자에

대하여 가지는 채권)의 부존재·소멸사유를 주장하여 항변할 수 없다(대법원 2004. 5. 28. 선고 2004다6542 판결 등).

② 전부명령이 제3채무자에게 송달될 때까지 그 금전채권에 관하여 다른 채권자가 압류·가압류 또는 배당요구를 한 때에는 전부명령은 무효로 된다(민사집행법 229조 5항). 따라서 피고는 제3채무자인 자신에게 전부명령이 송달될 당시 압류의 경합 또는 배당요구가 있었음을 주장하여 항변할 수 있다.
다만 아래와 같은 사유가 있을 때는 압류의 경합이 있다고 할 수 없다. 따라서 압류의 경합이 있을 때 피고로서는 총 압류액이 피압류채권의 채권액을 초과한다는 사실까지도 주장·증명할 책임이 있다 할 것이다.

[대법원 2002. 7. 26. 선고 2001다68839 판결]

1. 동일한 채권에 대하여 두 개 이상의 채권압류 및 전부명령이 발령되어 제3채무자에게 동시에 송달된 경우 당해 전부명령이 채권압류가 경합된 상태에서 발령된 것으로서 무효인지의 여부는 그 각 채권압류명령의 압류액을 합한 금액이 피압류채권액을 초과하는지를 기준으로 판단하여야 하므로 전자가 후자를 초과하는 경우에는 당해 전부명령은 모두 채권의 압류가 경합된 상태에서 발령된 것으로서 무효로 될 것이지만 그렇지 않은 경우에는 채권의 압류가 경합된 경우에 해당하지 아니하여 당해 전부명령은 모두 유효하게 된다고 할 것이며, 그 때 동일한 채권에 관하여 확정일자 있는 채권양도통지가 그 각 채권압류 및 전부명령 정본과 함께 제3채무자에게 동시에 송달되어 채권양수인과 전부채권자들 상호간에 우열이 없게 되는 경우에도 마찬가지라고 할 것이다.
2. 동일한 채권에 관하여 확정일자 있는 채권양도통지와 두 개 이상의 채권압류 및 전부명령 정본이 동시에 송달된 경우 채권의 양도는 채권에 대한 압류명령과는 그 성질이 다르므로 당해 전부명령이 채권의 압류가 경합된 상태에서 발령된 것으로서 무효인지의 여부를 판단함에 있어 압류액에 채권양도의 대상이

된 금액을 합산하여 피압류채권액과 비교하거나 피압류 채권액에서 채권양도의 대상이 된 금액 부분을 공제하고 나머지 부분만을 압류액의 합계와 비교할 것은 아니다.

3. 임차인의 임차보증금반환청구 채권이 전부된 경우에도 채권의 동일성은 그대로 유지되는 것이어서 동시이행관계도 당연히 그대로 존속한다고 해석할 것이므로 임대차계약이 해지된 후에 임대인이 잔존 임차보증금반환청구 채권을 전부 받은 자에게 그 채무를 현실적으로 이행하였거나 그 채무이행을 제공하였음에도 불구하고 임차인이 목적물을 명도하지 않음으로써 임차목적물반환 채무가 이행지체에 빠지는 등의 사유로 동시이행의 항변권을 상실하게 되었다는 점에 관하여 임대인이 주장·입증을 하지 않은 이상 임차인의 목적물에 대한 점유는 동시이행의 항변권에 기한 것이어서 불법점유라고 볼 수 없다.

③ 피고의 압류경합 항변에 대하여 원고는 선행 압류의 무효사유를 주장하여 재항변할 수 있다.

(2) 피전부채권 관련 항변

① 피고(제3채무자)는 채권압류 전에 채무자(피전부채권자)에 대하여 가지고 있었던 권리 멸각·소멸·행사저지 등의 항변사유를 가지고 원고에게 대항 할 수 있다. 즉 피고가 채권압류 전에 가지고 있던 취소·해제 등의 형성권행사나 동시이행 내지 선이행의 항변으로써 원고에게 대항할 수 있다. 그러한 형성권행사는 소송 외에서 채무자에게 하고 그 결과를 소송에서 주장하는 형식을 취할 것이다.[69]

② 임대차보증금반환 채권이 압류·전부된 경우에, 피고(제3채무자, 임대인)는 전부명령 송달시까지 임차인(채무자)에 대하여 가지는 채권뿐만 아니라 그 이후에 발생한 채권(연체차임, 임차목적물

69) 앞의 법원실무제요, 385면.

손괴에 대한 손해배상채권 등)도 공제한 나머지 금액을 원고에게 지급하면 된다(대법원 1987. 6. 9. 선고 87다68 판결). 피고는 위와 같은 금액의 공제를 주장할 수 있다. 만일 임대인(피고)과 임차인(채무자) 사이에 전무명령송달 전에 이미 임대차기간을 연장하거나 임대차계약을 갱신하기로 명시적 또는 묵시적 합의를 하였다면 이러한 사유도 원고에게 대항할 수 있는 항변사유가 된다(대법원 1989. 4. 25. 선고 88다카4253, 4260 판결 참조).

③ 채권압류 전에 피압류채권에 관하여 질권이 설정되어 있거나 또는 확정일자 있는 증서에 의하여 채권양도가 이루어진 경우에는 피고는 이러한 사유를 주장하여 대항할 수 있다. 그러나 압류명령송달 전에 채권이 양도된 경우라도 그것이 확정일자에 의한 것이 아니면 피고는 채권양도사실을 가지고 원고에게 대항할 수 없다.

④ 당사자 사이에 양도금지의 특약이 있는 채권이라도 압류 및 전부명령에 따라 이전될 수 있다. 양도금지의 특약이 있는 사실에 관하여 원고(압류채권자 또는 전부명령을 받은 자로부터 당해 채권을 양수한 자)가 선의인가 악의인가는 전부명령의 효력에 영향이 없다(대법원 2002. 8. 27. 선고 2001다71699 판결). 따라서 피고는 위와 같은 양도금지 특약을 주장하여 항변할 수 없다.

(3) 상계항변

① 피고는 제3채무자로서 전부명령이 송달되기 이전에 채무자에 대하여 상계적상에 있었던 반대채권을 가지고 그 명령이 송달된 이후에 원고에 대하여 상계로써 대항할 수 있다(대법원 1980. 9. 9. 선고 80다939 판결).

② 전부명령송달 당시 상계적상에 있지 아니한 경우에도 자동채권

만이 변제기가 지났거나 또는 두 채권 모두 변제기가 지나지 않았더라도 자동채권이 먼저 또는 압류된 채권과 동시에 변제기에 도달한 경우에는 피고의 상계항변이 허용된다(대법원 1973. 11. 13. 선고 73다518 전원합의체 판결 등).

피고(제3채무자)의 채무자에 대한 자동채권이 수동채권인 피압류채권과 동시이행관계에 있는 경우에는 압류명령이 피고에게 송달되어 압류의 효력이 생긴 후에 자동채권이 발생하였다고 하더라도 피고는 동시이행의 항변권을 행사할 수 있다 할 것이므로 그 채권에 의한 상계로 원고에게 대항할 수 있다(대법원 1993. 9. 28. 선고 92다55794 판결). 이러한 경우에 피고는 자동채권의 발생사실과 자동채권이 수동채권과 동시이행관계에 있다는 사실을 주장·증명하여야 한다.

Ⅲ. 추심금 청구

1. 추심명령의 효력범위

(1) 추심명령은 제3채무자에게 송달됨으로써 그 효력이 발생한다(민사집행법 229조 4항, 227조 2항). 추심명령에 즉시항고가 제기되더라도 추심명령의 효력발생에 영향을 미치지 않는다(동 법 15조 6항).

(2) 추심권의 범위는 전부명령과는 달리 추심명령에서 특별한 제한이 없는 한 압류된 채권의 전액에 미치고(동법 232조 1항 본문), 집행채권의 범위로 한정되는 것이 아니다.

(3) 추심명령을 받은 채권자는 압류한 채권에 대하여 자신의 이름으로 재판상 또는 재판 외에서 행사하는 것이다. 채무자를 대리하거나 채

무자의 권리를 대위행사하는 것은 아니다.

2. 청구원인

(1) 추심금청구의 요건 사실은 ① 추심채권의 존재사실, ② 법원으로부터 추심명령이 내려진 사실, ③ 추심명령이 제3채무자(피고)에게 송달된 사실이다.

(2) 추심채권(추심대상인 채권)은 피전부채권과는 달리 반드시 권면액(券面額)이 있는 금전채권이어야 할 필요는 없다. 즉 유체물인도·권리이전청구권도 추심채권이 될 수 있다. 전부명령과 달리 압류가 경합되어 있어도 추심명령을 발하는데 지장이 되지 않고, 동일 채권에 대하여 중복된 추심명령이 발하여 질 수도 있다. 이 경우 복수의 추심명령 사이에 순위의 우열이 있는 것도 아니다.

(3) 추심명령은 전부명령과는 달리 제3채무자에게 송달된 때 효력이 발생하므로, 채무자에 대한 송달사실과 추심명령이 확정된 사실은 추심금청구의 요건사실이 아니다.

3. 항변사유

(1) 피고(제3채무자)는 압류 전에 생긴 채무자에 대한 항변권을 행사하여 원고에게 대항할 수 있다. 추심명령이 경합된 경우에 피고(제3채무자)는 그 추심채권자 중 어느 한 사람에게 변제하면 모든 채권자에게 그 효력이 미친다.

(2) 피고는 압류명령을 송달받기 전에 취득한 채무자에 대한 채권으로 추심채권과 상계할 수 있다(앞의 전부금청구의 경우와 동일한 제한이 있다.). 이 경우 상계의 의사표시는 원고(추심채권자)나 채무자 어느

쪽에 대하여도 할 수 있다.

(3) 전부금청구에서와 같이 피고는 집행채권(원고의 채무자에 대한 채권 즉 집행권원)의 부존재나 무효사유를 주장하여 항변 할 수는 없다. 이러한 사유는 피고가 원고를 상대로 청구이의의 소 등을 제기하여 주장할 수 있는 사유에 지나지 않는 것이다.[70]

【사 례 I】

1. X의 진술

(1) 나는 갑에게 2006. 10. 1. 5천만 원을 이자 연15%에 변제기의 약정 없이 대여하였으나, 갑이 그 돈을 변제하지 않으므로 법원에 대여금 청구의 소를 제기하였다. 그 후 법원으로부터 갑은 나에게 '5천만 원 및 이에 대하여 2008. 10. 1.부터 다 갚을 때까지 연 15% 비율에 의한 돈을 지급하라'는 판결이 선고되고, 갑이 항소를 포기하여 그대로 확정되었다.

(2) 나는 위 판결에 기하여 2009. 3. 3. 서울중앙지방법원 2009타2746, 2747호로서, 갑이 Y 회사에 근무하면서 Y로부터 받게 될 2009. 3. 이후에 급여액과 기타 수당 및 상여금과 퇴직시에 받게 될 퇴직금 중 제세공과금을 공제한 잔액의 1/2 중 위 대여금 채권액에 이를 때까지의 청구채권에 대하여 채권압류 및 전부명령을 받았다. 위 결정문은 2009. 3. 10. 갑과 Y에게 각각 송달되었다.

(3) 나는 위 전부명령에 따라 Y로부터 갑이 2009. 8.까지 근무하면서 Y로부터 받게 된 임금의 1/2에 해당하는 12,458,900원을 수령하였다.
내가 위와 같이 갑의 임금채권에 대하여 압류 및 전부명령을 받아 강제집행을 실시한 뒤 갑은 나를 찾아와 위 차용금채무를 2009. 12. 31.까지 틀림없이 변제하겠다는 각서를 보여주면서 위 전부명령 신청을 취하하여 달라고 요청하였으나 나는 이를 거절하였다. 그러자 갑은 어떤

70) 윤경, 무효인 전부명령 또는 추심명령에 대한 구제방법, 한국민사집행법학회 민사집행법연구 제1권.

속셈이 있어서 인지는 모르겠으나 2009. 8. 20. 갑자기 Y 회사에서 퇴직을 하여버렸다. 한편 갑은 갑이 Y로부터 장래 수령하게 될 퇴직금청구 채권을 을에게 2009. 3. 3.자로 양도하고 같은 달 4. Y에게 확정일자가 있는 내용증명우편으로 위 채권양도사실을 통지하였다고 한다. 그런데 내가 알아 본 결과, 갑과 을은 절친한 친구사이로서 두 사람 사이에는 실제로 아무런 채권관계가 없다는 것이 밝혀졌다. 그럼에도 내가 갑에 대한 판결에 기하여 강제집행하려 한다는 정보를 미리 입수하고, 이를 면탈하기 위하여 마치 갑의 퇴직금 채권을 을에게 양도한 것처럼 가장하고 있는 것이다. 즉 갑과 을 사이의 채권양도계약은 서로 통정하여 이루어진 것이다.

2. Y의 진술

(1) X는 갑에게 5천만 원을 대여하였다고 주장하고 있으나 내가 갑으로부터 전해들은 내용과는 다르다. 갑은 X로부터 여러 차례에 걸쳐 4천만 원을 차용한 사실이 있을 뿐이고 이자에 관한 약정도 X의 주장과 서로 다르다. 법원의 판결에 대하여 갑이 항소를 포기하게 된 것도 X가 강제집행을 하지 않겠다고 하는 말을 믿었기 때문이라고 하였다. X가 그러한 약속을 깨뜨리고 갑의 급여채권에 대하여 압류 및 전부명령을 신청한 것에 대하여 매우 분개하고 있다. 갑은 현재까지도 확정판결에 대한 재심청구의 방법에 관하여 알아보고 있다.

(2) X는 갑이 우리 회사에 계속 근무하거나 또는 퇴직할 경우에만 수령할 수 있는 정지조건부 채권인 임금채권과 퇴직금채권을 피압류 및 전부채권으로 하여 압류 및 전부명령을 받았다. 이러한 채권은 갑이 노무제공이 있거나 퇴직시에 이르기까지는 조건이 성취되지 아니하여 피전부채권 자체도 성립되지 않는 것이다. 즉 X는 피전부적격이 없는 채권에 대하여 전부명령을 받았으므로 그 자체로서 무효이다.

(3) X가 갑의 임금 채권과 퇴직금 채권에 대하여 압류 및 전부명령을 신청하여 법원의 결정이 나에게 송달된 직후인 2009. 3. 11.에는 병이, 같은 달 13.에는 정이 각각 갑에 대한 대여금 채권에 기하여 채권압류 및 전부명령을 받아 그 무렵 동 결정정본이 나에게 송달되었다. 따라서 갑의 임금 및 퇴직금채권에 대하여는 압류 및 전부명령이 경합상태에 있

어서 X의 청구에 응할 수 없다.

(4) 갑의 아내가 레스토랑을 개업하였다가 영업이 부진하여 많은 채무를 부담하고 결국 문을 닫는 바람에 아내의 채무를 연대보증 한 갑 역시 많은 채무를 안게 되었다. 갑은 채권자들로부터 빚 독촉에 늘 시달려 오던 중 채권자 중 1인인 을에게 갑의 퇴직시에 받게 될 퇴직금채권을 양도하고 2009. 3. 4.자로 확정일자가 있는 내용증명우편으로 채권양도 통지서를 나에게 발송하였다. 나는 그 다음날 위 우편물을 수령 하였다. 위 채권양도통지가 X의 채권압류 및 전부명령보다 먼저 나에게 송달된 것이다. 그렇다면 X의 전부금채권은 피전부채권이 존재하지 않게 되어 무효이고, 을이 정당한 퇴직금채권 수령자라고 보아야 할 것이다.

【사 례 II】

1. X의 진술

나는 갑에 대하여 3천만 원의 약속어음금 채권이 있는데 위 채권에 대하여 공증인 사무실에서 집행력 있는 공정증서정본을 작성하여 두었다. 갑은 식료품도매상을 운영하다가 사업에 실패하여 위 돈을 변제할 수 있는 자력을 상실하게 되었다. 나는 갑이 Y 소유 건물을 임대차보증금 3천만 원, 임대차기간 2년, 월 임료 100만 원에 임차하고 있는 것을 알고 위 임대차보증금 채권에 대하여 압류하기로 하였다. A 변호사와 상담한 뒤에 사건을 의뢰하여 위 채권의 압류 및 전부명령을 신청하기로 하였다. 그리하여 위 공정증서정본에 기하여 2009. 8. 10. 대구지방법원 2009타기8485, 8486호로서 위 임대차보증금 반환청구채권 3천만 원에 대하여 채권압류 및 전부명령을 받고, 같은 달 13. 갑과 Y에게 위 채권압류 및 전부명령이 송달되었다. 나는 위 채권압류 및 전부명령이 Y에게 송달된 사실을 확인하고 Y를 찾아가 위 임대차보증금을 나에게 지급할 것을 요구하였다.

그런데 Y는 갑이 2개월간의 임료를 지급하지 않고 있지만 오랜 기간 동안 Y의 건물에서 사업을 하였고, 경기가 워낙 나빠 일시적으로 사업에 어려움을 겪고 있는 사정을 고려하고 갑의 간절한 요청을 받아들여 2009. 8. 20.자로 만료되는 임대차기간을 2년 더 연장하기로 한 계약서를 보여주었다. 위 계약서를 보니 계약일자가 2008. 8. 19. 자로 되어 있었다. Y와 갑의 태도로 보면 위와 같이 연장된 임대차기간까지 갑이 Y의 건물을 계속 점유하면서 임료를 연체할 것 같다. 나는 A 변호사에게 갑을 Y의 건물에서 빠른 시일 내에 내어 보내고, 전부금 채권을 지급받도록 하여 달라고 요청하고자 한다.

2. Y의 진술

갑은 2005. 8. 21.부터 나의 건물을 임차하여 사업을 하여왔다. 임대차계약조건은 임대차보증금 3천만 원, 임대차기간은 2년, 월 임료 80만 원으로 하였다. 2007. 8. 20. 위 임대차기간을 1차 연장하면서 월 임료를 100만 원으로 올렸다. 갑은 사람이 성실하여 단골고객을 많이 확보하는 등으로 사업이 날로 번창하였다. 그러다가 2008. 10.경부터 전 세계적 불경기가 시작되자 그 영향으로 2009. 6. 경부터 사업이 급격히 어려워졌다. 결국 2009. 6월과 7월의 임료와 전기·수도요금을 연체하고 있다.

그럼에도 갑이 평소에 워낙 성실하고 신용이 있어서 나는 갑의 간절한 요청을 받아들여 2009. 8. 20.에 같은 날 만료되는 임대차기간을 2년 더 연장하여 2011. 8. 20.까지로 하는 갱신계약을 체결하였다. 사실 위 계약갱신 당시에 임대차보증금에 대한 압류 및 전부명령을 송달받은 상태라 약간 미심쩍기는 하였다. 그렇지만 갑이 위 압류 및 전부명령은 X와 잘 협의하여 원만히 해결하겠다고 하기에 그 말을 믿고 갑의 요청에 응한 것이다. 나는 갑이 연체한 임료와 수도·전기요금을 지급하고 위 건물을 인도하기 전까지는 X의 청구에 응할 수 없다.

1. 소송물 및 쟁점

사례Ⅰ·Ⅱ 모두 X의 Y에 대한 채권압류 및 전부명령에 기한 전부금 청구권이 그 소송물이라 할 수 있다. 따라서 전부금 청구권의 요건사실에 대한 검토를 필요로 한다. 사례 Ⅰ에서는 피전부채권이 채무자가 장래 수령하게 될 임금채권과 퇴직금 채권으로서 일정기간의 근로제공이나 퇴직을 정지조건으로 하는 것이고, 사례 Ⅱ에서는 임대차보증금반환 채권이다. 한편, 사례 Ⅱ에서는 채권자인 X가 채권자대위권 행사에 의한 건물인도청구를 병합하여 소 제기하고자 하므로 이에 관하여서도 살펴보아야 한다. 피고 측에서 제기하는 주요항변은 피전부채권의 성격 및 내용과 관련된 것이므로 이 부분에 관하여 구체적인 검토가 필요하다. 위와 같은 항변 외에도 전부금 청구 소송에서 피고 측은 압류의 경합, 피전부채권의 양도사실 등을 항변사유로 삼고 있는 경우가 많으므로 이러한 항변에 관하여서도 검토한다.

2. 청구원인

(1) 사 례 Ⅰ

① 피전부채권은 갑이 Y 회사에 근무하면서 수령하게 될 급여채권과 Y 회사 퇴직시에 수령하게 될 퇴직금 채권 중 1/2에 해당하는 금액 중 X의 갑에 대한 대여금채권의 완제에 이르는 금액이다. 급여채권에 대한 강제집행에 관하여는 법(민사집행법 246조 1항)상 여러 가지 제한이 가하여지고 있다. 위와 같은 급여채권이나 퇴직금채권은 조건부 채권이기는 하지만 전부명령 당시 그 채권 발생의 기초가 되는 관계가 성립되어 있으므로 피전부적격이 있다. Y는 이러한 정지조건부 채권의 피전부적격에 관하여 다투고 있으나 부인에 지나지 않는 것이다. 즉 X는 피전부(피압류)채권으로서의 적격성을 갖춘 사실에 관하여 주장·증명 책임이 있다.

② 본 사례에서 법원에 의한 전부명령의 발령이나 채무자(갑), 제3채무자(Y, 피고)에 대한 송달이라는 요건사실은 모두 충족되어 있다.

(2) 사 례 Ⅱ

① 피전부채권은 갑의 Y에 대한 임차보증금반환청구권으로서 갑이 Y 소유의 건물을 Y에게 인도하는 것을 조건으로 하는 조건부 채권이라 할 수 있다. 이러한 임대차보증금반환청구권에 대하여는 임대

인인 피고(Y) 측으로부터 동시이행항변권 및 연체차임 등의 공제항변이 제기되는 것이 일반적이다. 즉 피전부채권으로서의 적격성에 대한의 의문이 제기될 정도로 문제가 있는 채권이라 할 수 있다.

② 사례Ⅱ에서도 법원에 의한 전부명령의 발령이나 채무자·제3채무자에 대한 송달이라는 요건사실은 모두 충족되어 있다.

③ 사례Ⅱ에서 X는 채권자대위권 행사에 기한 갑의 Y에 대한 건물인도청구를 병합하여 소제기하고 있다. 이러한 청구가 가능한 것인가? 생각건대, X로서는 갑이 Y의 건물을 Y에게 인도하지 않는 한 Y의 동시이행항변권 행사로 말미암아 이 사건 전부금채권을 지급받을 수 없게 된다. 따라서 X로서는 Y를 대위하여 갑에게 위 건물인도청구를 할 수 밖에 없다 할 것이다(여러 가지 정황으로 보아 Y가 적극적으로 갑에게 위 건물인도청구를 할 것 같지는 않다). 위와 같은 필요에서 하는 채권자대위소송에서는 Y의 변제 자력의 유무와는 관계없이 채권자대위권의 행사가 가능하다 할 것이다.

3. 항변 · 재항변

(1) 사 례 Ⅰ

① Y는 X의 갑에 대한 채권 즉 집행권원인 채권의 존부에 관하여 다투고 있는 듯하다. 그러나 전부명령이 발령되고 채무자와 제3채무자에게 송달되어 확정된 이상 Y로서는 더 이상 집행채권의 부존재 또는 소멸사유에 관한 주장을 할 수 없다.

② Y는 갑의 임금채권과 퇴직금채권의 피압류·피전부적격에 관하여 다투고 있으나, 앞서 살펴보았듯이 이러한 주장은 부인에 해당하는 것으로서 항변으로 볼 수 없다.

③ Y는 압류의 경합을 주장하면서 X가 받은 전부명령이 무효라는 주장을 하고 있다. 그러나 X가 신청한 채권압류·전부명령 결정이 병

및 정의 것보다 앞서 Y에게 송달되었음이 역수상 명백하므로 압류의 경합문제가 생길 여지는 없다. 위 사례에서 병·정이 받은 채권압류결정이 무효가 된다.

④ Y는 X에 의한 이 사건 채권압류·전부명령이 Y에게 송달되기 전에 피전부채권이 을에게 양도됨으로써 피전부채권 중 퇴직금채권은 부존재한다고 항변하고 있다. 사례를 검토하여보면 외관상 갑이 Y로부터 수령하게 될 퇴직금채권이 을에게 양도되고 아울러 제3자에 대한 대항요건도 갖추고 있는 것으로 보인다. 이러한 Y의 항변에 대하여 X는 갑과 을의 위 채권양도 계약이 통정허위표시로서 무효라는 취지의 재항변을 하고 있다. 따라서 X는 민법 108조 1항이 규정하고 있는 통정허위표시의 요건사실에 관한 주장·증명책임이 있다.

(2) **사 례** Ⅱ

① 전부금청구 소송의 피고인 제3채무자 Y는 채권압류 및 전부명령이 Y에게 송달될 때까지 채무자 갑에 대하여 보유하고 있는 항변권으로서 X에게 대항할 수 있다. 피전부채권이 임대차보증금 반환청구권인 본 사례에서는 Y는 갑이 Y의 건물을 인도할 때까지 위 채무이행을 거절할 수 있고(동시이행의 항변권), 갑의 건물 인도시까지 연체한 차임과 수도·전기요금 등 제세공과금을 공제하여야 한다는 항변을 할 수 있다.

② 사례Ⅱ에서 Y는 갑과 Y 사이의 임대차계약기간이 갱신되어 그 기간이 만료되지 않았다는 항변을 하고 있다. 사례에 나타난 사실관계를 보면 이 사건 채권압류 및 전부명령이 Y에게 송달된 날은 2009. 8. 13.이고, Y와 갑이 임대차계약기간을 갱신하는 계약을 체결한 날은 2009. 8. 20.이다. 즉, Y와 갑은 갑의 Y에 대한 임대차보증금반환 채권에 대한 압류 및 전부명령이 Y에게 송달된 뒤에 이

를 무시하고 이 임대차기간을 연장하는 갱신계약을 체결한 것이다. 위와 같은 경우에 채권압류 및 전부명령 Y에게 송달된 날을 기준으로 하여 임대차보증금 반환청구 채권이 X에게 전부되었다고 보아야 한다. 따라서 그 이후에 Y와 갑 사이에 임대차기간을 갱신하기로 합의하였다고 하더라도 X에게는 대항할 수 없다.

제8절 어음금 청구

Ⅰ. 청구원인

1. 발행인에 대한 어음금 청구

(1) 발행인에 대한 어음금청구의 요건사실은 ① 당해 어음발행인인 피고가 어음요건이 구비된 어음을 발행한 사실, ② 어음상의 권리가 원고에게 귀속된 사실, ③ 원고가 어음을 소지하고 있는 사실이다. 어음발행인에 대하여 이자의 청구를 병합하여 청구하는 경우에는 원고가 어음의 제시기간 내에 지급의무자에게 지급제시 한 사실도 요건사실이 된다.

(2) 어음 발행행위의 요건사실은 형식적 요건사실과 실질적 요건사실로 구성된다. 형식적 요건사실은 어음법 1조, 75조에 규정되어 있는 필요적 기재사항이 기재된 어음(서면)을 작성하고, 발행인이 기명날인 또는 서명을 하여야 한다는 것이다. 위와 같은 필요적 기재사항에 흠결이 있더라도 원고가 변론종결시까지 백지어음보충권을 행사하여 어음을 완성한 사실을 주장·증명함으로써(대법원 1994. 9. 9. 선

고 94다12098, 94다12104 판결) 위 요건사실을 충족시킬 수 있다.

한편, 국내어음·수표의 경우 발행지는 필요적 어음요건이 아니므로 그 어음수표면상 발행지의 기재가 없는 경우라도 그 밖의 수표면의 기재로 보아 국내어음·수표로 인정되는 경우 이를 무효인 어음·수표라 할 수 없다는 것이 판례(대법원 1999. 8. 19. 선고99다 23383 전원합의체 판결)의 입장이다. 지급장소는 어음요건이 아니라 유익적 기재사항이며, 지급지의 기재가 없는 때에는 발행지 또는 발행지의 명칭에 부기한 지를 지급지로 본다(어음법 76조 3항, 4항).

(3) 원고는 피고가 발행인으로서 직접 어음면에 기명날인 또는 서명하였다거나, 대리인을 내세워 발행행위를 한 사실을 주장·증명하여야 한다. 경우에 따라서는 표현대리 또는 무권대리의 추인에 의하여 그 어음발행의 법률효과가 피고에게 귀속됨을 주장할 수도 있을 것이다. 이 경우에는 표현대리 또는 무권대리 추인의 요건사실에 관하여 주장·증명하여야 한다. 따라서 어음발행인의 기명날인 또는 서명이 위조되었다는 피고의 주장은 항변이 아니라 부인에 불과한 것이다. 원고에게 그 진정성립에 관한 증명책임이 있다. 요컨대 어음법 16조 1항의 추정은 어음발행인 등의 어음행위가 유효하게 성립되었음을 전제로 하는 것이다.[71] 기명날인의 진정성립의 증명에 관하여는 민사소송법(356조 내지 363조) 규정이 적용될 것이다.

(4) 어음교부사실의 주장·증명 문제

어음발행인이 어음증권의 작성 이외에 상대방에 대한 교부를 필요로 하는가에 관한 논의를 어음이론이라 한다.[72] 어음이론에는 어음

---

71) 김선석, 증명책임의 연구, 제1권, 육법사, 322~323면.

72) 정찬형, 상법강의 下, 박영사, 69면.

채무는 기명날인자 또는 서명자와 상대방간의 계약에 의하여 성립한다는 계약설 또는 교부계약설과, 기명날인자 또는 서명자의 일방적인 기명날인 또는 서명만으로 성립한다는 창조설(단독행위설) 및 절충설(발행설·수정창조설·권리외관설) 등이 있다.

학설상으로는 발행설(어음채무는 어음 작성과 기명날인자 또는 서명자의 의사에 기한 어음의 점유이전행위라는 단독행위에 의하여 성립한다는 견해)을 원칙으로 하되, 이에 권리외관설(어음의 선의취득자에 대하여는 어음채무를 부담하는 것과 같은 외관을 조성한자가 어음채무를 부담하여야 한다는 견해)에 의하여 보충할 것이라는 견해가 유력하다.

판례는 아래에서 보는 바와 같이 발행설에 입각하되 권리외관설에 의하여 보충하는 태도를 취하는 것으로 보고 있다. 따라서 원고는 피고(어음발행인)의 어음교부사실을 주장·증명할 책임이 있다.[73)]

[대법원 1989. 10. 24. 선고 88다카24776 판결]

1. 약속어음의 작성자가 어음요건을 갖추어 유통시킬 의사로 그 어음에 자기의 이름을 서명날인하여 상대방에게 교부하는 단독행위를 발행이라 일컫는 것이므로 일상의 용어에 있어 사람들이 발행이라는 표현을 쓴다 하여도 위에서 본 바와 같은 의미로 쓴 것이 아닌 경우에는 어음법상의 발행으로 볼 것이 아니다.
2. 간이절차에 의한 민사분쟁사건처리 특례법과 공증인법에 의하여 변호사들이나 공증인이 공증인법 제56조의 2 제1항 소정의 공정증서를 작성하기 위하여 같은 법조 제2항 소정의 자로부터 촉탁을 받아 어음을 접수한 경우에는 비록 그 어음발행인이 작성된 어음을 수취인에게 교부하지 않았다 하더라도 그 어음의 수취인과 함께 촉탁했을 때에는 그 접수시에 위에서 본 공증인이 수취인의 기관으로서 교부받은 것으로 보는 것이 옳으므로……

73) 사법연수원, 요건사실론 2008, 145면.

[대법원 1999. 11. 26. 선고 99다34307 판결]

> * 어음의 교부흠결의 점에 대하여
> 어음을 유통시킬 의사로 어음상에 발행인으로 기명날인하여 외관을 갖춘 어음을 작성한 자는 그 어음이 도난·분실 등으로 인하여 그의 의사에 의하지 아니하고 유통되었다고 하더라도, 배서가 연속되어 있는 그 어음을 외관을 신뢰하고 취득한 소지인에 대하여는 그 소지인이 악의 내지 중과실에 의하여 그 어음을 취득하였음을 주장·입증하지 아니하는 한 발행인으로서의 어음상의 채무를 부담한다고 할 것이다. 그런데 원심판결 이유와 기록에 의하면, 피고는 물품대금의 지급에 사용할 목적으로 이 사건 약속어음에 금액은 백지로 하여 발행인으로서 서명 날인하여 두었음을 인정하고 있고, 한편 원고는 그 후 백지가 보충되어 완성된 이 사건 약속어음을 소외 안용배로부터 할인 취득하였음을 알 수 있으므로, 원고가 이 사건 약속어음을 취득함에 있어서 악의 또는 중과실이 있음을 피고가 주장·입증하지 아니하는 한, 이 사건 약속어음을 유통시킬 목적으로 작성하여 발행인으로 기명날인한 피고는 이 사건 어음의 적법한 소지인인 원고에 대하여 발행인으로서의 어음상의 채무를 부담한다고 보아야 할 것이다.

(5) 어음상 권리의 원고에의 귀속사실

① 어음상의 권리가 원고에게 귀속되어 있다는 사실의 주장·증명 방법에는 어음상의 배서가 원고에 이르기까지 연속된 사실을 통하여 어음법 16조 1항의 적용을 구하는 방법과, 배서에 의한 실질적인 권리이전에 관한 어음법 14조 1항의 적용을 구하는 방법이 있다

② 원고가 소지하고 있는 어음의 표면 및 이면에 수취인이 제1배서의 배서인이 되고, 제1배서의 피배서인이 제2배서의 배서인이 되는 방식으로 원고가 최후의 피배서인이 될 때까지 배서가 끊임없이 연속되어 있을 때에는 어음법 16조 1항에 의하여 원고는 적법한 소지인으로 추정된다. 즉 법률상 권리추정을 받는

것이다. 위와 같은 배서연속사실의 주장·증명책임은 원고에게 있다. 따라서 피고가 배서연속의 단절(흠결)을 주장하더라도 원고 주장사실에 대한 부인에 해당하고, 항변으로 볼 것이 아니다. 배서의 연속은 어음상의 기재라는 외관상의 사실을 통하여 판단되는 것이므로 기명날인이 위조되었다던가, 어음의 진실한 양도경로가 기재내용과 다르다는 사실 등은 권리추정을 받는 데에 지장을 주지 않는다(대법원 1973. 6. 22. 검도 72다2026 판결).

③ 어음면상의 배서연속이 끊어진 경우에도 원고는 실질적인 권리이전사실을 주장·증명하여 어음상의 권리를 행사할 수 있다(대법원 1995. 9.15. 선고 95다7024 판결). 이 경우 원고는 배서연속이 단절된 부분에 한하여 그 피배서인(어음취득자)의 실질적 권리취득사실을 주장·증명하면 된다.

[대법원 1995. 9. 15. 선고 95다7024 판결]

어음에 있어서의 배서의 연속은 형식상 존재함으로써 족하고 또 형식상 존재함을 요한다 할 것이나(대법원 1995. 6. 9. 선고 94다33156 판결 참조), 형식상 배서의 연속이 끊어진 경우에 딴 방법으로 그 중단된 부분에 관하여 실질적 관계가 있음을 증명한 소지인이 한 어음상의 권리행사는 적법하다 할 것이다(대법원 1969. 12. 9. 선고 69다995 판결 참조).

원심판결 이유에 의하면 원심은, 그 판시와 같은 사실을 인정한 다음, 이 사건 각 약속어음의 배서에 있어 전 배서의 피배서인 "박찬희"와 다음 배서의 배서인 "주식회사 우전상사 대표이사 박찬희"의 기재나 전 배서의 피배서인 "김왕근"과 다음 배서의 배서인 "주식회사 우전상사 대표이사 김왕근"의 기재는 형식상 동일성이 인정되지 아니하여 형식상 그 배서의 연속은 없으나, 소외 김왕근이 피고의 승낙을 얻어 상호를 "우전상사", 대표자를 피고 명의로 하여 사업자등록을 하고 그 명의를 사용하여 영업을 하면서 거래처와의 관계에 있어서 피고 또는 위 김왕근의 명칭을 실재하지도 아니하는 "주식회사 우전상사 회장 박찬희" 또는 "대표이사 김왕근"으로 사용하여 온 점 등에 비추어 이 사건 각 약속어음의 배서에 배서인을 "주식회사 우전상사 대표이사 박찬희" 또는 "대표이사 김왕근"이라고 기명·날인하여 한 위 각 배서는 피고 또는 김왕근 개인을 표시하는 것이라고 봄이 상당하므로 이 사건 각 약속어음의 배서는 개인 명의로 연속된다고 판단하였는바, 이를 기록과 대조하여 살펴보면 원심의 위와 같은 판단은 옳다고 여겨지고 거기에 상고이유의 주장과 같은 배서의 연속에 관한 법리오해의 위법이 있다고 할 수 없다.

[대법원 1996. 4. 26. 선고 94다9764 판결]

원심판결 이유에 의하면, 원심은 피고가 소외 이세라에게 액면금, 만기, 수취인난을 각 백지로 한 이 사건 약속어음 1매를 발행하고, 이세라는 이를 동업관계에 있던 소외 김정호에게 백지보충권과 할인권한을 부여하고 교부하여, 김정호가 이 사건 어음의 액면금과 만기를 기재하고 수취인란도 자신의 명의로 보충한 다음 이를 소외 이기훈으로부터 할인받으면서 그 제1배서인란에 날인 없이 서명만 하여 교부하였는데, 이기훈은 그 후 이를 원고에게 배서양도하여 원고가 이 사건 어음의 최종 소지인이 된 사실을 인정한 다음, 김정호가 한 위 배서는 그 날인이 누락되어 무효이므로 배서의 연속은 형식적으로 흠결되었다 할 것이나 이기훈은 김정호에게 어음 할인금을 지급하고 이 사건 어음을 교부받음으로써 이 사건 어음상의 권리를 실질적으로 양수받았다 할 것이므로 이기훈으로부터 이 사건 어음을 배서양도받은 원고는 이 사건 어음의 적법한 소지인이라고 판단하였다.

배서의 연속에 흠결이 있는 경우 소지인이 실질적인 권리이전 사실을 증명하면 어음상의 권리를 행사할 수 있음은 원심이 인정한 바와 같으나, 원심의 위 판단은 우선 김정호와 이기훈 간에 이 사건 어음의 교부만으로써 어음상의 권리 양도가 이루어졌다고 인정하는 취지인지 아니면 위 양인 사이에 지명채권 양도방식에 의한 어음상의 권리 이전이 이루어졌다는 취지인지가 불분명하다. 만약에 원심의 취지가 이 사건 어음의 단순 교부만으로 어음상의 권리 양도가 이루어졌다는 것이라면 이는 교부(인도)만으로써 어음상의 권리를 이전할 수 있는 경우를 수취인란이 백지로 된 어음과 기명식 혹은 지시식으로 발행되었으나 최후의 배서가 소지인출급식 또는 백지식으로 배서된 어음에 한정하고 있는 어음법의 규정(제12조 제3항, 제14조 제2항 제3호, 제77조 제1항 제1호)에 반하여 수취인이 기명식으로 되어 있는 어음까지도 단지 교부만으로 양도할 수 있다고 인정하는 것이어서 부당하다.

그리고 원심의 취지를 이 사건 어음이 지명채권 양도방식에 의하여 양도되었다고 인정한 것으로 이해한다 하더라도 약속어음상의 권리를 지명채권 양도방식에 따라 양도함에 있어서는 민법 제450조 제1항 소정의 대항요건을 갖추지 아니하면 어음채무자에게 대항할 수 없는 것 인바(당원 1989. 10. 24. 선고 88다카20774 판결 참조), 만약 이를 요하지 아니한다고 하면 결국 어음의 교부만에 의한 권리 양도를 인정하는 결과가 되어 어음의 간이양도에 관한 어음법의 명문 규정에도 반할 뿐더러 이 사건에서 수취인 김정호의 배서가 날인이 없어 무효라고 본 원래의 취지는 전혀 몰각되어 간이양도 방법으로서의 배서제도가 최소한으로 갖출 것을 요구하는 형식적 요건도 갖추지 못한 자에 대하여 오히려 그보다 더 간편한 방법으로의 이전을 용인하게 되는 결과가 되고 말 것이다.

그러므로 원심으로서는 이기훈이 이 사건 어음상의 권리를 양수함에 있어 어음채무자인 피고에 대하여 대항요건을 갖추었는지 여부를 심리하였어야 함에도 불구하고 이를 이행하지 아니한 채 곧바로 이기훈에 대하여 어음채무자에게 대항할 수 있는 실질적인 권리의 이전이 있었다고 인정하였으니 원심판결에는 배서의 불연속에 관한 법리를 오해한 위법이 있다는 지적을 면할 수 없을 것이다.

따라서 원심판결에는 이 사건 어음에 대하여 교부만에 의한 양도를 인정하였거나 혹은 채무자에 대한 대항요건이 갖추어졌는지 여부를 심리하지 아니한 채 지명채권 양도방식에 의한 양도가 이루어졌다고 인정한 것이어서 배서 연속의 흠결에 관한 법리를 오해한 위법이 있다.

④ 원고는 그가 소지하는 어음을 선의취득 한 사실을 주장·증명함으로써 어음배서의 연속이나 원고 이전의 어음소지인의 당해 어음채권의 승계취득 원인사실에 대한 주장·증명이 없이 어음상의 권리를 행사 할 수 있다. 만약 원고 이전의 권리취득자 중

1인이 선의취득자라면 원고는 그 사람으로부터 자신에 이르기까지의 승계취득원인사실을 주장·증명하면 된다.[74)]

어음상 권리에 대한 선의취득의 요건사실은 ① 무권리자로부터 취득한 사실, ② 배서 등 어음법적 유통방법에 의하여 어음을 취득한 사실, ③ 양도인에 이르기까지 배서연속에 의한 권리외관의 존재 사실 등이 있다.

(6) 어음의 소지사실

어음금 청구에 있어서 '어음의 소지'가 요건사실이 되는가에 관하여는 견해의 대립이 있다.[75)] 판례는 어음채권을 자동채권으로 하여 상계의 의사표시를 하는 경우, 재판 외의 상계의 경우에는 어음채무자의 승낙이 없는 이상 어음의 교부가 필요불가결하고 어음의 교부가 없으면 상계의 효력이 생기지 않는다고 하여(대법원 1991. 4. 9. 선고 91다2892 판결), 어음금청구에 있어서 어음의 소지가 요건사실임을 밝히고 있다. 따라서 원고는 어음의 소지사실을 주장·증명하여야 한다. 다만 어음금청구 사건에 있어서 어음의 소지에 대한 증명은 당사자가 변론기일에 어음을 증거로 제출하고 상대방이 이를 확인하고 인정하면 되는 것이다(대법원 1991. 12. 24. 선고 90다카28405 판결).

한편, 어음상의 권리행사에 어음의 소지가 요구되는 것은 어음채무자에게 채권자를 확지시키고 이중지급의 위험을 회피·저지할 수 있게 하는데 그 취지가 있는 것이다. 어음이 어떤 이유로 이미 채무자의 점유에 귀속하고 있는 경우에는 위와 같은 점을 고려할 필요가 없게 된다. 따라서 이러한 경우에는 어음의 소지는 채무자에 대한 권리행사의 요건이 되지 아니하고, 채무자는 상환이행의 항변을 하

74) 사법연수원, 요건사실론 2008, 147면.

75) 김선석, 앞의 책, 330면.

지 못한다(대법원 2001. 6. 1. 선고 99다6048 판결).

(7) 지급제시 사실

약속어음 발행인이나 환어음의 인수인에 대하여 어음금지급을 청구하는 소송에서는 어음소지인이 발행인이나 지급인에게 지급제시한 사실은 요건사실이 되지 않는다. 발행인이나 지급인은 어음금액을 절대적으로 지급할 채무를 부담하는 자이기 때문이다.[76] 그러나 발행인에 대하여 만기일로부터 지연손해금을 청구하기 위해서는 지급제시기간 내에 적법하게 지급제시 한 사실이 요건사실로 되므로 원고는 이에 관하여 주장·증명할 책임이 있다. 이 경우 지급제시 한 날짜, 지급거절사실 등은 요건사실이 아니므로 이러한 사실까지 주장·증명하여야 하는 것은 아니다. 소장 부본 송달 다음날부터의 지연손해금을 청구하는 경우에는 별도의 지급제시 사실을 주장·증명할 필요는 없다.[77]

2. 배서인에 대한 소구권행사에 의한 어음금청구

(1) 요건사실

배서인에 대한 어음금청구권의 요건사실은 ① 피고에 의한 어음행위로서 배서가 있었다는 사실, ② 어음상 권리가 원고에게 귀속한 사실, ③ 지급제시기간 내에 지급을 할 자에 대하여 지급장소에서 지급을 위하여 어음을 제시한 사실, ④ 지급이 이루어지지 아니한 사실, ⑤ 지급거절증서 작성기간 내에 지급거절증서가 작성된 사실 또는 지급거절증서작성의무 면제특약의 존재사실, ⑥ 원고가 어음 및 거절증서를 소지하고 있는 사실이다. 위 요건사실 중 ③, ④, ⑤

---

76) 김선석, 앞의 책, 331면.

77) 사법연수원, 요건사실론 2008, 148면.

요건은 배서인에 대한 소구권발생에 필요한 것들이다. ①, ②, ⑥ 요건사실은 앞서 설명한 발행인에 대한 어음금청구권의 요건사실과 같으므로 아래에서는 위 소구권발생 요건사실에 관하여 살펴본다.

(2) 지급제시 사실

① 원고는 어음의 지급제시기간(지급을 할 날 또는 이에 이은 2거래일 내) 내에 지급장소에서 지급을 할 자에게 지급제시 하여 지급거절당한 사실을 주장·증명할 책임이 있다.
지급거절증서작성이 면제된 경우에는 지급제시기간 내에 지급제시 한 것으로 추정된다(어음법 46조 2항: 법 규정상 상대방에게 법정기간을 준수하지 않은 사실에 관한 증명책임을 지우고 있다). 따라서 이 경우에는 원고는 지급거절증서 작성면제의 특약이 어음면에 기재된 사실만 주장·증명하면 된다.

② 어음소지인(어음상의 권리자)이 지급제시 하는 어음은 어음요건을 모두 갖춘 어음이어야 한다. 어음요건이 결여된 어음을 제시하는 것은 적법한 제시로 볼 수 없다(대법원 1992. 2. 28. 선고 91다42579 판결 등). 어음요건의 하나라도 결여된 상태에서는 완성된 어음으로서의 효력이 없는 것이다. 어음상의 권리자에 의한 완성행위(백지어음의 보충권행사) 없이는 어음상의 권리가 적법하게 성립될 수 없으므로 이러한 미완성어음으로 지급을 위한 제시를 하였다 하여도 적법한 지급제시가 될 수 없다(대법원 1992. 10. 27. 선고 91다24724 판결). 다만 어음발행지의 기재가 없는 경우라도 어음면의 기재로 보아 국내어음으로 인정되는 경우에는 유효한 어음으로 보아야 한다는 것이 판례(대법원 1998. 4. 23. 선고 95다36466 전원합의체 판결)이므로 발행지 기재가 없는 어음을 제시하였다고 하더라도 적법한 지급제시로 보아야 한다. 이러한 법리는 어음금의 궁극적 지급의무자인 어음발행

인 등에 대한 어음금청구의 경우와 서로 다른 것이다. 따라서 약속어음 발행인과 환어음의 인수인 및 이들에 대한 보증인은 소구의무자가 아니므로 소구권의 발생요건인 완전한 어음·수표를 제시기간 내에 제시하지 않고, 거절증서 작성면제 문구가 없으면서 거절증서 작성을 하지 않았다 하더라도 어음금지급채무를 이행하여야 하는 것이다.

③ 어음소지인이 지급제시기간 내에 지급제시 하였다가 지급거절된 사실은 지급거절증서에 의하여서만 증명하여야 한다(어음법 44조 1항, 77조 1항). 그러나 어음면상에 거절증서 작성면제라는 문구가 기재되어 있는 어음의 소지인은 이러한 증명책임이 없음을 앞서 본 바와 같다.

(3) 형식적 요건사실

어음의 지급제시 및 지급거절 사실에 관하여 당사자 사이에 다툼이 없다고 하더라도 원고는 지급거절증서 작성기간 내에 지급거절증서가 작성된(작성면제의 경우는 예외)사실에 관하여 주장·증명책임이 있다. 실무에서는 어음용지 배서란에 지급거절증서 작성면제 특약이 부동문자로 인쇄되어 있는 경우가 대부분이어서 위와 같은 주장·증명책임이 문제되는 예는 거의 없다고 할 수 있다. 그러한 특약이 없는 때에는 어음소지인의 위탁에 의하여 공증인, 집행관, 합동법률사무소, 법무법인 등이 지급을 할 날에 이은 2거래일 내에 어음의 이면 또는 이에 결합된 부전에 지급거절증서가 작성되어야 한다.

3. 특수문제

(1) 어음이 변조된 경우

① 어음의 기재내용이 일부 변조되었다는 어음채무자(피고)의 주장

의 법적 성격에 관하여 항변설·부인설·절충설이 대립하고 있다.[78] 학설상으로는 부인설이 유력하다.[79] 이 견해에 따르면 어음이 일부 변조되었다는 어음채무자의 주장은 적극부인이자 서증에 대한 증거항변으로 본다. 증권상 변개여부가 불분명하여도 어음채무자에게는 입증의 필요성이 있을 뿐 입증책임이 있는 것은 아니라고 한다. 어음면상 명백한지, 명백하지 않은지에 상관없이 피고의 변조 주장에 대하여는 항상 원고가 자신이 주장하는 어음기재 내용(청구원인을 이루는 요건사실이다)에 대하여 증명책임이 있다는 것이다.

② 약속어음 변조의 법률효과를 주장하는 자는 그 약속어음이 변조된 사실, 즉 약속어음에 서명날인 할 당시의 어음 문언에 관하여 주장·증명할 책임이 있다(대법원 1985. 11. 12. 선고 85다카131 판결).

③ 어음의 문언에 변개(개서)가 되었음이 어음면상 명백히 나타나는 경우에 어음소지인이 기명날인자(배서인 등)에게 그 변개 후의 문언에 따른 책임을 지우려 할 경우에는 그 기명날인이 변개 후에 있었다는 것 또는 기명날인자가 그 변개에 동의하였다는 사실을 주장·증명하여야 한다. 그 증명을 하지 못할 경우에 그 불이익은 어음소지인에게 돌아간다(대법원 1987. 3. 24. 선고 86다카37 판결).

어음면상 기재사항의 변개가 증권상 명백하지 아니한 경우에는 변조된 문언에 따른 책임을 면하고자 하는 어음채무자가 변개의 사실 및 자신의 어음행위가 기재사항의 변개 이전에 이미

78) 김선석, 앞의 책. 347~354면.

79) 위 책 및 윤경, 어음·수표소송의 요건사실과 입증책임, 사법연수원 논문집 2집, 167면 각주97 참조.

이루어졌다는 점을 주장·증명하여야 한다(위 ① 판례의 법리).

④ 약속어음의 최종소지인인 원고가 배서인인 피고에 대하여 변개 전의 원 문언에 따른 소구의무자로서의 책임을 묻기 위하여서는 원고가 변개 전의 원 문언에 따른 적법한 지급제시를 하였다는 주장·증명을 하여야 한다(대법원 1996. 2. 23. 선고 95다49936 판결). 만약 이러한 약 이러한 사실에 대한 주장·증명에 실패하면 원고의 피고에 대한 소구권은 요건흠결로 상실되어 변개 전의 원 문언에 따른 책임도 물을 수 없다. 즉 어음의 변조·변개가 있음이 밝혀진 경우에 그 이전에 배서한 배서인에 대한 소구권행사의 요건사실은 '변조·변개 전의 원 문언에 따른 지급제시가 있었을 것'이 되고 이러한 요건사실에 대한 주장·증명이 없으면 소구권이 인정될 수 없다.

(2) 백지어음의 경우

① 백지어음의 발행인이 수취인 또는 그 소지인으로 하여금 백지부분을 보충케 하려는 보충권을 줄 의사로서 발행하였는지 여부가 다툼의 대상이 될 수 있다. 원고(소지인)가 흠결된 어음요건을 보충하여 어음금을 청구하고 있는 경우에, 발행인(피고)은 그 어음이 백지어음이 아니고 불완전어음으로서 무효라는 사실에 관하여 주장·증명책임이 있다(대법원 2001. 4. 24. 선고 2001다6718 판결).

② 백지어음의 취득자는 어음법 10조 규정에 의하여 선의취득자로서 보호된다. 그러나 어음금액란 보충의 경우에는 달리 보아야 할 것이다. 어음금액란의 기재는 대단히 중요한 사항이므로 어음금액란을 백지로 하는 어음을 발행하는 경우에 발행인은 통상적으로 그 보충권의 범위를 제한한다고 봄이 상당하다(대

법원 1999. 2. 9. 선고 98다37736 판결). 요컨대, 어음금지급 채무자로부터 백지어음 부당보충항변이 제기될 경우에 어음금액란 부당보충 사례에서는 소지인의 중과실이 인정되는 경우가 보다 많게 될 것이다.

③ 백지어음이 미완성인 채로 지급제시를 하여도 적법한 지급제시로 볼 수 없다는 것은 앞에서 언급한 바와 같다. 이때 발행인에 대한 관계에서도 이행지체에 빠뜨릴 수 없으므로 지연손해금의 청구는 보충 후 지급제시를 한 다음날부터 비로소 기산하게 된다. 변론종결시까지도 백지보충이 이루어지지 않았을 경우 변제기가 도래한 여음채무 자체가 성립하지 않으므로 어음소지인의 청구는 기각 될 수밖에 없다(대법원 1992. 10. 27. 선고 91다24724 판결). 법원은 원고에게 백지어음인지 여부와 보충권을 행사할 것인지 여부에 관하여 변론을 할 수 있는 기회를 주어야 한다(대법원 1993. 12. 7. 선고 93다25165 판결).

④ 백지어음 소지인이 어음금청구 소송의 사실심 변론종결일까지 백지부분을 보충하지 않아 패소판결을 받고 그 판결이 확정된 뒤 백지보충권을 행사하여 완성한 어음에 기하여 전소의 피고를 상대로 다시 동일한 어음금을 청구하는 것은 허용되지 않는다.

[대법원 2008. 11. 27. 선고 2008다59230 판결]

약속어음의 소지인이 어음요건의 일부를 흠결한 이른바 백지어음에 기하여 어음금 청구소송(이하 '전소'라고 한다)을 제기하였다가 위 어음요건의 흠결을 이유로 청구기각의 판결을 받고 위 판결이 확정된 후 위 백지 부분을 보충하여 완성한 어음에 기하여 다시 전소의 피고에 대하여 어음금 청구소송(이하 '후소'라고 한다)

을 제기한 경우에는, 원고가 전소에서 어음요건의 일부를 오해하거나 그 흠결을 알지 못했다고 하더라도, 전소와 후소는 동일한 권리 또는 법률관계의 존부를 목적으로 하는 것이어서 그 소송물은 동일한 것이라고 보아야 한다. 그리고 확정판결의 기판력은 동일한 당사자 사이의 소송에 있어서 변론종결 전에 당사자가 주장하였거나 주장할 수 있었던 모든 공격 및 방어방법에 미치는 것이므로, 약속어음의 소지인이 전소의 사실심 변론종결일까지 백지보충권을 행사하여 어음금의 지급을 청구할 수 있었음에도 위 변론종결일까지 백지 부분을 보충하지 않아 이를 이유로 패소판결을 받고 그 판결이 확정된 후에 백지보충권을 행사하여 어음이 완성된 것을 이유로 전소 피고를 상대로 다시 동일한 어음금을 청구하는 경우에는, 위 백지보충권 행사의 주장은 특별한 사정이 없는 한 전소판결의 기판력에 의하여 차단되어 허용되지 않는다.

Ⅱ. 항변·재항변

1. 들어가는 말

어음관련 청구사건의 소송절차 진행과정은 (1) 원고가 피고 명의의 어음행위가 기재된 어음소지자라는 사실과 배서의 연속사실을 주장하여 어음금청구 소송을 제기하고, (2) 피고는 어음채무의 발생·변경·소멸에 관한 일체의 사유를 주장하여 원고가 주장하는 청구권의 부존재에 관한 항변을 제출할 것이며, (3) 이에 대하여 원고는 피고의 항변에 대한 재항변 사유를 주장하거나, 원고의 어음금청구가 받아들여지지 않을 경우에 대비하여 이득상환청구소송(어음법 79조) 또는 손해배상청구 소송 등을 병합 제기하는 조치를 취할 것이다.

위 (2)의 단계에서 피고가 제기하는 항변사유는 크게 나누어 물적 항변사유와 인적 항변사유로 분류된다. 물적 항변의 경우에는 어음채무자는 항변사유가 되는 객관적 사실의 존재에 관하여 주장·증명하면 된다. 반면 인적 항변의 경우에는 객관적 항변사유와 더불어 어음소지인이 어음을 취득할 당시 '채무자를 해할 의사가 있었다'는 주관적 요소까지 주장·증명하여야 한다. 아래에서는 위 각 항변의 구체적 내용을 중심으로 하여 검토한다.[80)]

2, 물적 항변

(1) 어음소지인이 제기할 수 있는 물적 항변은 어음면상의 기재로부터 발생하는 항변과 어음행위의 효력에 관한 항변으로 나누어 볼 수 있다. 전자의 예로서는 만기의 도래, 어음면에 기재된 지급·상계·면제, 시효의 완성 등의 항변이 있다. 후자의 예로서는 의사무능력, 행위무능력, 공시최고에 의한 제권판결의 선고, 어음금액의 변제공탁 등을 들 수 있다. 한편, 어음요건의 흠결을 전자의 예로서 열거하는 예도 있으나,[81)] 부인으로 봄이 타당하다.[82)]

(2) 위조항변의 문제

외관상 어음행위자의 기명날인 또는 서명이 위조되었다는 항변이 어음채무자(피고)로부터 제기된 경우에 증명책임의 분배와 관련하여 학설상 대립이 있었다. 판례(대법원 1993. 8. 24. 선고 93다4151 전원합의체 판결)는 어음소지인이 어음채무자의 기명날인이 진정한 것임을 증명하여야 한다고 하여 이른바 부인설을 따르고 있다.

피고 명의의 배서란에 찍힌 피고 명의의 인영이 피고의 인장에 의한 것임을 인정하고 있다면 그 배서부분이 진정한 것으로 추정할 수

---

80) 어음항변을 인적 항변과 물적 항변으로 분류하는 전통적 견해에 대한 비판도 있다: 박병대, 어음항변의 분류 및 소구권 보전의무와 손해배상책임을 중심으로, 민사판례 연구XX, 박영사, 참조.

81) 사법연수원, 요건사실론 2008, 149면.

82) 윤경, 앞의 논문 166면 및 대법원 1998. 2. 10. 선고 97다 31113 판결 참조.

있다. 그러나 그 인영이 피고 이외의 사람이 날인한 것으로 밝혀진 때에는 위와 같은 추정이 깨어진다. 이 경우에는 어음을 증거로 제출한 원고가 작성명의인인 피고로부터 날인을 할 권한을 위임받은 사람이 날인을 한 사실까지 증명하여야만 그 배서부분이 진정한 것으로 증명된다.

(3) 상법 398조 위반의 어음행위

이사회의 승인이 없는 어음행위는 당해 이사와 회사 사이에는 무효이나, 제3자에 대하여는 그 거래가 무효임을 주장하는 회사가 제3자의 악의를 증명할 책임이 있다(대법원 2004. 3. 25. 선고 2003다64688 판결 등).[83)]

위와 같은 항변은 어음소지인의 선의·악의를 불문하고 객관적 항변사유만 있으면 대항할 수 있는 물적 항변(절대적 항변)과 구별된다. 그리고 어음소지인이 어음채무자를 해할 의사가 있었던 것으로(어음법 17조) 인정되어야만 하는 인적 항변과도 구별된다. 따라서 위와 같은 항변을 물적·인적 항변과 구별하여 제3부류의 항변으로 보는 견해도 있다.[84)]

[대법원 2004. 3. 25. 선고 2003다64688 판결]

1. 회사의 대표이사가 이사회의 승인 없이 한 이른바 자기거래행위는 회사와 이사 간에서는 무효이지만, 회사가 위 거래가 이사회의 승인을 얻지 못하여 무효라는 것을 제3자에 대하여 주장하기 위해서는 거래의 안전과 선의의 제3자를 보호할 필요상 이사회의 승인을 얻지 못하였다는 것 외에 제3자가 이사회의 승인 없음을 알았다는 사실을 입증하여야 할 것이고, 비록 제3자가 선의였다

83) 박병대, 앞의 논문, 714면.

84) 위 논문, 716~718면.

하더라도 이를 알지 못한 데 중대한 과실이 있음을 입증한 경우에는 악의인 경우와 마찬가지라고 할 것이며, 이 경우 중대한 과실이라 함은 제3자가 조금만 주의를 기울였더라면 그 거래가 이사와 회사 간의 거래로서 이사회의 승인이 필요하다는 점과 이사회의 승인을 얻지 못하였다는 사정을 알 수 있었음에도 불구하고, 만연히 이사회의 승인을 얻은 것으로 믿는 등 거래통념상 요구되는 주의의무에 현저히 위반하는 것으로서 공평의 관점에서 제3자를 구태여 보호할 필요가 없다고 봄이 상당하다고 인정되는 상태를 말한다.

2. 어음할인 등 여신을 전문적으로 취급하는 은행이 대표이사의 개인적인 연대보증채무를 담보하기 위하여 대표이사 본인 앞으로 발행된 회사 명의의 약속어음을 취득함에 있어서 당시 위 어음의 발행에 관하여 이사회의 승인이 없음을 알았거나 이를 알지 못한 데 대하여 중대한 과실이 있다.

3. 인적 항변

(1) 인적 관계의 내용

① 당사자 간에 매매계약을 체결하고 매수인이 그 대금지급을 위하여 매도인을 수취인으로 하여 발행한 어음 등과 같은 대가관계가 어음행위에 있어서 인적 관계의 가장 대표적 예라 할 수 있다. 그 외에 자금의 융통을 위한 어음거래, 증여 등 다양한 형태의 원인관계에서 발생하는 법률관계가 인적 항변 발생근거가 되는 것이다.

② 어음채무자의 인적 항변에는 원인관계의 부존재·무효·취소·해제, 사기·강박 등 어음행위를 이루는 의사표시의 하자, 어음문면에 나타나지 아니한 특약에 기한 항변, 대리권·대표권의 남용, 어음에 기재하지 아니한 어음상 권리소멸 등의 사유에 기한 항변이 포함되어 있다.

③ 융통어음의 문제

타인의 금융 또는 채무담보를 위하여 어음을 수수하는 당사자 사이에 원인관계(대가관계, 자금융통, 증여 등)없이 발행된 어음을 융통어음이라 한다. 융통어음 수수의 직접당사자 사이에는 어음상의 책임을 부담하지 않지만, 그 어음을 양수한 제3자에 대하여는 선의·악의를 불문하고, 그 취득이 기한 후 배서에 의한 것이었다 하더라도 융통어음이라는 항변으로 대항할 수 없다(대법원 1995. 1. 20. 선고 94다50489 판결 등).

그런데, 위와 같은 판례에 대하여 몇 가지 예외가 있다. 예컨대 피융통자가 융통어음과 교환하여 그 액면금과 같은 금액의 약속어음을 담보조로 융통자에게 교부한 경우에, 당해 융통어음을 양수한 제3자가 양수당시 그 어음이 융통어음으로 발행되었고 이와 교환으로 교부된 담보어음이 지급거절 되었다는 사정을 알고 있었다면, 융통어음의 발행자는 그 제3자에 대하여 융통어음의 항변으로 대항할 수 있다고 한다(대법원 1994. 5. 10. 선고 93다58721 판결 등). 또 융통어음이 발행되어 피 융통인이 금융의 목적을 달성한 다음 융통인에게 반환하지 않고 이를 다시 제3자에게 양도한 경우에, 피고는 당해 어음이 융통어음인 사실, 원고가 그 어음의 당초 발행목적을 달성한 이후 다시 사용된 것이라는 점을 알고 있었다는 사실을 주장·증명하여 대항할 수 있다고 한다(대법원 2001. 12. 11. 선고 2000다38596 판결).

(2) 인적 항변의 절단(어음법 17조)

① 어음채무자는 어음소지인의 전자에 대한 인적 관계에 기한 항변으로써 어음소지인에게 대항할 수 없다. 다만 어음소지인(원고)이 어음채무자(피고)를 해할 의사를 가지고 어음을 취득하였

다는 사실을 주장·증명한 경우에는 대항할 수 있다.

② 어음채무자를 해할 것을 알고 어음을 취득하였다는 것은 단지 항변사유의 존재를 아는 것만으로 부족하고, 자기가 어음을 취득함으로써 항변이 절단되고 채무자가 손해를 입게 될 사정이 객관적으로 존재한다는 사실까지도 알았다는 의미이다(대법원 1996. 5. 28. 선고 96더7120 판결). 어음소지인이 어음취득 당시에 원인관계의 소멸사실을 알고 있었다면 해의의 성립을 인정하는데 별 무리가 없을 것이다.[85] 해의의 존재 시기는 어음취득시여야 한다. 어음취득 후에 원인관계가 해소된 사실을 알았다고 하더라도 해의의 항변을 할 수 없다.

③ 해의의 항변은 소지인이 바로 그 앞의 전자에 대한 어음채무자의 인적 항변의 존재를 알지 못하는 한 그 이전의 전자에 대한 항변의 존재를 알고 있었더라도 인정되지 않는다. 즉 전자가 선의인 때에는 전전자에 대한 항변은 절단되는 것이다. 따라서 소지인(원고)이 전전자에 대한 항변의 존재를 알고 있었다 하더라도 항변이 절단된 권리를 승계하는 것이다.

④ 위에서 살펴본 바와 같이 어음이 순차 양도된 경우에는 어음채무자(피고)는 현재 어음소지인인 원고의 해의뿐만 아니라 그 이전 어음권리자(취득자)들의 해의도 함께 주장·증명하여야 한다. 수취인이 백지인 채로 발행된 어음은 단순한 인도에 의하여 양도될 수 있으므로 어음이 순차 양도된 후 최후소지인이 수취인으로서 자기 이름을 보충한 경우에도 인적 항변이 절단된다. 이때 어음소지인은 어음 문면 상으로는 수취인이지만 발행인과의 관계에서 원인관계상의 항변이 절단되는 것이므로 발행인은 어음소지인이 해의를 가지고 어음을 취득한 사실을 주장·

85) 윤경, 앞의 논문, 166면.

증명할 책임이 있다(대법원 1994. 11. 18. 선고 94다23098 판결).

⑤ 후자의 항변

어음이 갑→을→병으로 순차 양도된 경우에 갑이 자신의 항변이 아닌 을의 병에 대한 항변으로 병에게 대항할 수 있는가? 판례의 태도가 명백하지는 않지만,[86] 을·병 사이의 원인관계가 전부 소멸된 경우에는 권리남용의 항변을 할 수 있다고 한다(대법원 1984. 2. 24. 선고 83다카2221 결정, 1987. 12. 22. 선고 86다카2769 판결).

⑥ 이중무권의 항변

어음이 갑→을→병으로 순차 양도되었으나, 갑·을 사이의 원인관계 및 을·병 사이의 원인관계가 무효 또는 취소되는 경우가 있다. 이때 갑이 병에 의한 어음금청구에 대하여 원인관계의 이중적 흠결을 내세워 갑·을 사이의 원인관계 흠결을 항변사유로 대항하는 항변을 이중무권의 항변이라 한다.[87]

[대법원 2003. 1. 10. 선고 2002다46508 판결]

1. 피고는 주식회사 진애드(이하 '진애드'라 한다)에게 이 사건 각 어음을 발행하고, 진애드는 조길석에게, 조길석은 원고에게 이 사건 각 어음을 순차 배서, 양도하였다.
2. 이 사건 각 어음이 지급기일에 지급 제시되었으나 모두 지급 거절되고, 원고가 이 사건 각 어음을 회수하여 소지하고 있다.
   그 후 피고는 1998. 5. 25. 서울지방법원 동부지원 97거15호로 화의개시결정을 받은 다음, 1998. 8. 3. 화의인가결정을 받고 위 인가결정이 1998. 8. 24. 확정되었는데, 화의조건 제2항은, 금융기관 이외의 자에 대한 화의채권 중 1,000만

86) 사법연수원, 요건사실론 2008, 152면.

87) 위 책, 152면.

원을 초과하는 채권은 화의인가결정 확정일로부터 24개월 동안 매 3개월마다 균등 분할하여 말일에 상환하며, 기발생이자 및 장래발생이자는 면제받는다고 규정하고, 화의조건 제6항은, 제2항의 지급이 이행되면 화의채권자는 나머지 이자 및 손해배상금의 지급을 면제한다고 규정하고 있다.

3. 원고는 이 사건 각 어음의 소지인으로서 발행인인 피고에게 이 사건 어음금 571,868,560원 및 이에 대한 지연손해금의 지급을 구하였다.

4. 이에 대하여 피고는 먼저, 사채알선업자인 조길석을 통하여 원고로부터 금원을 차용하면서 담보로 이 사건 각 어음을 발행함으로써 원고와 피고 사이에 조길석을 각 대리인으로 하는 소비대차계약이 체결되었는데, 피고가 원고의 대리인인 조길석에게 이 사건 어음금을 모두 변제하였다고 주장하였는바, 원심은 판시와 같은 사정에 비추어 볼 때 원고와 피고 사이에 금전소비대차계약이 체결되었다고 보기 어렵고 조길석이 원고의 대리인으로서 어음금을 변제받은 것으로 볼 수도 없다고 판단하여 피고의 위 주장을 배척하였다.
원심판결 이유를 기록에 비추어 살펴보면, 원심의 판단은 정당하고 거기에 상고이유로 주장하는 바와 같은 채증법칙 위배, 사채알선업자의 대리인 지위에 관한 법리오해, 판례위반 등의 위법이 있다고 할 수 없다. 피고의 이 부분 상고이유의 주장은 이유 없다.

5. (1) 피고는 다음으로, 원고가 조길석으로부터 이 사건 어음금의 전액 또는 그 중 2억 원 정도를 제외한 나머지를 변제받았으므로 원고의 청구에 응할 수 없다고 주장하였는바, 원심은 그 채택증거를 종합하여 이 사건 각 어음과 상환하지 아니한 채 피고가 조길석에게 이 사건 어음금 및 이에 대한 이자를 모두 지급하고 조길석은 원고에게 이 사건 어음금에 대한 변제조로 합계 292,368,410원을 지급한 사실을 인정한 다음, 피고의 위 주장은 292,368,410원의 범위 내에서 이유 있으므로 피고는 원고에게 그 나머지 어음금 279,500,110원(571,868,560원 - 292,368,410원)을 지급할 의무가 있다고 판단하였다.
(2) 먼저, 원심판결 이유를 기록에 비추어 살펴보면, 원심이 피고 및 조길석의 위 각 변제사실을 인정한 조치는 수긍할 만하고 거기에 상고이유로 주장하는 바와 같은 채증법칙 위배, 판단유탈 등의 위법이 있다고 할 수 없다. 원고의 이 부분 상고이유의 주장은 이유 없다.

(3) 다음으로, 어음에 의하여 청구를 받은 자는 종전의 소지인에 대한 인적 관계로 인한 항변으로써 소지인에게 대항하지 못하는 것이 원칙이지만, 이와 같이 인적항변을 제한하는 법의 취지는 어음거래의 안전을 위하여 어음취득자의 이익을 보호하기 위한 것이므로 자기에 대한 배서의 원인관계가 흠결됨으로써 어음소지인이 그 어음을 소지할 정당한 권원이 없어지고 어음금의 지급을 구할 경제적 이익이 없게 된 경우에는 인적항변 절단의 이익을 향유할 지위에 있지 아니하다고 보아야 할 것이다.

따라서 피고가 조길석에게 이 사건 어음금을 모두 지급하고 조길석이 원고에게 이 사건 어음금 중 292,368,410원을 지급한 이상, 원고는 배서인인 조길석과 사이에서 소멸된 292,368,410원 부분에 대하여는 그 어음금의 지급을 구할 경제적 이익이 없게 되어 인적항변 절단의 이익을 향유할 지위에 있지 아니하므로, 이 사건 각 어음의 발행인인 피고는 위 범위 내에서 조길석에 대한 위 인적항변으로써 소지인인 원고에게 대항하여 그 부분 어음금의 지급을 거절할 수 있다.

그러므로 원심의 판시에 미흡한 점이 있기는 하지만 이와 같은 취지에서 피고의 위 주장의 일부를 받아들인 조치는 정당하고, 거기에 원고의 상고이유에서 주장하는 바와 같이 어음행위의 무인성 및 어음항변에 관한 법리를 오해하고 판단을 유탈하였거나, 피고의 상고이유에서 주장하는 바와 같은 이유모순 또는 이유불비의 위법이 있다고 할 수 없다.

또한, 원고가 상고이유에서 들고 있는 대법원 1984. 1. 24. 선고 82다카1405 판결은 그 사건의 사안에서 소지인의 어음금청구가 권리남용에 해당하여 불허되어야 할 것인가에 관하여 판시한 것으로서 이 사건과 쟁점을 달리 하여 여기에 원용할 만한 것이 되지 못한다. 원고 및 피고의 이 부분 상고이유의 주장 역시 모두 이유 없다.

【사 례】

1. X의 진술

나는 A가 발행하여 B와 C가 순차적으로 배서한 아래의 약속어음의 피배서인으로서 현재 동 어음을 소지하고 있다.

A는 2008. 4. 10. 액면 5,000만 원, 지급기일 2008. 10. 10. 지급지 및 발행지 모두 서울특별시, 지급장소 신한은행 서초지점, 수취인은 백지인 약속어음 1장을 발행하여 B에게 교부하였다. 위 어음면에는 지급거절증서 작성의무를 면제한다는 문구가 기재되어 있다. B는 위 어음을 A로부터 교부받아 2008. 4. 15. C에게, B가 A로부터 위 약속어음을 물품대금조로 교부받았다고 하면서 그 할인을 의뢰 하였다. C는 A가 운영하는 사업체의 경리담당 직원에게 위 약속어음의 발행여부를 문의하여 동 발행사실을 확인한 다음, B에게 동 어음액면금에서 350만 원을 선이자로서 공제한 나머지 4,650만 원을 지급하였다고 한다. C는 그 장소에서 위 어음의 수취인란을 B 명의로 보충하고 B로부터 배서양도 받았다. C는 2008. 4. 20. 나에게 위 어음을 배서양도 하였다. 나는 어음의 지급기일에 지급장소에서 지급제시 하였으나 사고계 접수를 이유로 지급거절 되었다.

A는 2008. 4. 10. 경 A가 거래처에 물품대금을 지급하기 위하여 위 어음에 기명날인하여 두었는데 경리직원 갑이 사적으로 사용하기 위하여 위 어음을 유통시켰다고 주장하고 있다. 그러나 A가 위 어음의 수취인란을 제외한 모든 기재사항을 적어 어음을 발행하였으므로 어음발행인으로서의 책임을 면할 수 없다 할 것이다.

B는 누군가가 B의 명의를 도용하여 배서를 위조하였다고 주장하고 있다. 나는 이러한 사실을 알지도 못할 뿐만 아니라 B 명의의 배서의 위조여부와는 관계없이 배서가 형식적으로 연속된 위 어음의 소지인으로서의 권리를 가지고 있는 것이다. C는 나에게 위 어음을 교부한 원인채권이 소멸되었으므로 위 어음금을 지급할 수 없다고 주장하고 있으나 나는 C의 주장을 인정하지 않는다.

2. A의 진술

나는 자동차부품상을 운영하면서 거래처에 지급하여야 할 물품대금의 결제를 위하여 은행도어음장을 경리직원에게 보관시키고 있다. 이 사건 어음은 내가 기명날인한 것은 맞지만 거래처에 교부하기 위하여 경리직원인 갑에게 보관시켜 둔 것을 갑이 임의로 유통시킨 것이다. 나는 뒤늦게(2008. 4. 말경) 이러한 사실을 알고 즉시 지급은행에 연락하여 지급정지시킴과 동시에 경찰서에 도난신고를 하였다.

3. B의 진술

나는 '승일전자'라는 상호로 각종 오디오제품을 비롯한 음향기기 판매대리점을 운영하고 있다. 나는 2008. 4. 10.경 거래처의 직원인 갑으로부터 급히 운영자금이 필요하다면서 A가 발행한 어음을 할인하여 달라는 부탁을 받은 사실이 있다. 그 당시 나에게는 5,000만 원이라는 거액이 없었기 때문에 갑의 위와 같은 요청을 거절하였다. 갑과 나는 오랜 거래관계가 있어서 상호 신뢰관계가 존재하였고 갑은 나의 인장과 고무명판이 어디에 보관되어 있는지도 잘 알고 있었다. 갑은 위 일시에 내가 잠시 자리를 비운 틈을 이용하여 위 어음의 제1배서인란에 위 고무명판과 인장을 날인하여 나의 배서를 위조하였다고 하였다. 노련한 경리직원인 갑이 위 어음상에 나의 배서를 남김으로써 보다 쉽게 할인받으려는 조치였던 것으로 보인다. 요컨대 나의 명의의 배서는 갑에 의하여 위조되었으므로 그 어음소지인인 X에게 어음금을 지급할 의무가 없다.

4. C의 진술

나는 X 주장과 같이 2008. 4. 20. X에게 위 어음을 배서양도한 사실이 있다. 나는 자동차세차장을 운영하면서 평소 잘 알고 지내던 갑으로부터 2008. 4. 중순경 위 어음의 할인을 부탁받고 그 어음의 발행인인 A에게 어음발행 여부를 확인하였다. 마침 A가 부재중이라 그 경리담당자로부터 직접 위 어음이 정상적으로 발행되었다는 사실을 확인하였다. 나는 갑으로부터 피배서인을 나의 명의로 보충하게 한 뒤 위 어음을 교부받고, 선이자를 공제한 4,650만 원을 갑에게 지급하였다. 나는 오래전부터 X로부터 자동차 윤활유와 공기정화기 등을 공급받아 왔는데 위 물품대금의 지급을 위하여 위 어음을 X에게 배서양도 하였다. 그런데 내가 X로부터 공급받은 일부 제품이 순정품이 아닌 재생품이라는 사실을 뒤늦게 알고, 이러한 사실에 대하여 X에게 항의하고 창고에 보관된 물품을 도로 가져가도록 요구하였다. 따라서 위 물품에 대한 나와 X와의 매매계약은 해제 되었으므로 그 대금지급 의무도 소멸한 것이다. 한편, X는 상인으로서 그가 나에게 판매한 물품의 대금은 민법 163조 6호에 따라 3년의 단기 소멸시효가 적용되므로 X가 청구하는 시점으로부터 3년 이전에 공급된 물품대금은 지급할 의무가 없는 것이다.

1. 소송물과 쟁점

X는 어음의 소지인으로서 A에 대하여는 이 사건 어음의 발행인으로서, B, C에 대하여는 배서인으로서의 책임을 물어 어음금청구를 하고 있다. 따라서 먼저 어음금청구의 요건사실을 살펴보고 피고들의 항변사실의 요건사실에 관하여 순차적으로 살펴본다. 본 사례에서는 특히 어음요건으로서 발행인이 당해어음을 유통시키는 행위를 필요한 것인지가 주요쟁점이 되고 있다. 어음채무자 A, B, C의 항변은 어음요건에 관한 적극부인에 속하는 것과 어음항변 사유에 속하는 것으로 나누어 살펴보아야 그 주장·증명책임의 소재를 분명히 할 수 있다.

2. 청구원인

(1) X의 A에 대한 어음금청구의 요건사실은 ① A가 이 사건 약속어음을 발행한 사실, ② X가 형식적으로 배서가 연속되어 있는 어음을 소지하고 있는 사실이 된다. 만약 어음금청구와 동시에 A에 대하여 만기일부터 지연손해금을 병합하여 청구하는 경우에는 X가 지급제시기간 내에 위 어음을 지급장소(신한은행 서초지점)에서 적법하게 지급제시 한 사실이 요건사실로서 추가된다. 설문상 X가 위와 같은 요건사실을 모두 갖추고 있는 것으로 판단된다. 위 요건사실 중 어음발행 사실은 어음법상의 요건을 갖추어 약속어음이라는 문구가 기재된 서면을 작성함을 요한다. 본 사례에서는 수취인란이 백지로 발행되어 백지보충권이 어음소지인에게 위임되어 있는 것으로 볼 수 있다.

(2) 어음금청구의 요건사실로서 발행인의 어음발행행위 외에 당해 어음을 유통시킬 의사로 상대방에게 교부하는 행위가 요구되는지에 관하여 견해의 대립이 있다. 본 사례에서 A가 이 점에 관하여 적극적으로 다투고 있으므로 이에 관하여 살펴보아야 한다. 현재의 통설·

판례에 따르면 A가 약속어음발행인으로서 기명날인하여 어음을 발행한 사실이 인정되는 이상, 이를 수취인에게 교부하기 전에 A의 주장과 같이 분실 또는 도난당하였다 하더라도 어음면상 형식적으로 배서연속 된 어음의 소지인인 X에 대하여 어음발행인으로서 책임을 부담한다.

(3) X의 B, C에 대한 어음금청구의 요건사실은 ① B와 C가 어음상 배서를 한 사실, ② X가 형식적으로 배서가 연속되어 있는 어음을 소지하고 있는 사실, ③ X가 지급제시기간 내에 지급장소에서 지급인에게 지급제시 하였으나 지급거절 된 사실, ④ 지급거절증서의 작성 또는 지급거절증서 작성의무가 면제된 사실이다. 설문상 위와 같은 요건사실이 갖추어진 것으로 판단된다. 주의할 점은 X가 ③ 요건사실을 충족시키기 위하여서는 백지어음의 경우에는 백지로 발행된 부분을 모두 보충하여 완전한 어음을 지급제시 하여야 한다는 것이다. 다만 발행지 기재 누락의 경우에는 그렇지 않다.

3. 항변·재항변

(1) A의 항변

A는 그가 발행한 이 사건 어음을 상대방에게 교부하기 전에 분실 또는 도난당한 사실을 주장하고 있는데, 이러한 주장 속에는 X가 도난·분실된 어음임을 알면서 취득한 자라는 이른바 악의의 항변이 포함되어 있는 것으로 볼 수도 있다. 이러한 어음소지인 X의 악의·중과실의 존재 사실은 A가 주장·증명할 책임이 있다.

(2) B의 항변

B는 B 명의의 배서가 갑에 의하여 위조되었다는 이른바 어음위조 항변을 하고 있다. 어음위조 항변은 물적 항변으로서 어음상 채권자 전원에 대한 대항력이 있다. B가 어음위조 항변을 하고 있지만

위조사실에 관한 증명책임이 B에게 있는 것은 아니다. X는 B의 서명 또는 기명날인의 진정성립 사실에 관한 증명책임이 있다. 본 사례에서 B는 본건 어음면에 날인된 인영이 B의 인장에 의한 것임을 인정하고 있으므로 이른바 2단의 추정(민사소송법 358조)에 의하여 B의 배서가 진정한 것임을 추정할 수 있다. 따라서 B는 배서인 이름 뒤인 찍힌 B의 인영이 갑의 무단 도용에 의한 것임을 증명할 필요가 있다.

(3) C의 항변

C는 C가 X에 대하여 부담하는 물품대급채무 변제를 위하여 위 어음을 배서양도 하였다는 원인관계 진술과 함께 원인관계에 기하여 물품매매계약 해제 및 시효소멸 항변을 하고 있다. C와 X는 위 어음의 직접적인 배서양도 당사자이므로 원인관계에 기한 인적 항변을 할 수 있다. 따라서 C는 계약해제의 요건사실과 시효소멸의 요건사실에 관하여 주장·증명할 책임이 있다. 이에 대하여 X는 각각의 항변사유에 따라 재항변을 할 수 있을 것이다.

판 례 색 인

사 항 색 인

(ㅇ)

(ㅈ)

저 자 약 력

저 자 권 혁 재

〈경 력〉

- 경북대학교 법과대학 법학사
- 경북대학교 대학원 법학석사
- 연세대학교 대학원 법학박사
- 제22회 사법시험 합격
- 대구지방법원 등 판사
- 변호사
- 경북대학교 법과대학 교수
- 사법시험·변리사시험·입법고시 시험위원

현재〉 경북대학교 법학전문대학원 교수

〈주요저서〉

- 民事訴訟爭點審理論, 한국사법행정학회, 2007
- 법문서작성(공저), 법문사, 2009
- 현대사회와 법(공저), 경북대학교출판부, 2003

  외 논문 다수

분쟁 유형별 요건사실 증명책임

저 자 권 혁 재
발행인 양 진 수
발행처 진 원 사

2009년 12월 22일 초판 1쇄 인쇄
2009년 12월 30일 초판 1쇄 발행

서울시 노원구 공릉동 493-33
전화 : 02)916-1850 팩스 : 02)916-3442
등록번호 제2005-6호
http://www.jinwonsa.co.kr
http://www.lawbookstore.co.kr

저자와의 협의하에 인지생략

ISBN : 978-89-6346-040-6 93360

정가 45,000원